【茨威格经典传记丛书】

Ci wei ge Jing dian Zhuan ji Cong shu

玛利亚·斯图亚特

赵燮生　主编

［奥地利］斯蒂芬·茨威格／著

赵燮生　谭　渊／译

时代出版传媒股份有限公司

安徽文艺出版社

图书在版编目(CIP)数据

玛利亚·斯图亚特/(奥)斯蒂芬·茨威格著;赵燮生,谭渊译.—合肥:安徽文艺出版社,2013.1
(茨威格经典传记丛书)
ISBN 978-7-5396-4215-4

Ⅰ.①玛… Ⅱ.①斯…②赵…③谭… Ⅲ.①斯图亚特,M.(1542~1587)-传记 Ⅳ.①K835.617=331

中国版本图书馆CIP数据核字(2012)第270577号

出 版 人:朱寒冬　　策　　划:岑　杰
责任编辑:岑　杰　　装帧设计:艺杭传媒

出版发行:时代出版传媒股份有限公司　www.press-mart.com
　　　　　安徽文艺出版社　www.awpub.com
地　　址:合肥市翡翠路1118号　邮政编码:230071
营 销 部:(0551)63533889
印　　制:合肥锐达印务有限责任公司　(0551)62827094

开本:700×1000　1/16　印张:20.75　字数:400千字
版次:2013年1月第1版　2013年1月第1次印刷
定价:35.00元

CONTENTS 目录

CONTENTS 目录

译 序

清清楚楚、显而易见的事不解自明，然而隐蔽的事却能激发创作的想象力。正因为如此，那些蒙着神秘面纱的历史人物和历史事件要求我们再次做出解释和进行文学创作。一个历史问题往往具有永不衰竭的神秘的魅力，玛利亚·斯图亚特的生活悲剧就是典型而出色的一例。在世界史上，大概没有一个女人像她那样出现在如此众多的文学作品——戏剧、小说、传记和论文中。三百多年来，她总是一再地吸引作家去描写她，迫使学者去研究她，而她的形象一直以不减当年的力量敦促我们进行新的塑造。因为让一切杂乱的事趋于清晰，让一切隐秘的事趋于明朗，是令人感兴趣的。

玛利亚·斯图亚特的生活秘密频繁地被人描写和阐释，然而又是那样的矛盾百出：也许没有一个女人像她那样在人们的笔下是如此大相径庭，有的说她是杀人凶手，有的说她是殉难者，有的说她是愚蠢的阴谋家，有的说她是崇高的圣徒。然而，说来奇怪，她的面貌被写得如此迥异，并不是因为流传下来的材料匮乏，而是因为材料丰富得使人无所适从。保存下来的文件、记录、案卷、书信和报告数以千计，这是三百多年来一年年积累下来的，一批批法官，总是满怀新的热情，就她是有罪还是无罪提起诉讼。但是，我们研究史料愈是透彻，就愈是感到悲哀，因为我们从中发现各种历史证据（包括艺术创作）都很成问题。任何一个文件，尽管是真正的手稿，历史悠久，并经过认真归档的，但还是不能完全保证它的可靠性和叙事人的公正性。同一件事，同时在几位史家的眼里看法竟截然相反，这种情况在玛利亚·斯图亚特一案中似乎更加明显。在这里，任何一个"是"，必有一个"不"予以反驳，双方各有文件为证，任何一个控告，必有一个辩白。谬误和真理，虚构和事实，杂乱地交织在一起，以致实际上任何一种看法都可以成为最可信的证词。如果谁想证明玛利亚·斯图亚特参与谋杀亲夫，那么有几十份证词可供使用。同样，如果谁想极力证明她没有参与，证明也很容易找到。要描绘她的任何一幅肖像，都有现成调好了的颜料。如果在这些杂乱的现存材料中再掺入政治偏见或民族主义，那就成了蓄意粗暴地歪曲她的形象了。人的天性本来就是如此：处在两种人、两种思想和两种世界观之间争论存在还是毁灭，几乎都摆脱不了诱惑,不是站在这一边就是站在那一边,不是承认这个对就是承认那个不对,不是认为这个有罪就是认为那个无罪。就像在这桩流传至今的案件中一样,如果那些艺术家多半各有所属,分别属于斗争的各方、各派宗教信仰或各种世界观,那么他们的片面性事先就注定存在了。在一般情况下,新教的作家把一切罪过一股脑儿地推到玛利亚·斯图亚特的身上,而天主教的作家却把一切罪过归于伊丽莎白;英国的艺术家几乎都把玛利亚描绘成杀人凶手,而苏格兰的艺术家则把她说成受害者,品行端正,横遭卑鄙的中伤。关于首饰盒信件,争论最多,一些人斩钉截铁地说它是真的,另一些人发誓说它是假的,在这件事上纠缠不休,连一些鸡毛蒜皮的得失都掺入了派性的色彩。因此,一个既非英国人又非苏格兰人的作家,毫无这种血缘关系和利害关系,也许能够比较公正而无先入之见地加以客观的评说;一个有热烈的兴趣而无成见的艺术家,也许更能够理解这场悲剧。

当然,即使这样一个人,如果他想佯言他所知道的玛利亚·斯图亚特生平的一切情况都是真情,都是独自掌握的真情,那也是够大胆的。其实,他所能把握的,只是一种最大限度的可能性,甚至以他的全部学识和良知认为是客观的观点,也总是带有几分主观性。因为史料的来源都不是完全纯真的,他只能从模糊不清的史料中去搞清真相。又因为当时那些人叙述的情况相互矛盾,他对于这场诉讼,在每一个细节上都不得不在控方证人和辩方证人之间进行选择。不管他的选择是多么谨慎,有时他只能采取最老实的做法:在他的看法后面打上一个问号,承认玛利亚·斯图亚特这个或那个生平事迹至今仍未搞清真相,也许永远也搞不清。

因此,在呈献给你们的这部试作中,你们可以看到作者严格遵循一个原则:决不采用任何一个由刑讯、恐吓或逼供而得到的证词,一个真正寻求真理的人决不会认为屈打成招的供词是真实可信的。同样,对密探和使臣(在当时这两者几乎是同义词)的报告,作者也是在经过极其慎重的选择后才偶尔采用,并对每一份文件都取存疑态度。即使作者在书中认为那些十四行诗以及大部分“首饰盒信件”是真实的,那也是在经过极其严格的审核后才持这种看法的,并提出了个人令人信服的理由。凡是归档的文件中存在两种相反的看法,本书作者都要彻底探寻它的来源和政治动机;如果无法回避地要在这种或那种看法中选择一种,那么决定取舍的根本准则,便是那种行为在心理上是否符合整个性格。

因为玛利亚·斯图亚特的性格本身并非那么神秘:她性格的不一致仅仅显示在外表上,而内在的本质自始至终都是一致而鲜明的。玛利亚·斯图亚特属于那种十分罕见的、富有激情、能够做出真正冒险之事而为时极短的女性，属于那种光华灿烂而昙花一现的女性，她不是那种一生放荡的女性，而只是一时在炽热而狭窄的空间里迸发出激情的女性。在二十三岁以前，她的情感像平静的水面，从二十五岁开始，她的情感也没有再一次掀起汹涌的波澜。仅仅在那短短的两年，她的情感突然像暴风雨般地猛烈迸发出来，原本平淡无奇的命运突然演绎成一出古典悲剧，一出伟大而又壮烈的悲剧，犹如《奥瑞斯忒亚》①。仅仅在那两年，玛利亚·斯图亚特才真正成了一个悲剧人物。她只是在压力下挣脱出来，超越了自己，由于过度冲动而破坏了自己的生活，同时又因此而永垂不朽。她的激情毁灭了她心中的人性，而她的名字之所以至今还能留存在诗歌和争论中，也仅仅是因为她有这种激情。其实，内心生活历程极其浓缩，集中在唯一的瞬间爆发出来，这从一开始就已经决定了玛利亚·斯图亚特各种传记的形式和节奏。艺术家的唯一任务是再现这条陡然向上又陡然回落的生活轨迹，表现出它完全令人惊异又独特的个性。因此，在本书中，她前二十三年以及被囚禁的近二十年的漫长岁月，与她激情迸发的悲剧性的两年，所占的篇幅几乎相等，这样的安排你们一定不会感到是矛盾的。在人一生的命运中，内心时间和外部时间在一定范围内只在表面上是吻合的。实际上，唯有经历的充实才能决定心灵计时的尺度，人的感受与冷酷的日历迥然不同，它以独特的方式从内心计算流逝的时间。人在感情的陶醉中，无比幸福地摆脱了束缚，受到命运的保佑，就能够在极短的时间里得到无穷的满足，尔后又摒弃了激情，便沦入一片空白之中，感到无穷无尽的岁月像幢幢幻影，是那样的虚无缥缈。正因为如此，在传记中，只有那些紧张而重要的瞬间才是真实有效的；正因为如此，生活只有凝聚在瞬间中，只有从瞬间去观察，才能被确切地描述出来。一个人，唯有把全部力量发挥出来，于己于人才算真正活着；他的心灵唯有发出烈焰，烧得通红，才能成为看得见的形象。

① 古希腊悲剧作家埃斯库罗斯的作品。

FIRST CHAPTER 第一章

摇篮里的女王

Yaolan Li De Nvwang

【茨威格经典传纪丛书】

Ciweige Jingdian Zhuanji Congshu

摇篮里的女王

1542 年 ~ 1548 年

玛利亚·斯图亚特生下刚刚六天，就成了苏格兰的女王。在她的生命之初，便显露了她一生的规律——往往过早，还不会欢笑，她就接受了命运的恩赐。1542 年 12 月的一个阴天，她出生在林利豪堡，当时，在邻近的福克兰德的宫中，她的父亲詹姆斯五世正躺在病榻上，生命垂危，他才三十一岁，却已经被生活压倒，在权势和斗争中精疲力竭。他是一位勇敢而豪爽的人，生性开朗，热爱艺术，十分喜欢女人，深受百姓信赖。他常常微服出访，参加乡间的庆祝活动，同农民一起跳舞，开玩笑；他写的一些苏格兰歌谣长久地在他的家乡流传。但他出生在一个不幸的家族，是一个不幸的继承人，那时世道混乱，国家不太平，这从一开始就决定了他的悲剧性的命运。他那势力强大而无所顾忌的邻居亨利八世，逼迫他实行宗教改革，而詹姆斯五世却忠于教会。一贯给他们的国王制造困难的苏格兰贵族，马上利用两人的不和，想强行把这位性格乐观而温和的国王拖进动荡和战争中。詹姆斯五世早在四年前，在他向玛丽·德·吉斯求婚时，就清楚地看到这种状况：面对顽固而贪婪的氏族，他当国王一定会对他们不满。“夫人，”他在这封求婚信中，以令人感动的真诚的语气写道，“我才二十七岁，但生活就像我的王冠一样使我感到沉重……我自幼就成了孤儿，成了野心勃勃的贵族的囚徒。势力强大的道格拉斯家族长久地奴役着我，我憎恨这个姓氏，一想起它就痛恨不已。恩加斯伯爵阿奇博尔德，他的弟弟乔治，以及全体被放逐的族人，不断地煽动英国国王反对我们。那位国王在我们的国家里到处拉拢贵族，不是对他们许愿就是用黄金收买，没有一个贵族未曾受到他的引诱。我个人的安全没有保障，我的旨意得不到尊崇，公正的法律受到践踏。这一切都使我感到可怕，夫人，我期待您给我力量和忠告。虽然我没有钱，只有从法国国王那儿得到一些支持，从富裕的僧侣那儿得到一些菲薄的施舍，但我仍然想装修我的城堡，维修我的要塞，建造战舰。然而，我的男爵们把一个想做名副其实的国王的人视为不可容忍的对手。我担心，尽管法国国王对我友好，并用他的军队支持我，尽管我的百姓对我忠诚，但我仍无法在同男爵们的斗争中取得决定性的胜利。我要排除一切障碍，为我的国家开辟正义与和平之路。我也许会达到我的目的，只要我国的贵族们没有强大的外援。然而，英国国王不断在我们之间播下不和的种子，散布强加给我国的异端邪说，毁灭性地侵蚀了直至各个阶层的僧侣和百姓。我和我的祖先历来依靠的唯一力量便是市民和教会，我不得不自问：他们还会长久地支持我吗？”

国王在这封卡珊德拉①信中一切不祥的预言都应验了，还有其他更严重的灾难落到他的头上。玛丽·德·吉斯给他生的两个儿子都在摇篮里夭折了；詹姆斯五世正当壮年，还一直没有盼到王位的继承人，那顶戴在头上的王冠使他一年年越来越感到痛苦。最后，苏格兰的男爵们违背他的意志，把他拖进战争中，迫使他向强大的英国开战，后来又在关键时刻背弃了他。在索尔韦海湾，苏格兰不仅一败涂地，而且蒙受了失败的耻辱。被氏族首领抛弃的军队，丧失了指挥者，几乎不战自溃，望风而逃。而国王这位有骑士风度的男子汉，在这紧要关头，并没有同异族的敌人交战，而是同他的死神拼搏。他被无聊的争斗和令人厌烦的生活弄得疲惫不堪，躺在福克兰德城堡的病榻上发着高烧。

1542 年 12 月 9 日是个阴霾的冬日，窗户被浓雾遮蔽失去了光亮，一个使者在门外砰砰地敲门，他是来给奄奄一息的衰弱的国王报信的：王后给他生了一个女儿，一个女继承人。但是詹姆斯五世耗尽精力的心灵里再也产生不了希望和欢乐。为什么不生个儿子，生个男继承人？面对死神，他处处见到的只是更多的不幸，以及灾难和没落。“我们的王位由女人而得，也随女人而去。”他听天由命地说。这句阴郁的预言是他生前最后一句话。他只是叹了一口气，在床上翻转身子面对墙壁，再也没有应声。几天后他被安葬了。于是，玛利亚·斯图亚特还没有学会睁开眼睛看待人生，便成了王国的女继承人。

然而，出生在斯图亚特家族，又是苏格兰女王，这就意味着前景双重阴暗，因为在斯图亚特家族中至今没有一个人幸运而长久地坐稳过王位。两位国王，詹姆斯一世和詹姆斯三世被谋杀；另外两位，詹姆斯二世和詹姆斯四世在战场上阵亡；而他们的两个后裔，即这个天真无邪的女孩和她的嫡孙卡尔一世，命运则更惨，竟在断头台上殒命。这个阿特柔斯家族②中，没有一个高寿，没有一个吉星高照，受到命运的青睐。他们总是不断地同外部的敌人斗，同内部的敌人斗，同自己斗；他

① 希腊神话中的特洛伊公主，能预卜吉凶。
② 希腊神话中多灾多难的家族。

们总是不断地处在外部的骚乱中,也处在他们内部的骚乱中。他们的国家也像他们自身一样不得安宁。他们之中最不忠诚的人正是那些本该最忠于王室的人——勋爵们,男爵们,以及那些阴沉而强大、粗野而放肆、贪婪而好战、固执而任性的骑士贵族,正如流落到这个雾国的诗人龙萨所抱怨的那样:"这是一个野蛮的国家和残忍的民族。"这些人在他们的领地和城堡里都是小皇帝,就像主人驱赶畜群一样,把他们的农夫和牧人当作供屠宰的牲畜送往战场,没完没了地为他们打仗和掠夺。这些专制氏族统治者,除了战争没有其他的乐趣,纷争是他们生活的欲望。"黄金和利益是唯一能使苏格兰勋爵们动心的塞壬①的歌声。"法国的使者写道:"对他们宣讲什么是对亲王的义务,什么是荣誉、公正、道德和高尚的行为,只会引起他们的嘲笑。"他们野蛮好斗,掠夺成性,就像意大利的雇佣兵队长,而且他们的天性更粗野,更狂暴;这些古老的、有权势的家族——汉米尔顿、阿兰、梅特兰德、克罗福德、林赛、伦诺克斯和亚盖尔等,总是为占据优先地位而绞尽脑汁,争吵不休。他们时而像敌人似的互相攻击,长达几年时间,时而郑重发誓,结成短暂的同盟,以反对第三者。他们总是拉帮结派,但内部却不讲信义;他们全有亲缘关系或姻亲关系,但实际上却是心怀忌恨的无情的敌手。不管他们自称是新教徒还是天主教徒——全看哪方对他们有利而定——反正在他们狂暴的心灵里仍然留存着异教徒和野蛮人的本性,其实他们全都是麦克白和麦克德夫②的子孙,是莎士比亚出色描绘过的嗜血的邪派人物。

只有在一件事上,这帮难以驯化、妒忌成性的人会马上变得一致起来,那就是共同反对他们的君主,他们的国王,因为他们全都讨厌顺从,不知道什么是忠诚。这是"一帮无赖"——地地道道的苏格兰人彭斯曾这样严厉地谴责过——假如他们还能容忍名义国王的权位凌驾于他们的城堡和产业之上,那只是出于一个家族对另一个家族的妒忌。戈登家族只是因为害怕王冠被汉密尔顿家族抢去,才让王冠落到斯图亚特家族的手里;而汉密尔顿家族因为忌恨戈登家族,才拥戴斯图亚特家族。如果一个苏格兰国王真正想当一个统治者,推崇礼仪,治理国家,如果他凭着年轻人的胆量抵制勋爵们的狂妄和贪心,那就会遭殃!这帮彼此敌对的人马上便会抱成一团,亲如兄弟,以便合力推翻他们的国王。如果用武力解决不了,那么可靠的刺客就会用匕首为他们效力。

这个被狂暴的贪欲搞得支离破碎的不幸小国,阴沉而充满悲剧性的浪漫情

① 希腊神话中的女海妖,常以美妙歌声引诱航海者触礁。

② 莎士比亚名剧《麦克白》中的人物。

调，这个地处欧洲北端、被大海环抱的岛国贫穷不堪，因为连年的战争耗尽了国力。那几座城市，其实算不上城市，只是一片破败的房子连在一起，有要塞保护罢了，因为老是被洗劫或被纵火焚烧，怎么也富不起来，市民只能勉强维持生计。那些贵族的城堡（至今还阴沉而雄伟地耸立在废墟上），丝毫显示不出那种富丽堂皇和宫廷豪华的气派，算不上真正的宫殿；它们只是作为难以攻克的要塞用于战争，而不是作为艺术品用于和善地接待宾客。这些为数不多的家族支系庞大，在他们和农奴之间完全缺少一个有创造力的中间阶层，这是一个养活国家、利于国家的有力的阶层。唯一的人口稠密的地区是在特维德河和费尔德河之间，由于离英国边界太近，一再受到英国人的侵袭，房屋遭到毁坏，人口不断减少。在北部，沿着孤零零的湖泊，或在荒凉的牧场上，或在阴暗的森林里漫游，步行几个小时也见不到一座村庄、城市或城堡。这里不像欧洲人口稠密地区那样村庄挨着村庄，没有用于交通往来和促进本国贸易的宽阔的大路，也没有用于远洋的港口，不像荷兰、西班牙和英国那样有飘扬着三角旗的船只到海外去猎取黄金和香料。这儿的居民还是像他们的祖先那样靠牧羊、捕鱼和打猎维持可怜的生活。在法律、习俗、生活水平和文化方面，当时的苏格兰落后于英国和欧洲至少一百年。在各国的海滨城市，随着新时代的开始，银行和交易所已经兴旺发达，而这里仿佛还处在圣经时代，财产仍然以土地和羊群的多少来衡量。玛利亚·斯图亚特的父亲詹姆斯五世有一万头羊，这就是他的全部财产。他既没有王室的珠宝，也没有军队，没有维护他的政权的禁卫军，因为他无钱供养士兵。由勋爵们决定一切的议会从来不让国王获得真正施政的手段。除了维持生计的必需品外，都是由他富有的盟友法国和教皇提供或赠送的，他房间里和城堡里的每一条地毯，每一幅挂毯，每一座烛台，都使他付出了屈辱的代价。

无穷无尽的贫困，像脓疮一样侵蚀着美丽而高贵的苏格兰的政治力量。因为国王、士兵和勋爵们的贫困和渴求，使苏格兰经常成为外国君主手中流血的玩具。谁反对国王，为新教而斗争，谁就会从伦敦得到军饷。谁为天主教和斯图亚特家族打仗，谁就会从巴黎、马德里和罗马得到资助；外国列强乐意和热心地为苏格兰流血付钱。英法两个大国争霸的最后结果未定，所以英国的近邻苏格兰就成了法国不可多得的伙伴。每当英国军队入侵诺曼底，法国就把苏格兰当作匕首迅速刺向英国的背后，时刻准备打仗的苏格兰人立即跨过国界，反对他们的夙敌。即使在和平时期，他们也一直对英国构成威胁。加强苏格兰的军事力量，永远是法国政治家们关心的事情。而英国则煽动苏格兰的勋爵们在国内挑起无休无止的叛乱,破坏苏格兰的军事力量,没有比这更理所当然的事了。于是,这个不幸的国家成了百年战争的流血的战场;只是靠了一个当时还天真无邪的婴儿的命运,才最终决定了这场决斗的结局。

这是一个多么出色的富有戏剧性的象征:当玛利亚·斯图亚特还在摇篮里的时候,这场斗争实际上就开始了。这个婴儿还不会说话,不会思想,没有感知,在襁褓里刚会动动手脚,而政治就已经触及到她那尚未舒展的身体,触及到她那天真无邪的心灵。玛利亚·斯图亚特在劫难逃,永远卷进这场命中注定的赌博之中。她从来无法让自己的天性无忧无虑地流露出来,表现自我,她总是被卷进政治阴谋之中,成为别人耍弄权谋的对象,成为外国人实现意愿的玩偶;她一辈子只是女王或王位继承者,盟友或敌人。信使刚把两条消息带到伦敦,说詹姆斯五世逝世,说他最近生了个女儿,她成了王位继承人和苏格兰女王,英国国王亨利八世便做出决定,急不可待地为他未成年的儿子和继承人爱德华订婚,未婚妻就是这位身价高贵的女王。她身体还未发育成熟,心灵还未苏醒,就像奇货一样被人占有。然而政治是从来不考虑感情的,它只考虑王冠、国家和继承权。对它来说,单个的人是不存在的;比起世界性的赌博的显而易见和实实在在的价值,单个的人是无足轻重的。当然,在这件特殊的事情上,亨利八世想让苏格兰的公主同英国的太子订婚,这个主意倒是合理的、人道的。因为两个兄弟国家之间持续不断的战争早已失去意义。英国和苏格兰人民居住在同一海岛上,受到同一海洋的庇护和风暴的袭击,从族系来说具有亲缘关系,从生活条件来说也很相似,毫无疑问,他们面对一个共同的任务:联合起来;在这儿,大自然清楚地显示了自己的意志。只是都铎和斯图亚特两个王室的猜忌阻碍了这最终目标的实现。如果能靠联姻化解两个统治家族的纷争,使之联合起来,那么斯图亚特和都铎的共同子孙就能同时治理英国、苏格兰和爱尔兰,一个统一的大不列颠就能参与更加复杂的斗争:争夺海上霸权。

但厄运逃避不了:只要在政治中显现出一丝光明,破例地想出一个清晰而合乎逻辑的主意,它总是让愚蠢的实施者给毁了。起初一切似乎都很顺利。把大笔的钱塞进腰包的勋爵们,高高兴兴地同意缔结婚约。但精明的亨利八世并不满足于单纯的一纸文字。他对这些高贵老爷的虚伪和贪婪领教得够多了,清楚地知道这些人是靠不住的,他们从来没有履行过协议,只要法国人出更高的价钱,他们马上就会把婴儿女王转卖给法国王太子。所以亨利八世要求苏格兰的谈判代表马上把小孩送到英国,把这作为首要条件。但是,如果说都铎家族的人不相信斯图亚特家族的话，那么斯图亚特家族的人也对都铎家族心存猜疑，尤其是玛利亚·斯图亚特的母亲竭力反对这个婚约。这位法国吉斯家族的女儿严格信奉天主教，她不愿意把自己的孩子交给异教徒，另外，她不费吹灰之力就发现婚约中有一个危险的陷阱。因为在一项秘密条款中有一项规定：如果孩子夭折的话，那么苏格兰的谈判代表有义务促成“全部权力和王国的财产”归亨利八世。这一点令人忧虑。因为这个人已经把他的两个妻子送上了断头台，可以预料，他什么事都做得出来：为了更快地接收如此重要的遗产，他也许会让这个孩子早死，而且还不是让她自然死亡。因此，满怀忧虑的母亲拒绝了把女儿送到伦敦的要求。这一来，求亲几乎引起了一场战争。亨利八世派遣军队，想用武力把珍贵的人质夺过来；他向军队发布的命令显示出一幅骇人的画面，让人看到那个时代赤裸裸的暴行：“陛下命令，一路上统统放火烧光，统统用剑砍死。在爱丁堡的一切财物被你们尽量运出、抢光后，即刻付之一炬，夷为平地……霍利鲁德和爱丁堡周围的许多城市、乡村，必须抢光、烧光，雷特和其他城市必须征服，如遇抵抗，无论男人、妇女和小孩，决不宽恕，统统杀光。”亨利八世的武装匪徒像一群匈奴人一样冲过边境。但在最后一刻，母后和孩子躲进了坚如磐石的斯特林堡，安然无恙。亨利八世不得不妥协，在婚约中规定：苏格兰有责任在玛利亚·斯图亚特年满十岁之日，把她交给英国（她总是像商品一样被人卖来卖去）。

一切似乎有了最圆满的结局。然而，政治在任何时代都是一门荒谬的学问。它与简单的、自然的、合乎理性的解决办法相抵触；制造困难是它的乐趣，挑起纷争是它的拿手好戏。不久，天主教派暗地里开始进行阴谋活动，打听把孩子——她还只会牙牙学语，只会微笑呢——卖给法国王子是否比卖给英国王子价钱更高。在亨利八世死后，履行婚约的事更没有人感兴趣了。然而，英国的摄政者萨默塞特以幼主爱德华的名义要求苏格兰把未成年的未婚妻送到伦敦；由于苏格兰抗命，他又调集军队讨伐，因为只有一种语言才能使苏格兰的勋爵们听得进，那就是武力。1547 年 9 月 10 日，在乎卡附近的会战中——确切地说，是一场屠杀——苏格兰军队被打得溃不成军，一万多具尸体丢弃在战场上。玛利亚·斯图亚特还不到五岁，为了她，已经血流成河。

现在，苏格兰已经毫无抵抗地为英国人敞开了国门。但在这个被洗劫一空的国家已经没有什么东西可抢；对于都铎王室来说，本来想得到的只是那个独一无二的珍品：象征着王冠和王位继承权的小女孩。然而，使英国间谍们大为失望的是，玛利亚·斯图亚特突然消失了，从斯特林堡消失得无影无踪；在最值得信赖的人中也没有人知道母后把她藏在哪儿。因为新的藏匿地选得无懈可击,极为隐蔽:在深夜,忠实可靠的仆人极其秘密地把小女孩送到因奇梅霍姆修道院。修道院位于门蒂思湖中的一个小岛上,按照法国使臣在报告中的说法,“偏僻荒凉”,十分隐蔽,无路可通。这个珍贵商品被人用小船送到岛上,交给从未离开过修道院的虔诚的修士守护。未知世事的小孩在那儿受到完全的保护,远离喧嚣和纷扰的世界,生活在事变的阴影中。而这时外交活动正在各国和海上加紧进行,拿她的命运做文章。法国登场发出了威胁,阻止英国独吞苏格兰。法兰西斯一世的儿子亨利二世派出一支强大的舰队开往苏格兰,法国援军的中将以亨利二世的名义为年幼的王太子向玛利亚·斯图亚特求婚。由于从海峡那儿刮来好战的政治飓风,孩子的命运骤然大变:斯图亚特家族的小女儿不是去当英国的王后,而是改当法国的王后。这个新的、较为有利的协议签订生效后,这桩交易的珍贵的货物,五岁八个月的小女孩玛利亚·斯图亚特,便于1548年8月7日上船,被送往法国,卖给另一个同样陌生的丈夫。别人的意志又一次,但不是最后一次地决定并改变了她的命运。

一无所知是童年时代的恩赐。一个三岁、四岁、五岁的孩子,哪里知道什么是战争与和平、会战与协议呢?她哪里知道法国和英国、爱德华和法兰西斯这些名字是什么意思呢?她哪里知道什么是这世界上猛烈的癫狂呢?小姑娘金黄色的鬈发飘拂着,双腿修长,在城堡内明亮或阴暗的房间里玩耍,陪在她身旁的是四个年龄和她差不多的小女孩。她们是玛丽·弗莱明、玛丽·比顿、玛丽·斯文斯顿、玛丽·塞顿。这四个女孩是从苏格兰最高贵的家族里挑选出来的,年龄跟她相仿,这在那个野蛮的时代是一个出色的主意。今天她们快活地和女王一起玩耍;而明天她们在异邦是女王的伙伴,以减轻她在异邦的孤独感;日后她们成为她的御前女官,并在温柔的情调中发誓绝不在女王选定丈夫前踏进婚姻的殿堂。其中的三人在患难中离开了女王,另一人在放逐中继续陪伴她,直到她临死的一刻:欢乐的童年的余晖照亮了她那阴暗的最后时刻。但那阴沉可怕的时刻还离得远呢!现在,五个小姑娘天天快活地在一起玩耍,或是在霍利鲁德堡,或是在斯特林堡,她们不知道什么是君主的尊严和高贵,也不知道什么是君主的高傲和危险。然而后来,有一天晚上,小玛利亚被人从她的小床抱了出去,消失在茫茫的夜色中。在湖边有只小船在等着,人们把她送到宁静的小岛因奇梅霍姆,这名字的意思是“安静之处”。几个陌生的男人在那里迎接她。他们的穿着与其他人不同,身上穿的是宽大、飘垂的黑色长袍。但他们很亲切、很温和,在高高的、有彩色窗子的大厅里唱着歌，十分动听。这小姑娘很快就习惯了。可是不久，她又被送走了，也是在晚上（玛利亚·斯图亚特后来不止一次地在夜色中奔来奔去，不断地改变命运）。最后，她突然上了一艘高高的、张着白帆的海船，帆被风吹得嘎嘎作响。她周围都是外国士兵和大胡子水手。可是小玛利亚并不害怕，为什么呢？因为他们都很和气、很亲切，对她很好。十七岁的异母哥哥詹姆斯，是詹姆斯五世不计其数的婚前私生子中的一个。他抚摩着她柔软的金发，那四个可爱的游戏伙伴也在她身边。五个小姑娘在法国军舰的大炮和戴着盔甲的官兵之间尽情地嬉戏、欢笑，她们像所有到了意想不到的新环境中的小孩那样兴奋、快活。然而，在高高的桅楼上，一名水手担心地注视着前方。他知道，英国军舰在海峡里来回巡弋，以便在最后的时刻还能截住英国国王的未婚妻，不让她成为法国王太子的未婚妻。但这个小女孩只看见身旁新奇的东西，她只看见大海一片蔚蓝，大人都很和蔼，军舰像头巨兽一样沉重地喘着气在波浪中前进。

8月13日，这艘大帆船终于抵达罗斯科夫，这是在布雷斯特附近的小港口。几只小船向岸边驶去。这个还不满六岁的小女孩，经历了孩提时代充满传奇色彩的冒险之后，兴奋地欢笑着，淘气地、毫无猜疑地跳上了法国的土地，就这样她离开了苏格兰。从此，她的童年时代结束，履行义务、经受考验的时期开始了。

SECOND CHAPTER | 第二章 |

少年时代在法国

Shaoniao Shidai Zai Faguo

少年时代在法国

1548 年 ~1559 年

法国宫廷熟悉高雅的习俗,精通礼仪方面的神秘学问。瓦卢阿王朝的亨利二世,知道以什么礼仪体面地迎接王太子的未婚妻。还在她到达法国之前,他就下旨沿途的城镇隆重地迎候苏格兰的小女王,就像迎候他亲生女儿一样。因此,玛利亚·斯图亚特一到南特,就受到令人着迷的盛情接待。在所有的街口,都搭起了拱形牌楼,上面装饰着古典浮雕图案和女神、仙女、塞壬的图像。不仅如此,还放了几桶美酒,让随从们畅饮,使他们感到轻松愉快。为了向女王表示敬意,礼花齐放,礼炮轰鸣。一支由小孩组成的队伍——一百五十名男孩,都在八岁以下,身穿白色的服装,吹号敲鼓,手拿小矛小戟,欢呼着走在小女王的前面,就像一支别开生面的仪仗队。在一个接一个的庆典中,玛利亚·斯图亚特从一个地方到另一个地方,最后到了圣日耳曼宫。在这里,还不到六岁的小姑娘第一次见到了她的未婚夫:一个四岁半的小男孩,他身体瘦弱,脸色苍白,患有佝偻病,因为他的血液已经中毒,命运注定他会早年夭折。他羞怯而畏畏缩缩地迎接他的“未婚妻”。王室的其他成员较为热情地接待了她,为她的天真烂漫所陶醉。亨利二世在一封信中高兴地把她称为“我所见到过的最可爱的孩子”。

法国宫廷在当时是世界上最辉煌最出色的宫廷之一。中世纪带着它的阴影刚刚过去,垂死的骑士阶层最后一丝罗曼蒂克的余晖还在过渡时期的一代人身上闪耀。在狩猎、跑马挑圈、比武、冒险、打仗等激烈的老式活动中,体力和勇气仍然派上用场。但在统治者的圈子里,智力活动已经赢得人们的赞许。人文主义思潮在占领修道院和大学之后,也开始占领国王的城堡。罗马教皇对奢华的爱好,文艺复兴时期耽于精神感官的享受,对美好艺术的迷恋,也高奏凯歌,由意大利侵入法国。在这历史性的时刻,一种崇高的艺术产生了,这是力和美、勇气和逍遥的独特结合,是既不畏惧死亡,又在感官上热爱生活的艺术。在法国人的性格中,轻松的气质和热烈的情怀奇妙地融为一体,自然而洒脱,是任何一个民族也比不上的。

高卢的仗义精神同文艺复兴的古典文化糅合在一起。一个贵族,不仅要有在身穿铠甲的激烈比武中攻打对手的本事,而且要在跳舞中转体优雅,身姿优美,做出高难度的动作。他必须具有粗犷的作战本领,又掌握优雅的宫廷礼仪知识。同一只手,既要能在白刃战中挥舞沉重的刀剑,又要能温柔地弹奏乐器,给所爱的女人写十四行诗。强悍和温柔,粗犷和优雅,既能打仗又懂艺术,两者兼而有之,这就是当时的理想。白天,国王和他的贵族骑着极度兴奋的骏马追赶麋鹿和野猪,在比武场上斗得刀剑断裂。晚上,骑士和高贵的淑女们聚在新装修的豪华的卢浮宫、圣日耳曼宫、布卢瓦宫、安布瓦斯宫的大厅里兴奋地参加娱乐活动。他们吟诗,唱情歌,弹奏乐器,在假面舞会上营造古典文化的精神氛围。许多容貌美丽、精心打扮的淑女,龙萨、杜倍雷和克卢埃等诗人和画家的创作,为豪华的宫廷增添了前所未有的绚丽色彩和欢乐的气氛,这些在艺术和生活的各种形式上都淋漓酣畅地表现出来。当时的法国,正处在伟大文化繁荣的前夕,就像欧洲各地处在不幸的宗教战争前夕一样。

谁要是生活在这样的宫廷里,尤其是要在这样的宫廷里作为统治者,那就必须适应这种新的文化要求。他必须掌握各种艺术技能和知识,他必须像锻炼自己的身体一样,锻炼自己的才智。人文主义要求在上层生活圈子中的人把熟悉各种艺术作为自己的义务,这永远记载在人文主义最辉煌的荣誉册上。从未有过一个时代切实重视上层阶级的完美教育,不仅要求男子,也要求贵族妇女接受教育,从此一个新时代开始了。像英国的玛利亚和伊丽莎白一样,玛利亚·斯图亚特也得学习古典语言——希腊语和拉丁语,同时学习意大利语、英语和西班牙语等现代语言。但这个有天赋的小姑娘,因为才思敏捷,头脑聪明,具有从遗传得来的对文化的感知能力,所以学什么都不费力气。十三岁时,她已经借助埃拉斯穆斯①的《对话集》学会了拉丁文。她在卢浮宫的大厅里,向整个宫廷的成员朗读了自己撰写的演说词。她的舅舅洛林红衣主教自豪地告诉她的母亲玛丽·德·吉斯:"您的女儿一天天地长大,变得越来越漂亮、聪明,心胸开阔。现在她已完美地掌握各种高尚优雅的技艺,在这个王国中,无论是名门闺秀还是其他阶层的女儿,没有一人能和她媲美。我荣幸地向您报告国王对令嫒非常欣赏,常常同她单独交谈,一谈就是一个多小时。她谈话聪明得体,就像一个二十五岁的妇女,深得国王的欢心。"确实,玛利亚·斯图亚特的智力发育特别早。很快她便掌握了法语,达

① 埃拉斯穆斯(1466~1536),荷兰文学家,语言学家。

到了娴熟的程度，以致她能用法语写诗，并能高雅地奉和龙萨、杜倍雷等诗人的颂诗。她不仅在宫廷娱乐中即兴吟诗，而且在内心苦恼时也赋诗抒发情怀，她喜欢诗，也被所有的诗人所喜欢。她高雅的情趣也在其他艺术形式上明显地表露出来。她唱歌婉转动听，而且能边弹边唱；她舞姿优美，出神入化，令人赞叹不已；她的刺绣不仅绣工娴熟，而且显露出她出众的才华；她的穿着很大方，从来不过分装饰，不像穿着宽大的豪华长袍的伊丽莎白那样趾高气扬地走路；她无论是穿苏格兰短裙还是华丽的丝绸服装，都一样的自然，显出少女的妩媚。她的得体的举止和美感是天生的造化；她的高雅而不做作的气派，赋予她流芳百世的诗一般的气质，这位斯图亚特家的女儿甚至在最艰难的时刻也保持了王家血统和王家教养的珍贵的余韵。即使在体育运动中，她也不落在骑术最娴熟的宫廷骑手的后面，她是一位不知疲倦的骑手，一位热情的猎手和熟练的球员。她个子高挑，身材苗条，这位可爱的少女妩媚动人，精力旺盛，热情奔放。她活泼、开朗、无忧无虑、幸福地畅饮青春的甘露，陶醉在罗曼蒂克的生活之中，从未想到她这一生的幸福已经在不知不觉中享尽了。这位生性快活、如火一般热情的公主是法国文艺复兴时期的理想女性，那种骑士般的罗曼蒂克特性在其他人身上几乎是找不到的。

玛利亚·斯图亚特不仅受到缪斯的恩赐，也受到神灵的祝福。她不仅具有美好的精神气质，而且具有出色的妩媚的身段。她刚从小孩长成少女，长成大姑娘，诗人们更争相赋诗赞誉她的美貌。“十五岁的姑娘，像明媚的阳光一样灿烂迷人。”朗当如此赞颂说。而杜倍雷的诗句更为热情奔放：

上天赋予你崇高的气质，
自然与艺术把一切美质，
集于你一身，
你就是美的化身。

洛佩·德·维加陶醉一般地写道：“星星把最美妙的光芒献给她的眸子，把艳丽的色泽献给她的容貌，使她美不可言。”在法兰西斯死后，龙萨借他的弟弟查理九世之口，说出如下近乎倾慕的赞美诗句：

如能抚爱她美妙的酥胸，
胜似独享你的王位。

杜倍雷把许多赞美的描写和诗句融为一体，欣喜地赞叹道：

看着她吧，我的双眼，就此满足吧，
你再也看不到比她美的尤物。

但是，诗人们都是些爱夸张的行家里手，尤其是宫廷诗人在赞颂女主人的优点时更喜欢吹捧。因此我们更有兴趣去看一看她当时的几幅画像，这些画像出自克卢埃的大手笔，画面的真实性是有保证的。我们观赏时既不感到失望，也不完全同意那种过分狂热的颂扬。我们看到的不是光彩夺目的美，而是富有吸引力的美：一张娇嫩、妩媚的鹅蛋脸，鼻子略微嫌尖，而且有点不对称，但给这张女性的脸平添了几分特别的魅力。一双温柔的深色的眼睛闪着神秘的光，嘴唇恬静地紧闭着。我们不得不承认，上天塑造这位公主时确实使用了它最珍贵的材料，赐给她异常洁白、光滑、微有色泽的皮肤，以及像串串珍珠一般悦目的、浓密的灰黄色头发，细长而如白雪般的手指，高挑而富有弹性的身体。“敞口胸衣微微露出她雪白的酥胸，高高的竖领衬托出她双肩优美动人的线条。”

她的脸上找不出任何瑕疵，但正是这种冷峻的、没有瑕疵的美，使这张脸还缺少一种重要的特色。人们看着这位俊美的姑娘的画像，却看不出什么名堂来，而且她自己也不知道自己真正的天性。这张脸没有显露出她内心的情感和思想，也没有显露出她是一个成熟的女性。她看上去只是一个可爱、温顺的女学生，目光是那样亲切、柔和。

众口之辞也证实了她的不成熟，她的不开窍，尽管她受到过分夸张的赞美。人们一直只是赞美她行为无可指责，受过良好的与众不同的教养，赞美她勤奋好学，举止端庄，但人们赞美她就像赞美一个出色的女学生似的。我们从而得知她学习出类拔萃，说话亲切和蔼，举止彬彬有礼；她天真无邪，熟谙各种技艺和游戏，但没有对某种技艺特别感兴趣，显示出特别的才能。她规规矩矩地、顺从地学习一个国王的儿媳应该掌握的课业。人们赞美她的只是她在社交方面的优点，比如她待人周到有礼等，这些都显不出她的个性，而她为人如何，性格如何，却无人提及。这证明她的心扉还没有打开，她性格上独特的本质的东西一时还没有被人发现。原因很简单，这是因为她还是一朵没有盛开的花。公主良好的教养和一流的修养还将长久地使人看不到她内心激情的力量；多年后，她才能敞开她的心扉，让人看到她心灵的最深处。现在，她的额头闪着光泽，透出丝丝凉意；她的嘴上含着亲切温柔的微笑；她的眼里露出若有所思的目光，这目光只是在探寻外部世界，还没有窥见自己的心灵深处；别人还不知道她血液中含有遗传的危险的因子，玛利亚·斯图亚特自己也不知道。只有激情才能揭开一个女性的心扉；只有在爱和痛苦中，一个女性才能成长起来。

这个女孩充分显示出她将来有希望成为出类拔萃的王后，于是朝廷决定提前举行婚礼。玛利亚·斯图亚特的人生时针，按照人们的意愿，也比同龄人走得快。按照协议定下的未婚夫还不满十四岁，他是身体羸弱、脸色苍白、病魔缠身的男孩子。但在婚姻这件事上，政治比体质更要紧；它不想也不允许再等待。人们不能不怀疑法国王室之所以急匆匆地操办婚事，是因为宫廷从医生充满忧虑的报告中意识到王太子的病情是危险的。对于瓦卢阿王室来说，这桩婚姻最重要的目的是得到苏格兰王位，因此王室才如此急匆匆地把两位孩子拉到教堂结婚。在法国同苏格兰议会的使者一起签订的婚约中规定，法国王太子获得苏格兰“并肩王的王冠”。但同时，玛利亚·斯图亚特的亲戚，即吉斯家族的人，又在暗地里强迫完全不懂事的玛利亚接受第二份文件，这份文件是瞒着苏格兰议会签订的。文件规定，她必须事先承担如下的义务：如果她早逝或无继承人，就把她的国家（好像这是她的私有财产似的），以及她对英国和爱尔兰王位的继承权遗赠给法国王室。

这份文件当然是卑劣的，它如此秘密地签订就证明了这一点。玛利亚·斯图亚特没有权利随意改变继承条件，把她的祖国在她去世的情况下遗赠给外国王室，好像她的祖国是件外衣或其他什么私有财产似的。但她的舅舅逼迫这个天真无邪的女孩签了字。这是悲剧性的象征：玛利亚·斯图亚特在她亲戚的逼迫下，第一次在一份政治文件上签字，同时也是她最真挚、坦率、单纯的天性的第一次撒谎。要成为女王，并且要一直做女王，她就再也不能保持真诚：人一旦献身于政治，就不再属于自己，只得违背天性的神圣法则，而去服从其他的法则。但这桩秘密的勾当被人以隆重而豪华的婚礼在世人面前遮掩起来。两百多年来，还没有一个法国王太子在国内举行过婚礼；瓦卢阿王室认为，应该举办一个空前未有的豪华的婚礼，给不太讲究的人民树立一个榜样。美第奇家族出身的卡塔琳娜对她家乡由文艺复兴时期一流艺术家设计的盛典很了解，她也要把她孩子的婚礼办得豪华隆重，让它胜过她童年时代看到的最壮丽的场面，她认为这关系到她的荣誉。1558 年 4 月 24 日这一天，巴黎成了世界上洋溢着节日气氛的城市。圣母院前建了一座亭子，顶是用织满金百合的塞浦路斯蓝锦缎做成的，亭子前面铺了同样织满百合的蓝地毯。身穿红黄两色衣服的乐师走在队伍的前面，吹打着各种乐器。

在一片欢呼声中，身穿华贵服饰的王家队伍在后面款款而行。婚礼在众目睽睽之下举行。身体瘦削、脸色苍白的王太子被贵重的服饰压得几乎喘不过气来；成千上万双眼睛好奇地注视着他身边的新娘。宫廷诗人也乘此机会心醉神迷地歌颂她的美貌，极尽赞美之能事。

“她看上去比天仙更美一百倍。”喜欢描写自己风流韵事的布朗当狂热地赞颂道。也许这位虚荣心很强的女子在这幸福的一刻大放异彩，具有特殊的魅力。在这一刻，这位散发青春气息、如花似玉的少女面含微笑，向四周频频点头致意，也许这一刻是她一生中最光彩夺目的一刻。如此豪华热烈的场面她今后再也不可能见到。现在，玛利亚·斯图亚特在服饰华丽的侍从的簇拥下，与欧洲首屈一指的王子骑马同行，走在装饰豪华的马队前面，穿过大街小巷。欢呼声雷鸣般地响彻屋宇，欢欣鼓舞的人群投来赞赏的目光。晚上，在司法宫举行露天宴会。巴黎人成群结队地拥来，他们兴高采烈地挤在周围，敬佩地望着这位给法国带来第二顶王冠的少女。这喜庆的一天在舞会中结束。艺术家们为舞会的精心设计，令人拍案叫绝，赞叹不已。六艘镀金的船，张开银色的绸帆，由藏在机舱里的水手牵引着，像在波涛中航行一样，进入大厅。每艘船上坐着一位身穿金色服装、戴着锦缎做成的假面具的王子。每位王子以优雅的姿势邀请宫中的一名女子上船，她们是：王后卡塔琳娜·美第奇、王太子妃玛利亚·斯图亚特、那瓦尔王后，以及伊丽莎白、玛格丽特和克洛黛公主。这情景也许象征着在豪华和壮丽的生活海洋中幸福的航行。然而，命运是不由人的意志来支配的。过了这唯一的无忧无虑的一天，玛利亚·斯图亚特的生命之舟将驶向完全不同的、危险的海岸。

第一个危险完全是意外降临的。玛利亚·斯图亚特早就立为苏格兰的君主，现在法国王太子又娶了她，使她成了王妃，于是她的头上无形中又加上一顶王冠，这第二顶王冠更加珍贵。然而此时，命运又给她送来第三顶王冠，这是对她致命的诱惑。她没有得到明智的规劝，被这顶王冠的光环迷惑住了，以孩子般的天真，失去理智地向它伸过手去。在她成为法国王太子妃的1558年，英国女王玛利亚去世，玛利亚的异母妹妹伊丽莎白登上英国的王位。可是，伊丽莎白真的是英国王位合法的继承人吗？妻子众多的蓝胡子亨利八世有三个孩子：儿子爱德华和两个女儿，一个是同阿拉贡的凯瑟琳结婚所生的玛利亚，另一个是同安妮·博林结婚所生的伊丽莎白。在爱德华早逝后，玛利亚因为是长女，而且她父母的婚姻不容置疑完全是合法的，所以她继承了王位。但她死后，没有子女，现在伊丽莎白是否就成了合法的继承人呢？是的，英国王家法学家们这样说，因为这桩婚姻是由主教当证婚人,并得到教皇的承认。不,法国王室的法学家们这样说,因为亨利八世事后宣布他同安妮·博林的婚姻无效,并通过议会做出决议宣布伊丽莎白为非婚生女。如果是后一种情况——整个天主教世界都确认这一情况——那么,伊丽莎白作为非婚生女就无权继承王位,而有权继承英国王位的不是别人,而是亨利七世的外曾孙女玛利亚·斯图亚特。

一个重大的、具有世界历史意义的决定,要在一夜之间由一个十六岁的缺乏经验的姑娘做出。玛利亚·斯图亚特有两种选择。一种是,她可以让步,并玩弄政治手腕,承认她的表亲伊丽莎白是合法的英国女王,并克制自己的要求,因为她的权利毫无疑问要靠武力才能获得。另一种是,她可以勇敢而坚定地声称伊丽莎白篡夺了王位,派出法国和苏格兰的军队,用武力推翻篡位者。然而不幸的是,玛利亚·斯图亚特和她的顾问们选择了第三条道路,在政治上灾难最严重的中间道路。法国宫廷不是对伊丽莎白进行有力、坚决的打击,而是摆出自负的、空打的架势:根据亨利二世的命令,王太子和太子妃把英国王冠加进他们的纹章中;此后,玛利亚·斯图亚特在所有的文件中公开加上"法兰西、苏格兰、英国和爱尔兰女王"的尊号。这等于表明了她的权利,但没有人去捍卫她的权利。他们没有向伊丽莎白开战,只是激怒她。他们没有拿起剑和刀,采取切实的行动,而是摆出无力的姿势,拿稻草人和纸人去吓唬伊丽莎白;结果形成两种令人遗憾的局面:玛利亚·斯图亚特像是要求继承英国的王位,又像是不要这种权利。她随意地对待自己的权利,有时她闭口不提,有时她又重新提出。比如,当伊丽莎白要求法国按照协议归还加莱地区时,亨利二世答复说:"在这种情况下,加莱地区必须交给法国王太子妃,即苏格兰女王,因为我们都把她视为英国女王。"然而,这个亨利二世却不动手去捍卫他儿媳的权利,反而把那个所谓的篡权者当作权利平等的君主,继续同她进行商谈。

这种愚蠢的虚张声势的姿态,这个可笑的毫无价值的纹章,不仅使玛利亚·斯图亚特什么也没有得到,而且还把她的一切都毁掉了。每个人的一生中,都有过错误,再也无法弥补的错误。玛利亚·斯图亚特这时便犯了这样的错误。她政治上的失策,与其说是考虑不周,还不如说是由于少年时代的固执和虚荣造成的,这在根本上毁了她的一生。因为她侮辱了欧洲最有权势的女人,成了这个女人不可饶恕的敌人。伊丽莎白作为一个真正的统治者,可以容忍一切事情,只是不能容忍别人怀疑她的统治权。从这一刻起,如果伊丽莎白把玛利亚·斯图亚特视为最危险的敌手,是躲在她王位后面的幽灵,那么这是理所当然的,也是无可责怪的。从这时起，这两位女王彼此之间，无论嘴上说些什么，信上写些什么，都是虚情假意，都是漂亮的谎话，都是为了掩盖内心的敌意，而她们之间的裂痕已经无法弥合。政治上和生活中的动摇不定、投机取巧的态度，总是比坚决、果断的行动造成更大的危害。英国王冠只是象征性地画在玛利亚·斯图亚特的纹章上，但为了这个象征流的血，比发动一场真正的战争，夺取真正的王冠所流的血还要多。因为一场公开的斗争可以一下子彻底地定下局势，而暗中的斗争却会一再地爆发，妨害两个女人的统治和生活。

1559年7月，为了庆祝在卡托—康布累西签订的和约，在巴黎举行了比武大会。在比武场上，那个不吉祥的画有英国王冠的纹章被骄傲地抬到王太子和太子妃的面前，供人观赏。富有骑士精神的国王亨利二世不放过任何一个机会折断对手的长矛，以博取美人的欢心。谁都知道他喜欢哪个美女。她就是狄安娜·德·普瓦蒂埃。她坐在包厢里，又漂亮又得意，朝下观赏她的身为国王的情人。然而，出于消遣的比武突然出现了可怕的严重的局面。这场两个人的比武决定了世界历史的命运。因为苏格兰近卫队统领蒙哥马利在长矛折断后，冲上前去，笨拙地用矛杆用力地戳向他的对手——国王，戳穿了面盔，深深地刺进国王的眼睛。国王当即昏了过去，从马上摔下来。起初大家以为伤势并不危险，但他却再也没有醒过来。家人惊慌地围在发着高烧的国王的床边。体质强健的勇敢的瓦卢阿同死神搏斗了几天。7月10日，他的心脏终于停止了跳动。

即使在最痛苦的时刻，法国宫廷也尊重习俗，把习俗奉为生活的最高主宰。当国王的家人离开宫殿时，亨利二世的妻子卡塔琳娜·美第奇突然在门口停住了。从她成为寡妇的这一刻起，她在宫中不再享有先行的权利，这个权利已经让给此时已成为法国王后的那个女子。玛利亚·斯图亚特迈着畏畏缩缩的步子，拘束地、不知所措地走了过去，法国新王后超越了昨日的王后。凭着这一小步，这个十七岁的少女超越了所有的同龄人，到达了权力的巅峰。

THIRD CHAPTER | 第三章 |

寡居的王后和在位的女王

Guaju De Wanghou He Zaiwei De Nvwang

寡居的王后和在位的女王

1560年7月~1561年8月

命运虚假而轻率地把人间的权力统统交到玛利亚·斯图亚特的手里，她日后的生活道路逆转，陷入悲剧性的境地，这种轻率所起的作用最大。她的腾达，速度像火箭升天一样飞快：她生下六天便成了苏格兰女王；六岁成了欧洲最有权势的一位王子的未婚妻；十七岁成了法国的王后，她已经把最高权力握在手里，但她的精神生活还没有真正开始。一切仿佛是神话丰饶角①里的礼物，永不枯竭地送到她手里，她不用想就能得到，也不用花一点力气，她既没有功劳，也没有苦劳，靠的是祖上的荫庇、上天的仁慈和恩赐。她仿佛置身在梦中一样，一切都像五色斑斓的轻烟从身边倏忽飘过，她看见自己一会儿在婚礼上穿着盛装，一会儿在家中穿着王后的御服。然而，还没等她神志清醒地理解花团锦簇的春天为什么会过早地来临时，春花已经凋谢，春天已经逝去。她醒来时，感到失望、迷惘、若有所失。在别人刚刚开始希冀、期盼、企求的年龄，她已经有种种机会获得胜利，露出喜悦之情，但她还没有时间和闲情逸致在心里细细地品味胜利的喜悦。她一生骚动和不满足的根源就在于命运轻率的恩赐。谁要是过早地成了国内第一人，世上第一人，她便再也不能对卑微的角色感到满足。只有软弱的人才会放弃权力，才会忘却，而强有力的人是不会顺从的，她要向命运挑战，同势力极强的对手搏斗。

她作为法国在位王后的短暂的岁月果真像梦一般地逝去，一个仓促而不安的梦，一个充满恐惧和忧虑的梦。在雷姆·斯大教堂里，那个苍白、有病的孩子由大主教加冕，登上了王位；那个美丽、年轻的王后，戴着贵重的珠宝饰物，光彩照人，在一群贵族中间，像是一朵秀丽妩媚、含苞欲放的百合花，但这仅仅是闪闪发光的一瞬间。除此之外，史家没有记下任何庆典和欢乐的活动。命运没有让她有时间去建立她梦寐以求的行吟诗人的宫廷，繁荣艺术与诗歌创作；也没有给画家以时

---

① 相传是幸福女神福丢那盛礼物的羊角，现用作丰富的象征。

间，让他们把国王和他美丽的妻子身穿华贵王服的形象留在画布上；也没有给史家以时间，让他们把她的性格描绘出来；也没有给老百姓以时间，让他们了解或爱戴他们的君主。像两个被狂风驱赶的行色匆匆的幽灵，这两个孩子夹在一长串法国国王的队伍里倏忽掠过。

法兰西斯二世身体多病，就像森林里一棵被打上标记的病树，他从一生下来就注定要早逝。他浮肿的圆脸上，沉重的眼睑耷拉着，一对疲惫的眼睛怯生生地望着人，像是刚从睡梦中惊醒似的。这个脸色苍白的小男孩突然不正常地长起个子来，这更加削弱了他的体力。医生整天守护他，苦口婆心地劝他保重身体。可是在这孩子的内心，却有一种孩子气的虚荣心，不愿落在那些高挑而结实、酷爱狩猎和体育的伙伴的后面。为了装出健康和男子汉的样子，他强迫自己纵情地骑马奔驰，从事不堪忍受的体力活动。然而他的体质状况是骗不了人的。他的血液含有毒素，已经败坏，是无可救药的，这是他的祖父法兰西斯一世该死的遗传。他总是一再地发寒热，碰到阴雨天气，他只得待在房间里，被烦躁、惊恐折磨得疲惫不堪，成了一个可怜的幽灵，许多医生围在他身边照料他。这样一个可怜的国王只能博得朝臣们的同情而不是尊重；至于在老百姓中间则适得其反，不久他恶名远扬，众人纷纷传说他得了麻风病，为了治病，要杀婴儿取新鲜的血洗澡。每当他骑着马，有气无力地慢慢地从农民身边过去时，他们阴沉着脸看着这个瘦弱的孩子的背影。朝臣们已经开始为自己着想，纷纷投靠王太后卡塔琳娜·美第奇和王储查理。一双软弱无力的手是很难长久执掌权柄的。那孩子有时用呆板、笨拙的字体在圣旨和敕令上签他的名字“法兰西斯”。但实际上掌权的却是斯图亚特的亲戚吉斯家族。法兰西斯只是为一件事而拼搏：尽可能长地维持他日渐虚弱的生命。

这种在病房里同居的生活，这种老是担惊受怕的生活，不能称之为幸福的夫妻生活，如果这也算一种真正夫妻生活的话。但也不能认为这一对半大的孩子彼此相处得不好。连王宫中那些爱散布流言飞语的人（布朗当写《风流女人的生活》就是从他们那儿得到男女私通的素材的），他们也找不到一句话来指责或怀疑玛利亚·斯图亚特的行为举止。虽然他们在圣坛前结合是根据国家利益至上的原则，但早在结合之前，法兰西斯和玛利亚·斯图亚特已经是游戏的伙伴，这种单纯的游戏伙伴关系已经把他们结合在一起，在这种关系中性欲未必起主要的作用。几年之后，玛利亚·斯图亚特才显示出热烈委身的本能。把她从压抑的、自我封闭的天性中唤醒的并不是法兰西斯，他已被热病折磨得虚弱无力。玛利亚·

斯图亚特心地善良，富有同情心，乐于助人，当然是关怀备至地照料她的丈夫。即使不是感情促使她这样做，理智也要求她这样做，因为她知道她的权力和荣华富贵同这个可怜的病恹恹的孩子紧紧连在一起，同他的气息和脉搏紧紧连在一起。保护他的生命就等于捍卫她自己的幸福。然而，在这有限的临朝期间，他们根本不可能自在地安享真正的幸福。国内的胡格诺教徒正在挑动暴乱；威胁国王和王后安全的昂布瓦西罪恶的暴乱平息后，玛利亚·斯图亚特不得不履行君主的职责。她付出的惨重代价是，她得在处决谋反分子时亲自到刑场，并观看行刑。这瞬间的感受深深地埋进她的心里，日后又像魔镜反照一样，在她被处决之时又涌现出来。她看到一个活生生的人，被反绑着手，按到断头台的砧板上跪下，斧子砍下，发出沉闷的喀嚓声，砍进脖子根，一颗脑袋溅出鲜血滚到沙子上。这十分恐怖的景象足以抹掉印在她脑海里的在雷姆斯大教堂加冕的辉煌情景。后来，噩耗接踵而至：代她在苏格兰治理朝政的母亲玛丽·德·吉斯于1560年6月去世；苏格兰国内陷入宗教纷争和暴乱之中；边境燃起战火，英军深入内地城镇。像孩子一样做梦也想穿节日盛装的玛利亚·斯图亚特，如今不得不穿上孝服。她所喜欢的音乐不得不沉寂了，舞蹈不得不停止。然而，死神瘦骨嶙峋的手又一次揪住了她的心，敲响了她的家门。法兰西斯二世变得越来越衰弱，他血管里含有毒素的血折磨着他，使他的太阳穴突突地跳动，耳朵嗡嗡地作响。他已经无法再走路骑马，只好躺在床上让人抬来抬去。最后，他耳朵发炎流脓，医生知道他已不可救药了。1560年12月6日，这不幸的孩子终于撒手人寰。

悲剧性的象征在两个女人卡塔琳娜·美第奇和玛利亚·斯图亚特之间重演。法兰西斯二世刚刚断气，不再是法兰西女王的玛利亚·斯图亚特在门口退到后面，让卡塔琳娜·美第奇先行，小太后必须让老太后先行。她不再是法兰西王国的第一夫人，而是像以前一样，只是第二位的夫人。仅仅一年，梦便结束了，玛利亚·斯图亚特再也不是法兰西的女王，而只是苏格兰女王，她从一生下来就有了这项王冠，一直保持到她生命的最后一刻。

按照法国宫廷的礼仪，丧夫的王后必须严格服丧四十天。在这无情的幽居期间，她不能离开她的寝宫片刻。在头两个星期，除了新王及其亲人外，任何人都不许探望她，进入像人造墓穴似的房间，里面只有烛光照明。老百姓家的妇女在服丧期间穿一身黑衣服，这是永远通行的颜色，只有她应穿白色的丧服。一顶白色的小帽衬着她苍白的脸，白缎长袍，白色鞋袜，只有外面披着戴孝的黑纱，在那些日子里，玛利亚·斯图亚特就是这般穿着。雅奈在他著名的油画上为我们画出了她的这副模样；龙萨在他的诗里也为我们描绘了她的这副模样：

你披上一身轻薄的黑纱，
是那样稳重，端庄，
巧妙打出的裙褶，
恰似风暴中的帆。

你穿上这样的丧服，
黯然离开了你的王国，
哀伤地踏上了归途，
泪水打湿了你的胸襟。

你抬起忧郁的目光，
最后看一眼美丽的王宫，
宫外那潺潺的流水，
依然是那样的碧绿。

年轻王后的可爱和温柔在雅奈的肖像画中被描绘得出神入化，她严肃的沉思神态使她泛起秋波的眼睛显得更加明澈，单调的、朴素无华的衣服使她洁白的皮肤显得更加细腻、润泽；一身丧服更使人感到她的高贵，有王者的风范和人情味，比她早期画像中的形象更加鲜明，不可同日而语。那些早期画像只是一味描绘她华丽和尊贵、一身珠光宝气、佩戴着权利标志的形象。

她在这些日子里亲笔写了一首哀歌献给她早逝的丈夫，诗中流露出她高贵的忧伤之情。诗的娴熟技巧并不亚于诗坛大师，她的老师龙萨。即使这首低沉的挽歌不是出自王后之手，它那真挚朴实的情怀也能打动我们的心。因为她不是在倾诉她对死者热烈的爱——玛利亚·斯图亚特在诗歌中从来不撒谎，她只在政治生涯中撒谎——她只是在倾诉她的迷惘和孤独：

无论是白天还是黑夜，
割不断的思念，
使我心头无比沉重！

我翘首长空，
他在云间把我注视，
我低头望池水，
他在水下把我呼唤。
我在深夜独自相思，
仿佛感到他在身边，
用手温柔地抚摸我，
唇上留下他的热吻，
无论我睡着还是醒着，
他总是占据了我的心。

玛利亚·斯图亚特对法兰西斯二世的早逝的悲痛，无疑不是诗歌里的一种虚构的哀痛，而是一种真正的、发自内心的哀痛。因为玛利亚·斯图亚特失去法兰西斯二世，不仅失去了一个善良、随和的伙伴，失去了一个温柔的朋友，而且失去了她在欧洲的地位、她的权力、她的安全。不久，这位年轻的寡妇便感觉到宫中的第一夫人与退居第二位成为新王食客的女王之间的区别有多大。她的婆婆卡塔琳娜·美第奇如今又成了宫中的第一夫人；卡塔琳娜对她怀有的敌意，使她更感到压抑，处境困难。她过去曾轻蔑地谈起这位“商人的女儿”的卑微的出身，认为美第奇家族同自己世代高贵的帝王家族是无法相提并论的，这种愚蠢的话大大地冒犯了这位美第奇家族高傲、阴险的女儿。在女人之间，诸如此类的冒犯（这个任性、狂热的姑娘后来也同样得罪了伊丽莎白），比公开的侮辱更能引起灾难性的后果。二十年来，卡塔琳娜·美第奇先是因为狄安娜·普瓦蒂埃，后是因为玛利亚·斯图亚特，一直克制自己的虚荣心，现在她刚刚掌握政治权力，就让这两个垮台的人尝到她仇恨的滋味，她是那样的盛气凌人，大耍威风。

但是，玛利亚·斯图亚特现在鲜明地表现出她性格中果敢的特点，她桀骜不驯，不屈不挠，显示出男子汉倔强的高傲，她决不甘愿待在屈居第二位的地方，她高傲、刚烈的心绝不满足低下的地位和半拉子名分。她宁愿一无所有，宁愿死。一时间，她想进修道院隐居一辈子，舍弃她的一切名分，因为她在这个国家再也无法得到最高地位。然而，生活的诱惑毕竟太大了，对于一个十八岁的姑娘来说，永远放弃生活的乐趣，是违背自己的天性的。何况她还有同样珍贵的青春年华，可以换回她失去的王冠。西班牙国王委派他的使臣为新旧两大陆未来的君主堂·

卡洛斯向她求婚;奥地利宫廷派了秘密的谈判代表来见她;瑞典和丹麦国王也愿意把王冠和心献给她。另外,她自己还有祖传的苏格兰王冠,还可以对另一顶王冠,即毗邻的英国的王冠提出继承的要求。这位寡居的年轻的王后,这位正值青春年华的美貌的女人,还有着不可估量的机会。当然不再像先前那样,礼物会自动地送到她面前,会由命运赏赐给她。从现在起,一切得靠巧妙的本事和坚韧的耐心从对手那儿夺过来。然而,凭着她那样的勇气,凭着她那样美丽的容貌,凭着她那样年轻、充满炽热生机的躯体,她敢于下最大的赌注。玛利亚·斯图亚特下定决心,要为她应得的遗产而斗争。

当然,要离开法国这对她来说不是一件轻松的事。她毕竟在法国王宫里生活了十二年。这美丽、富饶、充满生活乐趣的国家,比起她失落童年生活的苏格兰,更像是她的故乡。这儿有她姥姥家的亲戚保护她;这里有不少的城堡,她曾在里面幸福地生活过;这里有赞赏她、理解她的诗人;这里有最合乎她天性的轻松的骑士式的生活情趣。虽然苏格兰人早已迫切地盼着她回去,但她犹豫不决,一个月一个月地拖延着。她到舒昂维尔和南锡去拜访亲戚,到雷姆斯去参加她九岁的小叔子查理九世的加冕典礼;她像是怀着神秘的预感似的,寻找一个又一个借口拖延回国的日程。她像是在等待命运会给她什么恩赐似的,好让她不必回故乡苏格兰。

玛利亚·斯图亚特,这位十八岁的女王,虽然在处理国家事务方面还是新手,还缺乏经验,但是她心里很清楚,她在苏格兰会面临严峻的考验。她的母亲原来以摄政王的身份代她治理朝政,但在她母亲去世后,她最恶劣的对手——新教的勋爵们占了优势。他们憎恨天主教,是不愿意把一个虔诚的天主教的教徒召回国的,现在他们几乎不掩饰他们不乐意的情绪。他们公开宣称(英国使臣马上兴奋地向伦敦报告):“应该把女王回苏格兰的行期再拖延几个月;如果他们不负有服从的义务,他们倒愿意永远不见她。”他们暗地里早已在玩弄恶劣的手段,企图向英国女王推荐最有权利继承苏格兰王位的新教徒阿兰伯爵做她的丈夫,以便把明显属于玛利亚·斯图亚特的王冠非法地塞到伊丽莎白的手里。玛利亚·斯图亚特的异母兄弟詹姆斯·斯图亚特,即梅里伯爵,受苏格兰议会的委派来法国接她回去,她也不可能信任他,因为他同伊丽莎白的关系太密切了,这是令她忧虑的,也许他早已被伊丽莎白收买,为她效劳了。玛利亚·斯图亚特只有立即回国,才能及时阻止这些阴谋家暗中进行的卑鄙活动;只有依靠苏格兰国王世代相传的勇气,她才能确保她的王位。为了在失去第一顶王冠后不在同一年失去第二顶王冠,玛利亚·斯图亚特终于决定回国;心情沉重、情绪低落的玛利亚·斯图亚特接受了苏格兰人要她回国的召唤,这不是苏格兰人真诚地发自内心的召唤,而她也只是半信半疑地听从了召唤。

然而,还在她回国之前,她就不得不感受到同苏格兰接壤的英国是另一个女王的国土,而不是她的国土。伊丽莎白没有任何理由,也没有什么兴趣使她的竞争对手和王位继承人生活过得轻松些;英国国务大臣塞西尔恶意地发表公开谈话,支持她的每一个敌对的行动:"苏格兰女王对许多事务越不确定,拖得越久,对陛下越有利。"因为那个有名无实的王位继承人的纷争还没有解决。虽然苏格兰代表同英国代表在爱丁堡签订了一项条约,在条约中苏格兰代表以玛利亚·斯图亚特的名义永远承认伊丽莎白是合法的英国女王,但条约送到巴黎,要玛利亚·斯图亚特和她的丈夫法兰西斯二世签字生效时,他们避而不签。玛利亚·斯图亚特永远不会拿起笔签字的;她既然已经把英国王冠画在纹章上,公开打出了要求得到英国王位的旗号,那她是永远不会把这旗号收起来的。出于政治上的考虑,她或许会把她的权力留待以后再提出来,但她决不会公开地、诚心诚意地放弃她祖先的遗产。

然而,伊丽莎白决不能容忍这种似是而非、模棱两可的态度。苏格兰女王的代表既然以她的名义签订了爱丁堡条约,伊丽莎白女王说,那么玛利亚·斯图亚特有义务签上她的名字。伊丽莎白不满足于默认,或悄悄地承认,因为她作为一个新教徒(在她的王国中有一半人口热诚地信奉天主教),不能不认为一个要求继承王位的天主教徒是她的心腹之患,这不仅会危及她的王位,而且会危及她的生命。只要她的对手,那位女王,不明确地宣布放弃自己的要求,伊丽莎白就不是真正的女王。

毫无疑问,在这个有争议的问题上,伊丽莎白的看法是正确的,没有人否认这一点。但她试图以渺小而低级的手段去解决重大的政治冲突,以致她自己也很快陷入不正确之中。在政治斗争中,女人总是有一种危险的特性,那就是用挖苦的话去伤害对手,用恶意的行为去激化矛盾。如今,目光敏锐的女王也犯了一切女政治家不可避免的错误。玛利亚·斯图亚特为了回苏格兰,正式申请过境签证。从她这方面说,这样做是出于礼节,是一种形式上的官方礼节性的表示,因为她本可以直接取海路回国;她提出取道英国回国,这样做是在默默地向对方提供一个友好谈判的机会。然而,伊丽莎白马上抓住机会刺了对手一下。她对有礼报之以粗暴无礼,宣布只要玛利亚·斯图亚特不在爱丁堡条约上签字,就不给她发过境签证。她想刺痛一位女王，却侮辱了一个女性。她不是选择有力的军事威胁的姿态，而是选择一种恶意而无力的人身侮辱的手段。

于是，两个女人的内在冲突表面化了，她们撕破温情脉脉的面纱，眼里冒着炽烈的怒火，以高傲还击高傲。玛利亚·斯图亚特立即召见英国使臣，激昂地训了他一顿："我感到十分难过的是，我竟控制不住自己，去求你们的君主帮忙，其实根本用不着。我不需她批准我的旅行，就像她也不需要我批准她的旅行一样。没有她发的护照，没有她的批准，我也能够回到我的王国去。大使先生，您也知道，我当初来法国的时候，你们的先王想在路上截住我，但这并没有拦住我顺利到达法国。如今，我同样有好办法找到路回到我的祖国，只要我向朋友们请求帮助就行了……您公开对我说过，你们的女王和我之间友好相处是大家所希望的，对我们两国都有利。不过，我现在有理由认为，你们的女王并不是这样看的，否则，她不会如此不友好地拒绝我的请求。看来她更重视同我的那些不顺从的臣民交朋友，觉得同他们的友谊胜过同我的友谊，尽管我同她的地位相当，就算我不如她聪明，不如她经验丰富，可我毕竟是她最近的亲戚和邻居……我向她寻求的只是友谊，我没有扰乱她的国家的和平，更没有同她的臣民谈判，虽然我知道她的臣民中有许多人会乐意接受我的任何建议。"

这是一个有力的威胁，也许有力而不明智。因为玛利亚·斯图亚特还没有踏上苏格兰的土地，就已经暴露了她的秘密意图：必要时把她同伊丽莎白的斗争转到英国去。使臣彬彬有礼，避免正面回答。他说，一切麻烦都是由于玛利亚·斯图亚特当时把英国的王冠绘进她的纹章而引起的。玛利亚·斯图亚特对他的责备立即进行了回击："大使先生，当时我处在我的公公亨利国王和我的君主和丈夫的影响之下，我只能按他们的命令和要求行事。自他们去世后，您也知道，我已不再使用英国女王的纹章和称号。我认为，这样做想必确保了你们女王的地位，再说，我同她一样是女王，即使我使用了英国的纹章，对我至尊的表亲来说，也不至于是一种耻辱，因为我知道还有其他一些人使用了英国纹章，他们的地位比我低得多，他们的关系也不如我这样亲。您毕竟不会否认我的祖母是她父王的姐妹，而且是大姐。"

在友谊的幌子下又闪烁其词地露出了危险的告诫：玛利亚·斯图亚特强调她是长房的后裔，以此重申她的继承权。使臣依然平静地请求她消除令人不愉快的误会，遵守承诺，在爱丁堡条约上签字，然而，一触及这棘手的问题，玛利亚·斯图亚特便一如既往地采取拖延的策略。她说，在同苏格兰议会商量之前，她决不能签字。使臣同样不想以伊丽莎白的名义做出任何许诺。每当谈判触及关键性的问题,要两位女王中的一位明确地表示放弃某种权力时,双方就开始回避,讲出一些虚伪的话。每个人都把王牌牢牢地握在手里。于是游戏没有止境地拖下去,一直拖向悲剧性的结局。最后,玛利亚·斯图亚特粗暴地中断了关于护照的谈判,那声音像一块手帕被撕破那样尖锐刺耳:"如果我的准备工作不是那样充分,那么您的君主的不友好的行为也许会妨碍我的旅行。但是现在我已下定决心,敢于做我想做的事情,不管会产生什么结果。我希望一路顺风,不必在英国靠岸。万一发生这种事,您的君主就可以把我抓在手里了。在这种情况下,她想拿我怎么办就怎么办吧。如果她心狠得要置我于死地,那她就一意孤行,拿我做牺牲品吧。也许对我来说这种结果比活着更好。在这件事上,全由上帝做主吧。"

玛利亚·斯图亚特的这些话又流露出危险的、自负的、果断的语气。她天性善良、冒失、轻率,比较喜欢享受生活的乐趣而不善于斗争。但事情如果关系到她的荣誉,关系到她的帝王权力,她就马上变得坚如钢铁,固执而勇敢。她宁可毁灭,也不屈服;她宁可表现出帝王的愚蠢,也不愿显出一点软弱。使臣惊慌失措地向伦敦报告他未完成使命;伊丽莎白,这个聪明而灵活的君主,急忙做出了让步。护照马上签发,送到加莱,但晚了两天。因为玛利亚·斯图亚特已经决定冒险启程了,尽管在英吉利海峡有英国海盗船在游弋。她宁愿不受拘束地勇敢地选择一条危险的路,也不愿付出屈辱的代价选择一条安全的路。伊丽莎白错过了这唯一的机会,即邀请她害怕成为竞争对手的那个女人来英国做客,以其高尚的行为创造良好的气氛,解决危险的政治冲突。然而理性和政治是很难走同一条路的:也许正是这一类错过了的机会决定了世界历史戏剧性的发展。

就像晚霞虚幻地把大地染得金碧辉煌一样,法国礼仪盛大壮观的场面在欢送玛利亚·斯图亚特时尽显无遗。因为她当初以太子妃的身份踏上这块土地,并且曾一度统治过这个国家,现在她不能无人护送地离开这儿。应该公开地表明,苏格兰女王回国时不是一个可怜的被人丢开不管的寡妇,不是一个无依无靠的弱女子,法兰西的宝剑和荣誉是她命运的坚强后盾。一队辉煌壮丽的骑兵队护送她从圣日耳曼宫出发,一直把她送到加莱。那些骑兵穿着豪华鲜艳的服装,尽显法国文艺复兴时期那种奢华的风气,他们骑着鞍辔华丽的骏马,武器叮当作响,镀金的胸甲镶嵌得极为精致。法国贵族的精英们一起出动,为她送行。前面一辆豪华的马车里坐着她的三位舅舅——德·吉斯公爵、洛林红衣主教和吉斯红衣主教。她自己由四个忠实可靠的玛丽,以及宫女、侍女、侍童、诗人和乐队队员簇拥着;在这五彩斑斓的大队人马的后面，跟着装满沉重箱笼和贵重器物的车辆，在一只锁着的小盒子里放着王冠上的珠宝。玛利亚·斯图亚特像来时一样，受到女王的礼遇，场面辉煌盛大，在众人的尊重和崇拜中离开她心爱的国家。缺少的只有当初一个孩子的眼睛里无牵无挂地闪现的欢乐。告别，向来是无限美好的夕阳，是黑夜来临前的一丝余晖。

护驾的大部分人马在加莱返回。贵族们骑马回去了。他们明天要在卢浮宫侍候另一位太后，因为对于朝臣们来说，重要的是地位，而不是那个徒有地位的人。他们一个个都会把玛利亚·斯图亚特忘掉；只要那艘巨型帆船一扬帆起航，他们就会从心底里把她忘掉，虽然他们现在抬起陶醉的目光，在她面前下跪，发誓即使远隔重洋也永远忠于她。对于这些骑士来说，送行不过是一种庄严的仪式，就像加冕或出殡一样。在玛利亚·斯图亚特离别时，唯有诗人感到真正的悲伤和真心的痛苦，因为他们敏感的心灵具有预感和预知的能力。他们知道，这位女子想把宫廷变成欢乐和美的殿堂，但随着她的离去，缪斯也从法国离去了；现在，对他们和对所有的人来说，一个黑暗的时期来临了：政治动乱、不和及纷争的时期，胡格诺教派暴乱，巴黎屠杀新教徒之夜，暴徒和狂热分子滋事。一切骑士风度、浪漫情调，一切明快、欢乐、美好的东西，一切艺术的成果，都将随着这个年轻身影的消失而消失。七星辉映的诗社“七星”，也将在被战争硝烟弥漫的天空中黯然失色。随着玛利亚·斯图亚特的离去，他们美好、欢快的心情化为乌有，他们悲叹道：

那一天，法国的缪斯，
乘着海船悄然离去。

诗人龙萨面对青春和美，他的心也变得年轻起来，现在他在他的悲歌《离别》里再次歌颂玛利亚·斯图亚特的美丽，似乎想把她炽热的目光里永远失去的东西留在他的诗中，他真正动情地倾诉了他发自内心的悲伤：

你离我们而去，
缪斯从此沉寂，
忧郁的歌手怎能歌唱？
春天倏忽而过，

百花纷纷凋谢。
你的美辉耀法国，
十五年如电闪转瞬消逝。
你给我们留下的只是遗憾，
那难以泯灭的怀念，
让我永远忠于美丽的公主。

法国宫廷、贵族和骑士们很快会把那离去的女人忘记，唯有诗人们会继续为他们的女王效劳，因为在诗人们看来，不幸是一种新高尚。她在位时，他们赞颂过她的美，现在她在悲伤中，他们更加喜欢她。他们将永远陪伴她，歌颂她的生和死。一个高尚的人，如果能使自己的生活像一首诗、像一部戏、像一首谣曲，那么，在他生命结束时，总会有诗人们为了重新塑造一种新生活而描绘他的生活。

在加莱港口，一艘华丽的、船身漆成白色的巨型帆船等在那儿。在这艘飘扬着法国和苏格兰御旗的旗舰上，玛利亚·斯图亚特由她三位高贵的舅舅、优秀的宫廷骑士和她忠诚的游戏伙伴四个玛丽陪伴着；另有两艘军舰护送。然而，船还没有从内港驶出去，帆还没有扬起，玛利亚·斯图亚特一眼朝茫茫的海上望去，第一眼看到的是个凶兆：一艘刚刚驶进港湾的小船触礁沉没，船员有被波涛吞没的危险。玛利亚·斯图亚特在离开法国，回国主持朝政的时候，第一眼看到的景象成了晦气的象征：一艘船，由于驾驶不当，撞碎沉没海底。

不管这凶兆是否使她感到暗暗害怕，不管她是否因怀念失去的家园而预感到她一去不复返，反正她被泪水弄得迷糊的双眼离不开这片土地，她在这块土地上曾是那样年轻，那样天真，并因此感到很幸福。布朗当动人地描绘了她离别时的隐痛：“船一驶出港湾，便起风了，水手们张开了船帆。她叉着双臂站在舵旁，禁不住放声大哭，她那美丽的眼睛，一再地望着港口，望着扬帆驶去的地方，她收回目光，一再地悲戚地喊道：‘再见，法兰西！’一直喊到夜色降临。人们请她下舱去休息，但她断然回绝了。人们在甲板上给她铺了一张床。她就寝时，严厉地吩咐舵手：天一亮，只要还能看见远方法国的海岸，就马上唤醒她，甚至可以在她耳边使劲地喊。命运真的宠爱她，满足了她的愿望。因为风很快就停了，船员不得不摇桨划船，一夜间船没行多远。天亮时，法国海岸真的还能看见。舵手刚刚执行了她的命令，她就一骨碌爬起来，目不转睛地望着还能望见的海岸，一而再，再而三地喊道：‘再见，法兰西，再见，法兰西！我相信我再也见不到你了。’”

FOURTH CHAPTER | 第四章 |

回到苏格兰

Huidao Sugelan

回到苏格兰

1561 年 8 月

1561 年 8 月 19 日，玛利亚·斯图亚特抵达雷特，上岸时大雾笼罩，在这儿的北方海岸很少有这样的天气。抵达苏格兰的情景与离开亲爱的法兰西的情景完全不同。在法国有盛大的欢送仪式，法国贵族的优秀分子为她送行，公爵和伯爵们、诗人和音乐家彬彬有礼地向她表示崇敬和问候。但在这儿没有任何人恭候她。船靠岸时，只有一群百姓惊讶而好奇地围上来：几个穿着粗布工作服的渔夫、几个游手好闲的士兵、几个小贩和进城卖牛的农民。他们胆怯而不是兴高采烈地看着服饰华丽的贵夫人和骑士上了岸。他们都把对方看成陌生人。真是一种异乎寻常的欢迎，生硬而冷淡，就像这北国的心灵。就在这最初的时刻，玛利亚·斯图亚特痛苦地看出祖国可怕的贫穷，她在海上航行了五天，仿佛倒退了一个世纪，她从一个辽阔、富庶、繁荣、奢靡、品味本国文化的国家，来到了一个狭窄、阴暗、悲惨的世界。因为在这个几十次被英国人和起义者抢劫一空、烧得满目疮痍的城市里，不仅没有宫殿，甚至连一座配得上她住的巨宅也没有。这个国家的女王只得住在一个普通商人的住宅里，总算有了一个过夜的地方。最初的印象具有巨大的威力，注定能深深地铭刻在心里。这个年轻的女子在离开故国十三年之后，现在又像个陌生人似的踏上她的国土，也许她自己也弄不清是一种什么感情攫住了她。是一种思念之情，无意识地思念她在法兰西土地上所熟悉所喜欢的温馨而甜蜜的生活？是一种在这灰蒙蒙的陌生的天空下感到压抑的心情，或是预感到未来灾难的沉重心情？不管是什么吧，反正按照布朗当的说法，当她刚刚把侍从打发走，只剩下一个人时，她不禁伤心得眼泪夺眶而出。她不是像征服者威廉那样，以权势显赫的帝王气派坚定而自信地踏上不列颠岛，她的第一个感觉是惶惑，是对未来事情的不祥的预感和恐惧。

第二天，摄政者，即她的异母兄弟詹姆斯，斯图亚特（通常叫梅里伯爵），得到她已抵达的消息，便骑马赶来。他带来一些贵族，以便装出隆重接驾的样子，把她送到爱丁堡。但迎驾的仪式并不隆重。英国人找了一个有破绽的借口,说是为了搜捕海盗,扣下了她运送御马的船,而在这座小城雷特,只找到一匹鞍辔勉强还过得去的马,于是牵给了女王。至于随行的妇女和贵族,只得忍气吞声骑着从城郊各个马厩里匆匆征集来的粗野的驽马。玛利亚·斯图亚特含着眼泪看着这种情景,她又一次感到她丈夫的死使她失去了多少东西,一旦当过法兰西女王,再当苏格兰女王是多么没意思。她出于高傲,不愿以如此可怜、寒酸的仪态出现在她的臣民面前,她没有威风凛凛骑马在爱丁堡的街上穿行,而是带着随从绕行到城墙外的霍利鲁德堡。他父亲建造的宅邸笼罩在浓浓的夜色中,只有圆形塔楼和城墙的齿形雉堞依稀可辨;从外面一眼看去,它清晰的轮廓和方石砌成的正面似乎显得很雄伟。

然而这些冷冰冰、空荡荡的房间,是以多么凄惨的样子迎接被法国的奢华宠坏了的女主人啊!没有挂毯,没有一面面意大利镜子把烛火照得满壁生辉,没有贵重的帷幔,也没有金器和银器闪闪发光。这儿已经多年没有作为宫殿使用了。在这无人居住的房间里,早已没有朗朗的笑声了。自从她的父亲去世后,没有任何帝王的手修缮装饰过这所宅邸,它看上去满目疮痍,这是她的王国自古以来的厄运。

爱丁堡的居民得知他们的女王驾临霍利鲁德,不顾夜色已深,纷纷从家里赶来,向女王表示欢迎。在那些高雅而娇惯的法国贵族看来,这样的欢迎未免太粗俗,太土气了,他们的看法也是不足为怪的;这些爱丁堡的居民可没有宫廷乐师向龙萨的女弟子献上用轻柔的田园诗和浪漫的抒情诗谱成的颂歌。他们只能以自古以来的习俗欢迎他们的女王,他们找来这个贫瘠的地区唯一盛产的枯树枝,在广场上燃起篝火,让他们心爱的美丽的火焰通宵燃烧,照亮黑夜。他们聚集在女王的窗下,用风笛、牧笛及其他土乐器奏出他们自以为是音乐的声音,而在有修养的客人们听来,这声音却是恶魔的喧嚣。他们还用粗哑的嗓子唱起赞美诗和宗教颂歌,因为喀尔文教派的牧师禁止他们唱非宗教的歌曲,他们只能以这些表示他们最热烈的欢迎。玛利亚·斯图亚特倒是对这种友好的迎驾感到高兴,不管怎么说,她愁云顿消,亲切地向她的臣民致意。总之,在她抵达的最初时刻,她和臣民之间的关系是和谐的,这是十几年来不曾有过的。

一个政治上完全缺乏经验的女王面临着十分艰难的任务,这是女王自己和她的顾问们都很清楚的事。苏格兰上层贵族中最聪明的梅特兰特·列廷顿的一句话竟成了预言。关于玛利亚·斯图亚特的回国,他这样写道:"它将不断地引起许多不寻常的悲剧。”连一个精力充沛、意志坚定的男人用铁拳去治理这个国家，也无法做到长治久安，何况是一个对本国陌生、不懂治国之道的十九岁的女人呢！国家贫穷，贵族营私舞弊，一有机会就想挑起暴乱和战争；许多家族处在纷争之中，只要等到合适的机会，就把他们的仇恨化为内战，天主教和新教的僧侣，为了争夺统治权拼得你死我活；一个虎视眈眈的危险的邻国巧妙地煽风点火，把每一个事端变为骚乱；再加上世界列强的敌对行为，他们不怀好意地想把苏格兰拖进它们的血腥游戏之中。玛利亚·斯图亚特面临的就是这样的局势。

她踏上苏格兰土地之时，斗争正处在紧要关头。她从她母亲那儿继承的不是满满的银箱，而是一份充满灾难的遗产，一种真正的“祖传的灾祸”，那就是搅得人心烦意乱的宗教纷争。她自在而幸运地在法国度过的那几年，宗教改革运动高唱凯歌，深入苏格兰。宫廷和王室，城市和乡村，宗族和家庭，都出现了可怕的裂痕。一部分贵族是天主教徒，另一部分贵族是新教徒；城市居民信奉新教，而乡村农民仍然信奉旧教；家族与家族、宗派与宗派斗来斗去；狂热的教士常常煽起两个派别之间的仇恨，外国的强权势力又在政治上挑起两派的不和。对玛利亚·斯图亚特来说，尤其危险的是，最强大最有影响的一部分贵族聚集在反对她的喀尔文教派的阵营中。那些贪求权势的叛乱分子利令智昏，等待机会去强占富饶的教会领地。他们终于有了冠冕堂皇的借口，披着德行的外衣，作为真正教会的庇护者和“会众勋爵”去反对他们的女王，而且他们随时可得到英国的援助。一向舍不得花钱的伊丽莎白已经拿出二十多万英镑，想通过暴乱和征讨使苏格兰摆脱信奉天主教的斯图亚特家族的统治。即使现在，在庄严地缔结了和平条约之后，大部分玛利亚·斯图亚特的臣民仍然秘密地为她卖命。玛利亚·斯图亚特只要皈依新教，就能一举保持均势。她的一些顾问也竭力建议她这样做。但玛利亚·斯图亚特是吉斯家族出身的人，她同天主教最热烈的拥护者有着血缘关系，她自己虽然没有那种宗教狂热者的虔诚，但也真诚而热烈地信仰她的父辈和祖辈的宗教。她永远不会背弃她坚定的信仰，即使在特别危险的时刻，出于她勇敢的天性，她宁可选择坚韧的斗争，也不愿违背自己的良心，做出一点懦弱的表示。但她这样做，就在她和贵族之间造成了不可弥合的裂痕。如果君主和她的臣民在宗教信仰上不一致，那结果是很危险的。因为天平不可能永远在两边晃来晃去，总有一头占上风。其实玛利亚·斯图亚特只有一种选择：成为宗教改革的领头人，否则她就会成为宗教改革的牺牲品。路德、喀尔文和罗马之间不可阻挡的分裂，由于一种不可思议的偶然性，竟在她的命运中有了一个戏剧性的结局；伊丽莎白和玛利亚·斯图亚特之间的个人争斗,英国和苏格兰之间的争斗,也决定了英国和西班牙、改革和反改革的争斗,其意义的重大正在于此。

这种关系到她命运的局面本来就很严重,由于宗教分裂深入她的家庭、她的城堡、她的咨询机构而变得更加严重。她不得不把国事的处理权托付给她的异母兄弟詹姆斯·斯图亚特,他是苏格兰最有影响的人物。而他是一个坚定的新教徒,是"礼拜堂"的保护者,信奉天主教的玛利亚·斯图亚特却把"礼拜堂"视为异教徒的场所。早在四年前,詹姆斯第一个在护教者的誓词上,即所谓的"会众勋爵"的誓词上签字。"会众勋爵"有义务"发誓放弃撒旦的教义,放弃对它的迷信和偶像崇拜,宣布从现在起作为它公开的反对者"。他们发誓放弃的撒旦教义就是天主教的教义,也就是玛利亚·斯图亚特信奉的教义,在这个最重要最基本的问题上,女王和她的摄政者从一开始就存在着不同的看法,这就造成了不可弥合的裂痕。这种状况不会带来安宁,因为女王内心深处有一个想法:压制苏格兰的宗教改革;而她的摄政者,即她的兄弟,只有一个愿望,宣布新教是唯一的国教。在信仰上如此尖锐的矛盾势必会导致公开的冲突。

这个詹姆斯·斯图亚特注定要在玛利亚·斯图亚特的人生戏剧中扮演主角。命运给他安排了一个重要的角色,而他作为一个出色的演员也懂得怎样演下去。他是同一个父亲的儿子,是他父亲同苏格兰名门望族的女儿玛格丽特·厄斯金同居所生;由于他高贵的血统和刚毅的天性,他似乎生来就是王位最合适的继承者。只是由于詹姆斯五世在政治上的软弱性,他只得放弃把他和厄斯金小姐婚姻合法化的想法,虽然他很爱厄斯金小姐。为了巩固他的政权,也为了得到财政支援,他娶了一位法国公主,即玛利亚·斯图亚特的母亲。非婚生的耻辱像重担一样压在这个有野心的王子头上,永远阻塞了他通向王座的道路。尽管教皇答应了詹姆斯五世的请求,公卄承认他同父亲的另五个非婚生子女都具有王室血统,但梅里仍然只是一个私生子,没有任何权利继承父亲的王位。

历史和它的最伟大的描写者莎士比亚给世人提供了许多私生子精神悲剧的例子。私生子既是儿子,又不是儿子,国家、教会和世俗的法则都无情地剥夺了自然烙在他们血液里和容貌上的权利。他们受到各种法庭中最严厉最强硬的偏见法庭的审判,他们这些非婚生子不是在帝王的合欢床上受孕而生的,他们的权利往往不被重视。而那些有继承权的人往往都比较软弱无能,因为他们的出世不是爱情的结晶,而是政治谋划的结果。私生子总是遭人厌恶,被人赶走,注定在他们本该发号施令和占有的地方向人乞讨。但是,如果一个人老是被作为劣等品受人歧视和压制，那么这种老是受辱的自卑感对他变得软弱或是变得坚强都具有决定性的作用。一种压抑感既能使一个人的性格变得软弱，也能使一个人的性格奇迹般地变得更加坚强。胆怯懦弱的心灵由于屈从会变得更加渺小；乞丐和谄媚者只会向那些公认的合法的婚生子哀求施舍和仰其鼻息。而对一个生性坚强的人来说，歧视却会使他身上受抑制的隐含的力量爆发出来，如果不是友好地让他直截了当地获得权力，他就会设法使自己成为权力的化身。

梅里是一个生性坚强的人。高贵的斯图亚特家族列祖列宗的疯狂的果断作风，他们的高傲和威严，在他的血液里猛烈地不可捉摸地激荡。作为男子汉，作为一个人，他的聪明才智，他的坚定果断，十分突出，比起那些渺小的、贪婪的伯爵和男爵来要胜过一筹。他的目标远大，他的计划在政治上是经过周密思考的。这个三十岁的男人像他妹妹一样聪明，但他的审慎和实际经验要远远超过他的妹妹。他像观察一个玩耍的孩子一样，居高临下地观察着她，只要她的游戏不干扰他的计划，他就让她去玩耍。作为一个成熟的男人，他不像他妹妹那样喜欢强烈的、神经质的、罗曼蒂克的冲动。作为摄政者，他没有任何英雄行为，但他懂得耐心等待的秘诀，这就可以确保成功，要比一时心血来潮的冲动更可靠。

一个真正的政治家总是具有一种出色的才能，那就是事先放弃不可实现的要求。对他这个私生子来说，继承王位是永远不可实现的事。梅里永远不能成为詹姆斯六世，他清楚地知道这一点。他这个审慎的政治家，从一开始就放弃了要求登上苏格兰王位的权利，以便更有把握地当上苏格兰的摄政王。他既然永远不能成为君主，也就放弃了权力的象征物和显而易见的标志，但他这样做，只是为了把真正的权力更牢固地掌握在手中。他还是个年轻人时，就贪婪地攫取财富，他把财富视为权力最具体的形式。他从父亲那儿继承了大笔遗产，也从别人那儿获取了大量的馈赠，还利用教会财产国有化和战争为自己谋取利益，总之，每次碰到有利可图的事，他都首先捞上一大把。他毫无顾忌地接受伊丽莎白的重金津贴。当他的妹妹玛利亚·斯图亚特作为女王回国时，她清楚地看到他是苏格兰最富有最有权势的人，他强大得已经无人能把他赶走。她寻求他的友谊，与其说是出于内心的好感，还不如说是出于需要。为了确保她的统治，她把一切他渴望得到的东西送到他手里，竭力满足她的异母兄弟对财富和权力永不知足的贪欲。玛利亚·斯图亚特算是幸运，梅里的这双手也确实可靠，能伸能屈。他是天生的政治家，他被证明是个恪守中庸之道的人：他是新教徒，但不是反对圣像崇拜的人；他是苏格兰的爱国者，但受到伊丽莎白的宠爱；他同那些勋爵是关系还可以的朋友，但在必要时,也会挥拳恫吓他们。总之,他是一个冷酷、工于心计、不会被权力的光芒照花眼睛、只满足于真正权力的人。

这样一个不寻常的人,对玛利亚·斯图亚特来说,只要站在他的一边,就会给她带来很大的好处,而一旦同他对立,就会成为最大的危险。作为有同一血缘关系的兄弟,自私自利的梅里并不反对他的妹妹在位,他可以从中获得一切好处,如果一个戈登或汉密尔顿家族的人处在她的地位,都不会给他这么多不受限制的权力和执政的自由。因此,他心甘情愿地让她出头露面,应酬交际,毫无妒意地看着她在权杖的导引下,戴着王冠出席各种庆典,只要真正的权力掌握在他手里,他就知足了。但是,如果她试图自己执政,削弱他的权威,那么他身上斯图亚特家族的高傲就会同她身上斯图亚特家族的高傲发生激烈的冲突。同类与同类出于同样的欲望,以相同的力量相斗,那是相当可怕的,没有任何一种敌意能与之相比。

梅特兰德·列廷顿,宫中第二号重要人物,玛利亚·斯图亚特的国务大臣,也是新教徒。他起初也是站在她一边的。梅特兰德,这个人聪明能干,头脑灵活,有教养,像伊丽莎白所说的那样,他是个"大才子",但他不像梅里那样专横和高傲,热衷于权力。他作为一个有外交手腕的人,在耍弄政治阴谋和权术的游戏中自得其乐。他关心的不是固定的原则,不是宗教和祖国、王权和王国,而是到处插手、随心所欲地发动或平息阴谋的高超艺术。他令人奇怪地对玛利亚·斯图亚特个人怀有好感(四玛丽中的玛丽·弗莱明成了他的妻子),对她既没有真正的忠诚,也没有真正的不忠诚。女王顺利时,他为她效劳;女王处在危难之中时,他离她而去。他像风信旗一样,女王从他身上可以看出现在是顺风还是逆风。因为他是一个真正的政治家,他不是为她——女王和朋友效劳,而是为她的运气效劳。

总之,不管是在左边还是右边,城里还是自己的家里,玛利亚·斯图亚特回国后都没有找到可靠的朋友。这是一个凶兆!然而,她总算能够同梅里,同梅特兰德达成协议,靠他们执政。而有个人一开始就同她势不两立,对她怀有冷酷无情、杀气腾腾的敌意,他就是最有势力、深孚众望的约翰·诺克斯。他是爱丁堡很得人心的牧师,是苏格兰"礼拜堂"的创始者和首领,也是进行宗教煽动的能手。他和玛利亚·斯图亚特开始了一场生存或毁灭的斗争,一场你死我活的决斗。

约翰·诺克斯的喀尔文主义不仅表明要革新教会,而且表明要革新僵化的国教制度,因此,在一定程度上它是一种最高级的新教。他盛气凌人地以主宰的姿态出现,他狂热地要求人人乃至君主都要盲目地服从他的神权经诫。玛利亚·斯图亚特生性随和温厚:好说话,按照她的天性,她本来也许能同英国的圣公会、路德教派和任何一种温和的新教取得谅解。但专横的喀尔文主义却没有任何可能同一位真正的君主取得谅解,连甘愿找诺克斯帮忙在政治上搞臭竞争对手的伊丽莎白,也因为他那叫人无法忍受的妄自尊大而讨厌他。诺克斯令人厌恶的狂热,更使为人宽厚、信奉人文主义的玛利亚·斯图亚特感到恼火。她是个享受生活乐趣的人,懂得享受的方式,爱好音乐,无法理解平淡而严厉的日内瓦教义,它敌视生活,破坏圣像,憎恶艺术,讨厌欢乐;她也无法忍受它那高傲的固执,它竟然禁止笑,宣布美为罪恶,要把一切同美相关的珍贵的东西毁掉,要把日常生活中一切欢快的形式、音乐、诗歌、舞蹈统统毁灭,使本来已经够沉闷的世界变得更加沉闷。

约翰·诺克斯在爱丁堡"礼拜堂"上打下的就是这样冷酷、迂腐的印记,他是教会所有的创始人中最顽固、最狂热、最无情的人,他的无情和偏执甚至超过了他的老师喀尔文。他早先只是一个低级的天主教神父,以疯狂的劲头和愤怒成为一个真正狂热的信徒,投身宗教改革运动,追随被玛利亚·斯图亚特的母亲作为异教徒活活烧死的乔治·威沙特。烧死他老师的火焰,继续在他的心灵中燃烧下去。他作为反对太后执政的起义领袖之一,被法国援军俘虏,并被上了镣铐在法国的战船上服苦役。在那儿,他虽然上了镣铐,但不久他的意志比镣铐还硬。在释放后,他投奔喀尔文。在那儿,他感受到喀尔文布道的力量,感受到清教徒对一切为追求幸福而亵渎上帝的生活原则的无情的憎恨。他回到苏格兰后,以他天赋的冷酷,在几年之内,就迫使贵族和平民投身宗教改革运动之中。

约翰·诺克斯也许是历史上宗教狂热分子中最完整的典型。路德也有心灵欢快的时刻,而他比路德更冷峻;他比萨沃纳罗拉更严厉,因为他缺乏萨沃纳罗拉布道的才华和神秘的悟性。他在直来直去的布道中完全正直,但由于他思想偏执、我行我素,便成了一个狭隘、严峻的思想家,这样的人只承认自己的真理是真的,自己的德行是有道德的,自己的基督教才是基督教。谁跟他的思想不同,谁就被他视为罪人;谁只要有一点偏离他的要求,谁就被看成是撒旦的奴仆。诺克斯身上有狂躁病者的那种险恶的胆量,有狂热病者发作时的那种激奋,有自以为是的令人讨厌的高傲。在他的严酷中流露出一种危险的沾沾自喜,为自己的严酷而得意;在他的偏执中透露出一种欲望,相信自己绝对正确。这位苏格兰的耶和华,胡子飘拂,每逢礼拜天,站在圣杰尔大教堂的布道台上大吼大叫,诅咒和憎恨所有不来听他布道的人。

这个"杀害欢乐的凶手",愤怒地咒骂那些"撒旦的恶棍"——那些不完全按照他的信条和理解侍奉上帝的人,那些逍遥自在、没有精神负担的人。这个狂热的老人，除了他信仰的成功，没有其他的欢乐；除了他事业的胜利，不承认其他的正义。只要他听到某个天主教徒或他的对手受到惩罚或侮辱，他就会以一种幼稚的方式欢呼起来；如果“礼拜堂”的一个敌人被刺客干掉，那么他认为这种值得称赞的行为当然是上帝的旨意和要求。当玛利亚·斯图亚特年轻的丈夫，可怜的法兰西斯二世“不愿听上帝的话”的耳朵发炎流脓时，诺克斯在布道台上唱起赞美诗。当玛利亚·斯图亚特的母亲玛丽·德·吉斯去世时，他兴奋地讲道：“求上帝赐给我们最大的恩惠，让我们很快摆脱瓦卢阿血统的其他后裔。阿门！阿门！”他布道时像挥舞戒尺一样咄咄逼人，人们在他的布道中感觉不到温和合乎福音的仁慈。他的上帝是复仇上帝，妒忌成性，铁面无情。他真正的圣经是嗜血的、残忍的旧约。他在布道中翻来覆去、咄咄逼人地提到摩押、亚玛力以及以色列其他该用剑和火斩尽烧光的敌人，以此反对真正宗教的敌人，即他的宗教的敌人。每当他以愤怒的言词咒骂圣经中的耶扎贝女王时，听众都很清楚他真正指的是谁。仿佛雷雨骤起，翻滚的乌云遮住了广阔的天空，耀眼的闪电和轰鸣的雷声永远叫人们的心灵颤栗，喀尔文主义遮住了苏格兰的大地，随时能够刮起摧毁一切的风暴。

这个坚定不移、不屈不挠的人，只想发号施令，一味要求人们绝对服从，同这样一个人是无法和解的。任何开导他或争取他的企图只会使他更加严厉，更加尖酸地嘲讽，更加苛刻。这种自以为了不起的顽固就像一堵石墙，任何试图达成谅解的努力都会碰得粉碎。这一类自称是上帝使者的人，历来是世界上最难和睦相处的人；因为他们只是一心倾听上帝的旨意，所以他们的耳朵听不进富有人性的话。

玛利亚·斯图亚特回国还不到一星期，就已经感觉到这个狂热者咄咄逼人地站在她的对面。她在执政之前，不仅把信仰自由赐给了她的臣民（对天性宽容的她来说，这倒不是一种牺牲），而且得知有项法律禁止在苏格兰公开做弥撒（这是对约翰·诺克斯的追随者做出的痛苦的让步，按照他的说法，“宁可听说有一万敌军在苏格兰登陆，也不愿听说有个地方做一次弥撒”）。但虔诚的天主教徒，吉斯家族的外甥女当然要求保留自己的权利：在家庭小教堂里做她的宗教所规定的种种圣事。议会毫不犹豫地同意了这一合理的要求。然而，在第一个礼拜天，她在自己家里，即在霍利鲁德小教堂里，正准备做天主教的圣事时，一群愤怒的人气势汹汹地冲到门口。教堂司事正要把圣烛送往祭坛，这群人用暴力把他手中的圣烛抢走，砸碎。愤怒的吼声越来越响，他们要求把“搞偶像崇拜”的神父赶走，甚至要求处死；诅咒"撒旦弥撒"的呼声越来越激愤。在女王自己的家里，一场摧毁教堂的风暴随时都可能爆发。幸亏梅里勋爵及时赶到，虽然他自己是"礼拜堂"的信徒，却急忙拦住狂热的人群，把他们挡在门外。在恐惧不安中进行的圣事结束后，他把惊恐的神父安然无恙地领到他的房间，从而防止了一场显而易见的灾难，总算拯救了女王的权威。然而，庆祝女王回国的欢乐的气氛（诺克斯讥讽地称之为"joyousities"的气氛），被粗暴地破坏殆尽，使他大为高兴的是，浪漫的女王第一次在本国感受到现实的反抗。

玛利亚·斯图亚特受到冒犯，怒不可遏。她又是哭，又是喊，以此发泄她的怒气。通过这件事，她那不太分明的性格再一次比较明确地显露出来。这个年轻、从小被命运娇惯的女人，其实是个天性温存柔顺、随和宽厚的人；从朝廷地位最高的贵族到她的侍女和女仆，每个人都称赞她亲切和蔼、平易近人和为人真诚。她从不对人严厉而傲慢地吹嘘她的高贵，她以一种自然的放松的姿态让人忘记她高贵的地位，因此赢得了每个人的心。但是，她的大度、诚挚是以自信为基础的；在没有人触犯她的时候，这种自信是不易察觉的；一旦有人胆敢违背或抗拒她的旨意，这种自信立刻便会激烈地迸发出来。这个奇特的女子常常能忘掉个人所受的伤害，但决不能原谅别人对她的王权有丝毫的违抗。

这种对她王权的侮辱，她片刻都不能容忍。此类狂妄的行为必须立即制止，彻底杜绝。她知道应该去找谁，知道是那个异端教会的大胡子在煽动百姓反对她的宗教，是他唆使那些渎神者到她家里来的。她马上决定把他叫来，狠狠地教训他一顿。因为玛利亚·斯图亚特是由法国王权至上的思想哺育成长的，从小看惯了绝对服从，感受到神恩不可剥夺，一个臣民，一个普通百姓，违背圣意，这简直是无法想象的。她无论如何也不会料到在她的臣民中会有人胆敢公开甚至无礼地反对她。而约翰·诺克斯正要这样干，甚至下决心要这样干："那高贵的女子，她漂亮的面孔能叫我害怕吗？我敢于面对许许多多愤怒的男子汉，我从来没有在他们面前可耻地害怕过。"他兴奋地赶往王宫，因为争论（他自以为是为上帝而争论）是每个狂热者最喜欢的事。如果说上帝把王冠赐给了帝王，那么赐给牧师和使者的则是火辣辣的言词。对约翰·诺克斯来说，"礼拜堂"的教士要高于国王，因为教士是上帝权力的守卫者。他的任务是捍卫上帝在人间的王国。他毫不犹豫地用他愤怒的坚硬的大棒敲打反叛者，就像远古时代的撒母耳和《圣经》中的法官一样。于是出现了像《旧约》中一样的场面，国王的高傲和教士的傲慢发生了正面的冲撞。这不是一个女人和一个男人在争个高低，而是两种古老的思想又一次在激烈地争斗,已经争斗过成千上万次了。开始时,玛利亚·斯图亚特试图以温和的语气谈话。她想寻求相互谅解,强忍住胸中的怒火,因为她希望国家太平。她彬彬有礼地开始了谈话。但是约翰·诺克斯根本不想彬彬有礼,他要向这个"异教徒"表明他决不向世上的强者屈服。他一声不吭,阴沉着脸,不像是被告,而像是原告,听着女王责备他写的那本书《反对骇人听闻的女人统治的第一声号角》,在这本书里他反对女人有王位的继承权。就是这个诺克斯,日后为了这本书卑躬屈节地向新教徒伊丽莎白请求原谅。而此时在他的"教皇党"女王面前,他用模棱两可的词语说了一些话,顽固地坚持他的观点。两人的谈话渐渐地变得激烈起来。玛利亚·斯图亚特直截了当地问诺克斯:臣民是否要绝对服从自己的君主?玛利亚·斯图亚特指望他回答:是的。然而,这个狡猾的策略家没有这样回答,而是讲了一个寓言,对绝对服从加以限制:一个父亲失去了理智,想杀死他的孩子,这时候他的孩子有权捆住他的手,夺走他的剑。如果君主迫害上帝的儿女,那么上帝的儿女也有权反抗他们的迫害。女王马上感觉到在这种有附加条件的说法中隐含着这个神权论者对她统治权的反抗。"这么说,"她问道,"我的臣民应该服从您,而不是我?是我服从您,而不是您服从我?"

约翰·诺克斯的观点正是这样,但他当着梅里的面有所顾忌,不愿把他的观点完全清楚地表达出来。

"不,"他支吾其词地说,"王公和臣民,两者都应当服从上帝。国王应当成为教会的养父,而女王应当成为教会的乳母。"

"我可不想喂养您的教会,"女王被他含含糊糊的回答激怒了,顶了他一句,"我愿意关照罗马天主教会,我认为它是唯一的神的教会。"

现在这两个对手针锋相对,互不相让。事情弄僵了,因为虔诚的天主教徒和狂热的新教徒是无法互相取得谅解的。诺克斯变得越来越无礼,声称罗马天主教会是不配做上帝未婚妻的淫妇。当女王不准他使用这些侮辱她良知的言词时,他挑衅地说:"良知需要认识。"他担心女王缺乏正确的认识。这第一次谈话不仅没有达成双方的和解,反而加深了双方的敌意。诺克斯现在才知道"撒旦是强大的",他无法指望年轻的女王会向他屈服。"在这次争论中,我碰到了在这种年龄的人身上从未见过的坚毅。从这一天开始,我同宫廷的关系彻底了结,宫廷同我的关系也彻底了结。"他怒不可遏地写道。另一方面,那个年轻的女子也第一次意识到她的王权是有限的。诺克斯昂着头离开了王宫,他由于反抗了女王而感到得意和自豪。玛利亚·斯图亚特惘然若失地望着他的背影，痛苦地感觉到她的权势软弱，热泪不禁夺眶而出。但这不是她最后一次流泪。不久她就认识到权力不是从血统里继承来的，而是要靠不断的斗争和经受一次次的屈辱重新赢得的。

FIFTH CHAPTER 第五章

巨石滚动

Jushi Gundong

【茨威格经典传纪丛书】

Ciweige Jingdian Zhuanji Cong shu

巨石滚动

1561年～1563年

孀居的年轻女王玛利亚·斯图亚特在苏格兰度过了最初的三年。这三年,风平浪静,没有发生不寻常的事。她的一切重大的事件,仿佛压缩在激烈迸发感情的短暂的几个插曲之中,这是她一生命运的特色,就是这一点吸引了剧作家们的兴趣。在这三年里,主持朝政的是梅里和梅特兰德,而玛利亚·斯图亚特只是王权的代表而已。权力这样分配,对整个王国都有好处,因为梅里和梅特兰德处理政事都很明智审慎,而玛利亚·斯图亚特也出色地显示了代表的价值。她天生丽质,妩媚可爱,精通骑士的各种技艺,她骑马大胆勇敢,像个男人,球打得很在行,对打猎也很喜欢。她仅仅以她的外貌就能赢得人们普遍的赞赏。爱丁堡的百姓自豪地看着这位斯图亚特家族的女儿骑马出宫,她带着一队穿着色彩鲜艳的衣服的骑兵,一清早去打猎;她高高地举起拳头,架着猎鹰,亲切而高兴地向每个问候她的人答礼。自从这位年轻的女王回国后,一种明朗欢快、令人感动的罗曼蒂克情调,像青春和美的阳光似的,照亮了这个沉闷阴暗的国家,一位君主的美丽和青春总是神秘地赢得臣民的喜爱。那些勋爵也敬佩她那像男子汉一样敢作敢为的气质。这位年轻的女子能够整天率领她的随从人马疯狂地奔驰,一点也不知疲倦。正像她的心灵在讨人喜欢的亲切后面隐藏着还未显露的倔强的高傲一样,她的苗条、娇嫩、具有女性柔和线条的身体里隐藏着非凡的力量。她那炽热的勇气使她不怕任何艰险。有一次,她陶醉在纵马追猎的快感中,对一个同伴说,她真想做一个男人,好尝尝通宵在野外度过的滋味。当摄政者梅里出征讨伐叛乱的韩特莱家族时,她勇敢地同他骑马奔驰,腰旁挂着剑,腰带里插着手枪。火热的冒险对于她有一种狂野而危险的魅力,强烈地吸引了她,赋予她一种神秘的快感,因为这个坚定的人最隐秘的意向就是把她全部的力量,把她全部的爱,把她全部的激情,全都拿出来冒险。然而,在狩猎和奔驰中像猎人和战士一样朴素、坚毅的她,在她的城堡里又是另一副样子,她看上去是一位艺术和文化修养极高的君主,是她那小天地里最有生气、最讨喜的女子;她那有限的青春真正体现了时代的理想,以及骑士浪漫主义显示出来的勇敢和轻松、坚强和温柔。在雾气沉沉、被宗教改革的阴影笼罩的寒冷的北国,被行吟诗人所赞颂的骑士精神行将消亡之际,这美的形象闪耀出最后一抹余晖。

这位少妇,这位年轻的寡妇,她罗曼蒂克的形象闪射出来的光辉,在她二十、二十一岁时最为耀眼。她的辉煌也是来得过早,使人无法理解,也无法利用。因为她的内心生活还没有完全觉醒,她身上的女性还没有受到血气的激发,她的个性还没有形成,没有发展。只是在后来到了激动和危险的时刻,真正的玛利亚·斯图亚特才显露出来。而在她回到苏格兰的最初几年里,她只是在漫不经心的等待和无目标的玩乐中消磨时间,她仿佛随时都在做准备,但不知道在准备什么和为谁准备,就像是在做重大的、决定性的一搏前的深呼吸,这一刻既无力,又无生气。还是个半大的孩子时便已成为法兰西王后的玛利亚·斯图亚特,内心绝不满足于当一个可怜的苏格兰女王。她回到她的国家,并不是为了治理这个贫穷、狭小、偏僻的王国;她从一开始就把这顶王冠视为在世界性的赌博中赢得更为光辉的王冠的赌注。有些人认为或断言玛利亚·斯图亚特没有其他更大的愿望,只想做个听话的苏格兰王位的继承人,安安静静、太太平平地治理她父亲遗留给她的王国,这种看法或说法完全错了。谁要是认为她只有一点点野心,那就小看了她的远大抱负,因为这个年轻的女子怀有一种狂野的、不可遏抑的决心,决心获取更大的权力。她十五岁时在巴黎圣母院同法国王太子结婚,在卢浮宫作为千百万人的君主受到隆重的庆贺,其排场极其豪华,她决不会满足于今天的状况:只能统治二十来个不顺从的粗俗的伯爵和男爵,在几十万牧人和渔夫中间当个女王。有一种超越时代的说法,赞颂她具有民族爱国心,其实民族爱国心是几百年后才被发现的,这种说法未免有些虚假和牵强附会。15、16世纪的王公——除了她那伟大的对手伊丽莎白——当时都不关心他们的人民,只关心他们个人的权力。帝国疆界像改衣服那样时合时分;国家的形成是靠战争和婚姻,而不是由民族意识决定的。我们可不要犯感情用事的错误,要知道玛利亚·斯图亚特当时准备用苏格兰去换西班牙、法兰西、英国的王位,甚至随便换哪个国家的王位都行。她离别故乡的森林、湖泊和罗曼蒂克的城堡时,也许不会流一滴眼泪;因为她野心勃勃,把她的小国只当作达到更高目标的跳板。她知道,由于她的出身,她有资格当一个君主;由于她容貌美丽和有文化教养,她应该享有欧洲任何一个国家的王冠。她怀着无法表达的激情和野心,一味梦想着无限的权力,就像她的同龄人梦想无限的爱情一样。

正因为如此,她从一开始便毫无妒忌之心地把朝政交给梅里和梅特兰德,她甚至没有真正参与管理朝政——对她这个过早地取得王冠的命运的骄子来说,这个贫穷的小国有什么了不得呢? 她让他们两人随意治理和统治这个国家。玛利亚·斯图亚特从来就不擅长管理并扩大自己的产业,这可是最高级的政治艺术。她只会捍卫,却不会保管。当她的权力受到威胁,当她的高傲受到挑战,当她的要求受到外人意志侵犯的时候,她身上的干劲才会狂野而猛烈地迸发出来:只有在这伟大的瞬间,这个女子才会变得伟大和有能力,在平常的时间里,她只是一个平庸和无关紧要的人。

在这平静的时期,她那伟大的对手也变得平静了;因为每当玛利亚·斯图亚特那颗火热的心保持平静和感到满足时,伊丽莎白也就放心了。这位伟大的讲究实际的人,她最重要的政治优点之一便是善于承认事实,善于避免固执地反对必然发生的事。当初她竭力阻挠玛利亚·斯图亚特返回苏格兰,后来又千方百计推迟玛丽亚回国的日期;而如今,当玛丽亚回国已成为不容更改的事实时,她便不再继续斗争下去,而是尽力同她无法清除的对手建立友好的关系。伊丽莎白作为一个聪明的女子,她不喜欢战争(这是她飘忽不定的执拗的性格中最值得肯定的特点之一),她对采取武装行动有所顾忌,害怕做出这种责任重大的决定;她天性善于算计,她宁可从谈判和协议中得到好处,通过巧妙的智力游戏取得优势。当梅里勋爵得知玛利亚·斯图亚特即将回国时,马上写了一封言词恳切的信,规劝伊丽莎白同苏格兰女王建立可靠的友好关系:"你们俩都是年轻而出色的女王。你们都是女性,不愿意通过战争和流血来提高自己的声誉。你们两人之间产生敌意的原因何在,这是你们两人谁都知道的。上帝明鉴,但愿我的女主人从来没有提出过索要陛下的名号或王国的要求。不管怎样,你们两人应该成为朋友,始终是朋友。但是,既然她曾经表明过这种想法,我担心,只要这误会的起因不消除,这误会就一直会在你们之间存在。陛下在这个问题上不能让步,而她又对事情感到难以忍受,因为英国人把她这个同英国有很近血缘关系的人视为陌路人。在这件事上有没有一条中间道路呢?"伊丽莎白表示接受这个建议。玛利亚·斯图亚特仅仅作为苏格兰女王,而且又在靠英国供养的梅里的保护之下,对她不再是那样危险了,她头戴法国和苏格兰王冠,身为两国女王的日子已经过去了。为什么不向她表示一下好感,哪怕不是出于内心的好感呢? 不久,伊丽莎白和玛利亚·斯图亚特有了书信来往，两位亲爱的姐妹把她们心中的情感在什么都可以写的纸上尽情地表露出来。玛利亚·斯图亚特给伊丽莎白送去一只钻戒作为礼物，表明自己的心意。伊丽莎白回赠了一只更为珍贵的戒指。两个人为世人和自己表演了一出令人欢快的戏，展示了亲戚的情谊。玛利亚·斯图亚特信誓旦旦地说，“她在这个世界上只有一个最大的心愿，那就是看望她的好姐妹”，她愿意断绝同法国的结盟关系，因为她珍视伊丽莎白的好感“超过世上所有的舅舅”。而伊丽莎白以她庄重的字体写信（在碰到最重要的事情时她才亲笔写信），热情奔放地大谈她的好感和忠诚。但是，只要一触及协议和双方会晤的具体事宜，两人又小心翼翼地避开了。因为归根结底往日的谈判总是在同一问题上陷入僵局：玛利亚·斯图亚特要伊丽莎白先承认她的继承权，才愿意签署承认伊丽莎白的爱丁堡条约；而伊丽莎白感到承认玛利亚·斯图亚特的继承权意味着签署了她本人的死亡判决书。两人对各自的权力寸步不让，一切好听的话最终只是为了掩盖不可逾越的鸿沟，正如世界的征服者成吉思汗所说的那样：“天无二日，国无二主。”她们两人中总得有一人退让，不是伊丽莎白，就是玛利亚·斯图亚特。两人在内心深处都知道这一点，两人都在等待着这一刻。然而，只要这一刻还没有到来，为什么不好好利用这短暂休战的间歇呢？在内心深处的猜疑抹不掉的地方，总能找到理由把暗中燃烧的火苗煽成吞噬一切的火焰。

年轻的女王在那几年里往往为琐事所困扰，为讨厌的朝政而感到心烦，她在那群无情而好斗的贵族中越来越感到拘谨；同那些气势汹汹的牧师和耍阴谋诡计的人争吵，也使她感到很不愉快。在这样的时刻，她的思绪飞回了法兰西——她心里向往的故土。当然，她无法离开苏格兰，但她在她的霍利鲁德堡为自己营造了一个小法兰西，一个小天地，在这里——她的特里亚农①里，她能够完全不引人注目地、自由自在地过她所喜爱的生活。她在霍利鲁德堡的圆形塔楼里，按照法国的风格，建了一个罗曼蒂克的宫廷。她从巴黎运来了壁毯和土耳其地毯、豪华的床、家具和绘画，以及装帧精美的、她所喜欢的埃拉斯穆斯、拉伯雷、阿里奥斯托和龙萨等人的书。在这里，说的是法国话，过的是法国式的生活；晚上，这儿烛光摇曳，演奏音乐，举办社交活动，吟诗唱歌。在英吉利海峡这一边的小宫廷里，第一次演出了“假面”喜剧，后来这种即景古典小戏在英国剧坛上盛行一时。仕女

① 法国王宫。

们化了装，跳着舞，一直跳到深夜。在一次假面舞会上，为了表示“秘密意愿”，年轻的女王甚至女扮男装，穿着黑色紧身丝裤，而她的舞伴，那位年轻的诗人夏特利亚尔却男扮女装，这情景也许会叫约翰·诺克斯莫名惊诧。

但是，清教徒们、法利赛人以及诸如此类爱发怨言人，均被小心防备，不让他们进宫参加这些娱乐活动。约翰·诺克斯枉自对这些下流的娱乐活动感到愤慨，他在圣嘉埃尔的讲道台上大发雷霆，气得胡子也像钟摆似的飘拂起来。“王公们宁愿听音乐，出席招待宴会，也不愿读和听上帝的圣谕。他们喜欢毁灭青春的乐师和奉承者，而不喜欢年老和明智的人。”——这个自负的人在指谁呢？——“他们不愿意别人用治病救人的规劝来消除他们的一部分高傲，这些高傲是我们大家天生就有的罪恶。”然而，这群快活的年轻人，并不向这“杀害欢乐”的人要求什么“治病救人的规劝”；四个玛丽和几个想往法国的骑士在这儿，在这间明亮而温暖的大厅里，在这个充满友谊气氛的场所，庆幸能忘却这个严酷而悲惨的国家的昏暗，而玛利亚·斯图亚特首先庆幸的是能够抛掉尊严这个冷冰冰的假面具，在一群情趣相投的同龄人中，纯粹成为一个快活的年轻女子。

这样的要求是自然的，但对玛利亚·斯图亚特来说，放任自己逍遥总是危险的。伪装使她感到压抑，小心谨慎使她长此以往无法忍受，但正是这种“不善于掩饰自己情感”的品质，给她在政治上造成的麻烦，要比最恶毒的欺骗和最卑鄙的残忍给别人造成的麻烦还要多。女王在年轻人中无拘无束地活动，微笑着接受他们的致敬，甚至不自觉地引起他们向她致敬，这使放纵的年轻人对她亲热得不成体统；有些特别热情的年轻人甚至被她迷住了。这位女子的几幅肖像画都不能完全让人看到她的魅力，以及她诱人的情感世界。有的男人也许当时就已经从不显著的迹象中感觉到她隐含的激情；这位少妇看上去温柔随和，举止稳重，而内心却激情澎湃，就像隐藏在风景宜人的山水之下的火山一样。也许这些男人在玛利亚·斯图亚特发现自身的奥秘之前，早已以男性的本能觉察并捕捉到她特有的气质，因为她身上有一种魅力，一种能在男人身上激发出性感的远胜于罗曼蒂克爱情的吸引力。她本身还没有从她的本能中苏醒过来，她有可能比一个内行的妇人更容易接受官能的放纵——手的抚摩、接吻、诱人的目光等，因为有经验的妇人知道这些无拘无束的感官接触包含了危险的诱惑。有时候，她竟让周围的年轻男子忘记了这一点：作为女王，她身上的女性是不容许别人怀有去亲近的非分的念头的。曾经发生过这样的一件事：一个年轻的苏格兰统领，名叫赫本，竟放肆地对她干出了愚蠢的不合礼仪的事情，只好出逃，这才躲过了最严厉的惩罚。然而，玛利亚·斯图亚特对这次不愉快的骚扰事件看得轻描淡写，轻率地把这种行为视为可原谅的过错，从而给她小圈子中的另一名贵族增添了勇气。这件风流韵事完全变成了罗曼蒂克一类的事；就像在苏格兰大地上所发生的几乎一切事情一样，它也成了一首晦暗的叙事诗。丹维尔先生是玛利亚·斯图亚特在法国王宫时的第一位钦佩者，他把自己年轻的朋友和伙伴，诗人夏特利亚尔，视为可以诉说衷肠的知己。但是现在，这位曾和其他法国贵族一起陪同玛利亚·斯图亚特回到苏格兰的丹维尔先生，不得不返回法国，回到他的妻子身边，去尽他的义务。而行吟诗人夏特利亚尔仍然留在苏格兰，简直成了为别人抒发爱慕之情的代理人。不过，老是写温柔多情的诗不是没有危险的，因为很容易弄假成真。玛利亚·斯图亚特轻率地接受了这位年轻的、通晓一切骑士技艺的胡格诺教徒所写的情诗，她甚至自己也写诗同他的诗唱和。凡是有艺术才能的、年轻而孤独的女子，置身在粗俗而落后的国家里，有哪一个不喜欢听到这一些赞美她的诗句呢：

啊，我的女神，
我向你祈求，
你的意志，
决定了我的命运。
如果我不得不死，
那么你的罪过难逃，
因为你用你的美丽，
害死了一位诗人。

再说，她没有感到她有什么罪过。因为夏利特亚尔无法炫耀他的激情得到了对方真正的欢心。他不得不忧郁地承认：

爱情的火焰，
熊熊地燃烧，
在我的胸中，
但点燃不了，
你的激情。

玛利亚·斯图亚特也许只是把这些赞美的诗句同其他高雅的谄媚的方式混在一起微笑着接受的,她自己作为诗人,知道一切抒情诗的夸张手法,这些漂亮的诗句,无非是诗人一时感情冲动写下的玩意儿,这类在女性罗曼蒂克的宫廷中并不令人惊讶的献殷勤的恭维话,她也只能容忍而已。她以无拘无束的方式同夏特利亚尔开玩笑,寻开心,毫无邪念,就像同四个玛丽一样。她用不引人怀疑的恭维话赞扬他;按照礼仪,他不允许靠近她,但她却选他作为舞伴。有一次跳福金舞时,她甚至贴近地靠在他的肩上。她允许他自由自在地说话,然而在苏格兰这块离约翰·诺克斯的讲道台只有三条街的地方,本来是不允许这样做的,约翰·诺克斯认为"这样的风气适合于淫妇,而不适合于良家妇女";在跳假面舞或做罚物游戏时,她也许还赏给他一个匆匆的吻呢。这种亲昵虽然无可厚非,却导致糟糕的结局:这年轻的诗人,像托克瓦多·塔索①一样,一意孤行,越过了女王和臣仆、尊敬和情谊、献殷勤和有礼貌、严肃和开玩笑之间的界限。于是,意外地发生了一件令人恼火的事:一天晚上,侍奉玛利亚·斯图亚特的年轻的宫女们在女王的寝宫里发现诗人躲在帷幔后面。她们起初并没有想到这是有失体统的事,而是把这种年轻人的疯疯癫癫的行为看成是胡闹,装做恼火的样子,不痛不痒地训了他几句,把这个放纵的年轻人从寝宫里赶了出来。玛利亚·斯图亚特本人对他这种不得体的行为采取的态度也是宽宥多于愤怒。这件事小心地瞒过了玛利亚·斯图亚特的哥哥。不久,谁也不再提起要严厉惩处这种如此令人愤慨地违犯礼法的举动。然而宽容在那儿是不合适的,因为这个疯子或是以为那些年轻女子对他从轻发落是鼓励他故伎重演,或是他对玛利亚·斯图亚特真正的激情使他消除了一切疑虑,反正不久他在玛利亚·斯图亚特巡视法埃夫期间,不让内廷人员觉察,偷偷地跟踪她。当女王就寝脱掉一半衣服时,发现这个荒唐的人又躲在她的寝宫里。这位受到侮辱的女子吓得一下子惊叫起来,尖锐的喊声响彻寝宫。她的异母兄弟梅里从隔壁房间里冲出来。现在,宽恕和隐瞒都不可能了。据说当时玛利亚·斯图亚特要求(虽然不大可信)梅里马上用匕首捅死这个放肆的家伙。但梅里行事同他冲动的妹妹相反,他很聪明,每做一件事都要细细盘算,考虑后果。他知道,如果把这个年轻人杀死在女王的卧室里,他的血不仅会弄脏地面,而且也会玷污女王的名誉。这样做不行,他的罪行必须公开宣判,刑罚必须在城市广场上公开执行,只有这样,才能向女王的臣民和世人证明她是清白无辜的。

---

① 托克瓦多·塔索(1544~1595),意大利诗人。

过了几天，夏特利亚尔被送上断头台。他狂妄放肆的行为被法官们视为犯罪，他的轻浮举动被视为怀有恶意。法官们一致同意给他处以极刑，用斧子砍下他的头。现在，玛利亚・斯图亚特即使想宽恕这个疯子也不可能了；各国的使臣已经把这件事报告了各自的朝廷；在伦敦和巴黎，人们好奇地注视着她的一举一动。现在，为他说任何一句求情的话，都意味着承认参与犯罪。于是，她不得不显出严厉的样子，也许她心里并不想这样严厉，她的这位伙伴曾经陪她度过不少愉快欢乐的时光，但在他最危难的时刻被她抛弃了，失去了任何希望和救助。

夏特利亚尔死得很漂亮，就像宫中罗曼蒂克的女王的骑士一样得当。他拒绝了教士为他做临终祷告，只是在诗中，在这样一种意识中寻找慰藉：

我是如此微不足道，
但我的痛苦却能不朽。

这位勇敢的行吟诗人昂首挺胸走上断头台，一路上他没有唱赞美诗，也没有做祷告，而是高声朗诵他朋友龙萨的名篇《毁死枷》：

死神啊，等着我吧，善良的朋友，
你使我摆脱了难以忍受的痛苦。

在断头台的砧木前，他又抬起头喊了一声，与其说是抱怨，还不如说是哀叹："啊，狠心的女人呵！"然后他镇定地俯下身子，挨刽子手的铡刀。这个浪漫主义者的死也带有悲剧性的抒情诗的韵味。

不过，不幸的夏特利亚尔只是憧憧鬼影中的一个，只是为玛利亚・斯图亚特而死的第一人，他只是比其他人先走一步而已。阴森恐怖的死神舞从他开始，为这个女人走上断头台的众人轮舞也由此开始，这些人被她的命运所吸引，同时，也把她拖进自己命运的深渊。他们从各个地方跑来，就像荷尔拜因①版画所描绘的那样，拖着脚步，不由自主地跟在黑色骷髅骨制成的鼓后面，一步又一步，一年又一年，那些王公和君主们，伯爵和男爵们，教士和士兵们，青年人和老年人，为她而牺牲，为她而献出了生命，而她也无辜地成了他们走向地狱之路的罪人；为了赎

① 荷尔拜因（1497～1543），德国版画家。

罪，她自己也成了走在这条昏暗之路上的最后一人。命运难得把如此多的死亡的魔力赋予一个女人：就像神秘的磁石一样，她极其危险地把她周围的男人吸引到她灾难性的命运之中。不管是谁，不管是否得到她的宠爱，只要卷进她的命运之中，就注定要遭到不幸，注定要惨遭非命。虽然没有人因恨玛利亚·斯图亚特而得到过幸福，但凡是胆敢爱上她的人，都为此而付出了更沉重的代价。

因此，从表面上看，我们会觉得夏特利亚尔之死只不过是一件单纯的偶然事件。这件事第一次披露了她命运的规律，虽然还不是那样明显：她永远不能不受惩罚地过自在、轻松和充满自信的生活。她的生活从最初的一刻起就注定如此：她得显出她是一个威严的人，是女王，永远只是一个女王，是世界大赌博中的公众人物和玩偶；起初以为这是上天的恩赐：幼年为王，天生高贵，实际上却是灾难。因为，每当她试图表露自我，表露自己的情绪，自己的爱情，自己真正的兴趣时，她就要因为玩忽职守而受到可怕的惩罚。夏特利亚尔事件仅仅是第一次警告。在她没有童年乐趣的童年之后，在她一而再、再而三地把自己的身体和生活交给陌生男子用来换取一顶王冠之前，在这短暂的时间里，她想做一个年轻的、无忧无虑的女人，只是呼吸着，生活着，过着快乐的日子，即使几个月也好。但是这时无情的手要把她从轻松的游戏中拉走。夏特利亚尔的案件使议会、摄政者和列位勋爵感到不安，他们急不可待地要为女王缔结新的婚约。玛利亚·斯图亚特应该选一位丈夫，当然不是选一个她中意的人，而是选一个增强王国力量和保障王国安全的男人。这样的磋商早就进行过，如今更是加速进行，因为他们感到责任重大，担心这个轻率的女人又干出什么蠢事，最终毁了她的贞操和名声。婚姻市场里的交易又开始了：玛利亚·斯图亚特又被逼进政治的禁区内，政治自始至终无情地控制着她的命运。每当她企图冲破这个冰冷的圈子去透一口气，过她温暖的真正的生活时，她就必定会毁了他人和自己的命运。

SIXTH CHAPTER | 第六章 |

政治婚姻市场里的闹剧

Zhengzhi Hunyin Shichang Li De Naoju

政治婚姻市场里的闹剧

1563 年～1565 年

两个年轻的女人是此时世界上最值得追求的女人：英国的伊丽莎白和苏格兰的玛利亚。在欧洲没有一个未婚的王公不派人去向她们求婚的，无论是哈布斯堡还是波旁王朝的王公，无论是西班牙的腓力二世还是他的儿子堂卡洛斯，无论是奥地利的大公还是瑞典和丹麦的国王，无论是老人还是男孩，成熟的男人还是年轻的小伙子，都派人来了。政治婚姻市场很久没有这么多人拥来了。同一个女君主结婚，对一个统治者来说，仍旧是扩张君权的最轻松的方式。在专制政体时代，形成广泛的继承权靠的不是战争，而是联姻；统一的法国，世界大帝国西班牙和哈布斯堡王室的权势，都是这样形成的。现在欧洲王冠上最后两颗珍贵的宝石又突然发出诱人的光芒。伊丽莎白或玛利亚·斯图亚特，英国或苏格兰，谁要是通过婚姻赢得这个或那个国家，谁就在世界赌博中成了赢家；同时这有别于民族间的竞争，这是一场精神和宗教战争。因为不列颠群岛和它的一个女王一旦通过婚姻归属信奉天主教的并肩王，那就意味着在天主教和新教的斗争中天平的指针彻底偏向罗马的普世教会，它将在世界上重新获胜。因此，这场对新娘狂热追逐的意义远远超出了家庭事件的范畴，其中象征性地包含着具有重大世界意义的决定。

这是具有重大世界意义的决定，但是对于两个女人，对于两位女王来说，这也决定了她们一生的命运。因为她们的命运难分难解地缠绕在一起。如果两个对手中的一个通过婚姻升腾，那么另一个的王座势必会动摇；如果天平的一个秤盘上升，那么另一个必定下降。如果玛利亚·斯图亚特和伊丽莎白都不婚配，一个只是英国的女王，另一个只是苏格兰的女王，那么她们之间的虚假友谊还能维持下去。只要一个秤盘的分量重一些，其中一人就会变得强大一些，就会成为胜利者。然而，高傲坚定地同高傲对抗，谁也不想让步，也不会让步。只有拼个你死我活，才能解决这个可怕的纠纷。

历史挑选了两个对立的了不起的大人物来演姊妹决斗这场壮观的戏。这两个人，玛利亚·斯图亚特和伊丽莎白，都是具有特殊才能、天资无可比拟的人。同她们富有活力的形象相比，同一时代的其他君主们，像禁欲主义者一样僵化的西班牙腓力二世，像孩子般情绪反复无常的法国国王查理九世，微不足道的奥地利的费迪南，都成了平庸的配角，他们中没有一个人能达到同这两个非凡的女子相抗衡的精神高度。这两个女人都很聪明，但在她们的聪明中，仍然流露出女性的乖张和激情；两个人都抑制不住虚荣心，而且从小时候起就特别下工夫准备扮演崇高的角色。两个人的举止都具有同她们的名分相称的威严；两个人都通晓人文主义时代高雅的文化。两个人除了母语外都能流利地讲拉丁语、法语和意大利语，伊丽莎白还能讲希腊语。两个人的书信文字生动有力，水平远远超过她们最好的大臣；伊丽莎白的书信同她聪颖的国务大臣塞西尔的文牍相比，显得更生动，更有文采；而玛利亚·斯图亚特的书信文字精练，富有特色，一点也不像梅特兰德和梅里的外交函件那样平淡乏味。这两个女人的才智、艺术修养和她们举止中流露出来的帝王气概，使任何最严厉的评论家也无可挑剔。伊丽莎白钦佩莎士比亚和本·琼森①，而玛利亚·斯图亚特推崇龙萨和杜倍雷。然而，这两个女人的相似之处仅在于她们都具有高雅的文化素质，而她们的内在对立却被衬托得更加尖锐，这样的内在对立从一开始就被作家们理解成典型的戏剧性的冲突，并加以描绘。

她们的对立是那样的鲜明，以致她们的生活道路也可以用几何图形象地显示出来。根本的区别如下：伊丽莎白在生活道路开始时艰难困苦，而玛利亚·斯图亚特则是在生活道路终了时。玛利亚·斯图亚特的幸福和权势，她得来全不费工夫，像明朗天空中的晨星一样闪耀，既明亮又短暂。她生下就成为女王，还是个孩子时就第二次加冕为王。但她的坠落也是同样的急剧而突然。她的命运浓缩在三四个灾难性的事件中，形成了典型的戏剧性情节，因此剧作家们总是一再地把她选为悲剧的主角。而伊丽莎白的上升则缓慢而稳定，因此她只适合于成为叙述文学作品中的人物。她没有得到什么馈赠，也没有轻易地得到上帝的恩赐。她还是个孩子时就被宣布为私生女，被她的姐姐关在伦敦塔里，面临处死的危险。起初，这个早熟的权术家不得不玩弄诡计来捍卫她的生存权利，耐着性子活下去。玛利亚·斯图亚特高贵的身份是天生注定的，是通过继承获得的；而伊丽莎白则是身体力行，用自己的生命争来的。

---

① 本·琼森（1572？～1637），英国剧作家，诗人。

两条全然不同的生活道路势必分而行之,可能偶尔会相交,但绝不可能相联结。因为每一次拐弯,性格的每一次特色,都必然反映出原先的根本区别所产生的深刻影响。这根本区别就是一个生来就头戴王冠,就像生来就有头发一样,而另一个则要苦苦奋斗,耍弄心计,才能赢得自己的地位。一个一开始就是合法的女王,而另一个则是身份受到怀疑的女王。这两个女人都因各自命运的特点而发挥了异样的力量。玛利亚·斯图亚特轻而易举、不费吹灰之力地得到了一切——得来过早了!——由此产生了一种非同寻常的轻松感和自信心,形成大胆冒险的脾性,这既使她出类拔萃,也使她招致厄运。上天送给她王冠,谁也不能从她手里把它夺走。她有权发号施令,要别人服从她;即使全世界都怀疑她是不是能行使权力,她也在她的热血中感受到自己的天命。她未受磨难,很容易激动;她在来火时像拔剑一样仓促轻率地做出决定;她作为一名大胆鲁莽的骑手,一拉缰绳,猛地一冲,便跃过了任何围篱和障碍,她也指望能靠单纯的勇敢展翅飞过任何政治上的险阻和障碍。对伊丽莎白来说,治国如同下棋,是智力活动,是高度紧张的工作;而对玛利亚·斯图亚特来说,治国则是一种强烈的刺激,是一种娱乐活动,也是一种骑手的竞技游戏。就像教皇有一次说过的那样,她是妇人身,男人心,正是这轻率的勇敢,自私自利的专权,吸引了诗人和悲剧作家,也招致了她过早的毁灭。

因为伊丽莎白具有讲究实际的天性,对现实的认识几乎是个天才,所以能聪明地利用她的对手骑士般奋不顾身的莽撞和愚蠢,赢得自己的胜利。她用明亮、犀利的如同老鹰一般的目光(看看她的肖像吧),猜疑地看着她早年深感危险的世界。她还是个孩子时,就有机会看到命运女神的球是怎样快速转动的,它一会儿上,一会儿下,王座到断头台相距只有一步,而死神的前院——伦敦塔与威士敏斯特宫相距也仅有一步。因此,她始终感到权力是一种飘忽不定的东西,感到一切都隐含着危险。她小心翼翼、提心吊胆地抓住她的权杖和王冠,好像它们是玻璃做的,随时都可能从她手里滑落。实际上她整个一生是在忧虑和波动中度过的。一幅幅肖像画令人信服地补充了文字上流传下来的对她性格的描述:没有一幅画像上可以看到她开朗、洒脱和高傲的气质,像一个真正的君主。每幅画上,她神经过敏的面容上显出担忧和烦躁的样子,仿佛在窃听什么,在等待什么,她的嘴上从来没有快活地露出自信的微笑。她脸色苍白,显出怯生生的样子,同时自负地昂起头;她穿着华贵的、镶满珠宝的长袍,但身体僵直,好像这身华服显得很累赘似的。这些叫人感到,只要她一人独处,只要她从瘦骨嶙峋的肩上脱下那件华服，只要她从瘦削的脸上抹去脂粉，她的高贵也就消失了，她就成了一个可怜的、精神恍惚的、老得过早的女人，她连自己的困难都对付不了，哪有多少能耐治理国家呢！女王身上这些畏畏缩缩的举止，自然谈不上有什么英雄气概，而她这种一贯的踌躇、迟疑和畏葸的作风，无法显出她的威严。然而，伊丽莎白作为帝王的伟大，表现在不是罗曼蒂克的其他方面。她的力量不是显露在大胆的计划和决定上，而是显露在坚韧、谨慎和持久的工作上，致力于积累和防范，储存和聚敛，也就是说，显露在小市民的治家理财的美德上。正是她的胆怯、谨慎的缺点在国务活动中取得了成果。如果说玛利亚·斯图亚特只是为她自己而活着，那么伊丽莎白则是为她的国家而活着。她作为一个有责任心的现实主义者把她的执政看成是天职，而玛利亚·斯图亚特则相反，她这个浪漫主义者把她的王位当作不承担任何义务的头衔。在另一种意义上讲，两个人各有长处，也各有弱点。如果说玛利亚·斯图亚特英勇愚蠢的鲁莽成了她的灾难，那么伊丽莎白的迟缓犹豫最终却给她带来好处。因为在政治上，不急不躁的坚韧总是胜过冲动的力量，周密的计划总是胜过即兴的干劲，现实主义总是胜过浪漫主义。

但在这场斗争中，姐妹俩的矛盾要深得多。伊丽莎白和玛利亚·斯图亚特，不仅作为女王，而且作为女人，代表了完全相反的两种类型的人，也许上天要以两个伟大的形象来表现具有伟大的世界历史意义的对立，以对位法把这种对立具体地表现出来。

作为女人，玛利亚·斯图亚特完全是个女人，自始自终是个女人，她一生中最重大的决定都出自她女性最深的本源。这并不是说她永久热情的天性由着她的本能的驱使。相反，她女性的审慎也维持了很久，这是她性格上的奇特之处。她的情感在持续了多年后才突然苏醒。我们长时间看到的（她的凶相证实了这一点）是一个可爱、亲切、温柔、漫不经心的女人，眼神有点忧郁，嘴角挂着孩子般的微笑，一个不果断、不活跃的人，一个羞怯的女子。她感情脆弱（同任何真正的女性一样），容易激动，受到一点刺激就会脸红或脸色苍白，随时会淌下眼泪。但是，这种瞬时的激动和表面的兴奋，多年来并没有触动她心灵的深处；而这正因为她是一个完全正常的、真正的、地地道道的女人。玛利亚·斯图亚特在一次热恋中——她一生中仅有的一次——才显露了她原有的、真正的力量。在热恋中，她才让人感到她身上的女性是多么强烈，她是怎样受到本能和天性的摆布，怎样听凭性的锁链的束缚。因为在这极度兴奋的伟大的瞬间，她的文化修养的外衣像是被扯掉了；这个至今一直很冷静、很稳重的女人，她的修养、道德和尊严的堤坝一下子崩溃了。在名誉和激情之间，玛利亚·斯图亚特面临着抉择，她作为一个真正的女人，选择的不是王位，而是女人的天性。王袍突然掉落在地下，她赤身裸体，充满激情，感到自己成了无数个女人中的一个，愿意接受爱情和给予爱情。为了充分享受那几个人生的瞬间，她甚至鄙夷地抛弃了王国、权力和尊严，这是最叫人钦佩的。

相反，伊丽莎白却从来不能全身心地献出她的爱，这也许有隐秘的原因。据玛利亚·斯图亚特在一封著名的充满仇恨的信中所说，伊丽莎白在生理上“同所有的女人不一样”。她不仅没有生儿育女的能力，而且显然也没有女性献身于男人的那种自然的能力。她之所以终身是“处女国王”，并非像她佯装的那样是志愿的。尽管有某些同时代的人关于伊丽莎白生理有缺陷的说法（像本·琼森的有关说法）并不可靠，但是有一点是肯定的，那就是一种生理障碍或心灵障碍破坏了她隐秘的女性生活。这样一种不幸的状态势必决定了一个女人的性格，确实，在这个隐秘中包含了她性格中的其他隐秘。她精神上的自相矛盾，起伏不定，漫不经心，喜怒无常，使她性格上经常出现急促颤动的神经质，那种反复无常和捉摸不透的决定，由热突然变冷，由是突然变成不是，一切伪装、诡诈、阴险和不止一次玷辱帝王尊严的卖弄风情，都源于内心的不稳定。这个内心深处有一道伤痕的女人，没法清楚、自然地去感受、思考和行动；任何人都不能指望她，而最不能指望她的是她自己。然而，尽管伊丽莎白在她最隐秘的方面是个废人，尽管她在精神方面恍惚不定，尽管她在耍弄阴谋方面是个危险人物，但她从来不残忍，从来不冷酷无情，丧失人性。关于她有一种千篇一律的见解（席勒在他的悲剧中采用了这种见解），认为她是一只阴险的猫，把温柔的玛利亚·斯图亚特当作一只毫无自卫能力的老鼠来玩弄。没有什么看法比这种看法更荒谬、更肤浅、更庸俗了。只要深入观察一下，谁都会感觉到这个孤独的女人在她权力之中冷得发抖，只能用几个假面具歇斯底里地折磨自己，因为她无法完全而明确地献身于任何一个男人，然而她内心也隐含着一种狡猾的热情，在她古怪和激烈的言行后面也不乏一种真诚的愿望，想做个宽宏大量和善良的人。她生性胆怯，使她不适宜搞暴力，她宁愿玩些小小的、刺激神经的权术游戏，搞些不必承担责任的幕后勾当。在每一次宣战时，她都会迟疑不决，心惊胆战；在每一次死刑判决时，她都会感到心情沉重，像有块石头压在胸口似的。为了保持国内太平，她竭尽了全力。她同玛利亚·斯图亚特作斗争，只是因为她感到玛利亚·斯图亚特的威胁（事出有因）。即使如此，她也宁愿避免公开的斗争，因为按她的天性来说她只是一个赌徒，一个善于欺诈的赌徒，而不是一个斗士。她们两人，玛利亚·斯图亚特由于懒散，而伊丽莎白则是由于胆小，都宁愿保持和睦，哪怕是勉勉强强、虚情假意的和睦。但在那历史时刻，天上的星象不容许两人并存。历史的强大的意志常常不理睬个别人的内心愿望，促使人们及其所代表的势力参加互相残杀的游戏。

在历史人物的分歧后面，是一个咄咄逼人的、巨大的身影，那便是时代的巨大的矛盾。玛利亚·斯图亚特是维护旧教即天主教的先锋，而伊丽莎白则是新教即教会改革派的庇护者，这并不是偶然的。她俩各支持一派，象征性地表明了这一事实：两位女王体现了各不相同的世界观。玛利亚·斯图亚特代表垂死的中世纪骑士世界，伊丽莎白则代表发展中的新时代。一个转折的时代似乎在她们的争斗中宣告结束。

玛利亚·斯图亚特作为最后一位勇敢的骑士，为业已过时的事物，为已经陈旧的事物而斗争，而牺牲，因此这使她的形象更具有浪漫主义色彩。她只是服从历史形成的意志，倒行逆施，在政治上同已经过了全盛期的势力(西班牙和梵蒂冈)结成一体；而伊丽莎白则很有眼光，把她的使者派往最遥远的国家——俄罗斯和波斯，她有先见之明地把本国人民的精力转向海外，她似乎预料到未来世界帝国的支柱必将建立在新的大陆上。玛利亚·斯图亚特却固守着传统，她无法超越王权总要改朝换代的理念。在她看来，国家是与它的统治者联系在一起；实际上，玛利亚·斯图亚特在位的这些年中，她仅仅是苏格兰的女王，她从来不是苏格兰人民的女王。她所写的近百封信无非是确定和扩展她的个人权力，其中没有一封信谈及人民的福利；谈及促进商贸、航海业或军事力量的发展。就像她在写作和日常谈话中都是用法语一样，她的思想、她的感情没有任何苏格兰式的、民族式的东西；她的生与死都不是为了苏格兰，而仅仅是为了她坐在苏格兰女王的宝座上。结果，玛利亚·斯图亚特没有给她的王国留下任何富有创造性的东西，留下的仅仅是她一生的传奇。

玛利亚·斯图亚特将自己置于万众之上注定了她的孤独。她的英勇与果敢远远胜于伊丽莎白，但伊丽莎白不是孤身与她奋战。缺乏安全感使她及时明白，要团结一些冷静而且认清形势的人来巩固自己的地位。在这场斗争中，一大批谋士聚集在她身旁，教给她策略和实施的办法，在重大的抉择时刻指导她，让她避免情绪失去控制，草率行事。伊丽莎白在她的左右也建立了一个出色的班子。直到今天，几百年后的今天，她个人的成就都几乎无法从伊丽莎白时代的集体业绩中分割出来，与她的名字相连的赫赫声威同她那些杰出的谋士们的无名业绩紧密结合在一起。玛利亚·斯图亚特仅仅是玛利亚·斯图亚特。而伊丽莎白却总是伊丽莎白加上塞尔西,加上莱斯特,加上沃尔辛厄姆,加上全国人民的力量。我们根本无法确定,谁是莎士比亚时代的天才,是英国还是伊丽莎白,这二者已经完美地融合成一个整体。伊丽莎白之所以比那个时代的众多君主出色,完全是因为她不希望做英国的统治者,而是做英国人民意愿的执行者,民族使命的完成者。她认识到,专制制度向立宪制度过渡是历史前进的脚步。她自愿承认在阶级变动中出现的新生力量,在地理大发现而扩张世界空间中产生的新生力量;她鼓励一切新事物的发展,如同业行会、富商巨贾,甚至海盗,因为他们为英国,她的英国称霸海上铺平了道路。无数次,她为了全民族的利益放弃了自己个人的愿望(玛利亚·斯图亚特从不会这么干)。因为摆脱内心痛苦的最好办法便是投入到更积极的生活中去。作为女人,伊丽莎白是不幸的,但她构筑了本国人民的幸福。这个既无儿无女又无丈夫的女人把自己全部的利己主义、全部的权势欲望都转换成了民族的利益;靠英国的伟大而在后世的心目中成为伟人是她种种虚荣心中最高尚的一个愿望。她只是真切地为英国未来的日益强大而活着。别的任何王冠都不能打动她的心(而玛利亚·斯图亚特却会兴奋地拿自己的王冠去换一顶更好的)。当玛利亚·斯图亚特像颗耀眼的星星熠熠发光时,那节俭而高瞻远瞩的伊丽莎白却将自己的全部力量都献给了本民族的未来。

在玛利亚·斯图亚特和伊丽莎白的斗争中,进步的、面向世界与未来的伊丽莎白占据上风,落后的、一味怀念骑士时代的玛利亚·斯图亚特没有优势,这绝非偶然。历史的脚步匆匆向前,将一切过时的形式像空瓜子壳一般抛在身后,永远富有创造性地发展自己的力量。历史的意志和伊丽莎白共同取得了胜利。她的生命中体现了一种想跻身于世界民族之林的力量;而玛利亚·斯图亚特的终结代表的不过是宏伟而英勇的骑士时代的逝去。然而,尽管如此,两个人在这场斗争中都出色地完成了各自的使命:伊丽莎白,一个现实主义者,在历史中取得了胜利;玛利亚·斯图亚特,一个浪漫主义者,在诗歌和传奇中获得了成功。

这场斗争从时间、空间和表现来看都称得上波澜壮阔,但斗争所使用的手段假如不是那么卑劣低级,又该多好!尽管她们的表演都很出色、很感人,但这两个人毕竟是女人,她们摆脱不了女性特有的弱点:不是公开的对阵,而是一味地玩弄手段和阴谋。如果在玛利亚·斯图亚特和伊丽莎白的位置上是两个男人,两位国王相对,那肯定会立刻爆发一场残酷的冲突,一场再清楚不过的热血战争。权力要求直对权力要求,勇气直对勇气。玛利亚·斯图亚特和伊丽莎白之间的冲突缺乏这种男子汉似的堂堂正正。这是两只猫在打架，藏起爪子，绕来绕去地兜圈子，暗中窥视着对方。这是一场笑里藏刀，完全不堂堂正正的游戏。在四分之一个世纪里，这两个女人相互哄骗着（但绝不会让自己上对方的当，哪怕一秒钟）。她们从不直视对方的眼睛，她们从不公开流露对对方的憎恨；她们假笑着相互讨好，虚伪地互相问候，互赠礼品和互相祝愿，可是她们的背后却都拿着锋利的刀子。不，在伊丽莎白和玛利亚·斯图亚特的斗争史上的确没有爆发伊利亚特式的著名战役，没有出现壮观的场面，这不是英雄史诗，不过是马基雅维里作品①里的一个阴险、奸诈的章节，虽然感情上令人激动，道义上却为人不齿，因为它无非是长达二十年的阴谋，而不是公开的、铿锵有声的战斗。

随着玛利亚·斯图亚特的婚事谈判开始，这场不光彩的游戏也开场了，要从求婚的王公贵族当中给女王选丈夫。玛利亚·斯图亚特会接受他们中的任何一个人，因为她身上的女性尚未觉醒，也没参与选择丈夫。她会很乐意地嫁给十五岁的堂·卡洛斯，虽然传闻他是个凶恶的、很容易发脾气的男孩；同样，她也会很高兴下嫁给年幼的卡尔九世。年幼或年长，使人厌恶的或独具魅力的，对于她的虚荣心一概无所谓，只要她的婚事能超过她可憎的对手。她个人对择偶之事几乎毫无兴趣，于是把谈判事宜统统交给了她的同父异母兄长梅里。梅里热情地、怀着极大的私心与各方磋商。因为假如他的妹妹在巴黎、维也纳或马德里获得了王冠，他便可以甩掉她而重新成为苏格兰的无冕之王。伊丽莎白很快就获悉哪些外国人求亲，她派往苏格兰的密探尽心尽力，工作无可指责。她立即坚决予以反对，毫不掩饰地威胁苏格兰的使臣：如果玛利亚·斯图亚特接受奥地利、法兰西或西班牙王公们的求婚，她将视此为敌对行为。但这无论如何都不妨碍她同时给她亲爱的表妹玛利亚·斯图亚特写信，用最委婉的话语规劝她，说自己只相信她一个人，"不管别人许诺给她多少幸福和人间的荣华"。噢，她一点也不反对一个信奉新教的王子，不反对丹麦的国王或费拉拉②的公爵——用德语来表达她信中的话，就是不反对那些毫无危险、没有价值的求婚者。不过，玛利亚·斯图亚特最好在"家里"选个丈夫——某个苏格兰或英国贵族。这样的话，她将永不怀疑她们的姐妹之情和她们的相互援助。

伊丽莎白的行为显然违反了公平的竞赛规则。她的用心，真是显而易见。她

① 马基雅维里，15世纪意大利政治家兼历史学家，主张为达到政治目的不择手段。后来的马基雅维里主义就是从他的著作中得名。

② 费拉拉，意大利的一个邦。

作为一个不得不一生只做“处女的女王”，只想使自己的对手失去每一个好机会，让对手的希望成为泡影。可是，玛利亚·斯图亚特用同样巧妙的办法又将皮球踢了回来。显然，玛利亚·斯图亚特从未想过要承认伊丽莎白在她的婚姻大事上享有“超上帝”的决定权。不过，这桩大事还悬而未决，主要的候选人堂·卡洛斯还在犹豫。于是，玛利亚·斯图亚特首先虚情假意地对伊丽莎白的细致关怀表示了衷心的感谢。她保证：“决不会为了世上所有的舅舅”擅自做出决定，而将她与英国女王的珍贵无比的友谊置于危险的境地。噢，不，决不！——她将袒露一颗真诚的心，听从伊丽莎白的一切建议。而伊丽莎白也只需告诉她，哪些求婚者“允许”接受，哪些不可以。这种顺从多么让人感动！但在顺从之中，她又提出了一个颇棘手的问题：对于她的这种顺从，伊丽莎白将以何种方式予以补偿呢？她几乎是在说，好吧，我按照你的意愿做，不嫁给一个地位超过你——我亲爱的姐姐——的男人。不过，现在你也得给我保证，摆在我们面前的一个问题：我的继承权该怎么办？

这样一来，争论的焦点又回到了老问题上。一旦要伊丽莎白对继承权问题说个明白，她就缩进硬壳，怎么也无法叫她给个直截了当的答复。她拐弯抹角，含糊其辞，“因为她真的愿意完全维护她妹妹的利益”；她愿意像关心亲生女儿一样关心玛利亚·斯图亚特；甜言蜜语连篇累牍，却不曾说出那一句负责任的、最具决定性的话。就像两个阿拉伯的商人做买卖，步步为营，谁也不肯先摊牌。伊丽莎白说，你嫁给我挑选的人，我就立你为继承人。玛利亚·斯图亚特则回答说，你立我为你的继承人，我就嫁给你选定的人。但谁也不相信对方，因为谁都想欺骗对方。

关于婚事，下嫁人选和继承权问题的谈判就这么拖了两年。奇怪的是，这两个骗子都在无意中帮了对方的忙。伊丽莎白只想拖住玛利亚·斯图亚特。不幸的是，玛利亚·斯图亚特偏偏和众多君主中最慢慢腾腾的腓力二世打交道。直到和西班牙的谈判已陷入僵局，必须做出另一种抉择，这时玛利亚·斯图亚特才觉得有必要结束一切窥探和观望，将矛头直指亲爱的姐姐的胸前，她让使臣清楚地明确地质问伊丽莎白，到底给她选定的地位相符的丈夫是谁。

伊丽莎白最不愿意面对的就是别人要她明确地做出答复，特别是在这个问题上。因为她早就暗示过替玛利亚·斯图亚特选定的是谁。她含糊地嘟哝着：“没有人会相信她竟会做出这样的决定，打算推荐那个人做新郎。”但苏格兰宫廷假装不懂她的意思，要求她正面提出建议——把名字说出来。伊丽莎白被逼入墙角，无法再暗示了事。终于，她的牙齿之间吐出了候选新郎的名字：罗伯特·达德雷。

此刻，这场外交喜剧有顿时变成闹剧的危险。因为伊丽莎白的建议既是对玛利亚·斯图亚特的侮辱，又是虚张声势的恫吓，真是令人愤慨！单单就这一点，让苏格兰女王，法兰西国王的遗孀，下嫁她姐姐手下的无足轻重的“家伙”，没一点儿王室血统的小小贵族——按当时的理解，这几乎就是侮辱。而且她还会因为选择了被推荐的人做丈夫而更加遭人唾弃。因为整个欧洲都知道罗伯特·达德雷多年来一直是伊丽莎白爱情游戏中的玩伴。现在英国女王把自己认为不值得下嫁的人像送掉脱下的旧衣一样送给了苏格兰女王。然而就在几年前，永远犹犹豫豫的伊丽莎白还曾动过念头要嫁给他呢（她一直是单单有这个念头罢了）。直到有一天，达德雷的妻子艾米·罗布萨尔特神秘地被杀害以后，她才急忙抽身而退，免遭同谋之嫌。这个男人已经先后两次在世人面前名声扫地，一次是因为妻子被害事件，一次是因为他同伊丽莎白的暧昧关系。现在，要让他做玛利亚·斯图亚特的丈夫。可这能是伊丽莎白统治时期许许多多阴险狡诈而又令人困惑不解的举措中最令人诧异的一桩。

伊丽莎白提出这么个令人费解的建议，她想达到什么目的呢？我们可能永远都无法完整地做出解释。谁敢尝试把一个歇斯底里的人的古怪任性的想法条理清楚地表述出来！或者她作为忠贞的爱人，要把她最珍贵的财产——她拥有的王国连同继承权——送给她不敢下嫁的情人？或者她不过是想处理掉令她厌烦的情人？或者她希望通过自己信任的男人更牢地控制野心勃勃的对手？她仅仅想借此考验达德雷的忠诚吗？她憧憬着一场三角恋爱，一种共同的爱情关系？或者她提出这个毫无意义的建议只是为了使玛利亚·斯图亚特陷入理亏的境地，因为她理所当然会回绝？所有的这些揣测都是可能的，但我们最先想到的可能是这个乖张的女人连自己都不知道内心到底想得到什么。也许她只是在玩一场想象的游戏，就像她嗜好与人、与决定玩游戏一样。没有人想象得出，假如玛利亚·斯图亚特认真地接受了伊丽莎白建议，嫁给她甩掉的情人以后，会发生什么事情。那时，伊丽莎白可能突然来个一百八十度的大转变，禁止达德雷娶她。先是嘲弄似的建议，后是断然回绝的侮辱，把这一切都劈头盖脸地砸向对手。

在玛利亚·斯图亚特看来，伊丽莎白劝她嫁给一个没有王室血统的男人，简直是一种亵渎神灵的行为。一开始，她怒火中烧，嘲讽地质问伊丽莎白的使者：他的主人是不是真的认为她这个天主加冕的女王应该嫁给这个“罗伯特勋爵”。但很快地，她便强压下自己的不满，换上了一副友好的笑脸；一个这么危险的敌人，不该过早地断然拒绝，免得惹怒她。等自己嫁给西班牙或法兰西的王位继承人之时，再从头到尾地为这次侮辱跟她算账。这场姐妹之争中没有真诚可言，伊丽莎白阴险狡诈的建议立刻引来了玛利亚·斯图亚特虚假的友谊之情的回报。不管怎样，爱丁堡并没有立即否决达德雷的候选资格。不，当然不，女王假装上了钩，好让这出闹剧接下去上演第二幕。詹姆斯·迈尔维尔爵士奉女王之命前往伦敦，说是为了就达德雷的资格问题进行谈判。实际上，他是为了把这团谎言和伪装的乱麻搞得更加错综复杂。

迈尔维尔是玛利亚·斯图亚特贵族中最最忠诚的一个，是个出色的外交家，更有一手记录和描述的绝活，为此我们还应特别感谢他。因为他的伦敦之行奉献给世界的是对伊丽莎白鲜为人知的一面做出的极其生动鲜明的描绘，是一出极为出色的历史喜剧。伊丽莎白清楚地知道这位社交人物曾在法兰西和德国宫廷里生活过很多年；于是她使出浑身解数，用女人的风情来吸引他。却不曾料到他的记忆力如此非凡超群，竟将她的每一个弱点，每一次卖弄风情都记录下来，永载史册。女性的虚荣心常常使她女王的尊严遭受沉重的打击，现在也是如此。这个搔首弄姿、卖弄风情的女人不是用政治智慧来说服苏格兰女王的使臣，而是首先想用她个人的优点使这个男人心醉神迷。她像孔雀开屏，一次又一次地向苏格兰使臣展示她的风采：她从巨大的衣橱里挑选出最华贵的衣服（她死后，有人曾数过她的衣服，足有三千件之多），一会儿英国式打扮，一会儿意大利式打扮，前胸后背袒露极多；同时，她不断炫耀她的拉丁文、法语和意大利语，永不满足地听着使臣没完没了的赞美。不过，使臣夸赞她时使用的都是形容词的最高级，她是多么漂亮，多么聪颖，具有多么高的文化修养，可是仍然满足不了她的虚荣心。她完全是在问“镜子啊，墙上的镜子，谁是全国最漂亮的人”。她非得强迫苏格兰女王派来的使臣说他倾慕她，作为一个女人，更胜于倾慕他自己的女王；她想听到她比玛利亚·斯图亚特更漂亮、更有智慧、更富学问的话。她向他展示自己那头金红色的波浪鬈发，并且问道，是否比玛利亚·斯图亚特的头发更漂亮些——对于一个女王的使臣来说，这是多么尴尬的问题啊！迈尔维尔却机智地摆脱了尴尬的境地，以所罗门式的机智答道，在英国，没有哪个女人能比得上伊丽莎白；而在苏格兰，也没有谁能比得上玛利亚·斯图亚特。这种你好她也好的说法不能让爱慕虚荣的伊丽莎白满意；她一而再，再而三地在他面前施展着她的魅力，演奏竖琴并引吭高歌。迈尔维尔牢记自己的使命，要在政治上哄骗她，于是他最后承认，伊丽莎白的脸蛋比玛利亚·斯图亚特的更白，她的竖琴弹得更好，她的舞姿更优美。一味热衷于自我展示的伊丽莎白竟将正事忘得一干二净，直到迈尔维尔首先转入这个微妙的话题，她又开始演戏了。她从抽屉里拿出玛利亚·斯图亚特的小画像，温柔地亲吻着它，用荡气回肠的语调诉说着她是如何期望亲自同她亲爱的小妹妹玛利亚·斯图亚特相识（事实上，在此之后，她想尽一切可能的办法一再阻止她们之间的会晤）。谁要是相信这个大胆演员的表演，那他肯定坚信，对于伊丽莎白而言，世上没有比得知邻国的女王生活幸福的消息更重要的事。但是，迈尔维尔头脑很清醒，目光也很锐利，他没有被这一切所迷惑和欺骗，他总结了一下情况向爱丁堡报告说，伊丽莎白的言行虚伪之至，表现出的只是伪装、慌乱和恐惧。当伊丽莎白明确地问他，玛利亚·斯图亚特如何看待和达德雷的婚事时，这个老练的外交家既没有断然说不，也没有明确地说是。他含糊地说，玛利亚·斯图亚特还未认真地考虑这个建议。但他越是后退，伊丽莎白逼迫得就越凶。“罗伯特勋爵，”她说，“是我最好的朋友，我爱他就像爱我的哥哥。假如我自己真正能够决定嫁人的话，决不会嫁给其他人。因为在这个问题上我无法强制自己，所以我希望至少我的妹妹能选择他。除了他，我实在不知道，还有谁能与她一起分享我的遗产。为了不让我的妹妹小看他，我打算过几天封他做莱塞斯特伯爵及邓比男爵。”

果然，几天后——喜剧的第三幕上演——伦敦以最盛大的排场举行了封爵仪式。罗伯特·达德雷勋爵在所有的贵族面前跪倒在他的女王兼情人的脚下，受封为莱塞斯特伯爵，但即使是在这么一个庄严的时刻，伊丽莎白女王身上的另一个她也不免开了个恶作剧的玩笑。当女王将伯爵的冠冕赐给忠心的臣子时，情妇竟无法自持，忍不住温柔地搔弄了她情夫的头发。庄严的仪式变成了闹剧。迈尔维尔平静地不露声色地微笑了，他要向爱丁堡的女王发出一份很有趣的报告。

但是迈尔维尔来伦敦绝不是为了欣赏一场君主演出的闹剧并把它记录下来。在这场闹剧中他还负有特殊的使命。他的外交公文包内还有秘密夹层，那是绝对不会让伊丽莎白看到的；在宫廷里轻松地谈论莱塞斯特伯爵的候选资格，不过是为了掩饰此次伦敦之行的真实任务。首先，他应该竭力叩开西班牙使臣的大门，问清楚堂·卡洛斯到底同意还是不同意，玛利亚·斯图亚特不想再等下去。除此以外，他还应该秘密地同二流候选人之一亨利·达恩雷寻求接触。

这个亨利·达恩雷暂时还是预备人选，玛利亚·斯图亚特预备着，一旦所有那些更好的婚姻计划失败，再将他派上用场。亨利·达恩雷既不是国王，又不是公侯。他的父亲伦诺克斯伯爵是斯图亚特家族的死敌，被驱逐出苏格兰，他的所有财产和领地也被没收了。但从母亲这一支来说，这个十八岁的少年血管里流动的却是真正优良的帝王之血。作为亨利七世的外曾孙，他是英国王室里位列第一的王子，因此有资格娶任何一位女王。此外，他还有一个优势，那就是他是一个天主教徒。达恩雷完全可以做第三、第四或第五候选人。因此，迈尔维尔同这位候选人的野心勃勃的母亲玛格丽特·伦诺克斯进行了广泛的，却不承诺任何义务的谈话，以备万一。

现在，我们可以触及到真实的、合理的喜剧的本质。在剧中，尽管所有的演员都在相互欺骗，但总不会那么完美，一丝不漏，总有人会在某个时候偷窥到别人手中的牌。伊丽莎白并不傻，她不会认为迈尔维尔来伦敦单单是为了来恭维她的头发和竖琴演奏的技艺。她知道，挑选她抛弃的情人做新郎，这个建议玛利亚·斯图亚特不会特别热心。她也十分清楚，她亲爱的亲戚伦诺克斯夫人颇有野心和办事的本领。关于这些，她的密探想必已探听到一些情况。有一次，在骑士赐封典礼上，亨利·达恩雷作为王宫第一位王子，在女王面前手捧御剑，狡猾的女王一时冲动，真情流露，转向迈尔维尔直言不讳地说："我清楚得很，你们更喜欢这个年轻的浪荡公子。"面对别人企图粗暴地拉开他公文包的秘密夹带，迈尔维尔是不会失去平静的。一个好的外交家，应该理解在尴尬的时刻厚着脸皮撒谎是一门艺术。于是，他聪明的脸上露出一丝鄙夷的神情，轻蔑地瞧着达恩雷，尽管为了达恩雷，他昨天还奔波了一整天，到处谈判，此刻他只是说："一个聪明的女人决不会选择这么一个浪荡公子做丈夫——那么漂亮，那么修长，胡子都没有，全不像个男人，倒更像个女人。"

伊丽莎白真的相信这种装出来的蔑视吗？外交家的高招真的消除了她的怀疑吗？或者，她在整个事件中还深藏不露，戏中有戏？不管怎样，不可思议的事情发生了。先是伦诺克斯伯爵，达恩雷的父亲获准回到苏格兰，到1565年1月，甚至达恩雷自己也回到苏格兰。谁也不知道，伊丽莎白是出于何种考虑或是采用何种诡计，要将最危险的候选人送到玛利亚·斯图亚特的家中。更奇怪的是，为这件事努力斡旋的不是别人，恰恰就是莱塞斯特伯爵。他也在玩双面游戏，想不为人注意地钻出他的女王给他布下的婚姻圈套。现在，闹剧的第四幕可以在苏格兰轻松的氛围中上演。但在这里，意外发生了。精心缠绕的乱麻中突然断了一根线，出乎所有当事人的意料，求婚的闹剧结束了。

因为在这个冬日，政治权力——世间人为的权力——与最永恒的原始动力发生了碰撞：来觐见玛利亚·斯图亚特的候选新郎突然激活了女王作为一个女人的天性。在多年耐心的无所谓的等待之后，她终于觉醒了。直到现在，她只是国王的女儿，国王的新娘，国家的女王或国王的遗孀，是听命于别人的傀儡，是顺从于外交交易的产物。现在,她真实的感情第一次迸发出来,她猛地扯掉虚荣的枷锁,就像脱掉一件沉重的外衣,完全自由地支配自己年轻的身体和年轻的生活。第一次,她不再听从别人的意见,而是顺从于流动的热血、感官的愿望和意志。就这样,她内心的生活经历开始了。

SEVENTH CHAPTER | 第七章 |

再婚

Zaihun

再婚

1565 年

在这一刻发生的出人意料的事其实是人世间最最普通的事:一个年轻女人爱上了一个年轻男人。人的天性是无法长时间压抑的:这个热血沸腾、感官健康的女人在这岁序更新和人生重大转折的时刻迎来了她的第二十二个春天。守寡四年,她从未成为严重的桃色新闻中的女主角,完全可以说无可指责。但压抑所有的感情总有终结的时候。即使在女王身上,女性也最终会要求享有她最神圣的权利——爱与被爱。

玛利亚·斯图亚特第一次迷恋的对象——在世界史上实在是很罕见的事例——不是别人,正是达恩雷,一个为政治目的而追求新娘的人。他于 1565 年 2 月初奉母命来到苏格兰。这个年轻人对玛利亚·斯图亚特来说并不是很陌生。四年前,他还是一个十五岁的少年时,就到过法兰西向幽室里身穿白色丧服的国王遗孀转达他母亲的吊唁。但几年来,他个头长高了许多,变成了一个身材修长、强健有力的小伙子,一头草黄色的头发,像姑娘般光滑而没有胡子的脸,一对大大的圆圆的孩子般的眼睛有点不安地看着这世界。"很难想象还有比他更漂亮的王子"——莫维西耶①如此描述他。还有,年轻的女王也宣称,达恩雷是她见过的"最可爱的,最俊美的高个小伙子"。玛利亚·斯图亚特热烈而急切的性格,使自己很容易被幻想所迷惑。浪漫主义的幻想者很少能看清事物的真实面目,他们通常看到的只是自己所希望看到的样子。在过高的估计和绝望之间被抛来抛去,但这些不可救药的幻想家们却不会彻底地清醒过来。他们刚从一种幻想中摆脱出来,又立刻成为另一种幻想的牺牲品。对他们来说,幻想便是真实的世界,而不是现实。玛利亚·斯图亚特也是如此。她对这个俊俏的少年迅速燃起了爱的火焰,以至于一开始并未注意到,在他英俊的外表下并没有蕴含多少深邃的思想,在他

---

① 当时法兰西驻英国使臣。

结实的肌肉中并没有积聚真正的力量，而在宫廷式的气派背后也没有什么优美的心灵。她，在清教徒式的氛围里很少得到宠爱的她，只看到了这个年轻王子可以出色地骑马，优雅地跳舞，喜欢音乐和其他风雅的娱乐，在关键时刻还会写几句讨人喜欢的诗。一直以来，凡是有点艺术细胞的人都会给她留下很深的印象。在这个年轻王子的身上，她发现了一个跳舞打猎和她喜欢的各种技艺和游戏中都不错的玩伴，她真是由衷地高兴！达恩雷的到来给有些沉闷无聊的宫廷带来了变化，带来了年轻人富有的朝气。达恩雷遵从他颇为精明的母亲的教导，举止极为谦逊，周围的人也友好地接受了他；很快，他便成了爱丁堡到处都受欢迎的客人，就连伊丽莎白派来的密探伦道尔夫也毫无猜疑地报告说："由于他的个性而受到人们的喜爱。"他不仅在玛利亚·斯图亚特面前扮演了求婚者的角色，还在其他方面扮演着各种角色，而且演技超常发挥，极为精彩。一方面，他同女王新任命的机要秘书，反改革派的代理人大卫·里茨奥交上了朋友。白天他们一道打球，夜晚同榻而眠。但就在他如此亲密地向天主教靠拢的同时，他又虚伪地向新教徒表示亲热。每个星期天，他都陪同改革派的摄政梅里去"礼拜堂"，在那儿倾听约翰·诺克斯的讲话，装出一副被深深打动的样子。中午，为掩人耳目，避人嫌疑，他又同英国的使臣一起用餐，并大肆赞扬伊丽莎白的仁慈与善良；晚上，他又同四个玛丽轮番跳舞。简单地说，这个并不聪明却训练有素的高个少年出色地完成了他的任务，而正是他普通的身份使他免受别人过早的怀疑。

但是突然，火花飞溅，燃成了熊熊烈火。突然之间，被众多国王贵族们追求的玛利亚·斯图亚特，却转身去追求一个十九岁的愚蠢男孩，想要得到他的爱。对达恩雷的喜爱使她克制多年的急切的激情像火山一般喷发出来；就像那些性格完整，没有过早地在无聊琐碎的寻欢作乐中浪费自己感情的人一样，激情在此刻一发而不可收。达恩雷的存在，使玛利亚·斯图亚特第一次感受到作为女人的渴望。少年时期，同法兰西斯二世的夫妻生活只不过是种无法挣脱的玩伴关系。从那以后的许多年里，她身体里女性的本能一直都处于压抑的状态。而现在，一个人，一个男人突然站在她面前，她积蓄已久的、终于解冻的情感可以像荒野中的小溪任意奔流。她不加思考，不动脑筋，像许多女人一样，以为遇上的第一个男人就是她唯一的最后的爱人。诚然，最好再等一等，考察一下这个男人真正的价值，这才是比较聪明的做法。但是要求一个充满激情的、深陷爱情漩涡中的年轻女人讲求逻辑思维，有点像在漆黑的午夜里寻找太阳。因为，真正的激情是无法分析，毫无理智可言的。它既无法事先计算，也不能事后权衡。玛利亚·斯图亚特这次的选择,毫无疑问,已无法同她以往的清醒的理智相提并论。这个不成熟的、爱慕虚荣的、仅仅有个漂亮外表的男孩身上根本没有任何东西值得她的情感为之泛滥。他如同其他许多男人一样,得到了才智超越他们甚多的女人的青睐。达恩雷唯一的功劳,唯一的魔力只是有幸在一个女人春心一触即发、爱意却还朦朦胧胧的关键时刻出现在她的面前。

斯图亚特家族高傲的女儿经历了那么久才情窦初开,才热血沸腾,如今已是不能自已。而玛利亚·斯图亚特一旦想要得到什么,她便不会等待也不会思考。英国、法兰西、西班牙同她爱情的幸福未来相比又算得了什么呢?不,她已经厌烦了继续和伊丽莎白玩无聊的装疯卖傻的游戏,她也厌烦再同马德里磨磨蹭蹭的求婚者僵持下去,尽管他可能给她带来两个王国的王冠,可现在她的身边有了他:一个开朗、年轻、柔顺和有性欲快感的大男孩,一张性感的红唇,一双蠢蠢的稚气的眼睛,还有一股春心萌动的柔情!赶快与他结合在一起,赶快属于他吧,这是女王在感情很不理智的情况下唯一控制着自己的念头。起初,整个宫廷中只有新任机要秘书大卫·李乔了解女王的爱恋、她甜蜜的痛苦。李乔想尽一切办法要把两人爱的小船巧妙地引向库忒瑞亚①的港湾。在这个罗马教皇的代理人看来,女王嫁给一个天主教徒意味着教会即将在苏格兰拥有更高的控制权。为撮合两人的婚事,他热心地到处奔走,其实他更加关心的是反改革派的政治利益而不是仅仅为了这对恋人的幸福。王国掌握玉玺的大臣梅里和梅特兰德还未知晓女王的用意,李乔就为取得婚姻豁免权而写信给教皇,这是很有必要的。因为玛利亚·斯图亚特同达恩雷在前第四代上有血缘关系。预见到将来必有很多麻烦,他还向腓力二世探询,如果伊丽莎白阻挠这场婚事,能否指望得到马德里的帮助。总之,这个可靠的代理人日夜不停地忙碌着,婚事的成功既会使他声名鹊起,扬名天下,又是天主教事业的巨大成功。但不管他多么辛苦地挖山不止,扫清道路上的障碍,急切的女王仍觉得一切都进行得那么缓慢,那么小心谨慎。她也不想再等了。信函的传递像蜗牛一样爬过陆地和海洋,要好几个星期呢。她深信教皇会批准这门婚事,那何必非要等一张薄薄的羊皮纸来确认她已经下定决心一定要做的事情呢!在玛利亚·斯图亚特做出的很多决定中,我们总能感受到她的那种盲目与轻率,她的那种有些蠢的却又光辉灿烂的热情四溅。如同女王其他的旨意,能干的李乔也能想尽办法满足她的这个愿望。他喊来一名天主教神父到他房间,虽然我们无

① 即希腊爱神阿佛洛狄忒。

法证明的确搞过教会意义上先斩后奏的婚礼——我们不应该完全相信历史上关于玛利亚·斯图亚特详细报告的内容——但两个人以某种形式订婚或结合在一起肯定是真实的。因为诚实的李乔曾高声喊道:“赞美天主,现在谁也不能拆散这桩婚事了。”在宫廷中还没有其他人注意到达恩雷的求婚资格时,他已经实际上主宰了她的生活,可能还主宰着她的肉体。

秘密的婚姻就这样严格地保守着秘密。因为只有三个人外加那个有义务保持缄默的神父详知此事。但是就像看不见的火苗定会腾起烟雾一样,隐藏在内心的情感却无法掩住那份温柔。没过多久,宫廷中的人们就开始死盯住这对恋人了。当这个可怜的少年出麻疹的时候(一个新郎官得这种病可真是少见!),人人都注意到玛利亚·斯图亚特那么小心周到地、那么热心地伺候着她的亲戚。她日夜不离他的床榻,而他,虽未痊愈,也与她寸步不离。首先,对此极为恼火的是梅里。他本来对他妹妹所有的婚姻计划都大加鼓励(首先是从自己的利益出发考虑的),尽管他是个虔诚的新教徒,可是他甚至都能同意她嫁给天主教的大主教,或者西班牙哈布斯堡王朝的儿子。毕竟马德里离霍利鲁德很远,不会搅了他的好事。但达恩雷的计划却像锋利的匕首直砍向他的利益。梅里目光极敏锐,他心里很清楚,一旦这个爱慕虚荣、性格软弱的小伙子达恩雷当上女王的丈夫,马上就会要求得到国王的权利。除此之外,梅里也是位相当精明的政治家,他能感觉到这个意大利秘书、教皇派来的特务的秘密阴谋是什么:那就是在苏格兰重新建立起天主教至高无上的权力,同时剿灭宗教改革运动。在梅里坚决果断的心灵深处,个人的野心抱负和宗教信仰混合在一起,权力的欲望和对民族命运的忧虑掺和在一起。他清楚地看到妹妹和达恩雷结婚会使外国政权得以在苏格兰建立,而他个人的权力便随之宣告结束。为此,他来觐见他的妹妹,规劝她不要结这门亲,因为这会给尚未安定下来的国家引来无数的冲突和灾难。但当他见到他的警告并没被采纳之后,便愤然离开了王宫。

另一个经验丰富的谋臣梅特兰德也在试图反抗。他也清楚,自己的高位和苏格兰的宁静面临着威胁;作为一个大臣,同时又是一个新教徒,他反对信奉天主教的王子成为女王的丈夫。慢慢地,全国主张改革的贵族都聚集在这两个人周围。而此时,英国的使臣伦道尔夫也终于睁开了双眼,在关键的时候他竟错过了时机而处于尴尬境地。于是他在给伊丽莎白的报告中把这个英俊少年对女王的影响都归结于魔力,是魔法在作怪,他击鼓告急,请求支援。但是与伊丽莎白得知玛利亚·斯图亚特做出的选择后大发雷霆却又毫无对策相比,这些小人物的不满和牢骚又算得了什么呢！伊丽莎白为她的两面游戏付出了惨重的代价。在这场婚姻的闹剧中，她简直成了公众的笑柄。别人借口来谈论莱塞斯特伯爵的候选资格，却把真正的求婚者从她手里拐走，并且偷偷地送到了苏格兰。现在，她只能怀着自己的超级外交权术一起呆坐在伦敦，只有自怨自艾的份。大怒之下，她把伦诺克斯夫人，达恩雷的母亲，这出求婚戏的主谋，关进伦敦塔里；同时威胁地命令她的“臣民”达恩雷立即返回英国；还以没收全部财产威胁他的父亲。她召开御前会议，会议按她的要求宣布这桩婚姻将危及两国之间的友谊。用直率的话来讲，她其实就是以战争相威胁。但是，在内心最深处，这个女骗子却是那么惶恐不安，害怕得要命，于是她又立即低声下气地讨价还价了。为了不失去脸面，她急忙把一直紧紧捏在手里的最后一张王牌抛到桌面上：第一次，她公开地负责地（反正她现在已经输掉了这场游戏）提出玛利亚·斯图亚特拥有英国王位的继承权；她甚至派专使——这次真是急不可耐！——赶赴苏格兰，带去了庄严的承诺：“如果苏格兰女王同意和莱塞斯特伯爵结婚，她将被承认并被宣布为英国王位的继承人，就如同她是伊丽莎白的亲生女儿一样。”一切外交交易和诡计，自古以来都是那么荒谬，在这里又一次得到了奇妙的验证：玛利亚·斯图亚特多年来挖空心思，用尽诡计，用她全部的才智要让她的对手承认她的继承权，如今却恰恰因为她干了一桩自己一生中最愚蠢的事情而突然如愿以偿了。

然而政治让步的命运在本质上是一样的：总是来得太迟。昨天，玛利亚·斯图亚特还是政治家；今天，她却仅仅是个女人；不久以前，她还梦寐以求要成为英国王位的继承人，今天，却已把所有王位的野心都抛在脑后。这个女人只有一个渺小的，却是如此强烈的愿望，那就是赶快占有这个修长的、俊俏的年轻男孩。伊丽莎白的威胁和继承权的许诺都太迟了。正直的朋友们的规劝也太迟了，比如她的舅舅洛林公爵就曾劝她放弃这个“漂亮的浪子”。理智和对国家大事的理性思考都战胜不了她急不可耐的激情。对作茧自缚却又愤怒不已的伊丽莎白，她用嘲讽的口吻回答道：“我亲爱的姐姐竟然不满意，这实在是太奇怪了！她现在抱怨我的选择，我可是完全遵照她的旨意做的呀。我拒绝了所有的外国求婚者，选择了一个英国人，他的血管里流动的是我们两国王室的帝王之血，而且他还是英国的第一王子。”伊丽莎白无言以对，因为玛利亚·斯图亚特几乎是一字不差地照她的意思做的——只不过完全用别样的方式而已。她选择了一个英国贵族，甚至是一个伊丽莎白心存异心派到她身边的贵族。但后来，伊丽莎白仍不知所措地、神经质地一会儿给玛利亚·斯图亚特建议，一会儿又威胁她，所以玛利亚·斯图亚特的言词也直率和粗鲁起来。很长时间以来,别人总是用溢美之词敷衍她,欺骗她美好的愿望。现在,她得到了全国人民的赞同,做出了自己的选择。伦敦不断发来或甜或酸的信件,爱丁堡不管这一套,全速筹办婚礼,达恩雷也被匆匆地授予罗斯公爵的爵位。英国使臣最后一刻带了一大包抗议信函赶到,他来得正是时候,刚好听到高声宣布:从现在这一刻起,亨利·达恩雷应该被称为,被称呼为国王。

7月29日,婚礼大典的钟声响起。在霍利鲁德天主教的家庭小教堂里,神父为一对新人祝福。玛利亚·斯图亚特在盛大的典礼上总是极富创造性,花样百出。这会儿,她又震惊四座,身着她在第一任丈夫法兰西国王的葬礼上曾穿过的那袭丧服。这么做,可能是为诏告天下,她并非轻易地忘记了第一任丈夫,她再一次踏上婚礼的圣坛不过是为了满足本国人民的意愿。做完弥撒,重新回到寝殿——这一幕她已经做过精心的准备,节日里的盛装早已备好——这时,才被达恩雷温柔的请求打动,答应换下丧服换上节日里的欢喜的颜色。城堡中,到处是欢呼雀跃的人们,抓住大把大把扔向他们的钱。带着畅快的心情,女王和她的人民沉浸在幸福和喜庆中。前不久,约翰·诺克斯也是第二次结婚,五十七岁的他娶了个十八岁的姑娘。但他只允许自己享有快乐,如今他真是万般地懊恼。四天四夜举国欢庆,仿佛黑暗永远逝去,年轻人的幸福王国开始了新的一页。

当未嫁的而且也永远不能出嫁的伊丽莎白得知玛利亚·斯图亚特再次做了新娘,她的绝望真是无以复加。她用尽阴谋诡计,却让自己陷入了尴尬的境地。她把自己的心上人推给苏格兰女王做夫婿,却当众被人拒绝。她反对达恩雷入选,别人根本不理睬她。她派专使提出最后的警告,却被人拒之门外,直到婚礼结束。为了她的名声,她的威望,她可得采取些行动。可以断绝外交关系或宣战。可有什么借口呢?玛利亚·斯图亚特可是确确实实、清清楚楚地没有任何过错。她已经充分满足了伊丽莎白的要求,没有挑选外国的王侯们。婚礼也是无可指责的,亨利·达恩雷,亨利七世的曾外孙,作为英国王位的继承人,作为一个值得授予王冠的丈夫是无可非议的。任何一种企图反对的举动都根本站不住脚,这只能在全世界面前更清楚地暴露伊丽莎白的恼怒。

然而,两面性现在是今后仍然是伊丽莎白固有的立场。即使刚刚遭受重创,她仍不放弃自己的方式。当然,她不会向玛利亚·斯图亚特宣战,她也没有召回自己的特使,但暗地里她却要为这对幸福的新人制造最恼人的麻烦。她太谨慎、太小心,只能在背地里反对达恩雷和玛利亚·斯图亚特。在苏格兰总能很容易地找到叛乱者和不满的人,而且现在要反对的是继承王位的国王。这一次竟能从他们当中选中一人，他精力旺盛，有着刻骨的仇恨，手段比那伙坏蛋们要高出一筹。梅里公开不参加他妹妹的婚礼，他的缺席在知情人看来是个凶兆。因为梅里对政治气候的骤变有着惊人的预测本能，这一点使他更具魅力，更加神秘。但凡形势变得危急，就有一种准确无误的预感向他发出警告，而他在这种情况下，就会做出一位聪明的政治家所能做出的最明智的决定———走了之。他交出权力；突然之间就看不见，逮不着了。就像自然界里的河流突然干枯，泉水枯竭预示着自然大灾难即将来临一样，梅里的每一次消失都预示着恶劣的政治变故——玛利亚·斯图亚特的遭遇便是明证。一开始，梅里还是很消极的。他待在自己的城堡里，固执地回避宫廷侍从，以此表明他作为苏格兰的摄政和新教的护法者，坚决反对达恩雷登上苏格兰国王的宝座。但是，伊丽莎白对这种简单的反对这对新人的做法并不满足，她要得更多，她需要的是暴动。于是，她在梅里和同他一样不满的汉密尔顿家族中招揽帮手。她严格地指示，决不容许损害她的名誉，并且通过最秘密的途径告知她的一个密探，她将用金钱和军队支持各位勋爵，但要做到就像是他们自己的主意，她对此事一无所知那样。金钱落在众位勋爵贪婪的手中，就像甘露落在枯萎的草地上。他们重新鼓起勇气，伊丽莎白许诺给予军事援助，促成了不久以后发生在苏格兰的她翘首企盼的叛乱。

这或许是梅里，这位聪明的而且高瞻远瞩的政治家一生中犯下的唯一的错误。他错在真的相信了所有君主中最不可靠的英国女王，并且做了叛乱的首领。这个谨慎的阴谋家没有立即动手，只是暂时地秘密地招兵买马。原本他是只想作壁上观，只等伊丽莎白先公开宣布支持反对勋爵们的事业，在危难时刻，他不是作为叛乱分子，而是作为宗教的保护人来反对他的妹妹。但是，玛利亚·斯图亚特对她哥哥的暧昧举动感到担心，理所当然地，她不愿忍受他明显怀有敌意的袖手旁观。于是，她郑重地要求他在议会里进行答辩。梅里的高傲决不逊于他的妹妹，他不承认自己是被告席，傲慢地拒绝服从她的命令。结果就是，在公众市场上的公告里，他和他的追随者们宣布被剥夺了种种权利。这一次，又是要凭武力来解决一切，而不是理智。

在需要做出重大抉择的时刻，玛利亚·斯图亚特和伊丽莎白两人气质上的不同总是体现得淋漓尽致。玛利亚·斯图亚特毫不迟疑，果断而迅速地做出决定，她的勇气直冲云霄；而伊丽莎白却畏首畏尾，一拖再拖，迟迟不做出决定。就在伊丽莎白还在考虑是否要国库拨款，装备一支军队，公开地支援造反派的时候，玛利亚·斯图亚特已经动手了。她诏告全国，彻底揭露叛乱分子："尔等享尽荣华富贵而不满足，并欲图朕及朕之王国，以图肆意弄权，而朕只有唯命是从之；一言以蔽之，尔等实欲自立为王，予朕以空衔，而政权实归其手尔。”自不待言，勇敢的女人翻身上马。腰上别着手铳，旁边陪同的是身着金盔金甲的年轻丈夫和忠诚的贵族们。她率领着一支仓促间组成的军队，首当其冲，迎头痛击叛乱分子。一夜之间，婚庆的队伍变成了出征的军队。这种英勇果敢证明是可靠有效的。大多数的叛乱男爵面对这种新的力量都惊慌失措，英国方面许诺的支援杳无音信，而伊丽莎白也仍旧是以尴尬的言辞推托，并不派军队来。于是男爵们一个接一个地耷拉着脑袋向合法的女王请罪，只有梅里不愿也不会屈服。但他已众叛亲离，成为孤家寡人，还没来得及组建起一支真正的军队就被打得落花流水，不得不逃跑了之。战无不胜、所向披靡的女王夫妇一路疾驰，疯狂地追赶他直到边境。梅里仓皇逃窜，终于在10月中旬踏上英国所辖领地，得以躲避。

胜利是彻底的。她属下的所有男爵和勋爵现在都坚决地簇拥在玛利亚·斯图亚特的周围；苏格兰第一次重新地完整地掌握在国王和女王手中。刹那间，玛利亚·斯图亚特心中的自信不断高涨，以至于考虑是否应转入进攻，打进英国。她知道，英国国内的少数天主教徒会欢欣鼓舞地迎接解放他们的女王。清醒的谋臣们费了好大劲才按捺住她的冲动。但不管怎么说；自从她把对手的牌，包括隐藏的牌都统统吃掉以来，和伊丽莎白就再也不讲客气了。按照自己的意愿决定婚姻是她对伊丽莎白的第一次胜利，粉碎叛乱分子的阴谋是第二次胜利。现在她可以愉快地、满怀信心地直视国境线那一边“好姐姐”的双眼了。

伊丽莎白的处境本来就不太妙，现在，在她豢养支持的乱党被打垮之后，她的处境就更糟糕了。她在邻国秘密地招募或支持乱党，但不幸失败后，就立即否认与之有关，这是统治者过去和现在惯用的伎俩。倒霉的是，偏偏祸不单行，伊丽莎白提供给众位勋爵们的一笔钱恰好落到了梅里的死敌博斯维尔手中，这真是铁证如山。另外还有件麻烦事：梅里仓皇逃跑，自然跑到明里暗里都支持他的英国避难，而且这个败将竟然还在伦敦出现。对于一向都左右逢源的双面高手伊丽莎白来说，这是多么尴尬啊！如果她在王宫里接见了梅里，这个被判玛利亚·斯图亚特的叛徒，无疑是事后给叛乱唱赞歌；反之，如果她拒绝这个秘密盟友从而公开地侮辱了他，那么，被激怒了的梅里会把他幕后主人的一切秘密都抖搂出来，而这些还是不要让那些外国宫廷知道的好——伊丽莎白从不曾因自己的两面游戏陷入一个如此难堪的境地。

但幸运的是，这个世纪是最著名的喜剧时代。伊丽莎白不枉和莎士比亚、本·琼森呼吸着相同的浓郁沁人的气息。她,一个天才的演员,比任何一个女王都精通演戏,在宏大的舞台上挥洒自如:当时在汉普顿宫和威斯特敏斯特宫上演的一幕,绝不比环球大剧院和鸿运大剧院①的喜剧逊色。女王还不知那个让她左右为难的盟友已经到来,塞西尔就在当天夜里把梅里叫去,讲说角色,以便第二天上演一幕挽救伊丽莎白名誉的好戏。

翌日清晨上演的那一幕闹剧,我们很难想象出还有比这更厚颜无耻的了。王宫里恰好法兰西使臣来访,正在与伊丽莎白谈论着政治问题——他怎么也想不到他是被请来观看一场闹剧的。一名仆人突然进来报告说,梅里勋爵到。女王扬起眉毛。怎么?她是不是没听懂?真的是梅里勋爵?这个卑鄙地欺骗了她“好妹妹”的叛逆怎么会来到伦敦?他胆敢——真是闻所未闻的厚颜无耻——要求觐见她,她可是——全世界都知道——全心全意地爱着她的表妹呀?啊,可怜的伊丽莎白!她又惊又怒,一开始差点控制不了自己。但后来,经过一番犹豫,她才决定接见这个“无赖”。不过,上帝作证!她绝不单独接见他!不,她坚决不让法兰西的使臣离开,好有个证人,为她“真诚”的愤怒作证。接下来是梅里的戏了。他一丝不苟严谨地扮演了已熟记于心的一幕。仅仅是他的出场,就很引人注意,那完全是一副负荆请罪的架势。那么谦恭,那么畏缩,他身着一袭黑衣,走上前来,全没有以往那种傲慢与大胆,他单膝跪下,像一个乞求开恩的人,开始用苏格兰语和女王讲话。伊丽莎白立刻打断了他,并命令他讲法语。这样的话,法国特使也能明白他们之间的谈话,而且没有人可以说,她和这个遭人唾弃的乱臣贼子之间有什么秘密勾当。梅里面露尴尬,嘟囔了几句。于是,伊丽莎白便立即展开了攻势,她说她真不明白,他这个流亡者和背叛了她好朋友的逆贼竟敢不召自来。她和玛利亚·斯图亚特之间有时确实存在些误会,但这些绝不是重大矛盾。她一直把苏格兰女王看作是她的好妹妹,而且希望今后仍旧如此。如果梅里不能向她证明他只是昏了头或者是为了保全性命的情况下才反对他的君主的话,她将下令把他关起来,并追究他的叛国罪。梅里必须要为自己辩护。

经过塞西尔精心点拨的梅里心里自然清楚,他现在什么都可以讲,只有一点不行:那就是真相。他知道,他必须要把所有的责任独自承揽下来。这样才能替伊丽莎白在法国使臣面前洗刷干净,让她看起来跟这一场由她煽动教唆的暴乱毫无关系。他得证明她与之没有牵连。他没有抱怨玛利亚·斯图亚特,他的异母妹

① 环球大剧院和鸿运大剧院都是当时著名的剧院。

妹，而是把她吹捧上了天。他虽没那么多功绩，她却对他宠爱有加，赏地、赐官位，所以他一直是最忠心耿耿为她效劳。只是害怕有人密谋害他，仅仅只是担心自己性命不保，他才昏了头要谋反。他之所以要来觐见伊丽莎白，是因为她那么善良仁慈，可以帮他说情，求他的君主苏格兰女王宽宥。

这些话已经把那真正的暴乱挑唆者洗刷得干干净净，可是伊丽莎白仍不满足。导演这出闹剧不是为了让梅里当着法国使臣的面承揽所有的罪责，而是要让他作为主要证人宣布伊丽莎白与阴谋无一丝一毫之联系。对一个老奸巨猾的政治家来说，扯个弥天大谎就跟呼吸一样简单。于是梅里郑重其事地在法国使臣面前保证说，伊丽莎白“对这次阴谋决不知情，而且从不曾鼓动他或他的朋友反对君主，犯上作乱”。

如今，伊丽莎白终于如愿以偿，得到了摆脱嫌疑的证据，把自己洗刷得干干净净。带着对戏剧最热烈的激情她可以在使臣面前对她的搭档咆哮：“你现在终于说实话了！我，或者其他任何一个人都不曾以我的名义挑唆你反对你的女王。这种卑鄙的背叛只可能树立一个坏榜样；会鼓动我的臣民起来反抗我。现在，你快滚吧，你这个丢脸的叛徒。”

梅里深深地低下了头，或许是为了掩饰嘴角漾起的一丝微笑。他可不会忘记，他的妻子和其他的勋爵们拿到过多少万英镑，那可都是以女王的名义给的；他也不会忘记伦道尔夫的那些信件和保证，还有英国政事厅的许诺。但是他知道，如果他现在扮演替罪羊的角色，伊丽莎白就不会把他驱赶到沙漠里。至于在座的法国使臣，一副恭恭敬敬的神情，安静地坐在那儿，作为一个风雅之士，他可很懂得欣赏精彩的喜剧。只是回到使馆，独自坐在桌前向巴黎报告这幕场景时，他才会露出一丝狡黠的笑容。此时此刻，或许只有伊丽莎白的心情并不是十分轻松；大概连她自己都不相信会有人相信她。但至少没有一个人敢公开表示怀疑，面子保住了，真相又算得了什么呢！她威严地，默默地拖着窸窣作响的豪华的裙子，离开了大厅。

伊丽莎白不得不采取这些小小的花招，以便在惨遭失败后至少能够完成道义上的退却。这恰恰显示了玛利亚·斯图亚特此时此刻的强大。苏格兰女王现在可以高傲地昂起头。一切都如愿以偿。她选中的人戴上了王冠，叛乱的众位男爵或是回到她身边，或是遭到了罢黜，漂泊异乡。一切都是那么美满如意！如果这次新的结合能生下一个王储，那她最后的、也是最伟大的愿望就实现了：斯图亚特家的人将成为苏格兰和英国共同的储君。

国家终于太平安康，人民终于幸福美满。玛利亚·斯图亚特现在可以松口气，享受赢得的幸福。然而她不安分的天性又开始让她体味痛苦，给她制造麻烦。谁要是有一颗狂野的心，那么，即使外部世界想馈赠他多少幸福与和平，他都领受不到。因为狂野的心猛烈发作时总会不断制造新的灾难和其他无尽的危险。

EIGHTTH CHAPTER | 第八章 |

霍利鲁德的凶险之夜

Huoliludei De Xiongxian Zhi Ye

霍利鲁德的凶险之夜

1566年3月9日

炽热情感的特性便是它从不算计，从不吝啬，从不动摇，也从不怀疑。如果是一个器宇轩昂的人热恋，那更是全部付出，把自我牺牲。玛利亚·斯图亚特在新婚的头几个星期里，她把一腔热情倾注在年轻的丈夫身上。每天都给达恩雷一个新的惊喜，送给他一个新的礼物，一会儿是一匹马，一会儿又是一套服装，还有数以百计的小小的柔情缱绻的礼物，尽管她已经给了他最伟大、最珍贵的礼物——国王的尊号和她那颗躁动不安的心。“一个女人所能给予一个男人的所有尊严和名誉，”英国使臣向伦敦报告说，“他都得到了，各种各样的赞美，各种各样的荣誉，她所能给予的一切，早就赐予他了。不合他意的人，她也肯定不喜欢。她简直连自己的意志都屈从于他的，除此以外，我还能说什么呢。”按照玛利亚·斯图亚特那种激烈的性格，她做事是不会三心二意的，只会全身心地投入进去：如果她要付出自己，那绝不是畏畏缩缩，犹犹豫豫，而是没头没脑地、冲动地不断给予，没有止境也没有分寸。“她完全听从他的摆布，”伦道尔夫写道，“他可以随心所欲地让她做这做那。”充满激情的恋人将她全部的生命溶进了顺从和神魂颠倒的柔顺中。只有无穷的高傲才会在一个热恋的女人心中转化成如此伟大的无穷的给予。

然而，伟大的奉献只对那些配得上的人才是恩惠，对其他的人则是危险。坚强的性格会由于权力的突然增长而越发坚强（因为权力是一种天然的癖好），而软弱的性格却会在不配享有的幸福重负下毁灭。胜利和成功不会使后者谦恭而只会使其傲慢，他们幼稚愚蠢，把天上掉下的馅饼看成是自己的功劳。不久我们便很清楚地看到，玛利亚·斯图亚特轻率肆意的慷慨投入就那么虚掷在一个心胸狭窄、爱慕虚荣的小伙子身上，这真是灾难性的。这个年轻人自己还需要找个老师指导，但此刻却感觉自己已是君主，他怎么配命令高尚而慷慨的女王呢？达恩雷一旦意识到他获得了多大的权力，便变得厚颜无耻、狂妄自大。他把玛利亚·斯图亚特的馈赠当作她应该奉献的贡品；把她王者之爱的恩典当作他理所当然的男性特权。他成了她的主人,便以为拥有了权力,可以像对待下人那样对待她。可怜的家伙,有一颗蜡做的心——玛利亚·斯图亚特后来自己也十分鄙夷地这样说他——这个被宠坏了的孩子毫无顾忌、自我吹嘘、肆无忌惮地要干预国家大事。诗情画意和翩翩风度被抛在一边,如今他再也不需要这些了。他在参议会上发号施令,满嘴脏话,结交一帮狐朋狗友,整日饮酒作乐。有一次,女王想让他离开让他有失身份的那帮酒鬼时,他竟然破口大骂。众所周知,女王是那么柔顺,此时却无奈地流下了眼泪。玛利亚·斯图亚特赠给他的是国王的称号——仅仅是个称号而已——他却认为,现在已经成为真正的国王,倔强地要求拥有统治权,这只是作为女王的丈夫才拥有的王冠啊。这个嘴上没毛的十九岁孩子已经想作为权力至上的统治者来统治苏格兰了。可是,每个人都清楚,他进行这种挑衅并没有丝毫真正的勇气,他的吹嘘中也没有丝毫坚强的意志。不久,玛利亚·斯图亚特自己也无法摆脱那种羞辱了,她把自己最美好的初恋浪费在这么一个忘恩负义的二流子身上。现在,她可能常常懊悔,没有采纳最好的参谋的忠谏,可惜为时已晚。

一个女人的一生当中,受辱最深的莫过于匆匆将自己委身于一个不值得她爱的人。一个真正的女人决不会原谅自己犯的错误,也不会原谅那个罪人。两个恋人迸发出如此强烈的激情之后,代之以纯粹的冷淡和麻木的客气是违反常情的。感情一旦点燃,就会燃烧下去,只是方式会发生改变而已,没有了爱情和欲望的熊熊火焰,却弥漫着怨恨和蔑视的毒烟。一向都是感情冲动、无法自制的玛利亚·斯图亚特,一发现达恩雷原来是毫无价值的二流子,便立即收回了她的恩典。兴许突然了些,明显了些,一个谨慎而有心计的女人大概不会这么做。她从一个极端迅速滑向了另一个极端。她最初沉浸于激情时,毫不思索,或毫不算计就赠给达恩雷的特权,此时又一项项收了回去。她当时曾献给年仅十六岁的法兰西斯二世真正的共同执政权,"由于两人的结合而给他戴上的王冠",如今已无从谈起。满腔怒火的达恩雷发现自己不再被邀请去参加国务会议,别人也不再在他的徽章上绣上国王的象征物。他如今完全跌落在女王丈夫的地位上,突然不是王宫中梦寐以求的主角,仅仅是个满腹牢骚、愤愤不平的家伙。不久,王宫侍臣们也感染到对他的蔑视:他的朋友大卫·李乔不再给他看国家的重要文件,无需再向他请示,就直接用"铁钤记"封上所有的信件,上面还签有女王的名字;英国使臣也拒绝称他为"陛下"。圣诞节时,也就是蜜月后才半年,他向伦敦报告了苏格兰王宫里的"奇怪变化"。"不久前还是满耳朵的'国王和女王',如今他只被称为'女王的丈夫'。他已经习惯了所有的诏书上把自己名字排在第一位,现在只能排在女王之后了。早些时候铸造的带有双人肖像的货币'亨利和玛丽亚'，现在也已被收回，被新币所取代。两人之间有那么点冷淡，但是如果是恋人怄气，或者像老百姓们说的，是一家人吵闹，事情不再恶性发展，也就没什么好说的。"

但是，事情还是进一步发展了！这个傀儡国王在他的王宫里不得不忍受痛苦的屈辱，他还得忍受作为丈夫的最隐秘、最敏感的屈辱。多少年来，玛利亚·斯图亚特已经不得不学会了在政治上说谎，尽管她心灵的最深处，是一个正直诚实的女人，但涉及她私人的情感，她却容不得半点虚假。自从她明白了自己把激情浪费在一个什么都不是的年轻人身上后，自从订婚后的那几周里她所幻想的达恩雷露出本来面目，又成了一个愚蠢的、爱慕虚荣的、粗鲁的、忘恩负义的小伙子之后，肉体的爱恋陡然转成了身体上的憎恶。自从在情感上与他疏远之后，她就再也无法忍受满足她丈夫的肉欲。

女王一发现自己怀孕了，就以种种理由逃避他的拥抱。一会儿是病了，一会儿是累了，她总能找到理由摆脱他。新婚的头几个月里(达恩雷自己在恼怒的时候透露了所有的细节)，她情欲旺盛，完全是主动的一方，而现在她却屡屡拒绝他，侮辱他。即使在他最初征服这个女人的最隐秘的领域，他也觉得自己极其不幸，因为这是最叫人痛苦的侮辱，他突然被剥夺了应有的权利，被驱逐了出去。

达恩雷缺乏精神上的自制力来掩饰自己的失败。他傻傻地、愚蠢地在什么场合都喋喋不休地抱怨自己被贬，他大发牢骚，发出威胁，扬言要狠狠报复。但是他越是大声诉说自己的委屈，他的胡说八道听起来就越加可笑。几个月之后，除了还有个国王的称号，他简直就成了个讨人厌的、满腹牢骚的闲人，谁都瞧不起他。人们不再向他弯腰鞠躬，当这个苏格兰王亨利想要点什么或有什么愿望或要求点什么时，竟会招来人们的讥笑。对于一个统治者来说，即使被人仇恨也不比遭到人们普遍的蔑视更可怕，更具灾难性。

玛利亚·斯图亚特对达恩雷的极度失望不仅有人性的一面，还有政治上的一面。她原本希望依靠对她全心全意的年轻丈夫，最终摆脱梅里、梅特兰德和众位男爵的监护。然而，蜜月结束了，所有的幻想也随即消失了。当初为了达恩雷她疏远了梅里和梅特兰德，如今她只有分外的孤独。但是一个像她那样具有坦诚心灵的人，即使是极度地失望，没有信任也是无法生活下去的。她不断寻找一个可以绝对信任的诚实可靠的助手。她宁愿选择一个出身较低微的人，他不需具备梅里或梅特兰德的气派，但他必须具备在苏格兰宫廷里更加需要的长处，任何仆人最宝贵的优点：绝对的忠实可靠。

一次偶然机会将这样一个男人带到了她身边。那是萨伏依王国的使臣莫雷塔侯爵来访苏格兰的时候，他的随从中有个年纪轻轻的、皮肤黝黑的皮埃蒙特人大卫·李乔，约二十八岁，大而机灵的眼睛，殷红的嘴唇，是个出色的歌手。大家都知道，诗人和音乐家在玛利亚·斯图亚特罗曼蒂克的宫廷里一直都是很受欢迎的客人。继承了父母亲对美好艺术的热爱，她的血液里也涌动着激情和偏爱。身处阴沉的环境，她最大的安慰和欢乐莫过于享受那美妙的歌声，听一曲小提琴和弦乐演奏。当时，她的合唱团里恰巧需要一名男低音，而"戴维大人"(从那时起他在朋友圈里就被称为戴维)不仅唱得好，还会填词谱曲。于是女王请求莫雷塔割爱，让他的奇妙音乐在她御前供奉。莫雷塔同意了，李乔也乐意接受这份年薪六十五镑的职位。他作为"歌手大卫"登记入册，列入内宫仆役编制，算是一名侍仆，这可丝毫没有贬低他的意思，因为直到贝多芬时代，音乐家们，即使是最伟大不朽的大师们在王公的宫廷里也是如同仆役的。莫扎特和年老的白发苍苍的海顿，尽管已饮誉欧洲，也不得同贵族和王侯们一起在王宫的餐桌上用餐，而只能和马夫、使女在不铺桌布的桌子上吃饭。

李乔不单生有一副好嗓子，他还有清醒的头脑、敏锐活跃的心智和良好的艺术修养。他精通拉丁语，说得与法语和意大利语一样流利；他的文采也不错——他的一首流传下来的十四行诗显示了他极富诗情的品位和对文体的精确把握。不久，他就得了期盼已久的机会，得以离开仆人的餐桌。玛利亚·斯图亚特的机要秘书劳莱特没有足够的能力抵抗苏格兰王宫里的流行病——来自英国的贿赂，女王不得不匆匆撤去他的职位。于是，机灵的李乔拼命向前挤，终于爬上了女王御书房里空着的位子，而且从今以后，青云直上，飞黄腾达。短短的时间里，他就从一个普通的文书变成了女王的心腹。没过多久，玛利亚·斯图亚特就无需再向来自皮埃蒙特的秘书口授信件，而是直接由他斟酌起稿；没过几个星期，他在苏格兰国家事务上的影响便表现出来。女王和天主教徒达恩雷仓促间成婚，在很大程度上是他的杰作；女王异乎寻常地坚决拒绝赦免梅里和其他苏格兰的反叛者，流亡的贵族们把这归咎于李乔的阴谋也不是没有道理的。但李乔同时又是教皇安插在苏格兰宫廷的特务，这或许是事实，也可能仅仅是人们的怀疑。不过，即使他是狂热的天主教和教皇的信徒，他对玛利亚·斯图亚特的忠心也比苏格兰的任何人都更胜一筹。玛利亚·斯图亚特觉得谁忠心耿耿，谁便会得到赏识；谁能与她坦诚交谈，谁便能得到她的恩宠。她公开地、过于公开地夸赞李乔，送给他昂贵的衣服，交给他玉玺，让他参与一切国家机密。瞬间，仆役大卫·李乔已经成了显赫的大人物。他可以坐下来和女王及她的女伴们一道用餐，担任娱乐大臣，就像当年的夏特利亚尔(不幸的命运也是如此相似)，热心帮忙组织王宫里的音乐盛会和其他风雅的娱乐活动，君臣关系渐渐成了朋友关系。夜已深，这个出身低微的外国人还待在女王的内宫里，倾心畅谈，让宫中的仆役们万分嫉妒。衣服穿得像是王公贵族，傲慢的神情拒人千里之外，几年前还是个卑贱的仆人，除了有副好嗓子，其他一无是处，来到王宫的下人处执役，这样的一个人如今却掌握了国家的最高权力。苏格兰王国的任何事务没有向他请示就无法做出决定。不过，即使李乔一人之下，万人之上，他仍是女王最忠诚的臣仆。

女王亲政还有一位可靠的辅佐大臣，不仅仅是行政大权，她把军事大权如今也交给了可靠的人。军事方面她同样有个新人控制局面——博斯维尔勋爵。他年轻时就捍卫她母亲玛丽·德·吉斯的利益，反对主张新教同盟的众位勋爵，尽管他自己也是个新教徒。因触怒了梅里勋爵他不得不逃离苏格兰。在死敌倒台后，他回到苏格兰，率领他的随从投靠女王，是一股不可小看的力量。何况他本身就是一个毫不犹豫、敢闯任何刀山火海的英勇战士，具有钢铁般的意志，爱与恨同样热烈、同样分明。博斯维尔还统率着一支边防军，不过，他自己本身就顶一支坚决果敢的军队。感激万分的玛利亚·斯图亚特任命他为海陆军大元帅。不管是反对谁，他总会站在她一边，保护她和保卫她的王权。

依靠着这两个忠诚的卫士，二十三岁的玛利亚·斯图亚特终于牢牢地控制了统治权——政治和军事大权。如今，她终于可以一个人对抗其他所有人来统治着这个国家，这个一向轻率莽撞的人现在可没有不敢冒的险。

但是，每当苏格兰的女王想真正行使大权的时候，众位勋爵便会起身反对。这些桀骜不驯、肆意反叛的人怎能容忍女王不来巴结他们，女王不在他们面前瑟瑟发抖呢。英国的梅里和其他遭贬谪的王公贵族们迫切要求回国复任。于是他们采取一切手段，不惜金银，四处打通关节，但女王表现出出人意料的坚决，这使贵族们愤怒的矛头首先指向了她的谋臣李乔；不久埋怨和愤怒便在王宫里悄悄蔓延开来。愤懑的新教徒们感觉到在霍利鲁德正在编织着一张微妙的马基雅维里式的外交阴谋大网。他们虽然不能明确知道，但也猜到苏格兰肯定已经被卷入反对改革的巨大阴谋中，可能连玛利亚·斯图亚特也确实为实现天主教大同盟承担了义务。首先要为此负责的就是外来宠臣李乔，尽管他得到了女王的极度信任，但在整个宫廷里却不曾有一个朋友。真是聪明反被聪明误。李乔不是谦虚地掩饰自己的权力，而是像暴发户们一样犯着永恒的错误——吹嘘自己的权力并加以炫耀。他曾是一个名不见经传的仆人,没有任何身世背景的外来江湖歌手,竟然一连几个钟头地留在与女王卧室紧邻的内宫里,同她谈着悄悄话。看到这些情形,苏格兰贵族的自尊心就受到了沉重打击。他们越来越怀疑,这些秘密谈话的目的就是要剿灭改革运动,确立天主教的统治。为了及时扼杀这些计划,一帮新教徒勋爵开始秘密联合起来,进行阴谋暴动。

数百年来,苏格兰贵族养成了一种习惯,只会用一种方法对付不合他们心意的对手,那就是谋杀。只有把秘密结网的蜘蛛捻死,只有把这个机灵又令人讨厌的意大利冒险家除掉,他们才会重新掌握大权,而女王也才会重新顺从他们。用谋杀来铲除李乔的计划大概在贵族们的脑子里孕育了很久,因为在行动的几个月前,英国的使臣便报告伦敦说:“要么是上帝提前召他上天,要么是他们被打入人间的地狱。”但是这帮阴谋分子迟迟不敢公开地发动暴乱。前不久玛利亚·斯图亚特那么坚决那么迅速地平息了他们的叛乱,现在一想起来骨子里还胆战心惊呢。况且他们可没什么兴趣落得像梅里或其他流亡者的下场。再说,他们也害怕博斯维尔的铁腕,他可是坚决镇压,毫不留情。他们知道,博斯维尔如此傲慢,不会和他们同流合污,勾结起来搞阴谋。所以他们只能发发牢骚,偷偷地握紧拳头,直到后来他们中的一个人想出了一个计划——这真是一个魔鬼般的、天才般的主意,用达恩雷国王作为掩护,把他推上阴谋分子盟主的宝座,谋杀李乔的造反举动就成了合法的、爱国的行动。乍一看,这个想法有些荒谬。把国家的统治者拉扯进来阴谋反对自己的妻子,让国王反对女王?但从心理学上讲,这种对抗是可行的,因为如同任何一个弱者一样,李乔所有行为的动力就是他那无法满足的虚荣心。李乔手里控制了太多的大权,失势的达恩雷怎会不对昔日的朋友满怀愤恨和怨毒。这个外来的原本两手空空的人如今主持着各种外交谈判,而他——苏格兰王亨利却无人通报,毫不知晓;这个意大利人在女王的房间里坐到深夜一两点钟,而这原本是妻子应该和她丈夫度过的时光;他的权力与日俱增,而他达恩雷本人的权力却在整个宫廷的注视下一天天地削弱下去。玛利亚·斯图亚特拒绝让他参预政事。达恩雷将之归咎于李乔的主意,这可能多少有些道理,而且这也足够使一个受了委屈、精神又不高尚的人煽动起满腔的仇恨。但是众位勋爵们更恶毒地在他虚荣的伤口上再撒上一把盐,他们刺激达恩雷最敏感的心病——作为男人的尊严。他们还不择手段千方百计地暗示他,女王不仅与李乔同桌进餐,还同床共枕。这种无法证实的猜测让愤怒的达恩雷深信不疑,因为玛利亚·斯图亚特近来屡屡拒绝履行作为人妻的责任。真是这么回事吗?多么残酷无情的念头,她真的更偏爱这个黑皮肤的臭乐师吗？虚荣心受到伤害，却又没有勇气公开地、明确地提出指责的人更容易无端猜疑；一个连自己都不相信的人也不会相信别人。众位勋爵们无需很久便达到了挑拨刺激达恩雷的目的，使他怒火中烧，失去了理智。不久，达恩雷便深信“他深受一个男人所能受到的最大的侮辱”。于是，令人无法相信的事情变成了事实：国王要领导这场反对自己妻子即反对女王的阴谋。

这个黑黑的矮小的乐师大卫·李乔究竟是不是女王的情夫，这一点从未得到过证实也不可能得到证实。但女王当着宫廷上上下下，公开、毫不隐讳地垂青她的机要秘书，这恰恰最有力地驳斥了那种怀疑。即使我们承认，一个女人和一个男人之间心灵上的亲密和肉体的交欢仅有一线之隔，而且有时会因一时冲动或一个荡人心魄的神情而跨越这界限，但也决不能认定，当时已经怀孕的玛利亚·斯图亚特是个不贞的妻子，她是那么坦荡而无所顾忌地把君王的友谊馈赠给了李乔。假如她与李乔果真有什么不正当的关系，那她首先必然是要避免任何引人怀疑的行为举止，她不会同他一道通宵达旦地在内宫里欣赏音乐或打牌，也不会单独与他在内书房里起草外交文书。然而就和夏特利亚尔的情况一样，这一次使玛利亚·斯图亚特陷入危险境地的恰恰又是她那最让人喜爱的品质：对闲言碎语的蔑视，对流言飞语和诽谤诋毁蔑视的真正王者风范，以及发自内心深处的率直。轻率和勇气往往存在于同一性格之中，就像幼稚和美德，是同一件事情的正反两面：只有懦弱和没有信心的人才连罪责的影子都害怕，每有举动，必要左顾右盼，再三思量。

但是一个女人一旦被流言所困，哪怕这些是非之辞是最恶毒的无稽之谈，流言也不会烟消云散。好奇之风使然，流言经众口相传，已蔓延开去。整整半个世纪之后，亨利四世还捡起这些诽谤，奚落玛利亚·斯图亚特当时尚在腹中的儿子詹姆斯六世，说：“他本来应该叫所罗门吧，因为他也是‘大卫之子’。”玛利亚·斯图亚特的名声再次遭到严重的糟蹋，但这不是因为她有什么过错，而完全是由于她的轻率。

挑唆达恩雷的阴谋分子两年后庄严地将那个所谓的野种立为国王，尊称詹姆斯六世，有力地证明了他们自己都不相信自己捏造的说法。傲慢的勋爵们怎会向一个浪荡江湖的乐师的私生子宣誓效忠呢。满腔仇恨的骗子们当时就知道事情的真相，只不过为了激发达恩雷的怨恨情绪才恶意地诽谤。达恩雷早就憋不住了，相形见绌的折磨使他晕头转向，被怀疑的毒蛇啃噬得他妒火中烧，他愤怒得如同发疯的公牛冲向他面前的红布，一头冲进了别人早已布置好的陷阱。他不加思考,就被拉扯进了反对自己妻子的阴谋。几天之后,达恩雷便比任何人都更加渴望杀死李乔,他可是李乔昔日的朋友啊。不久前他还与李乔一同进餐一同就寝,就连他赢得王冠还多亏这个意大利乐师的鼎力相助呢。

政治谋杀在当时的苏格兰贵族眼中无异于一场盛典:他们不会被最初的愤怒冲昏了头脑而匆匆行事,他们小心谨慎地筹划着。这伙同党相互联合,交换保证书——尊严和誓言可不会让他们觉得可靠,他们彼此实在是太了解了——盖章签字,不像是骑士之间立下的神圣的不可违背的誓言,倒像立什么公证文书。如同买卖合同一样,所有的暴力行动统统清清楚楚、明明白白地在一张羊皮上写下来,这就是所谓的盟约。通过这一纸盟约,显贵的乱党们才对天发誓保证彼此忠诚、至死不渝。因为他们只有结成团伙,结成党派或结成家族关系,才有足够的勇气起来反对他们的君主。这一次——也是苏格兰历史上破天荒的第一次——这帮阴谋叛乱分子竟然荣幸之至,让国王在这样的一份盟约上签了字。达恩雷和众位勋爵们签订了两份规范可靠的盟约,盟约中失意的国王和失势的男爵们订立了一项项条款,共同承担起向玛利亚·斯图亚特夺权的任务。达恩雷在第一份盟约中保证,不管结局如何,阴谋分子不会受到任何处罚,而且他还会在女王面前亲自为他们说情。其次,他答应,只要他一拥有国王的权力,拥有玛利亚·斯图亚特至今仍拒绝赋予他的作为女王的丈夫而行使的权力,他便召回那些被驱逐出国的勋爵,并对他们的所有罪责既往不咎。此外,他还宣称,保护"礼拜堂"的绝对安全。为回应他的承诺,阴谋叛乱的众位勋爵们在第二份盟约中保证——用生意人的说法,这份盟约就是契约——授予达恩雷姻亲的王冠,并且即便是女王过早离开人世(从后来发生的事情来看,他们是经过深思熟虑后预测这种可能性的),他也享有国王的权力,永远不变。表面上清楚明白的言辞背后隐含着更多的意思,达恩雷觉察不出来,英国的使臣却品味出字里行间真正的含义——他们将设法彻底摆脱玛利亚·斯图亚特,在"不幸的事故"中将女王和李乔一并除掉。

签字还未在这桩肮脏的交易书上落定,他们便急匆匆地派出使者前往英国通知梅里,让他准备回国。阴谋中出力不少的英国使臣也赶紧及时地把邻邦女王面临血腥横祸一事禀报给伊丽莎白。"现在我确实知道,"他在2月13日——也就是在谋杀事件发生前很久便向英国汇报说,"女王为她的下嫁感到万分遗憾并且憎恨他和他那帮人。我也知道,达恩雷坚信在这场阴谋中有个最秘密的同伙支持他。他和他父亲匆匆炮制一桩阴谋,要违反女王的意旨,疯狂夺权。我知道得很清楚,如果他们成功的话,国王同意十天内干掉大卫。"但种种迹象表明,伊丽莎白派来的这个密探还知道阴谋分子背后更隐秘的意图。“我还听说了比这更可怕的事情,谋杀甚至还针对女王本人。”这封信明白无误地表明阴谋的目的远远不只是阴谋分子告知笨蛋达恩雷的内容,原来所称的只捅向李乔的利剑,也会捅向玛利亚·斯图亚特,她的生命也受到了威胁,而且绝不会比李乔的小。疯狂的达恩雷——最懦弱的人,一旦感受到背后有人支持便会变成最凶残暴虐的人——渴望着快点狠狠地报复那个夺取他的印玺和赢得他妻子信任的男人。为了侮辱妻子,他要求当着她的面谋杀李乔(完全是懦夫的荒诞念头),他竟想用“杀鸡给猴看”的办法,用惩罚的手段让倔强的妻子低头,用野蛮的暴力场面叫蔑视他的女人重新变得服服帖帖。按照国王的意思,果真决定要在怀孕女人的内宫里上演这场杀戮,3 月 9 日被选定是最适宜动手的日子。他们谋杀的意图固然卑劣,但与行动的凶恶与残忍相比是有过之而无不及。

伦敦的伊丽莎白和他的大臣们知晓阴谋的一切细节都好几个星期了(不过,自然不会给受到威胁的妹妹提个醒);梅里已在边境上准备了配好马鞍的快马;约翰·诺克斯也早已着手准备布道词,要将谋杀吹捧成一件无论怎样颂扬都不为过的伟大事业。然而,众叛亲离的玛利亚·斯图亚特此时对凶险却一无所知。近来这些日子里,达恩雷——他的虚伪做作使他的背叛更加卑劣无耻——特别温顺,没有任何迹象引起她的警觉。随着 3 月 9 日黄昏的消逝,那个恐怖之夜,那个影响她今后岁月的厄运之夜悄然拉开了帷幕。此前,李乔曾收到过一封笔迹陌生的警告信,但他毫未在意,而达恩雷为了麻痹他,当天下午还特意邀请他去打球,意大利乐师高高兴兴地、未加防范地接受了昔日好友的盛情相邀。

夜幕降临,玛利亚·斯图亚特像往常一样吩咐晚餐安排在二层楼上她卧室旁边的小塔楼里。这间房子很小,只够几个最亲近的人在这儿相聚。几个贵族和玛利亚·斯图亚特的异母姐妹——完全是个最亲密的家庭圈子,围坐在沉重的橡木桌前,银制烛台上燃着蜡烛。大卫·李乔坐在女王的对面,他服饰华丽,宛若一个大贵人,头戴一顶法国式的帽子,身穿一件毛皮镶边的外套。他谈笑风生,逗大家开心。晚饭后,他们可能还欣赏了一会儿音乐,或许还以其他玩意儿轻松娱乐了一会儿。然后,遮掩女王卧室的帷幕突然一下子被撩起,国王,女王的丈夫达恩雷走了进来,谁也没有感到惊异不安。众人立刻站起身,在拥挤的餐桌前紧挨他妻子的地方给这位稀客让了座。他轻轻地拥抱了她,并给了她一个犹大的亲吻。轻松愉快的谈话继续着,觥筹交错,众人欢声笑语。

然而,当帷幕再次被撩起时,大家都跳了起来,惊异、恼火、又恐惧,因为这一次门口出现了一个全副武装，手执利刃的阴谋叛乱分子帕特里克·鲁瑟文勋爵。他像一个黑衣天使站在那儿，人人都惧怕他，骂他是一个邪恶的巫师。此刻，他的脸色尤其苍白，他正生病，还发着高烧，可为了不错过这光荣的事业，他仍然挣扎着从病榻上爬起来。他血红的眼睛里透出一股冷酷无情。不祥的预感袭向女王的心头——因为除了她丈夫，任何人不许使用通向她卧室的螺旋暗梯——女王威严地斥责鲁瑟文，谁允许他不经通报擅自闯入。但鲁瑟文沉着冷静地回答说，她和其他任何人都无需害怕，他来到这里仅仅是为了“那儿那个懦夫大卫”。

在那顶豪华帽子下面，李乔脸色陡然变得刷白，他拼命抓住桌子。此时的他立刻明白自己会出什么事。现在只有他的主子，玛利亚·斯图亚特能够救他。国王可没打算让这个无赖滚出去，他坐在那儿，冷冷地却又有些尴尬，好像他和这件事没有任何关系。玛利亚·斯图亚特立即试图从中调停，她问，李乔的罪名究竟是什么，他到底犯了什么罪?

对此，鲁瑟文只是不屑地耸耸肩说：

“问您的丈夫。”

玛利亚·斯图亚特不由自主地转身看她丈夫。但是在这关键时刻，这个数星期来一心磨刀霍霍要谋杀李乔的懦夫却胆小地缩成一团。他才不敢公开地、坚决地站到自己同党一边呢。

“我对此事可一无所知。”他讪讪地说着谎，胆怯的目光移向别处。

此时帷幕后再次传来了沉重的脚步声和武器的铿锵声。阴谋分子们一个接一个，倾着狭窄的暗梯上来，围成铜墙铁壁，阻挡了李乔的任何退路。逃跑是不可能了。但至少玛利亚·斯图亚特要试着通过谈判去拯救她忠诚的臣仆。假如大卫真受到什么指控，她会亲自要求他在议会里向众多贵族们答辩，但是现在，她命令鲁瑟文和其他所有人都离开她的内宫。然而，叛乱分子是不会理睬她的命令的，鲁瑟文渐渐逼向面无血色的李乔，要抓住他；而另外一个叛乱分子则用绳子套住了他的身体，要把他拖出去。可怕的骚乱爆发了，桌子被打翻，蜡烛也熄灭了。手无寸铁又柔弱的李乔既不是武士又不是英雄，他一把拽住女王的衣服，混乱中响起他疯狂凄厉的尖叫：

“圣母，我要死了，求你主持公道，主持公道吧!”

一个叛乱分子举起上了膛的手枪，瞄准了玛利亚·斯图亚特。按照阴谋计划他本来是要扣动扳机的，但旁边的人恰巧碰歪了他的手枪。达恩雷自己则双手紧紧抱住孕妇臃肿的身子，直到其他人把凄厉尖叫、拼死挣扎反抗的牺牲品拖出房间后才松手。就在他们把李乔拖过女王卧室的时候，他又一次挣扎，抓住了女王御床的一角。有心却无力的玛利亚·斯图亚特听到他救命的喊声，但这帮残忍无人性的暴徒砍断了李乔的手指，把他拖到了毗邻的房间里。阴谋分子兽性大发，向他扑去。原来他们只是计划暂时将李乔监管起来，第二天再在市场上把他绞死。但激动已使叛乱分子们发了狂，他们争先恐后像是打赌争第一似的，疯狂地用匕首插向那个毫无招架之力的可怜人，不停地，就那么一刻不停地刺下去，淋漓的鲜血刺激了他们，他们已经忘乎所以了，狂暴地挥舞着匕首，甚至在混乱中还刺伤了同伴。地板上已淌满了鲜血，湿乎乎的一片，可他们还不住手，仍然刺杀着。直到多达五十多处伤口的、流血不止的、抽搐的身体一动也不动，这个可怜人的生命的最后一丝气息也消散在空中时，他们才罢手。他们把一团令人毛骨悚然、血肉模糊的肉体从窗口抛到院子里，那是玛利亚·斯图亚特最忠诚的朋友的尸体。

玛利亚·斯图亚特痛苦地听着她忠实的臣仆死前的哀号声。但她拖着沉重的身子根本挣脱不了达恩雷铁箍般双臂的围抱，她用自己倔强的心灵的全部力量来抗议他们在她面前，在她的王宫里对她进行的前所未有的侮辱。达恩雷可以箍住她的双手，却堵不住她的嘴。失去理智的她大发雷霆，啐了他一脸，表达了她极度的蔑视。她骂他是叛徒，是叛徒的儿子；她指责自己，不该把他这样恬不知耻的小人推上国王的宝座。在此以前，这个女人的内心里仅仅是对她的丈夫有些厌恶和反感罢了，但这一刻，一切都凝聚成永恒的、再也无法消融、无法忘怀的彻骨仇恨。达恩雷徒劳地向她剖白自己是无辜的。他一个劲地责怪她，几个月来她总是拒绝和他亲近，她跟李乔待在一起的时间要比和他——她的丈夫待在一起的时间长得多。即使是对这时走进房间里就跌坐在椅子上的鲁瑟文，血腥的屠戮之后他委实已疲惫不堪，玛利亚·斯图亚特也没放过，她用最可怕的诅咒威胁他。倘若达恩雷能从她眼神中看出她的感情，他一定会害怕她眼睛中燃烧着的灼人的仇恨烈焰。如果他稍微清醒些，稍微聪明些，便会充分察觉她激烈的言辞中隐含的危险，玛利亚·斯图亚特发誓说再也不承认自己是他的妻子；此时此刻让她撕心裂肺的痛苦如果不让他也尝尝滋味，她决不罢休。但达恩雷感受不到这危险，他只能体味渺小浅薄的情感，他理解不了她的高傲受到致命伤害时的那种心情；他想不到就在此刻她已经对他做出了最终判决。这个可怜卑贱的叛徒，被人欺被人骗的家伙看到精疲力竭的女人一声不吭，听凭别人把她送进外室，仿佛任人摆布，就以为终于打掉了她的傲气，以为她会重新向他屈服。但不久他就会知道，无声的仇恨比最激烈的言辞还要危险上百倍。谁深深地侮辱了这个刚烈的女子，谁就注定了灭亡的命运。

女王内宫中传来的被拖出去砍杀的李乔救命的呼喊声和刀剑叮当声，惊动了城堡的上上下下。女王忠诚的大臣博斯维尔和韩特莱匆匆冲出自己的卧室，赶来救女王。不过阴谋分子们早已料到了这一着：全副武装的仆人们团团围住霍利鲁德，把守住每个要道，没有人能及时从爱丁堡城赶来救女王。博斯维尔和韩特莱为保全性命，也为能搬来救兵，只能跳窗而逃。他们一路狂奔，赶到城里报警，说女王有生命危险。城里的卫戍长官立即命令敲响警钟，惊慌的市民匆匆集合，赶到霍利鲁德的城门前，要求见到自己的女王并同女王讲话。但女王没有露面，达恩雷接见了他们，他捏造了一番谎话，声称什么也没发生，只是城堡里抓住了一个外国间谍，企图要把西班牙军队引进苏格兰，如今已把他除掉了。卫戍长官自然不敢怀疑国王的话，而老实听话的市民也安静下来，各自回家。此时的玛利亚·斯图亚特正被严严实实地关在她的卧室里，她竭力想同忠心的仆人通气，却只能是徒劳而已。宫女和侍女都进不了这道门。城堡的大门小门都设置了三重岗哨。这一夜，玛利亚·斯图亚特平生第一次从女王变成了囚徒。阴谋彻底得逞了。院里那摊鲜血里躺着她最忠诚臣仆的被剁烂了的尸体；苏格兰国王率领着她的敌人，攫取了她的权力，如今他已得到了允诺的王冠，她却一下子一无所有，连走出卧室门的权利也没有。刹那间，她从最高处重重地跌落下来，束手无策，众叛亲离，没有帮手，没有朋友，只被仇恨和讥讽所包围。在这个可怕的夜晚，她仿佛失去了一切，濒临崩溃的边缘，但命运的打击只会锤炼一颗火热的心，使它更加坚强。每当关系到她的自由、她的尊严和她的王冠的时刻，她都会从自身找到力量，这力量比她所有助手和臣仆加在一起的合力都强大。

NINTH CHAPTER | 第九章 |

叛徒的叛变

Pantu De Panbian

叛徒的叛变

1566年3月~6月

危险的发生总是有益于玛利亚·斯图亚特的个性完善。因为只有在孤注一掷、再无退路、需要她全部投入、不能再有所保留的关键时刻，人们才能看清楚这个女人身上蕴藏着多么卓绝超群的天赋：当断则断，钢铁般果断，迅速清晰明了地把握全局的心智，一往无前，甚至可以称得上英雄式的勇敢和豪气。但是要促使这些力量勃发，必须要触动潜伏在她内心深处最敏感最深层的东西。唯有如此，被她漫不经心随处乱丢的精神力量才会凝聚成一股真正坚不可摧的力量。谁想侮辱这个女人，谁就只会让她猛醒，让她看清楚现实；命运的每一次考验，从深层意义上来说，都是她意外赢得的宝贵的财富。

这一夜，玛利亚·斯图亚特第一次受到凌辱。但恰恰是这一夜改变了她的性格，而且是永远改变了。这一刻，她的丈夫、她的朋友、她的臣仆合伙欺骗了她，她是那么轻率地相信他们。在这最激烈的考验的熔炉中，她身上女性的柔弱的随和的天性都锻造成钢铁般坚强，同时又具有烈火中锤炼成钢的强韧的柔性。但就像一把宝剑有两边利刃，她的性格从那一夜以来也具有了两面性，也就在那夜，她今后将要遭受的所有苦难开了头。一场血腥的宏大悲剧就此拉开序幕。

现在，她脑子里只有一个念头，就是要复仇。但她被锁在房间里，成了背信弃义的乱臣贼子们的囚徒，只有急得团团转的份。不过她可以思考，反复琢磨，再三斟酌：怎么突破敌人的包围？怎么为她流血而死的忠臣报仇？——这鲜血至今还尚有一丝热气，一滴滴地顺着地板的缝隙滴落下去。怎么才能让那些胆大妄为作乱犯上的逆贼们就范，或怎样才能把他们押上断头台？经历了这许多痛苦的不公正的待遇，这个英勇的女骑士如今可以采用任何手段来报仇。她变了：原来轻率的她如今变得小心谨慎，深藏不露；原来天性十分诚实，不愿对人说谎的她如今学会了伪装；原来对所有人都十分公正的她，如今要运用她全部非凡的智慧来惩罚她的敌人，要以眼还眼、以牙还牙，用他们的阴谋诡计对付他们。有时候，一个人在一天中能学到几个月甚至几年也学不到的东西。此时，玛利亚·斯图亚特上了她一生中关键的一课：叛乱分子的匕首不仅仅是在她面前刺杀了她忠诚的臣仆李乔，而且也杀死了她内心的轻信和率真。信任叛徒，同伪君子谈诚实，这是多大的错误啊！对没有良心的人以诚相待，是多么愚蠢啊！不能这样了，要伪装自己，要掩饰自己的感情，向敌人暂时表示友好，要把仇恨埋在心里，等待为惨遭杀害的朋友报仇，要等待复仇的那一刻！现在她竭尽全力掩饰自己的意图，以麻痹仍陶醉在胜利喜悦中的敌人，避免引起他们的怀疑；宁愿在这帮流氓无赖面前假装一两天顺从，然后再彻底制服他们！对于这样骇人听闻的背叛，只能报复，而且是更大胆、更勇猛、更无耻地报复。

人面临致命的危险，即便是疲惫不堪和轻率随便的心灵，也会突然激发灵感。玛利亚·斯图亚特此时便灵感突至，制订了自己的计划。只要达恩雷仍和叛乱分子沆瀣一气，那她的处境就很难改变，这是显而易见的。只有一个办法能够救她，那就是及时地分化离间叛乱分子，打进他们内部。如果她不能一下子挣断脖子上的锁链，那就要想个巧妙的办法在最薄弱的环节上把锁链锯开：她必须在叛徒中物色一个人，让他背叛其他人。那么，谁是这群又臭又硬的叛党中最懦弱的呢？她心里太清楚了：达恩雷，他有一颗软蜡做的心，任何一只强有力的手都能随意摆弄他。

玛利亚·斯图亚特想出的第一步从心理学的角度上说是绝妙的。她声称，她腹痛异常，可能要早产。经历了前一夜的激动，怀孕五个月的孕妇眼看野蛮行凶杀人。这足以会发生早产。玛利亚·斯图亚特装模作样，痛苦地抽搐着，一头栽在床上，谁也不敢担当骇人听闻虐待女王的罪名，谁也不敢禁止女仆和医生来照料这个孕妇。玛利亚·斯图亚特需要的无非就是这些，这样就会扭转严加看管的处境。现在，她终于可以让可靠的女仆给博斯维尔和韩特莱送信，让他们提前准备，她要计划出逃。此外，早产的威胁也使叛乱分子，尤其是达恩雷，陷入道义上十分尴尬的境地。因为她腹中的孩子既是苏格兰王储，又是英国王储。假使这个孩子真是因他的亲生父亲残暴地在他母亲面前上演了一出谋杀的惨剧而死在腹中，他的父亲将在世人面前承担多么重大的责任！达恩雷惴惴不安，忧心忡忡地赶忙来到他妻子的卧室。

接下来上演了一出颇具莎士比亚气派的戏。这出戏独具匠心，构思巧妙，或许只有理查德三世在被他杀死的爱德华灵柩前追求其遗孀并赢得她的芳心那出戏可以比拟。那出戏里也有尚未埋葬的惨遭谋杀者的尸体躺在地上，也有凶手兼凶手的同谋站在被他卑鄙地出卖了的受害者面前,还有绝妙的伪装战胜了魔鬼的雄辩。没有人目睹这一幕,人们知道的只是它的开头和结束。达恩雷来到他妻子的房间,就在昨天,他对她百般凌辱,而她也在最初受到侮辱的愤怒中发誓要同样无情地报复他。就像克林姆希尔德站在西格弗里德的尸体旁①,昨天女王还挥舞着拳头痛斥凶手,一夜之间,也像克林姆希尔德一样,学会了为报仇而掩饰自己的仇恨。今天,达恩雷看到的玛利亚·斯图亚特已不是昨天那个坚强不屈的战士和复仇者,而是一个可怜巴巴、沮丧的小女人,疲惫不堪,病恹恹的,胆怯而又含情脉脉地注视着他——厉害异常的、铁石心肠的暴君丈夫。虚荣的傻子获得了全面胜利,他昨天还梦寐以求的东西,如今已全部实现:玛利亚·斯图亚特终于又跪倒在他的脚下。自从品尝到了他铁腕的滋味,高傲的她便屈服了;自从他把那个意大利无赖除掉以后,她便再一次侍奉在她真正的夫君和主宰身旁。

一个头脑清醒的聪明人想必会对这种迅速的一百八十度的大转变提高警惕。凄厉的尖叫想必还在他耳边回荡,就在昨天,这个女人还在骂他是叛徒,是叛徒的儿子,她的眼睛里闪烁着复仇的光芒。他想必还记得,斯图亚特家族的女儿绝不会对侮辱报以宽恕,也不会忘记所受的侮辱。但就像所有爱慕虚荣的人一样,达恩雷一听到别人的阿谀奉承便忘乎所以,变得轻信起来,而且还和所有的笨蛋一样,记性也不太好了。此外,在玛利亚·斯图亚特遇到的所有男人中,就数他这个涉世不深的小伙子对她特别贪恋,这个欲望强烈的男人有股忠实的狗一样的劲头贪恋着她的肉体,多么复杂可怕的情感纠葛啊! 过去一段时间里,她突然拒绝他的拥抱、他的亲近,这实在让他太生气,让他太痛苦了。突然之间——真是未曾料到的奇迹啊——他的情人又在他的掌握之中。曾经一再拒绝他的女人哀求他说,今夜就留下来,陪陪她吧。他顿时软了下来,又变得温柔而顺从,又成了她精神上控制的奴隶,又成了她的仆人,忠实的仆人。没有人知道,玛利亚·斯图亚特是用什么样的甜言蜜语完成了这个奇迹般的转变。谋杀后还不到二十四个小时,曾同勋爵们一起欺骗了玛利亚·斯图亚特的达恩雷就变得服服帖帖,同时还要拼命想办法欺骗昨天的同党。当初,那些同党轻易地拉他入伙;如今,女王更加轻易地把他重新变成了自己的奴隶。他把所有参与阴谋的叛乱分子的名字统统告诉了她,还自愿要帮助她逃跑;他稀里糊涂地答应做复仇的工具,而复仇的利刃最终也会指向他——叛徒的首领。当他走进这房间时,还自以为是夫君,是主宰;离开时,

---

① 德国英雄史诗《尼伯龙人之歌》中的场景。

却已经是俯首贴耳的工具了。玛利亚·斯图亚特在受到无情凌辱的几小时之后，就一下子砸开了折磨她的锁链。阴谋分子们还不知道阴谋的主使者已经成了他们的死对头，天才的伪装胜过了卑劣无耻的伪装。

玛利亚·斯图亚特争取恢复自由的行动已经成功了一半。这时，梅里和其他遭贬的勋爵们已经赶到爱丁堡。作为一个出色的谋略家和权术家，梅里在凶杀发生时不在现场，也无法证明他与此事有牵连——从来没有机会让这个滑头马失前蹄，露出狐狸尾巴。跟往常一样，这次又是在别人把脏活累活干完时，他双手干干净净地出现了，不动声色，派头十足，扬扬自得，准备夺取胜利果实。根据女王的旨意，原本是要在3月11日这一天在议会上公开宣布他为叛徒，但现在看来，被囚禁的妹妹突然忘记了所有的仇恨。她——绝境中塑造出的卓绝的演员——扑进他怀里，也给了他一个犹大的吻，就像昨天她丈夫给她的那个吻一样。她温柔而诚恳地向她的兄长，这个被她贬谪的叛乱分子征求忠告和帮助。

梅里不愧是一个出色的心理学家，他正确地估计了整个形势。毫无疑问，他肯定曾期盼而且赞成谋杀李乔，以求拆散玛利亚·斯图亚特同罗马教皇之间的秘密勾结。在他看来，这个黑皮肤的阴谋家是新教利益和苏格兰事业的敌人，也是他个人实现野心的绊脚石。但现在，李乔已被顺利地清除了，梅里也想快速把旧账一笔勾销，于是他提出和解的建议：造反的勋爵们立即撤走有损女王尊严的看守人员，把帝王至高无上的权力归还给玛利亚·斯图亚特。为此，她也得忘记过去所发生的一切，赦免这帮爱国的刽子手。

玛利亚·斯图亚特在她背叛阴谋分子的叛徒丈夫的帮助下早就详细制订了逃跑的计划，最细微的细节也没放过。她当然不会真的宽恕这帮刽子手。但为了麻痹乱党分子的警惕性，她还是宽宏大量地表示同意。谋杀发生四十八小时后，整个事件，连同李乔血肉模糊的尸体，好像都已深埋在土中了。人人都装得若无其事，好像什么都没发生似的。一个小小的乐师被杀了，又会怎么样呢？人们会忘记这个意大利的小人物，而苏格兰也会恢复太平。

口头协议有了。尽管如此，阴谋分子还是不敢撤掉玛利亚·斯图亚特内宫门前的岗哨。某种隐隐的不安折磨着他们。他们之中最聪慧的人对斯图亚特家族的高傲有很深的了解，不管怎么样，他们都不相信那动听的和解之词，说什么玛利亚·斯图亚特会真心忘记和原谅那些卑鄙的人杀害了她的臣仆。他们觉得，把这个倔强的女人锁起来更保险，让她没有任何报仇的机会；他们觉察到，一旦让她恢复了自由，那她就会永远威胁着他们。还有件事使他们很不高兴，那就是达恩雷不时地跑到女王的卧室里，在那儿跟假装不舒服的女王嘀嘀咕咕很长时间，不知搞什么秘密约定。凭他们的经验，他们知道不费吹灰之力就可以随意摆布这个可怜虫。于是他们公开散布言论说，玛利亚·斯图亚特想把他拉过去。他们还警告达恩雷，让他只相信他们的承诺，他们央求他别出卖他们，否则——他们威胁说——他们俩都没有好下场。尽管撒谎的女人一再保证，原谅一切，忘记一切，但在玛利亚·斯图亚特做出书面担保对他们既往不咎之前，他们是不会撤掉女王内宫的重重岗哨的。这些知法的阴谋分子为了凶杀，为了凶杀后得以赦免，此前此后都极力想得到一张白纸黑字的保证书，一份盟约。

不难看出，这些富有经验而面皮极厚的背信弃义者清楚地知道，仅仅口头上的承诺多么不牢靠、多么虚无缥缈啊！他们要求得到书面保证。但玛利亚·斯图亚特可不想给凶手们的签字保证，她太自爱也太小心啦！这帮无赖中的任何人都别想从她手中拿到一份盟约。在决定不给阴谋分子签署免罪的文书之后，她在口头上更痛快地表示同意——唯一的目的就是要拖到晚上！达恩雷又成了她手中的蜡，她给了他一项秘密的任务：用虚情假意和骗取女王签字的许诺来稳住昨日同党们的阵脚。他像阴谋分子的全权代理人，同他们一起完全按照他们的意思起草免罪文书，最后，万事俱备，只缺玛利亚·斯图亚特的签字。但是，时间太晚了，达恩雷无法这么晚还把文书带去给女王签字。他解释说，女王很累，早已入睡了。但是他保证——说谎成性的人再多说一次又何妨呢？——明天一早就将签好字的文书交给他们。国王做出了这样的承诺，再不相信就是侮辱他。为确保盟约到手，阴谋分子撤掉了玛利亚·斯图亚特内宫的看守。这恰恰就是女王所需要的。现在，逃跑的道路畅通无阻了。

看守们一撤走，玛利亚·斯图亚特就从她装病躺下的床上一跃而起，充满生气地准备逃走。博斯维尔和城堡外的其他朋友早已得到消息，备好鞍马，于午夜时分，静候在教堂墓地的围墙下。现在重要的仍是要麻痹阴谋分子，骗过他们，这项任务——用美酒和恩宠把他们搞得晕乎乎的——同其他所有不体面的勾当一样，又落在了达恩雷的头上。他听从女王的吩咐，邀请这帮昨日的同党参加一个盛大的宴会，大家开怀畅饮，握手言欢，宴会在友好气氛中闹到深夜才散。阴谋分子们个个喝得醉醺醺的，回去睡觉了。小心谨慎的达恩雷为避免引发怀疑，甚至没有回到女王的内宫。但众位勋爵们太自信、太有把握了，忘记了还要戒备行事。女王已答应宽恕他们，国王也予以保证，李乔已一命呜呼，梅里也重新回到苏格兰，还有什么好担心、好守候的呢？紧张了一整天，陶醉于美酒和胜利的勋爵们此时一头栽倒在床上,呼呼睡去。

午夜时分,整个城堡早已沉睡,走廊里悄无声息。这时,楼上有扇门悄悄地打开了。玛利亚·斯图亚特悄悄地穿过仆人的房间,顺楼梯而下,来到地下室,这儿有条地道通向教堂墓地的地下墓穴,一条阴森森的路,墓穴里寒风刺骨,潮气凝结成水滴落下来,点燃的火把把跳动的人影映照到黑漆漆的墙上,人影经过那腐朽的棺木和堆堆白骨。啊,出口找到了,终于呼吸到自由清新的空气啦!现在只要穿过墓地走到墙根,就可以和等待在墙外的朋友和已备好的鞍马会师!突然,达恩雷被绊了一下,差点跌倒。女王赶来,定睛一看,原来是一座新隆起的土堆,那是大卫·李乔的坟。

这是最后重重的一锤,把这个遭受凌辱的女子的钢铁般的心锻造得更加坚强。她知道自己目前要完成两件事:一是通过出逃来赢回女王的尊严和荣誉;二是生个儿子,生个王位继承人。然后再向所有凌辱过她的人报复!也要报复这个现在帮她出逃的蠢不可及的笨蛋!这个怀孕五个月的女人毫不迟疑地跳上了亚瑟·厄斯金的马背,那是她忠心耿耿的御林军统帅。在这个人身旁,她觉得比在她丈夫身旁更安全,况且她丈夫也没有等她,只是自顾自地跳上一匹马,飞驰而去。于是,厄斯金和从身后抱住他的玛利亚·斯图亚特两人一骑,疾驰二十多英里,来到塞顿勋爵的城堡。在这儿,她终于得到了一批属于自己的马和两百多人的骑士卫队。次日凌晨,出逃的女人又成了发号施令的君主。晌午,她又到达了她名下的丹巴尔堡。但她没有休息,没有贪图片刻的安逸就立刻开始工作。仅仅自封女王是不行的,在这种时刻必须要斗争,做个真正的女王。她又是口授又是亲自动笔写信,发往各地,她要召集忠于她的贵族,召集军队去攻打占据霍利鲁德的叛党。她虽然保住了性命,但还要为王冠、为荣誉而战!每当复仇的时刻来临,每当激情在她血管中翻腾,这个女人便抛开了一切柔弱,忘却了疲惫。只有在这伟大而关键的时刻,她的心中才凝聚了最强大的力量。

霍利鲁德城堡里的阴谋分子们第二天醒来,才发现大事不妙:女王跑了,他们联盟的兄弟和保护人达恩雷也一道跑了。起初,他们还没意识到他们彻底失败了;他们还对国王的许诺抱有希望,毕竟君无戏言;还有,昨晚他和他们共同起草的赦免文书也应该还有效。实际上,还有很多迹象表明,这种欺骗背叛是可能的。不,他们不相信这是骗局。于是他们恭顺地派使者森庇尔勋爵去丹巴尔堡,央求女王赐给他们应允的赦免文书。玛利亚·斯图亚特让这个和平使者在门外受了三天的罪，就像是卡诺萨城堡门前的好戏重演①。她才不会和叛党谈判呢，何况博斯维尔已经把军队集结起来了。

叛乱分子们现在才真正开始害怕起来，真是树倒猢狲散，他们一个接一个地去见女王，请求赦免罪责。但为首的叛乱分子，像第一个揪住李乔的鲁瑟文，还有那个竟敢把上了膛的手枪指向女王的福堂塞德，他们自然清楚女王的恩典不会落到他们身上，于是他们急忙逃离苏格兰。这回一同逃走的还有约翰·诺克斯，他可是过早也过于大声地把这次谋杀吹嘘成神圣的事业。

要是此刻全凭自己强烈的复仇欲来行事的话，玛利亚·斯图亚特会惩一儆百，狠狠地惩办乱党，以让那帮一直都不安分的叛逆的贵族们明白，搞叛乱反对她的人是不可能逍遥法外的。但是，形势还是很危急，往后她还得花更多的心思和手段处理后事。梅里，她的异母兄长，尽管对阴谋心知肚明——否则他不会那么及时地赶回来——但他毕竟没有参加叛乱。玛利亚·斯图亚特清楚，最好还是不要触动这个强有力的人。"为了不树敌太多"，她宁愿睁一只眼闭一只眼算了。如果她真想审判乱党分子，那么她首先应该追究自己的丈夫达恩雷的责任，是他带领凶手们来到她的内宫的，又是他在谋杀时抱住了她的胳膊。但是她的名誉已经被夏特利亚尔丑闻严重地损害过一次，她不愿让她的丈夫扮演一个怀疑妻子有外遇因而向李乔报复的角色。总是有什么事碍手碍脚；最好把整个过程如此粉饰一番：他，整个谋杀悲剧的主犯，根本没有参与凶杀。这种说法当然很难让人相信，虽说他在两份盟约上都签上了大名，还立了一份颇像那么回事的保证书，担保刽子手们事后绝不会受到惩罚，他还把自己的匕首递给了另外一个屠夫——后来在被剁成肉泥的李乔的尸体上发现了他的匕首，这些都很难说他是清白的，但他是个既无意志又无尊严的木偶，只要玛利亚·斯图亚特一牵动手中的线，他就乖乖地围着她转。他郑重其事地让传令官在爱丁堡的大广场上宣布了那个世纪中最恬不知耻的谎言，用"王子的言辞和荣誉"起誓，他同"这场阴谋叛乱没任何关系"；指控他对阴谋分子的叛乱采取"建议、默许、赞同、批准"态度的说法全是造谣诽谤。实际上，这个城里甚至这个国家的每个人都知道，国王不仅"建议、默许、赞同、批准"叛乱分子的行动，还正式批准了乱党叛乱。这个意志薄弱的叛徒在谋杀时表现出的卑鄙残酷达到了极点。但这一次他失算了，他在爱丁堡广场上向全国人民做此伪证，也就给他自己做出了判决。玛利亚·斯图亚特发誓要报复那帮

---

① 卡诺萨，意大利北部的一个城堡。1077年，被革出教门的日耳曼皇帝亨利四世身穿罪服，在此城门外站了三天，求教皇格里戈雷七世接见。

家伙,其中她惩罚最狠的便是达恩雷,她把内心里早已鄙视万分的丈夫今天推出来让全世界的人唾骂。

凶杀被谎言的雪白的尸衣掩盖了。胜利的场面宏大,嘹亮的号角吹响,女王和国王重新言归于好,回到爱丁堡,好像万事如意,天下太平。为了维护法律可怜的尊严,又不至于吓坏什么人,绞死了几个倒霉的家伙,不过是奉命行事、不知内情的士兵和奴仆。当那些大老爷们在楼上捅刀子的时候,他们只是奉命在门口站岗放哨。显贵的大人们逃过了惩罚。而李乔也在皇室墓地得到一块荣耀的地方长眠,这算是对死者的小小安慰吧;他的兄弟接替了他在女王内宫里的职位。就这样,这悲惨的一幕到此结束,很快就被人忘却了。

经历过这些危险和刺激之后,玛利亚·斯图亚特现在的头等大事,就是想生下一个健康活泼的王位继承人,只有这样才能巩固她摇摇欲坠的地位。一旦成为未来国王的母亲,她就再也不会受到侵犯;作为这个可怜的傀儡国王的妻子是没有安全可言的。她提心吊胆地等待着这一重大时刻的到来。在最后的几个星期里,她的心里充满一种奇异的惆怅和抑郁。是不是李乔之死的阴影仍重重地压在她心头,挥之不去呢?她是否强烈地预感到不幸的降临?不管怎么样,她立下了一份遗嘱。遗嘱中写道,遗赠给达恩雷的是他们结婚时候他给她戴上的那枚戒指,还有约瑟夫·李乔——惨遭谋杀的李乔的弟弟,以及博斯维尔和四位玛丽也各有馈赠。这个一直不知忧愁、勇敢无畏的女人平生第一次感到害怕,害怕死或者莫名的危险。她离开了霍利鲁德,自从那夜悲剧发生以来,她再也不觉得这里安全了,宁可移居到起居不方便但地势高且工事坚固的爱丁堡城堡,在那儿分娩,即使以自己的生命做代价,也要生下苏格兰和英国王位的未来继承人。

6月9日清晨,爱丁堡城堡的隆隆炮声向市民们报告喜讯。是个儿子,斯图亚特家族的王孙、苏格兰的国王诞生了。今后,女人们担心再有人谋反叛乱的日子就此结束。母亲梦寐以求的心愿、举国上下企盼斯图亚特家族诞生男性王储的愿望终于实现。但是,玛利亚·斯图亚特刚刚生下儿子,便觉得自己有责任确立他的地位和尊严。当初那帮阴谋分子们灌输到达恩雷耳朵里的恶毒的流言,说什么她失去了妻子的贞节,和李乔偷情,这些流言和猜疑早已飞越高墙在宫里宫外传播开来。玛利亚·斯图亚特想必对此也是胸中有数。她知道,任何怀疑她的继承人的合法身份,从而怀疑他王位继承权的说法都会让伦敦欣喜万分,加以利用。所以她想现在就在全世界面前永远摒弃这种无耻的谎言。她让人传令叫达恩雷进卧室,当着大家的面把婴儿给他看,并说:

"上帝赐给你我一个儿子,这是你的种,只可能是你的种。"

达恩雷尴尬地站在那儿,因为就是他自己曾心怀嫉妒,到处散布流言,为这可耻的诽谤推波助澜。如今面对她如此郑重的声明,他该如何回答呢?为了掩饰自己的尴尬的样子,他弯下腰去吻孩子。

但玛利亚·斯图亚特抱起了婴儿,再一次大声地重复:

"我在天主面前做证,就像我在末日审判中一样,证明他是你的儿子,不是其他任何人的儿子!我想请在场的所有的人做证,证明我担心将来他会因为是你的儿子而感到遗憾。"

这是一个重誓,同时又是一个奇特的担忧:伤心的女人即使在这么庄严的时刻都无法掩饰对达恩雷的不信任。即使是在这一刻她都忘不了这个男人曾经如此无情地欺骗了她,伤害了她。她说完了这几句意味深长的话后,便把婴儿递给了忠于她的一位勋爵威廉·斯丹东:

"我希望王子成为第一个把苏格兰和英国两个王国统一起来的国王。"

微微有些惶惑的斯丹东回答说:"为什么是他呢,夫人?他怎么能越过陛下您和他的父亲呢?"

于是,玛利亚·斯图亚特带着谴责的口气说:

"因为他的父亲破坏了我们的结合。"

在众人面前羞愧难当的达恩雷竭力想使生气的妻子平静下来。他不安地问道:"这不是违背了你的诺言吗?你不是答应过,原谅一切,忘记一切吗?"

"我愿意原谅一切,"女王回答道,"可是我绝对无法忘记这一切。如果当时福堂塞德果真扣动了扳机,这个孩子和我将会怎么样呢?上帝知道,他们接下来会怎样对付你。"

"夫人,"达恩雷此刻提醒她说,"这些事都已经过去了。"

"好吧,不说了。"女王回答。

这场雷声隆隆作响、预示着暴风雨即将来临的谈话到此结束。然而当玛利亚·斯图亚特宣称她不会忘记,但一切都愿意原谅的时候,她也仅仅是在她关键的时刻说出了一半真话。只要一直生活在以血还血、以暴力回报暴力的日子中,这个城堡,这个国家里就永无宁日可言。

母亲刚刚分娩,婴儿刚刚出世,玛利亚·斯图亚特最忠诚可靠的使臣詹姆斯·迈尔维尔便在正午时分翻身上马,傍晚时他已疾驰到苏格兰的边境,夜里在贝里克休息了一下,第二天一早又全速飞奔。6月12日的傍晚——这真是伟大的辉煌的体育纪录——他坐在一匹周身被大汗湿透的马上赶到伦敦，在这儿他听说伊丽莎白正在她的格林威治宫里举行舞会。于是，这位使臣不顾劳累，换了一匹马继续向前飞驰，想在当天夜里就把消息报告给伊丽莎白！

伊丽莎白在这次盛大豪华的舞会上也一展风采，跳了会儿舞。长期重病后如今又恢复健康，她是万分高兴。今晚，她心情愉快，情绪高昂，扑了粉，化了艳妆，穿一袭华丽的长袍，像一朵充满异域风情的巨大郁金香，被一群忠诚的骑士簇拥着。这时，她的国务大臣塞西尔匆匆挤过跳舞的人群，后面紧跟着詹姆斯·迈尔维尔。他来到女王跟前，轻声报告说，玛利亚·斯图亚特的继承人出生了，是个王子。

身为一国之君，伊丽莎白一向是个了不起的外交天才，她能出色地控制自己的感情，在掩饰自己真实感情方面也颇有精湛的技艺。但这个消息仍深深刺痛她作为女人的本性，像被利剑穿过心脏。作为女人，伊丽莎白为了控制自己叛逆的感情，总是显得过于敏感。现在她万分惊讶，以至于她的双眼充满愤怒，紧闭的嘴唇都忘记了撒谎。刹那间，她铁青着脸，脸上渐渐失去了血色，双手不停地颤抖着。她命令音乐立即停止，跳舞的人也一下子静下来。她觉得精神快要崩溃，她简直支撑不住，踉踉跄跄地跑出了大厅。回到卧室时，一群诚惶诚恐、焦虑不安的侍女拥着她，她才尽情发泄出来。痛苦沉重地打击着她，她呻吟着倒在椅子上，开始号啕大哭：

“苏格兰的女王生了儿子，可是我，我只是个枯萎的死枝！”

这个不幸的女人，在她长达七十年的一生中，她最沉痛的悲剧在此刻最为淋漓尽致地表现了出来。这个没有爱的能力的女人，更由于知道自己无法生育而日渐憔悴的女人，竟是如此深重地背负着痛苦的十字架。这一声叫喊从她最具女性、最为隐秘、最为真诚的心灵深处迸发出来，像一股奔涌而出的鲜血，她可是从未如此暴露自己的秘密啊！我们觉得，她似乎可以牺牲世上的所有王国，只求换来世上最简单、最自然的幸福，单单做个女人，做个恋爱中的女人，做个母亲。她虽然嫉妒心极重，但可能会原谅玛利亚·斯图亚特其他的任何优势、任何成就。但这件事使她极为妒忌，因为受伤害的是她最隐秘的情感——她所不能实现的愿望：做一个母亲。

但是，第二天早晨伊丽莎白又成了单纯的女王、单纯的政治家和外交家。她又娴熟地运用起她的艺术本领，用冷漠而冠冕堂皇的话来掩饰自己的恼怒、不满和内心深处的剧痛，表演很成功，堪称典范。她脸上露出亲切的微笑，以隆重的礼节接见了迈尔维尔，她说（我们就话论话理解吧），她从未听到过比这更让她高兴的消息了。她请求迈尔维尔，向玛利亚·斯图亚特传达她最具衷心的祝愿；她还重申要做孩子的教母，如果可能的话，她还要亲自出席受洗仪式。正因为她不愿给上天安排给她的妹妹真诚的祝福，她才要——伟大而永恒的演员——在全世界面前装扮出慷慨施主的模样。

局势再一次向着利于勇敢者的方向发展了，所有的危险似乎已过去，所有的难题也奇迹般地得以解决。玛利亚·斯图亚特自出世以来就笼罩在她命运之上的乌云再一次消散。但大胆的人从不会由于那些已成过往云烟的危险而变得更聪明些、收敛些，而只会变得更大胆。玛利亚·斯图亚特生来就不是享受过宁静日子的女人，她的内心有一股灾难性的力量支配着她。外部世界的变故和偶然事件从来不会创造命运的真实内涵和形式。唯有那些天生的、与生俱来的规则能构成生活或破坏生活。

TENTH CHAPTER 第十章

可怕的情感纠葛

Kepai De Qinggan Jiuge

可怕的情感纠葛

1566年7月～圣诞节

在玛利亚·斯图亚特的悲剧中，婴儿的诞生意味着还未全面铺开的第一幕的结束。形势一下子发生了戏剧性的变化，内部的犹豫不决和矛盾冲突震颤起来。现在，新的人物新的性格登场，剧情展开的地点也有所变更，政治的悲剧变成了个人的悲剧。迄今为止，玛利亚·斯图亚特一直都是在同本国的叛党及外国的敌对势力作斗争，如今，一股新的力量扑向她，比所有的勋爵和男爵都更加残暴：那就是她苏醒了的感情，玛利亚·斯图亚特身上的女性向女王宣战了。对权力的欲望第一次让位于感情的力量。在激情和漫不经心中，苏醒过来的女人破坏了恪尽职守的女王此前一直维护的东西。她轻松愉快挥洒自如地一头钻进极度狂热的激情之中，仿佛纵身跳进了深渊，忘怀一切吧，扯碎一切吧——荣誉、法律、道德，她的王冠，她的国家。这位先前勤奋勇敢的公主，或者说在无聊中期待着什么、卖弄风情的寡居女王，竟然成了爱情悲剧中的主角。在一年的时间里，玛利亚·斯图亚特便改变了自己的生活，使生活的戏剧性增加了千百倍，也就在这一年里，她彻底毁了她的一生。

第二幕开始，达恩雷再次登场，他也发生了一些变化，是悲剧性的那种变化。他孤零零地出现了，谁也不会相信一个背叛了大家的人，谁也不会给他一句真诚的问候。深深的痛苦、无可奈何的愤怒啃噬着这个虚荣小伙子的心。一个男人能替一个女人做的，他全做到了，为此，他满以为至少能赢得一点感激之情、一点柔顺、一点倾心，可能还会得到她的爱情。这一切都没有，一旦她不再需要他，他就失去了利用价值，达恩雷从玛利亚·斯图亚特那儿得到的只是更加强烈的厌恶。女王铁石心肠。可是逃亡的勋爵们不会放过他，为了报复这个出卖了他们的叛徒，他们偷偷把达恩雷签字赦免他们杀害李乔的文书递交给女王，让她知道，她的丈夫跟他们是一伙的。玛利亚·斯图亚特并没有从这份盟约中得到更新的材料，但是这个高傲的女人越是看不起达恩雷这个叛徒和胆小鬼，她就越不能原谅自己当初爱上了这么一个小白脸。在憎恨达恩雷的同时,她实际上也在憎恨自己犯下了不可饶恕的错误。作为男人,达恩雷早就让她觉得恶心,就像是什么滑腻腻的、黏糊糊的东西,像条蛇或像只蜗牛,连手指头去碰一下都不愿意,更别提拿活生生的温香软玉般的身体去接近他了。他的在场,他的存在,让她感到压抑,如身处噩梦之中。怎么甩掉他?怎么摆脱他?这是她日日夜夜都在冥思苦想的问题。

这个问题她开始并没有想到用暴力用谋杀来解决。玛利亚·斯图亚特遭遇的这些也不是罕见的个例。如同上千万别的女人一样,出嫁不久就失望了,强烈地失望了,简直就无法忍受形同陌生人的丈夫的拥抱和亲近。在这种情况下,离婚是理所当然明智的合乎情理的解决办法。玛利亚·斯图亚特也同梅里和梅特兰德商讨离婚的可能性。可是孩子刚出世就要离婚,会助长危险的无耻谰言的传播——说她和李乔有不正当的关系,而孩子也会立即被加上私生子的罪名。只有作为完全合法的婚姻中出生的儿子才有权力继承王位,因此詹姆斯六世的名声绝不容玷污。所以,女王必须——这是多么大的痛苦啊——放弃这最合情合理的解决办法。

不过,似乎还有别的办法:夫妻之间达成平静而可信的协议,对外继续以国王和女王夫妇的形象露面,对内则双方各有自由,谁也不管谁。这样,玛利亚·斯图亚特既能摆脱达恩雷情爱的纠缠,又能在世人面前保有婚姻的假象。玛利亚·斯图亚特寻求以这种方式重获自由,有流传下来的一次她和达恩雷之间的谈话为证。谈话中她劝他另找个情妇,比如他的死对头梅里的妻子;她半开玩笑地如此劝说他,她只是想暗示他,如果他到别处去寻找慰藉,她是不会痛苦和在乎的。可是,真是复杂:达恩雷偏偏不想要别人,他只要她,只想要她一个。这个可怜的卑微的小伙子硬是以一种不可思议的恭顺和饥渴黏上了这个强大的高傲的女人。他根本不会另搞一个女人,除了这个躲避他拒绝他的女人,他不会也不愿去碰任何别的女人。只有她的身体能勾起他的欲望,能让他疯狂。他死皮赖脸地乞求她尊重他做丈夫的权利。但他越是起劲地纠缠不休,她就越是不耐烦地拒绝。真是魔鬼般的怪圈——她越是强烈地回绝他,他的要求就越是阴险狡诈,他就越是像狗一样乞求她施舍。为了当初不幸的轻率,为了她把做丈夫的权利给了这个没有品德的孩子,她付出了沉重的代价,多大的失望啊,因为不管她如何抗拒,她还是无可奈何地同他连在一起。

玛利亚·斯图亚特处在如此糟糕的精神折磨之中,行事也同那些走投无路的人一样。她不是做出决定,她不是做公开的斗争,而是一走了之。奇怪的是,几乎所有传记作家都对玛利亚·斯图亚特产后的所作所为感到不可理解，分娩以后她为何放弃情理之中的休息，产后四个星期她便谁也没打招呼，离开了城堡和孩子，乘船去马尔伯爵的领地阿洛亚去旅行。事实上，这次逃亡完全可以理解。因为分娩后的头一个月内，她可以无须任何借口拒绝讨厌的丈夫亲近她的身体，可一个月后，她没有理由拒绝他的亲近了。现在他又可以接近她了，每个白昼，每个夜晚，都来向她求爱，想要得到她的身体，可是她的内心实在无法忍受一个她不爱的人来抚摸她。因此，玛利亚·斯图亚特要离他远远的，要在她和他之间设置一段距离，争得一个自由之身，内心便可以自由飞翔，这是再自然不过的事情啦！于是，在以后的几个星期、几个月中，整个夏天直至深秋，她一路漫游，从城堡到城堡，从一处猎场到另一处猎场，用逃跑来获得自由。在逃亡中，在阿洛亚，在任何地方，她寻欢作乐，寻求心灵羁绊的解脱，这个还不满二十四岁的女人玩疯了。熟悉的化装舞会、跳舞、五彩缤纷的娱乐节目，就像是在夏特利亚尔和李乔生前一样，这个我行我素的固执女人在消磨时间。所有这些都只说明了这个无忧无虑的女人是多么容易忘记过去所经历的苦难。只有一次，达恩雷怯怯地试图要求得到做丈夫的权利。他骑马赶往阿洛亚，但她在简短地接待后就把他打发了，根本没邀请他进城堡过夜。在内心里，玛利亚·斯图亚特已同他一刀两断。当初对他的激情就像点燃的烈火，映红了天空，如今，这火已经熄灭了。当初热恋时的愚蠢把达恩雷变成了苏格兰的君主和她身体的主宰，这是她不愿去想的一个错误，也是她想驱逐出脑海的一种恼人的回忆。

达恩雷在她心里已不算什么了。即使是她的哥哥梅里，和解以后，她也无法再完全信任他；还有梅特兰德，尽管她经过很长时间的考虑才决定饶恕他，但饶恕他之后，她也同样实在无法信赖他。然而，她需要一个人，一个她能够绝对信赖的人，因为任何三心二意和小心谨慎，任何冷眼旁观和犹豫不决，都为她那热血澎湃的天性所不容，都是她厌恶的。她只会毫无保留地爱，毫无保留地恨，绝对地信任和绝对地不信任。作为女王同时作为女人，玛利亚·斯图亚特一生中都在有意或无意地追寻着同她不安分的天性截然相反的个性——追寻一个坚强有力的永远忠诚的男人。

李乔死后，她身边唯一可以信任的便只有博斯维尔。这个坚强的人曾遭受过命运无情的打击。年轻时，因为拒绝与众位勋爵们合作，他被这群暴徒逐出了国门；他对玛利亚·斯图亚特的母亲玛丽·德·吉斯忠贞不渝，拥护她反对“勋爵们集会”，直到最后一刻。当斯图亚特家族支持的天主教事业彻底失败后，他仍率众反抗。然而,敌人的势力太大了,他最终不得不离开家乡。在法国,这个流亡者立即当上了苏格兰近卫军的统领,宫廷里荣耀的职位使他的行为举止优雅了许多,但这丝毫没有冲淡他与生俱来的力量和粗犷的性格。不过,博斯维尔是个地地道道的武士,他不会满足于一个荣耀的职位,所以当他的死敌梅里起来反对女王时,他立即横渡英吉利海峡,保卫斯图亚特家族的女儿。不管什么时候,只要玛利亚·斯图亚特需要有人去对抗那帮阴险狡诈的乱臣贼子,他都会很乐意地向她伸出那双有力的援助之手。在李乔被杀害的那个夜晚,他果断地从二楼窗户跳下去搬来救兵;他的审慎促成了女王勇敢地越狱,他强大的军事力量叫那群阴谋分子吓破了胆,只好赶紧投降。苏格兰过去从未有过一个人像这位三十岁左右的无畏勇士如此忠心耿耿地为玛利亚·斯图亚特效力。

博斯维尔仿佛是由一块完整的黑色大理石雕刻出的形象。与他的弟兄意大利佣兵队队长科列奥尼一样①,他威风凛凛地站在那儿,冷峻地注视着世间的变化,他拥有坚强和冷酷的男子气概,是个不折不扣的男子汉。他本姓赫本,那是一个古老的苏格兰姓氏。我们不难想象,在他的血管中涌动的还有古代维京人和诺曼人——这些刚强的武士和强盗们的——尚未驯化的鲜血。尽管受到了良好的教育(他说一口流利的法语,而且爱好收集书籍),他身上仍然保留了一个天生的叛逆者的好斗的激情,他反对那些世俗的条条框框,他有后来被拜伦所崇尚的浪漫主义海盗、不守法度的叛逆者对冒险的渴望和激情。威猛的身材,宽宽的肩膀,异乎寻常的刚劲——他强有力的手挥舞起来就像一柄利剑,他可以孤身一人驾船与风暴和雷雨搏击——对自身力量的信心,使他对伟大的道德毫不在乎,或者也可以说,对不道德满不在乎。没有什么可以吓退这个鲁莽的壮汉,对他来说,只有强者的道德:毫无顾忌地攫取,抓住不放并为之血战到底。但是他的这种与生俱来的粗犷完全不同于其他男爵们的卑劣伎俩和巧取豪夺的阴谋诡计。这个痛痛快快的男子汉鄙视这帮男爵们,因为他们总是纠集在一起乘夜色的掩护去干些卑鄙的勾当。他从不结党营私,从不与别人合伙,独来独往,盛气凌人,目空一切,自行其是,蔑视道德和法律。谁要是妨碍了他,他就会用铁拳砸烂谁的脸。他毫无顾忌,明目张胆地想干什么就干什么,不管行还是不行。尽管博斯维尔是这么个不怕天不怕地的残暴之徒,披了厚重铠甲的不讲道德的家伙,但他性格直率,这个优点使他至少比其他人略胜一筹。在那些两面三刀、口是心非的男爵和勋爵之

① 意大利雕塑家、画家委罗基奥(1435~1488)的雕塑作品。

间,他宛若一头光明磊落的噬血猛兽,宛若狡猾的豺狼和鬣狗群中的一头凶猛的猎豹和雄狮,他没有高尚的情操,缺乏人性的魅力,但他却是个地地道道的男子汉,一个颇具原始男人作风的完美的好斗武士。

正因为如此,别的男人才那么恨他,又那么怕他。但他那赤裸裸的、张扬的残酷力量却吸引了无数的女人。我们并不清楚这位俘获女人芳心的高手是否英俊潇洒,因为没有一幅较为逼真的肖像画流传下来(但人们不禁会把他想象成弗朗士·哈尔斯①那幅画中的武士,果敢剽悍的战斗者,帽子威武地扣在脑门上,眼睛大胆而咄咄逼人地迎向任何目光)。按有些人的说法,他面目可憎。不过,要赢得女人的芳心和爱慕,不一定是靠英俊潇洒,单是这些强有力的男人身上散发出的强烈的有刺激性的男人味,骄横的野性,无所顾忌的残忍,单单那种战争和胜利的气息,便足以让女人倾心。爱恋的同时又有那么点恐惧和激动,这最能激起女人的情欲,一丝丝甜美的恐怖和危险感只会增加乐趣,平添几分妙不可言的兴奋。如果这样一个强暴男人不仅仅是个男人,一个野性十足的兽性男人,而是像博斯维尔那样,赤裸裸的粗野被宫廷风雅和个人的修养所遮掩,同时又很机灵聪明,那么,他的魅力是没有人能够抗拒的。果然,这个冒险家毫不费力到处招蜂引蝶,逸闻不断。在法兰西宫廷里,他的情场得意曾被议论纷纷,传为佳话;即便是在玛利亚·斯图亚特的圈子里他也早已捕获了几个贵妇的芳心;而在丹麦,还有个女人为了他牺牲了自己的丈夫、金钱和产业。但是,纵使博斯维尔在情场上取得了全面胜利,他却绝不是风流浪子,不是唐璜,也不是好色之徒,因为他从来没有严肃认真追求一个女人。这种类型的胜利对他来说太平淡无奇也太容易了。像古代维京海盗,博斯维尔把女人仅仅看作偶然得来的战利品,随时顺手擒来,就像喝酒、赌牌、骑马一样,他猎取女人,将此视为增强自己生命力的力量测试,视为男人游戏中最富于男性意味的娱乐;他猎取女人但并不迷恋女人,也不会为女人而忘乎所以。他为猎取女人而猎取女人,因为猎取和用暴力手段猎取是他权力欲望的最自然的流露。

玛利亚·斯图亚特起初并没有发现忠于她的博斯维尔身上具有的男性气质。而博斯维尔也没有把女王看作可以倾心的年轻女郎。他甚至曾经毫无顾忌地放肆地嘲弄她:“她和伊丽莎白加在一起,也顶不上一个真正的娘们。”他根本不觉得她在性欲上有吸引力,而她也没对他有丝毫爱慕之心。她原本甚至打算禁止他

---

① 弗朗士·哈尔斯(1580~1666),荷兰画家,绘有军人群像。

回到苏格兰，因为他在法兰西时曾散布关于她的一些无耻的谣言，但是，当她一旦认识到他作为军人的价值之后，便再也离不开他。她满怀感激，对他的酬赏一个接一个，先后任命他为北方诸军兵马大统帅，苏格兰海军大都督和战时与叛乱时期的武装部队总司令。玛利亚·斯图亚特把众位遭贬谪的男爵领地也封赏给他，并且为了表示她的友好和关心，女王——他们之间起初是如此天真纯洁的最好证明——亲自为他从富豪家族韩特利家中选定了年轻美貌的妻子。

一个天生的统治者就是要攫取权力，而且一旦沾上边，他便会一股脑儿地全部攫取过去。不久，博斯维尔就成了女王在一切问题上的首席谋臣，成了王国事务的全权代表。难怪英国使臣气愤地报告说："女王在众人当中对他最为看重。"不过，玛利亚·斯图亚特这一次算是选对了人，她终于找到了一个掌管权力的人，他那么傲慢，不会被伊丽莎白的许诺和贿赂所收买，也不会为个人私利与众位勋爵们勾结。依靠这位勇敢无畏的忠诚武士，她第一次在自己的王国里占了优势。众位勋爵们不久以后也深深体会到女王依靠博斯维尔的军事独裁获得了多么强大的威望。他们已经开始抱怨说，"博斯维尔太狂妄了，就连李乔也没像他那样遭人嫉恨"，他们可是太想要除掉他了。但博斯维尔可不是李乔，他不会乖乖地任人宰割；他也不是达恩雷，可以毫无反抗地被人挤到一边。他深知那帮贵族同僚们的伎俩，不带众多护卫他是不会出门的；而且只要他一声号令，他的边防军就会拿起武器。至于那些宫廷里的阴谋家是爱他还是恨他，他一概不在乎。只要他们惧怕他就足够了；而且只要他刀剑在握，那帮跃跃欲试的强盗们即使怨恨，也得向女王俯首称臣，他也就满足了。由于玛利亚·斯图亚特的坚持，梅里，他的死对头也和她达成谅解。至此，权力圆圈形成了，各方的权力严格地保持平衡。玛利亚·斯图亚特在博斯维尔的可靠保护之下，仅仅起到代表国王的作用，梅里继续主持内政，梅特兰德把持外交，而博斯维尔则为她把握全局。靠他的铁腕，苏格兰恢复了和平和秩序，这个奇迹的出现，完全得力于他这个唯一的真正的男子汉。

但是，博斯维尔那双强有力的手中把握的权力越来越多，理应拥有权力的国王的手中的权力便越来越少。而且这一点点权力也在渐渐失去，只成了一个空头衔，一个名号。仅仅在一年前，噢，那时人们高呼他为国王陛下。然后，他身披金甲，策马追击叛党。如今，婴儿已呱呱落地，他的使命也已经完成，这个可怜的人就越来越被人排挤和蔑视。他自说自话吧，谁也不听他的；他爱去哪儿就去哪儿，谁也不去管他。没有人再邀请他参加国务会议，也没有人请他去参加庆典和派对。他就那么孤零零的，孤独寂寞像他的影子时刻缠绕着他。不管他走到哪儿，嘲弄和仇恨都像一股寒冷的穿堂风从他背后袭来。在自己的国家里,在自己的家里,他像是个陌生的外乡人,像是个敌人,置身于众多敌人之中。

达恩雷遭到这种彻底的抛弃,遭这种突然间的冷淡,很显然是由于这个女人的内心里滋生出的对他的厌恶所致。但是女王把她的蔑视搞得如此招眼,却是她国家政事中的愚不可及的失策。她原本应该明智一些,至少给这个虚荣心重的人留一点脸面吧。她也不能如此无情地把他抛出去给众位勋爵们辱骂和瞧不起吧。因为一味的侮辱只会带来恶劣的结果,即使是最软弱的脓包身上也会激发出点滴的刚强;就连一向软弱没脾气的达恩雷也逐渐变得危险起来。他不再压抑自己的愤怒,而是完全发泄出来。每当他带着大批武装护卫(他也从李乔被杀的事件中学乖了)整日泡在猎场时,打猎的同伴们总是能听到他公开地恫吓梅里和其他的某些勋爵。他擅自写信给外国宫廷,指责玛利亚·斯图亚特"信仰不坚",并且向腓力二世自荐,要求当天主教的真正护卫者。作为亨利七世的外曾孙,他也想染指政权,拥有发言权,但这个男孩可能是那么软弱、那么肤浅,可他的内心深处却始终保存着一丝荣誉感。或许我们可以说可怜的达恩雷毫无性格,却无论如何不能说他不爱名誉。即使达恩雷那些最可鄙的行为极有可能是出自他的虚荣心,出自他过于渴望自我肯定。这个备受歧视的人终于决定孤注一掷——人们做得太过火了。9月底,他突然离开霍利鲁德前往格拉斯哥,而且毫不隐瞒他要离开苏格兰到外国去的想法。他声称,再也不同你们玩了。既然拒绝赋予我作为国王应当拥有的权力,那么好吧,这个空名我也一并扔掉吧!既然我在这个国家里,这个家庭里没有应有的富有尊严的位子,那么好吧,就离开这个王宫,离开苏格兰吧!按照他的命令,一艘装备齐全的船正停靠在港口,随时准备起航。

达恩雷这个令人感到意外的恐吓要达到什么目的?是不是他已经及时得到了警告?是不是他已经听到有人正在制造一场阴谋的风声?是不是他意识到自己没有能力对付那帮坏蛋,还是趁早逃走,让任何毒药,任何匕首都伤害不到他?是不是疑虑在折磨着他,恐惧在追赶着他?或许这前前后后完全是在虚张声势,耍政治手腕,想要吓唬吓唬玛利亚·斯图亚特?这些推测,哪一种都有可能,我们甚至可以把这些推测都考虑进去——因为一个决定总是糅合了多种感情;我们不能那么果断地认定或否定其中的一种。因为在这儿,在这通往内心的昏暗的地狱世界的小路上,历史的烛光是那么惨淡地摇曳着:在这迷宫般的小路上只能小心谨慎地摸索前行。

但是,达恩雷预言要出国的消息却着实让玛利亚·斯图亚特大吃一惊。就在要为婴儿举行隆重的洗礼仪式前夕，婴儿的父亲却蓄意而且是恶意地要逃亡国外，这对她的名声是多么致命的打击啊！特别是在眼前，多么危险的时刻，李乔被害的事件人们还记忆犹新！假如这个愚蠢的孩子一气之下在卡塔琳娜·美第奇或伊丽莎白的宫廷上大肆宣扬那些有损于她名誉的事情，那该怎么办？她的这两个冤家对头将会多么得意，而全世界都会讥笑她，她所钟情的丈夫竟会这么快便从她的餐桌上和她的床上逃走了！于是，玛利亚·斯图亚特赶紧召开国务会议，一定要抢在达恩雷前头，在她授意下，勋爵们匆匆给卡塔林娜·美第奇写了一封长长的外交信函，早早地把一切违法的行为都推到这个外逃的人身上。

不过，警笛是过早地被拉响了。因为达恩雷根本没出国。这个软弱的男孩总是有力量做出勇敢的男人姿态，却没有力量做出勇敢的男人行动。9月29日，就在这一天，勋爵们刚把诋毁达恩雷的信件送往巴黎，达恩雷竟意外地出现在爱丁堡的宫殿前；但是只要还有许多勋爵们聚集在宫殿里，他就拒绝入宫；这又是一个奇异的、无法解释的举动！是达恩雷害怕落得个李乔的下场吗？是他知道他的死对头正在宫里，便小心翼翼地决不踏入宫门半步吗？或者，这个受气的丈夫只想要玛利亚·斯图亚特公开认错，求他回来？也可能，他只不过是来欣赏自己的恐吓产生了什么效果，看看他们是怎样不知所措，是怎样狼狈？这又是一个谜，如同其他许许多多的谜一样围绕着达恩雷的形象，围绕着他的命运。

玛利亚·斯图亚特领悟得很快，她已经学会了如何对付自己的无能丈夫；每当他想扮演主宰或者叛逆者的角色，她都会用这一招把他收拾得服服帖帖。她知道，她现在得赶快软化他残存的那点意志，就像李乔被谋杀后的那晚所做的一样，免得他孩子气的执拗，干出什么糟糕的事。总之，赶紧抛开一切道德的顾虑和一切忸怩的念头！她再一次装扮出一副温顺的样子。为了能让他乖乖听话，玛利亚·斯图亚特不惜使用极端的手段：她同众位勋爵们告别，匆匆来到王宫大门口，迎接等在这里的执拗的丈夫，然后恭恭敬敬地把他请进王宫，不仅是王宫，可能还把他请进了喀尔刻①之岛——她的卧室。看呢，魔法又生效了，全部柔情都倾注在她身上的小伙子又听凭她摆布了；第二天一早，达恩雷温顺听话，玛利亚·斯图亚特又一次牢牢地控制了他。

这个受到诱惑而上当的可怜虫当时因为自己在李乔被杀后的那一夜的行为而吃过苦头，如今他又得付出沉重的代价，玛利亚·斯图亚特是无情的。达恩雷

---

① 希腊神话中的美丽女魔，居住在地中海上的一个叫埃埃厄的小岛上，专用巫术引诱男子。

再一次自我感觉是个主宰和统治者时，却意外地在觐见大厅里遇到法兰西使臣和众位勋爵。像伊丽莎白同梅里上演的梅里闹剧一样，玛利亚·斯图亚特这一次也找来了一群证人。当着他们的面，她大声而急迫地追问达恩雷，要他“为了上帝”说一说，他为何要离开苏格兰，是不是她给了他什么理由，以至于要出走。对于达恩雷来说，这实在是太意外了！他还自以为是个幸福的爱人和丈夫，突然之间却作为被告站在了众位勋爵和法兰西使臣面前。他板着脸站在那儿，高高的个子，一张苍白的还没有胡子的孩子的脸。如果他是一个真正的男子汉，用坚硬的木材雕刻而成，那么，这时刻恰恰是个好机会，他可以强硬地站起来，庄严地提出他的控诉，不是作为被告，而是作为法官和国王去面对这个女人和她的臣下。然而，一颗软蜡做的心怎么敢反抗呢！达恩雷孤零零地站在偌大的大厅中央，仿佛做错了什么被逮住，仿佛一个小学生，害怕随时会流出愤怒而又无助的眼泪，他咬紧牙关，不吭一声，只是沉默着。他干脆不做任何回答，既不指责别人，也不道歉。他的沉默使勋爵们尴尬万分，他们渐渐地用恭敬的口吻对他连问带劝，他怎能离开“如此美丽的女王和如此高尚的国家”呢。但是，他们简直白费口舌，达恩雷还是不理不睬。这固执而暗含威胁的沉默让在场的人越来越着急。人人都感觉到，这个可怜虫只是拼命地克制自己，以免开口责骂。假若达恩雷有足够的勇气，把这强有力的控诉式的沉默保持下去，这便是玛利亚·斯图亚特一次惨痛的失败。然而，达恩雷投降了，在使臣和众位勋爵们一而再，再而三地逼问他时，他最终还是退让了。他小声地，不情愿地承认了：是的，他的妻子没有做什么对不起他的事促使他要离开。玛利亚·斯图亚特就想要他这句话，而这句回答也使他自己陷于不利的境地。当着法兰西使臣的面，她的好名声保全了。现在，她又可以平静地微笑了，随着纤手一挥，结束了对达恩雷的质询，也表明了她对达恩雷的回答相当满意。

然而达恩雷并不满意，他羞愧难当：他再一次屈从于这个大利拉①，受她的诓骗，他打破了原本坚决的沉默。女王现在威严的手势“原谅”了他，其实他本来应该以原告的身份出现在这里的，这个受骗上当、遭人愚弄的男孩想必是感受到无可名状的痛苦吧。他总算挽回点尊严，但太迟了：他突然中断了谈话，没有向众位勋爵行礼问候，也没有拥抱他的妻子，而是冷冰冰地径直走出大厅，像一个前来宣战的使者。他走前留下唯一的话是：“夫人，您不会很快见到我。”但是，玛利亚·

① 《圣经·旧约》中力士参孙的情妇，她哄骗参孙，以了解他为何力大无比。参孙被她纠缠不过而泄露了秘密。

斯图亚特和众位勋爵们只是相视一笑，心中的石头总算落了地。这个傲慢的蠢蛋，这个神气活现放肆地跑到这里的家伙，现在灰溜溜地逃回去了。他的恐吓谁也不怕。他还是呆得远远的好，对于他，也对于大家，他离得还是越远越好！

哦，不！这个无用的废人，马上又要派上用场了。尽管家里没有人想他，可还是要紧急召他回来。经过很长时间的拖延，小王子的隆重洗礼仪式定于12月16日在斯特林堡举行。准备工作千头万绪但面面俱到。伊丽莎白，王子的教母自然没有亲自赶来——她一辈子都在回避同玛利亚·斯图亚特会面——但她这次却破例克服了自己出了名的吝啬，让贝德福德伯爵带来了珍贵的礼物，那是一个沉甸甸的、精工制作的纯金洗礼盘，边上还镶满了宝石。法兰西使臣、西班牙使臣和萨伏依使臣也都到场祝贺；显贵们全都得到邀请；还有那些有头有脸有声望的人也都出席盛典。在这样隆重的典礼上，即使心里万分不愿意，但总不能把孩子的父亲、国家的君主亨利·达恩雷排除在外，尽管他本人实在是个微不足道的小人物。但是达恩雷知道，这是人们最后一次需要他，他不会轻易地听从摆布。他知道会饱受公开的侮辱，他知道，英国使臣奉命不得称呼他"陛下"；而他希望拜访法兰西使臣，不过法兰西使臣只会以令人惊讶的骄横让人转告他，只要达恩雷从一扇门走进他的屋子，他会立即从另一扇门出去。受人糟践的小伙子终于冒出一股傲气——但他的傲气只会使他摆出一副闹别扭的、幸灾乐祸的姿态。不过，这副姿态这一次却达到了目的。达恩雷虽然待在斯特林堡，没有离开，却不曾和宾客照面。他用他的缺席来表示他的反抗。他示威似地把自己关在房间里，既不出席儿子的洗礼，也不参加各种舞会、庆典和假面舞会。代替他接待客人的是博斯维尔，这个遭人嫉恨的宠臣，身着一身华丽的新装，一排排宾客之间，不时发出恼怒的嘀咕声。玛利亚·斯图亚特竭力摆出一副友好亲切的样子，以免宾客会想起家里还有个活死人——那个国王，父亲和丈夫，而他此刻却端坐在楼上锁了的房间里。他竟然成功地埋葬了他妻子及她的朋友们节日里的欢快心情。他再一次向他们证明，他在这里，仍然在这里；达恩雷正是以他的缺席最后一次将他的存在刻入人们的记忆之中。

但是，为了惩罚这个不听话的孩子的执拗的行为，鞭子已经准备好了。几天以后，也就是圣诞前夜，鞭子便狠狠地抽下来。谁也没有料到的事情竟然发生了：一向固执、不肯宽恕的玛利亚·斯图亚特竟然接受了梅里和博斯维尔的建议，决定赦免杀害李乔的那帮凶手。这么一来，当初被达恩雷欺骗和出卖的阴谋分子们，他的死对头们就会被召回国。达恩雷尽管向来头脑简单，但立即明白了自己是处在多么危险的境地。这帮家伙——梅里、梅特兰德、博斯维尔、莫顿，只要一凑到一起，就会马上攻击他，最终会把他置于死地。他的妻子突然能和他最凶狠的敌人达成谅解，勾结在一起，肯定有她的道理。这自有深意，也自有代价——他不愿付出却不得不付出的代价。

达恩雷意识他面临了危险。他知道，他的生命岌岌可危。就像被猎狗已经嗅到了踪迹的猎物，他匆忙逃出了城堡，躲到他父亲的城堡格拉斯哥去了。李乔下葬还不满一年，凶手们已经重新集结成团伙，阴森恐怖的事情越来越逼近。死去的人孤独地躺在黄土中，不胜寂寞，他们不断要求那些把他们推向死亡的人前来做伴，他们不断派使者来，发出令人恐惧和害怕的信号。

真的，几个星期以来，霍利鲁德城堡一直笼罩在压抑的、沉闷的气氛中，就像阴霾日子里的乌云，弥漫着昏暗的、阴森森的气息。在王子洗礼的那个夜晚，斯特林堡灯火辉煌，为了让客人们领略宫廷的豪华，让朋友们体味主人的情谊，向来善于一时控制自己情绪的玛利亚·斯图亚特，这一回更是竭尽全力。她的眼睛闪烁着佯装出来的幸福光芒；她用无忧无虑的快活和惹人喜爱的亲切让众多宾客倾倒。但是，灯火熄灭，她那装扮出的兴致也随即消失，一切都静下来了，霍利鲁德一片死寂。可怕的奇异的凄凉、说不出的哀怨、难以形容的惆怅占据了女王的内心。异样的惆怅伤感第一次在她的脸庞上留下一抹阴影，无法倾诉的烦恼折磨着她的心灵。她不再跳舞，不再欣赏音乐；而且，自从那次在杰德堡骑马后，昏沉沉的她被人扶下马后，她的健康似乎也完全垮了。她抱怨腰酸腿痛，整日躺在床上，不再从事任何娱乐。在霍利鲁德她待不住，常常一连几个星期住在遥远的庄园和偏僻的城堡，不过，在哪儿都呆不久，莫名的烦躁不安使她搬来搬去。像是有种破坏性的力量在骚动；她内心紧张，却又满怀好奇，她专注于体会内心折磨自己的痛苦；她心里不由得产生了全新的，别样的东西；她曾经那样纯净的心灵里陡然注满了怨恨和恶意。有一次，让法兰西使臣大为惊讶的是，她躺在床上痛苦地抽泣着，羞愧难当的女人立刻解释说她左侧腰疼，疼得她直流眼泪。阅历丰富的使臣根本不相信她的话。他随即察觉到，痛苦的不是女王的肉体而是她的心灵，不是作为女王而拥有的痛苦，而是作为一个不幸的女人面临的苦楚。“女王病了，”他向巴黎报告说，“不过，我看她真正的病因是她无法忘怀的深深痛苦。她总是不断地重复：‘我想死去。’”

梅里、梅特兰德和众位勋爵也知道他们的女王郁郁寡欢，心情沉重。带兵打仗，他们可说是经验丰富，而猜测人的心思，他们可是经验匮乏。他们看到的只是一个大致的、表面的、再明显不过的原因，那就是她失望的婚姻。梅特兰德写道，“她无法忍受的是他是自己的丈夫，而她又没有一点办法摆脱他。”不过，阅历丰富的杜·克洛克说到“那种无法忘怀的深深痛苦”的时候，他的理解显然要更深刻些。另外一种隐隐的、无形的创伤折磨着这个不幸的女人。那无法忘怀的忧伤使她无法克制自己，使她忘记了尊严、法律和道德的束缚，那是一股激情像凶猛的野兽，突然从暗处向她扑来，撕裂了她的肉体，那是一股巨大猛烈的激情，汹涌澎湃的激情、无法满足的激情，以犯罪开始，并且要在不断的新的犯罪中平息。如今，她自己都害怕自己，自己感到羞愧，她竭力反抗，拼命掩饰这可怕的秘密，她觉得而且明确地知道，这秘密根本无法掩饰，无法缄口不言。一种比她理性的意志更强大的意志支配着她，她已经不再属于自己，面对这种强大的激情，她无助、无力、又无对策，只好听任激情的摆布。

ELEVENTH CHAPTER | 第十一章 |

爱情的悲剧

Aiqing De Beiju

【茨威格经典传纪丛书】

Ciweige Jingdian Zhuanji Congshu

爱情的悲剧

1566年，1567年

玛利亚·斯图亚特对博斯维尔的爱，算得上历史上最值得纪念的爱情之一，爱的强烈和疯狂程度绝不亚于古今传诵的其他著名的爱情传奇。这场爱情如同突然喷出的火焰直冲云霄，冲入极乐世界的霞光万道的高处，也冲入了昏暗隐晦的罪恶深渊。当感情变得炽热，自己无法控制的时候，人也会变得幼稚起来，不会用逻辑和理性的尺度去衡量它，因为汹涌澎湃的爱情是以非理性的方式流露出来的。激情就像疾病，既不能说它错，也不能说它对。我们只能在一次又一次的惊讶中描述它，面对本能永恒的威力我们只能情不自禁地战栗。这种本能，不论是在自然界还是在人类身上，都会突然间有如暴雨迸发出来。最强烈的激情并不听命于被它击中的人，它的一切表现和后果都已不属于这个有意识有意志力的人，它越过了这个人的生活范围，也挣脱了这个人责任感的羁绊。拿道德的尺度去评价一个被激情冲昏了头脑的人，无疑是荒谬的，就像我们要惩罚造成破坏的暴风雨或在法庭上审判喷发的火山一样。对玛利亚·斯图亚特也应如此，她在心灵和感官沉迷的状态下的所作所为，是不能让她承担责任的，因为那个时候表现出来的疯狂举动与她往日正常、矜持的举动是完全不同的。在感情的迷醉状态下，她的一举一动都是无心的，甚至是违心的，就像一个梦游症患者，紧闭着双眼，也没有了听觉，她在毁灭和犯罪的道路上蹒跚而行。她不听任何劝告，不听任何呼唤，只是当血液中的熊熊烈火要把她吞噬的时候，她才觉醒过来，但已烧成灰烬，一无所有。谁只要经历如此炽热的感情，他的生命也就在这份炽热中化为灰烬。

因为如此强烈的激情一个人一生中只能拥有一次。就像要爆炸储存的所有炸药一样，激情喷薄而出，也要耗尽全部感情，从来都是如此。玛利亚·斯图亚特极度兴奋快乐的炽热状态，前后不超过半年。但在这短短的时间里，她渴求，她紧张，她焦急企盼，她热烈的感情如火，映出万丈光芒，燃尽吧，只留下了光芒的影子。某些诗人（如兰波①）、某些音乐家（如玛斯卡尼②）在他们的一部天才作品中耗尽全部心血和才华，而后便有气无力，委靡不振，浑浑噩噩。与此相同，有些女人在唯一的一次激情爆发时，耗尽自己身体里蕴含的全部的爱情力量。与她们不同的是，那些稳重平常的女人把爱缓缓释放，年年岁岁，绵延不断。前一种女人把一生的爱情浓缩提炼出精华，然后一次享用，这些自我挥霍的天才们义无反顾地投身于爱情的深渊，没有退路，一去而不复返。这样的爱情，不顾危险和死亡，真的称得上英勇的爱情。玛利亚·斯图亚特算得上这种爱情的完美典范，她一生只经历了一次这样的爱情，但充分彻底地享受了它，直至自我解脱，自我毁灭。

一眼看上去，我们或许会觉得奇怪，玛利亚·斯图亚特对博斯维尔猛烈的激情竟是如此迅速地代替了她当初对达恩雷的迷恋。其实，没有比这样的发展再自然、再合乎情理的了。如同任何一门伟大的艺术一样，爱情也需要学习、检验和证实。我们发现，第一次试验从来或者几乎从来都是离完美很远，在艺术中就是如此。对于心灵，这条永恒的规律就是巨大的激情爆发之前，几乎总要有一场小的激情作为它的序曲。研究心理细致入微的莎士比亚，在他的创作中出色地揭示了这条规律。在他那部不朽的爱情悲剧中，他没有一开场就让罗密欧闪电般地点燃对朱丽叶的爱情之火（某些艺术家和心理专家会这般开头），而是有点荒诞不经地让他爱慕一个叫罗瑟琳的少女，这或许是这出悲剧中构思最巧妙之处。在这里，在真正的激动人心的爱情之前，莎士比亚有意描写情感的迷惘，作为序曲，作为一次有意无意的体验，以求掌握高超的技艺。莎士比亚用这个出色的例子证明，有预想才会有认识，有先前激情的体验才会有真正的激情；一种感情的火焰能升腾至无限，那感情必定有过一次点燃和爆发。只是因为罗密欧内心一直处于紧张不安的状态，因为他那强烈的、炽热的天性已经无限渴望激情，他对爱的向往才会笨拙地、盲目地抓住碰到的第一个对象，抓住了偶然碰到的罗瑟琳；而后他才擦亮双眼，认清了现实，真正的爱很快代替了半真半假的爱，朱丽叶代替了罗瑟琳。玛利亚·斯图亚特的情形也是如此。当初，她盲目地把所谓的爱情交给了达恩雷，仅仅是因为他年轻英俊，在关键时刻来到了她的面前。但是，他绵软的气息太虚弱，灼热不了她的情感。他无法让她冲上云霄，享受疯狂的爱恋，她怎么能燃烧自己，怎么能发出耀眼的光芒。原本浓烈的感情只能阴燃着，渐渐熄灭，纵使刺激着感官，却是欺骗着心灵，那是一种没有火花，只在内心阴燃的痛苦感受。一旦出

① 兰波（1854～1891），法国诗人。

② 玛斯卡尼（1863～1945），意大利歌剧作曲家。

现了真正的恋人，能让她摆脱这枷锁，能带来空气和燃料，能吹旺快要熄灭的炭火，爱情的火焰就升腾而起，映红天与地。罗密欧对罗瑟琳的爱恋悄无痕迹地消失在他对朱丽叶的真正激情之中。同样，玛利亚·斯图亚特对达恩雷感官的迷恋也被她对博斯维尔的火热的、完完全全的爱情所代替。因为后来爱情的意义和形式都在以前经历过的爱情中得到了孕育和加强。一个人对爱情所能憧憬的一切，在真正的爱情中总会成为现实。

关于玛利亚·斯图亚特对博斯维尔的爱情，我们有两类资料可以证实：第一类是同时代人的笔记、编年史资料和官方文献；第二类是女王本人所写的书信和诗。这两类资料——事实的外在反映和内心独白——是完全吻合的。但是，有些人拒绝承认这些事实。他们以为，考虑到事后的道德准则，要维护玛利亚·斯图亚特的个人形象，必须要否认她对博斯维尔的情欲，尽管她自己都不曾否认过。他们还拒绝承认那些信件和诗歌的真实性，称之为赝品，没有任何史学价值。从诉讼法的角度来看，他们无疑有一定的道理。因为流传至今的玛利亚·斯图亚特的那些书信和诗歌只有译本，其中极可能有多种删改以至面目全非。原件已经失传，而且再也不可能重现，因为玛利亚·斯图亚特的亲笔手书，也就是最有力的、无可辩驳的证据，当年就被销毁了，我们甚至知道是谁干的。詹姆斯一世，他的儿子，一登上王位，就下令把这些按世俗之见玷污他母亲名节的手稿统统烧了。自此，关于所谓"首饰盒信件"的真实性的问题展开了激烈的争论，其中反映出各派论断的局限性，他们只是从宗教信仰方面和民族主义的动机出发，对玛利亚·斯图亚特做出评判。对于那些无党无派的作家来说，有必要仔细斟酌这种种论据。不过，他的结论必然只是他个人的主观的论断，因为最具学术性的，而且在法律上唯一有效的证据，也就是她的手稿，已经不可能提供了，只能依靠推理和心理的分析来判断这到底是真还是假。

但是不管怎么说，谁要想真正认识玛利亚·斯图亚特，并且想探索她内心的真实世界，他就得做出决定，到底他认为这些书信、这些诗歌是真是假。他不能耸耸肩，无所谓地说"可能是，也可能不是"，他不能回避这个问题，因为这是她今后情感发展的症结所在。他必须要郑重地权衡是或否，而且当他一旦决定承认这些信和诗的真实性并以此作为有效的证据，那就得公开地明确地论证自己的看法。

那些信和十四行诗之所以被称为"首饰盒信件"，是因为在博斯维尔仓皇出逃之后，人们在一只上了锁的银质首饰盒里发现了它们。这只首饰盒是玛利亚·斯图亚特的第一任丈夫法兰西斯二世送给她的礼物，后来她把它，连同其他许许多多的东西送给了博斯维尔,这是确凿无疑的。同样,博斯维尔在这只严密安全的小保险箱里存放了他最机密的文件,其中当然有玛利亚·斯图亚特写给他的信。同样无需质疑地是,玛利亚·斯图亚特给她情人的信很不谨慎,有辱她的名声。因为第一,玛利亚·斯图亚特一生都是个勇敢的女人,做什么都会毫不迟疑,而且她不会在措辞和笔端隐瞒自己的感情;第二,女王的敌人们发现这批信件后欣喜若狂,他们认为,信件肯定在某种程度上有损玛利亚·斯图亚特的名誉,能玷污她,让她颜面尽失。不过,认为这批信是赝品的人不是对发现这批信件和诗歌的存在提出严肃认真的异议,他们只是断定,众位勋爵们在共同阅读这批信件之后到将之提交给议会之前的短短几天里采用了掉包之计,用伪造的赝品代替了原稿,也就是说,后来公开的那些信件与原本锁在首饰盒里的真品绝对不是一回事儿。

不过,在这儿,我们要提一个问题:玛利亚·斯图亚特同时代的人中,有过什么人提出这样的指控吗? 回答是根本没有人。当时的情况是,首饰盒一落入莫顿之手,当天众位勋爵们就共同打开了首饰盒,并且宣誓证实信件是真实的,后来又立即召开议会,并且又一次共同把信件审查了一遍(其中包括玛利亚·斯图亚特最亲密的朋友),没有人提出疑问。第三次、第四次是在约克法庭和汉普顿法庭,在同玛利亚·斯图亚特的其他手迹做了比较之后,就认定这些信件是真迹。不过,最有说服力的证据是伊丽莎白曾复制这批信件,然后将其分发给各国宫廷,她的品行可能让人觉得不太可靠,可英国的女王是绝对不会支持明显的、无耻的伪造,因为说不定哪一天参与了伪造阴谋的某个人就可能把它揭穿。伊丽莎白可是个十分谨慎的政治家,不会在小小的行骗伎俩中被人戳穿。只有一个人,理应为维护自己的名誉而站出来,面对如此恶劣的作假呼吁全世界,请求得到帮助和保护,这个人就是玛利亚·斯图亚特自己,她同此事关系最为重大,也是所谓的无辜受害者,可是她——我们感到万分诧异——只是那么胆怯地、那么无力地抗议着。首先,她试图通过秘密谈判,阻止这些信被呈上约克法庭——为什么,我们应该提出这个问题,伪造得以证明不是会让她理直气壮些吗? ——最后,她吩咐她的代表在法庭上对加在她身上的一切罪名都予以否认。这么做,对玛利亚·斯图亚特来说,也没有太大的意义。她在政治问题上并不实事求是,她只是要求把她的王者之言凌驾于所有证据之上。即使在布坎南的谤书将信件公布于众之际,在全世界的一片指责声中,在各国宫廷里人们贪婪地读着这些信件的时候,她也没有提出强烈的抗议。她没有抱怨这信是伪造的,她只是空泛地指责布坎南是个"卑鄙的无神论者”。在她写给教皇，写给法兰西国王和她的亲戚的信中，她一个字也没提到信件和诗歌是别人假造的。而且，从一开始就得到诗歌和信件复制品的法兰西宫廷，在这件耸人听闻的事件中，竟也没替玛利亚·斯图亚特说句好话。当时，也没有一个人对信件的真实性产生过丝毫的怀疑；还有玛利亚·斯图亚特当时的朋友中，没有一个人大声疾呼，反对这种可耻的伪造，抗议把虚假的信件强加到她身上。只是在原件被她的儿子销毁后一二百年，才渐渐出现这么个伪造说。这种说法无非是因为人们想方设法要把这位勇敢倔强的女人说成是一场卑鄙阴谋的无辜的受害者，伪造说就是从这种愿望产生的。

同时代人的态度，也就是史学的论据，有力地证明了信件的真实性；在我看来，语文学和心理学的论据也同样清楚地证明了这个问题。让我们先看看这些诗歌吧。在当时的苏格兰，谁有这么大的能耐，在这么短的时间里用一门外语，而且是法语写出整整一组十四行诗？而且，要写出这样的诗，那肯定还得对玛利亚·斯图亚特的私生活有最透彻的了解。虽然世界历史上不乏伪造文献和信件的例子，文学中也屡屡出现神秘的伪作。但是像麦克菲森①情况一样，这次涉及的女王宫中伪造手笔的事件是模拟远古时期的文辞。谁也不曾写出整整一组十四行诗伪称是某个尚健在的同时代的人的作品。从来不懂诗歌的苏格兰乡村贵族，会为了让他们的女王丢尽脸面，急匆匆地用法语炮制出十一首十四行诗？这个念头实在是很荒唐！究竟那个神秘的魔法师是谁？——那些追随者们可没回答这个问题。他能用法语替女王写出一组如此完美，如此流畅的诗歌，而且每一个字，每一种感情都与女王内心深处的秘密相符，他到底是谁？即使是任何一个龙萨，任何一个杜倍雷都不可能如此迅速，如此贴切地写出这些诗。还有莫顿、亚盖尔、汉密尔顿和戈登那些人更不必说了。他们这些人，使剑的本领高强，可他们的法语水平恐怕很难让他们在席间同客人自如地聊天吧。

如果诗歌的真实性已无可怀疑（今天已经没有人再否认这一点），那么，我们也应该承认这些信件的真实性。当然，在重新翻译成拉丁文和苏格兰文时（因为其中只有两封信以原件所用的语言流传下来），个别地方已被删改，这是完全有可能的也许在某个地方的确有增添。但是，从整体上看，这些论点倒是说明了信件的真实性，特别是最后一种从心理学角度来讲的论点，尤其有说服力。因为假如真有那么个“阴谋团伙”出于报复之心想伪造信件来诽谤她，那他们大可以炮制

---

① 著有《莪相作品集》和《古诗片断》。

直截了当的自白来玷污玛利亚·斯图亚特，把她描绘成一个淫荡、奸诈、险恶的泼妇。如果说那些流传至今的诗歌和信件就是那些心怀叵测的人为诋毁伤害玛利亚·斯图亚特所伪造的诗歌和信件，那可真是荒谬之至了！其实，与其说这些信是指责控诉她的证据，不如说是帮她洗刷罪责，因为信中诗中作者以震撼人心的真挚笔触诉说了她的真实情感，作为犯罪的帮凶和庇护者，她的内心是多么痛苦！这些信件不是抒发激情享受，而是她受尽煎熬的心灵的呐喊，是一个活生生的躯体被焚烧而渐渐死去的人在低声地喊叫。她的文字不加修饰，她的思绪混乱不堪，她惘然若失，却又飞速地书写着，握笔的手由于激动而颤抖着，我们能感觉得到，这些正好反映了她当时痛苦的精神状态，在那些日子里她的种种行为也证实了她的痛苦。唯有洞察心灵的天才，才能切合这些显而易见的事实，如此完美地调出一层心理底色。梅里、梅特兰德和布坎南——玛利亚·斯图亚特名誉的辩护人随便地指责他们是伪造信件的罪魁祸首——却既不是莎士比亚，也不是巴尔扎克、陀思妥耶夫斯基，他们不过是些小人物，可能擅长搞点骗术，却没本事在办公室里炮制这些震撼人心诉说衷肠的自白，而玛利亚·斯图亚特这些信件正是以她真挚的情怀，历经了时间的考验。那个所谓炮制信件的天才想必还未出世吧。痛苦和心灵深处的压抑把玛利亚·斯图亚特造就成了诗人。每一个没有成见的人都可以心安理得地认为她就是那些信件和诗歌的唯一作者，让她作为自己最痛苦时候的最有力的见证人吧。

在一首诗中，玛利亚·斯图亚特暴露了自己，而我们也从中对这场不幸爱情的开始看出一点苗头。多亏这些火热的诗句，我们才知道爱情不是慢慢地、在结晶的过程中逐渐成熟，而是猝然击中这个毫无准备的女人，并且一下子永远地征服了她。直接的起因是粗暴的生理行为，是博斯维尔的突然袭击，是近乎强暴或者是完全横加强暴。这首十四行诗中的几句诗像闪电一般，照亮了模糊的景象。

为了他，我痛哭流涕，
他最初只是强占了我的身体，
却不曾占有我的心。

整个情形立即明朗。几个星期以来，玛利亚·斯图亚特屡屡同博斯维尔待在一起。作为她的国家顾问和军队总司令，他总是陪伴她出游或从一座城堡游历到另一座城堡。她亲自为这个男人选定出身贵族的漂亮女子做妻子，并出席了他的婚礼。但是,她可从未料到这个新郎官会盯上她。由于成功地撮合了这门亲事,她面对这个忠心耿耿的骑士时想必觉得自己是双倍的安全和保险,决不会受到任何的侵犯。她同他一道旅行,同他一起消磨时光,却丝毫不感到担心。但是和往常一样,玛利亚·斯图亚特的轻率和自信——这恰恰是她最宝贵的性格特点——又把她推向了危险的深渊。我们可以想象那场景,她想必有时有些放纵,同他的态度有些随便,漫不经心地向他卖弄风情。当初正是这些使夏特利亚尔和李乔一命呜呼。她可能长时间地单独同他待在房间里,谈话的亲热超过了应该谨慎的界限,她同他开玩笑,其乐无穷。不过,这个博斯维尔可不是自弹自唱的浪漫诗人夏特利亚尔,也不是阿谀奉承的新贵李乔。博斯维尔是个血气方刚、铮铮铁骨的男子汉,他情欲旺盛,会做出任何鲁莽放肆的事。这样的男人不能轻率地去挑逗他,刺激他。他突然扑上来,抓住了这个女人,而这个女人早已神情恍惚,情绪波动起伏,她的身体虽被幼稚的初恋所激发,却没有得到满足。“这可能是肉体占有者的行为”,他向她发动突然袭击,让她猝不及防,或者用暴力强行占有了她(谁能分得清其间的区别呢?那一刻,心甘情愿的迎上去和要自卫的念头混合在感情的陶醉之中)。我们没道理怀疑:就是从博斯维尔方面来说,这次突然进攻也不是预先策划好的,不是为了满足压抑已久的温情,而是一时冲动,满足肉欲的行为,没有丝毫感情上的因素,纯粹是暴力的肉体行为,纯粹是暴力的性行为。

但是对于玛利亚·斯图亚特来说,博斯维尔的这番进攻无异于一道惊天动地的闪电。一种不曾体验过的全新的东西,暴风雨般地侵入了她本来平静的生活:博斯维尔不仅强占了她的身体,同时也征服了她的心。十五岁的少年法兰西斯二世和没长胡子的达恩雷,这两任丈夫都还是孩子,她在他们身上接触的不过是尚未成熟的男性,那还是两个柔弱的人。幸福永远是她来赐予,来慷慨地施舍,即使是在最隐秘的内室中,她也始终是主宰和女王;她从来不曾成为被勾引、被抢劫、被强暴征服的较弱一方,对此她早已习以为常,以为理所当然了。可是,在博斯维尔粗鲁的强暴中,她突然——她整个儿被这意外吓懵了——遇到了一个真正的男人,终于遇到了一个男人,他打破了她身上女人的美德——羞耻、傲慢、自信;终于遇到了一个男人,他使她在自己的内心深处发现了一个过去不曾发现的激情和享乐的火山世界。她还未察觉到危险,她还没来得及反抗就被征服了。坚硬的外壳被打破了,内心炽热的情感喷涌而出,吞噬了一切,燃尽了一切。在遭到强暴的那一刻,她最终的反应想必是气恼,只是愤怒,只是极度地痛恨这个伤害了她女性自尊的好色之徒。但是,自然界有那么多无法解开的秘密:两种截然相反的感觉达到极端时又会交织在一起，无法分辨。就像皮肤很难区别极度的冷和极度的热一样；就像寒冷如同烈火，会灼热人的皮肤；两种相反的感情有时会纠缠到一起。一个女人心中的恨，刹那间会变成爱，受到伤害的高傲会变成抑制不住的温顺，她的身体会因疯狂的饥渴而召唤一秒钟以前她还拼死抗拒的男人。不管怎样，从这一刻起，这个本来还算清醒、明白事理的女人便把自身置于大火之中，在内心无形的火焰中焚烧，直至燃成灰烬。迄今为止，支撑着她的生活的一切支柱——名誉、尊严、品行、高傲、自信和理智——统统垮了。一旦被抛落下来，扔倒在地，她就只想一步步地沉沦，只想堕落，自我毁灭。她被一种新的、陌生的情欲搞得神魂颠倒，如痴如醉，耗尽了生命，直至死亡。她恭顺地吻着这个男人的手，他践踏了她女性的尊严，却教会了她新的乐趣，把自己溶进另一个人之中的乐趣。

这种新的、无法抑制的激情大大超过了她往日对达恩雷的爱恋。在达恩雷身上，她只是发现了委身于男人的乐趣，小试身手而已，如今，她是全身心地投入。她只愿同达恩雷分享王冠、权力和生命。对博斯维尔，她可不是赐给他这个或那个，而是要把她世间拥有的一切都给他；她愿倾其所有，自己变成乞丐，但求他富有；她愿高高兴兴地贬低自己，但求他升腾。在一种奇妙的陶醉中，她抛弃了一切束缚自己的东西，只求留住、保住他一个人。她知道，朋友会离她而去，全世界都会侮辱她、蔑视她。但正因为如此，她旧日的高傲刚遭到践踏就萌生了新的骄傲。她热情地宣告：

从那以来，
我为他抛弃了名誉，
尽管名誉创造了我们生活中唯一的真正的幸福，
我为他献出我的良知和权力，
我为他抛弃了亲情和友情，
他的权力至高无上。

念起他，我愿意抛弃一切朋友，
以后再也没有敌人、再也没有仇恨让我颤栗，
我愿意，把我的一切都给他，
因为为了他，我愿意放弃这个世界，
我愿意死去，以求他的高升。

从此，她再也别无他求，一切都只是为了他；她第一次觉得自己整个人都属于他：

为了他，我愿拿出最高奖赏，
永不停息，直至他最终明白，
没有什么可以点燃我的心，
因为我的心时时刻刻只想服侍他。

为了他，命运会保佑我，
为了他，我只积蓄幸福和健康，
我才能跟定他，粘住他，
与他永远结合为一体。

她所占有的一切，她的全部——她的王冠，她的名誉，她的身体，她的灵魂，统统被她抛进爱情的深渊，坠落到深处时她还在享受自己热烈的感情。

如此疯狂的情感负荷，如此疯狂的情感超负荷会使一颗心发生变化。这个一向懒洋洋的、善于克制自己的女人，她炽热的爱情竟然迸发出空前的、不可想象的力量。在这几个星期里，她的身体和她的心灵爆发出了十倍的活力，她的天赋和才能如此充分地表现出来，那是过去没有的，将来也不会再有的。在这几个星期里，玛利亚·斯图亚特可以连续十八个小时骑马奔驰，深夜却仍无倦意，又写起信来。过去，她或许只写过几首短诗和即兴小诗，如今她大发诗兴，一口气写出了十一首十四行诗。在诗中，她以前所未有的表现力抒发了自己的快乐和痛苦。一向马马虎虎，不知谨慎的她，这次在人前竟伪装得极其高明，以至于几个月来没有一个人注意到她和博斯维尔之间的秘密。这个男人一轻轻地碰到她，她便会浑身炽热，禁不住打战。可在别人面前，她却能沉着冷静地同他谈话，就像跟其他大臣一样。而当她神经紧张到快要崩溃，心灵犹豫绝望而备受煎熬的时候，她竟也能装出一副快活的样子。在她身上，有一个魔鬼般的“超我”突然出现，它撕扯着她，使她超越了自我，突破了自身力量的控制。

但是，强迫意志超负荷地激发出感情，势必要付出沉痛惨重的代价，那就是严重的周期性忧郁症。病症发作时，她一连几天虚弱地、精疲力竭地躺在床上，她一连几个小时在房间里走来走去，神情恍惚。她躺在床上，呻吟着，抽泣着，大叫："我还是死去吧！"她要一把匕首，想结束自己的生命。但这种神秘的超力量有时会突然出现，有时又会突然消失得无影无踪。因为她的肉体不能长时间地承受如此疯狂的超越自我，如此强烈的消耗自我。肉体要造反，要暴动，每根神经都要燃烧，都要颤栗。著名的杰德堡事件鲜明不过地显示出她炽热无度的激情已经极其严重地损伤了她的身体。10 月 7 日，博斯维尔在同一个偷猎者的战斗中身负重伤，生命垂危。消息传来，玛利亚·斯图亚特正在杰德堡参加法院的审判。为了不引起别人的注意，她按捺住自己，没有立即翻身上马，疾驰二十五英里赶往赫米泰格城堡。但毫无疑问，这个坏消息完全使她惊慌失措了。就连当时在场的一个比较客观的观察家、法国使臣杜·克洛克也注意到了，他那时可一点都没想到她和博斯维尔之间的暧昧关系，他向巴黎报告说："对于她来说，失去他的确是个不小的损失。"还有梅特兰德，他也注意到女王心神不定，满腹心事，不过，他也不知道真正的原因是什么，只是猜想："她之所以思想消沉，郁郁寡欢，是因为与国王的关系不好。"几天之后，女王才在梅里勋爵和几个近臣陪同下火速赶去探望博斯维尔。在博斯维尔的病榻前陪伴了两个小时以后，她就又疯狂地疾驰归去，像是要用疯狂的疾驰把充满痛苦的忧虑压下去。但是内心炽热的情感损害了她的身体，她垮了。就在扶她下马的时候，她昏倒在地，不省人事，整整两个钟头。接着就是突发癔症，典型的神经性癔症，她辗转反侧，精神冲动，胡言乱语。突然间，她四肢僵硬，看不见东西，也没有了知觉。御医和大臣们束手无策，围在这个得了怪病的女王旁边。信使分派各地，去请国王和大主教，不管发生了什么事，总要让大主教给女王涂圣油之后才好归天吧。就这样，玛利亚·斯图亚特整整八天徘徊在生与死的边缘。仿佛她内心深处有个一死百了的念头突然炸裂开来，撕扯着她脆弱的神经，消耗掉她虚弱的力量。然而，当士兵们把渐渐痊愈的博斯维尔用大板车送来之后，女王立即活了过来——在临床症状上显示得那么清楚，这种疾病的发作主要是精神方面的原因，是典型的癔症病例。而且，又是一个奇迹啊！两个星期以后，这个差点死掉的病人就又能够骑马了。危险来自于她的内心，她又靠内心的力量战胜了危险。

但是，尽管玛利亚·斯图亚特恢复了健康，可接下来几个星期里，女王变了，她忧心忡忡，精神错乱。即使是最不相干的人也注意到女王"变了一个人"。她的性格，她的身心染上了别的色彩，她以往的无忧无虑和自信已经不复存在。她的生活，她的一举一动，都像是一个苦难深重的人。她把自己关在房间里，透过门，女仆们可以听见她在抽泣和呻吟。一向坦率而信赖他人的她，这次却谁也不相信了，她把苦恼埋在心里，双唇紧闭，对谁也不说。那日日夜夜折磨她、渐渐压得她喘不过气来的可怕秘密，谁也不知道。

因为这场爱情中有某种可怕的东西，它的存在使这场爱情变得伟大而恐怖，那是一种再可怕不过的东西。女王一开始就知道她的爱情是罪恶的，没有什么好下场。从第一次拥抱中猛醒过来，想必是很痛苦的，就像特里斯坦的瞬间①，她喝下了爱情的毒酒。从飘飘然中清醒过来，两个人这才想起，他们不是孤单单两个人生活在无边无际的幸福之中，他们是同整个社会联系在一起的，要受责任和法律的制约。可怕的猛醒，因为她终于又回过神来，想到他们的行为是多么疯狂，她不禁毛骨悚然。因为委身于他的她，是有夫之妇；而倾心于她的他，是有妇之夫。他们疯狂的情欲导致了通奸，而且是双重通奸。不久前，十四天以前，二十天还是三十天以前，玛利亚·斯图亚特作为苏格兰的女王，亲自郑重地签署颁布了一项敕令，宣布通奸和其他任何形式的伤风败俗的罪行一样，都得处以死刑。所以从一开始，这场爱情就被打上了罪恶的烙印，如果她想把爱情持续下去，她只能通过一次又一次的犯罪来实现。要想两个人永远地结合在一起，两个人必须先强行离婚，一个要摆脱丈夫，一个要抛弃妻子。这罪恶的爱情只能结出恶毒的果子。玛利亚·斯图亚特从最初的那一刻起，就清醒地认识到，自己从此再无安宁之时，再也无法解脱。然而，恰恰是这绝望的痛苦时刻，玛利亚·斯图亚特的身上又迸发出孤注一掷的勇气，决心要挽救毫无疑义的、无可挽救的东西。向命运挑战吧！她没有胆怯地退却，没有躲躲藏藏，而是昂起高傲的头，义无反顾地走上通往深渊的路。让一切都失去吧！幸福就在这份痛苦中，为了他，她把自己都牺牲了。

我把我尘世间拥有的一切，
放在他的手中，他的怀中，
我的儿子，我的国家，我的生命、幸福和尊严，
因为这都属于他一个人，
不管发生什么，
我只愿心儿永远向他敞开，

① 中世纪凯尔特民族传说《特里斯坦和伊索尔德》中的人物，他误饮了一种饮料，并因而和叔父的新娘发生了爱情。

永远朝朝暮暮，长相厮守，
不管发生什么，
我对他的爱至死不渝。

“不管发生什么”，她都有勇气走上这条不归路。她把自己的一切，她的身体，她的感情，她的命运，全部交给了这个无法割舍的情人。这个疯狂的女人在世间只怕一件事，就是怕失去他。

然而，对于玛利亚·斯图亚特来说，可怕之中最可怕的，痛苦之中最痛苦的，还在等着她。因为尽管她丧失了理智，却还有敏锐的洞察力，不久她便发现，这一次她白白地浪费了感情；让她思念的那个男人并不是真爱她。博斯维尔占有了她，就像占有了其他的许多女人一样，不过是一时冲动，轻率地强行霸占了她。不过，他可是准备要离开她，就像他感情冷却之后，漠然地离开他所占有的那些女人一样。对他来说，这次暴力行为不过是炽热的肉欲满足，是瞬间的风流逸事。不幸的女人不久便暗自承认，她为之神魂颠倒的主宰对她并不怎么尊重。

你认为我无知，
你不了解我的心——我感觉得到。
你相信，——哦，你对我多么不公平啊！
我的心是蜡做的，不会永远向着你。
你对我奉献的爱不理不睬，
你认为，别人也能打动我。
你相信我是那么软弱，又是那么摇摆不定。
只是，你所有的疑虑只会燃起我的激情，
让我燃烧得更旺些吧，
只为你献出一切。

然而，这个陶醉于爱情的女人不是高傲地离开这个不知好歹感恩戴德的家伙，不是克制自己，而是跪倒在冷淡的情人脚下，只求抓住他。她往日的高傲可怕地变成了自我贬低。她乞求，她央告，自我叫卖，就像一件商品，把自己展示给她的情人，而他却不想爱她。为了感情，她完全失去了尊严，竟然甘愿忍受莫大的屈辱。曾经如此傲慢的女王此刻就像市场上的女贩，讨价还价似的向他历数自己为他所做的牺牲。她越来越迫切地——我们甚至可以说是纠缠不休地——向他表白自己奴隶般的卑躬屈膝。

因为你的女友只有一个要求
就是爱你，侍奉你，忠实你，
让你避开所有痛苦，
你会看到，我是多么温顺地把自己交给你，
还有我的热情，我的欲望追随。
我愿学着服侍你，
爱你，并把自己溶入你的意志里，——
为此，我愿生，也愿死。

令人如此毛骨悚然，令人如此感动不已。这个勇敢直率的女人，在此之前面对世界上任何统治者，面对尘世间任何威胁都不曾害怕退却的女人，现在竟失去自己全部的尊严，贬低自己，耍起了嫉妒又恶毒的可耻手段。玛利亚·斯图亚特想必已经从某些迹象中发现，博斯维尔忠于他年轻的妻子胜过忠于她。他不会想到，为了她而离弃自己的妻子。博斯维尔的妻子是女王亲自为他选配的，可现在她却要拼命地诽谤她——巨大的感情竟会把一个女人变得如此渺小，可悲，这实在是太可怕了！——用最卑鄙、最无耻下流恶毒的手段贬低她。她挑动男人情欲上的虚荣心，提醒他（显然他在两人亲热之际透露过），他的妻子在他怀里可不怎么起劲，她不是报之以炽热的激情而是半推半就、犹犹豫豫。曾经那么高傲的女王如今只好可怜巴巴地自我颂扬，把自己和他的妻子加以比较。她——这个背叛了丈夫，背叛了婚姻的女人——为博斯维尔做出了多少牺牲，做出了多少奉献，而他的妻子，却安享他的高位带来的好处和尊荣。不，他应该在她身边，在玛利亚·斯图亚特身边，只属于她一个人。哦，别去相信那个“虚伪的”妻子花言巧语的信，别去相信她的眼泪和她的誓言。

现在她总算开始看重你了，
先前她是多么傻，多么笨啊，
竟漠视这样的爱人。

现在她要用虚假的信
把我的爱人哄骗回去，
哎，我已经知道，她成功了，
用虚伪的眼泪，喊叫和哭诉
又一次把你收罗在网中，
因为你小心翼翼地保存那些不真实的纸片，
你相信她写的虚伪的词语，
却不相信我这个活生生的人。

她的号叫越来越绝望。他真该拿那个不般配的女人替代她这个唯一般配的女人吗？他为了要与她结合，就得先抛弃结发妻子吗？因为她已经准备好了，不管发生什么，都要和他同生共死。她就跪在他脚边乞求，他什么都可以索取，这样才能证明她的忠贞不渝。她已经准备好牺牲一切——城堡、家庭、财富、王冠、名誉和她的儿子。一切，只要他想拿走都可拿走，只是别抛下她，她可是把一切都给了他，她的爱人啊！

到现在为止，我们才稍微窥见这场爱情悲剧的幕后一景。随着玛利亚·斯图亚特自己喋喋不休的自我坦白，这一幕也就越来越清晰地呈现在我们面前了。博斯维尔只是偶然强占了她，就像占有许多其他的女人一样。对他而言，偶然试一试，艳遇到此结束。可是玛利亚·斯图亚特却一心一意地爱上了他，欲火焚身，神魂颠倒，要拉住他，要永远把他留在自己身边。纯粹的爱情关系绝对吸引不了这个家庭幸福又野心勃勃的男人。博斯维尔顶多是为了得到好处，为了生活舒适惬意，才会和一个女人的关系维持得长久一些，况且这个女人掌握了苏格兰的全部尊荣和恩典，他或许会容忍玛利亚·斯图亚特一段时间，把她当作妻子以外的一个小妾。但是，一个具有女王心灵的女人，一个不愿与别人分享爱情的女人，怎么会满足于这样的地位呢？然而，怎么才能留住他？怎么才能把这个任性的冒险家永远地拴在自己身边呢？信誓旦旦表白忠诚，永远恭顺之类的话只会让这类男人感到无聊，没什么吸引力，这些话别的女人不知在他耳边说过多少次了。现在，只有一个奖赏能让这个贪婪的家伙上钩，那是最高的奖赏，为了得到它，无数的人犯罪，误入歧途：那就是王冠。继续做一个他内心根本不爱的女人的情人，他实在是无所谓，但一想到这个女人是女王，而且能够使他成为苏格兰的国王，他便感受到莫大的诱惑。

一眼看上去，这个念头的确有些荒唐。因为玛利亚·斯图亚特合法的丈夫亨利·达恩雷还健在，再立一个国王是不可能的。但是，就是这个荒唐的念头从此刻起成了一条唯一联系玛利亚·斯图亚特和博斯维尔的锁链，因为这个不幸的女人再也没有别的方法留住这个恣意妄为的男人。世上除了王冠，再也没有别的东西能叫这个自由放纵、追求权力的男人卖身给对他百依百顺的女人。这个早就忘却了名誉、威望、尊严和法律，陷入泥潭的女人，为了得到博斯维尔，愿意付出一切代价。即使需要以犯罪的代价为博斯维尔抢到王冠，被情欲所迷的她也会不惜犯罪的。

要登上国王的宝座，麦克白的确没有别的选择，实现巫师魔鬼般的预言吧，以血的代价，暴力清除所有王族血脉，他的愿望就会实现。博斯维尔也一样，他也不能通过正当的合法的途径当上苏格兰国王。只有踏过达恩雷的尸体，他才能成功。为了这个男人和女人之间精血的结合，必须得有人先流血。

玛利亚·斯图亚特一旦摆脱达恩雷获得自由之后，他就向她求婚并索要王冠，那时玛利亚·斯图亚特绝对不会认真拒绝他，对此他信心十足，毫不怀疑。据说，在那个著名的首饰盒中发现了一份明确的书面保证。在这份书面保证中玛利亚·斯图亚特承诺，即便“她的亲戚和其他人反对，她也会嫁给他”。即使这是伪作或是神话，即使没有她签字盖章的保证，博斯维尔也深信她会顺从他。她常常向他（还有其他所有的人）抱怨，一想到达恩雷是她的丈夫，她就十分地苦恼和压抑。在十四行诗中，她情意绵绵地诉说她是多么渴望和博斯维尔永结同心，白头偕老。或许在两人独对的缠绵时刻更是如此。为了她，他好像同样可以采取最极端的手段，采取最莽撞无耻的行动。

不过，博斯维尔自然是谋求了众位勋爵的同意，至少是默认。他知道，众位勋爵一直痛恨这个出卖了他们的讨人厌的、令人无法忍受的孩子。如果他能尽快把达恩雷赶出苏格兰，不管用什么手段，都是一件可以让他们开心的莫大的喜事。11 月份，在克雷格米勒堡举行了著名的集会，博斯维尔亲自出席，玛利亚·斯图亚特也在场。这次集会主要针对达恩雷的命运，方式极为隐蔽。苏格兰地位最高的人物——梅里、梅特兰德、亚盖尔、韩特莱和博斯维尔达成一致意见，建议女王批准一桩特殊的交易：如果她能下定决心，准许召回那几个因谋害李乔而遭贬的贵族——莫顿、林赛和鲁瑟文，那么，他们将会负责帮助她摆脱达恩雷。在女王面前，他们首先只谈到了用合法的方式，也即正式离婚，“使她合法地摆脱他”。但是，玛利亚·斯图亚特提出一个先决条件：离婚一方面必须合法，另一方面不得威胁到她儿子的权利。对此，梅特兰德的回答闪烁其词，颇耐人寻味，他说，在这件事上，女王就交给他们办吧，她的儿子不会吃一点亏。还有梅里，作为新教徒，在这些问题上很少挑刺，此时也愿“睁一只眼，闭一只眼”。这些话真是很奇怪，以至于玛利亚·斯图亚特再一次强调，不可以“做任何有损她的名誉和良知”的事。在这些含义颇深的谈话背后——博斯维尔不会听不出来——隐藏着更深层的含义。不过，有一点是显而易见的，那就是他们所有人——玛利亚·斯图亚特、梅里、梅特兰德、博斯维尔，这场悲剧的主角们，当时就一致同意搬掉达恩雷；当时尚未达成一致的是，用什么办法摆脱他最好，是友善地商量，还是用阴谋诡计，或者干脆用暴力。

最着急、最放肆的博斯维尔主张使用暴力。他不想也不能再等，同别人不一样，他这么做，不是为了把这个讨厌的孩子弄走，而是为了从他手中继承留下来的王冠和权力。别人还只是希望和等待的时候，他已不得不果断地采取行动了，看来，他已经事先暗地里在众位勋爵中寻找过同党和帮手。不过，历史的烛光又一次黯淡下来，罪行历来都是在暗处或是在影影绰绰的昏暗灯光中策划的。我们永远无法知道，博斯维尔把他的计划告诉了多少勋爵，又分别是哪几个，又是谁确确实实地答应帮忙或仅仅默许。梅里或许知道，不过好像没有参与；梅特兰德似乎胆子大了一些，不太畏首畏尾。可信的应该是莫顿后来弥留之际的自白。莫顿对出卖了他的叛徒达恩雷恨之入骨，被放逐后刚刚获得赦免回到苏格兰；回来时，博斯维尔迎面骑马而来，径直而公开建议他合力杀死达恩雷。但是，经过前不久的事情，莫顿变得小心了，那次他的同党们在困难的时候把自己都洗刷得干干净净，抛下了他一个人，也算是吃一堑，长一智吧。这次，对于博斯维尔的计划，他犹豫不决未作答复，而是先要求有安全的保障。他首先问道，女王是否同意杀死达恩雷。为了让他痛下决心，博斯维尔不假思索迅速地回答，是的，她同意。但是，自从经历了李乔谋杀事件，莫顿知道，向来是事后口头协议便很快被人否定，因此，他要求得到女王的书面允许，要白纸黑字，然后才结盟。他希望按照苏格兰的好习惯得到一张正规的“盟约”，一旦出了麻烦，他也好借此来推卸责任。连这一点博斯维尔也痛快地答应了他。不过，博斯维尔当然不会拿来“盟约”，因为玛利亚·斯图亚特要完全躲在幕后，置身事外，到时把她搞个“猝不及防”，只有这样，他们的婚事才有可能成功。

于是，谋杀达恩雷的行为又落到了这个最着急、最放肆的博斯维尔肩上，不过，他很有信心，要独自一个人完成这件事。莫顿、梅里和梅特兰德在倾听他的建议时态度暧昧，但他已经知道，众位勋爵不会公开反对他。尽管他们并没有签字盖章表示赞同，却以完全理解的沉默和友好的不干预态度表示支持。玛利亚·斯图亚特、博斯维尔和众位勋爵那一天在这个问题上达成一致，也就从那一天开始，达恩雷就被判了死刑，他的死期快到了。

好像一切都准备好了。博斯维尔已经和几个死党取得一致意见，秘密会议上也确定了谋杀的地点和方法。但是，屠杀大典还缺了一点儿东西，那就是牺牲者本身。达恩雷可能是很天真，很愚笨，但想必也已经意识到面临的危险。在此前几个星期，只要全部武装的众位勋爵们还待在城堡里，他就拒绝踏进霍利鲁德的大门。自从被他出卖的杀害李乔的凶手获得女王别有用心的赦免回到苏格兰之后，他觉得斯特林城堡也不安全了。他坚决地拒绝一切邀请和一切诱惑，躲进了格拉斯哥城堡。他的父亲，伦诺克斯伯爵还有忠实的仆人都住在这儿，这可是一座固若金汤的城堡，如果有敌人强行攻入，在紧要关头，还有港口停泊的船可以帮他逃走。在最危险的时刻，命运仿佛想保护他躲过劫难，让他在 1 月初得了天花，这可是个绝佳的借口，可以一连几个星期待在格拉斯哥，待在安全的避难所。

达恩雷这次生病，意外地打乱了博斯维尔酝酿已久的计划。他急不可耐地在爱丁堡等着他的牺牲品到来。出于某种原因——我们无法确切知道，只能猜测——博斯维尔不想再拖延，他急于采取行动，或许是他失去了耐心，急于想登上王位；或许他有充分的理由害怕长时间拖延下去，他的阴谋会泄漏出去，毕竟有太多不可靠的人知道这件事；或许是他和玛利亚·斯图亚特的暧昧关系已初显恶果——不管怎么说，他不想再等了。可是，怎样才能把这个病人，这个疑虑重重的小伙子诱进谋杀的圈套中呢？怎样才能把他从床上拉起，从铜墙铁壁般的城堡中骗出来呢？公开正式的邀请会打草惊蛇，在整个王宫里，不管是梅里，还是梅特兰德，或是其他任何一个人，没有一个同这个人令人憎恨、人人蔑视的国王关系密切，没有一个人能说动他，让他自动回来。只有一个人，唯一的一个人还有支配这个弱者的力量。她已经两次迫使这个不幸的小伙子服从于她的意志，全心全意地服从她。玛利亚·斯图亚特，只有她能够把这个疑虑重重的人引进布好的死亡陷阱之中，要是她能带上虚假的面具说爱他，他可是只想得到她的爱，那她肯定能行。只有她，人世间芸芸众生中只有她一个人能实现这闻所未闻的可怕的欺骗。因为她已经主宰不了自己的意志，只是驯服地听凭暴君的支配，博斯维尔只需给她下道命令就行了。一件无法让人相信的事情，或者说一件我们的感情不愿相信的事情，竟然发生了：1 月 22 日，已经有好几个星期对达恩雷避而不见的玛利亚·斯图亚特骑马赶往格拉斯哥，说是去探望生病的丈夫，其实，她是执行博斯维尔的命令，诱骗达恩雷回到爱丁堡，在那儿，死神正握着锋利的匕首，焦急地等待着他呢。

TWELEVTH CHAPTER | 第十二章

走向谋杀

Zouxiang Mousha

【茨威格经典传纪丛书】

Ciweige Jingdian Zhuanji Congshu

走向谋杀

1567 年 1 月 22 日 ~2 月 9 日

现在，玛利亚·斯图亚特的叙事诗中最为神秘的一节开始了。将那尚在病中的丈夫从格拉斯哥拖回到一次神秘谋杀之中的这次旅行，成为了她一生中最具争议的行动。人们不禁要产生这样的疑问：玛利亚·斯图亚特真的是一个阿特里底斯式的人物，她真的是又一个克吕泰涅斯特——一面虚情假意地为重返故土的丈夫阿伽门侬准备好温暖的洗澡水，一面却让她的杀手兼情夫埃癸斯托斯拿着磨快的利斧藏身在隐蔽的地方？她真的是又一位麦克白夫人——一边用温柔谄媚的话语将邓肯王送入寝宫，一边却在催促麦克白去那里将他刺杀？她真的是那种勇敢至极、忘我至极的女人，那种常常恰恰是被极度的狂热所造就出来的恶魔般的女凶手？抑或她只是那个残忍的善于利用女人的博斯维尔手中一个毫无主见的玩物，一个轻信而又听话的傀儡，她只是在恍恍惚惚中不知不觉地执行了一道不可抗拒的命令，她对那可怕事件的预谋根本就一无所知？从感觉上讲，人们首先会身不由己地拒绝承认这一罪行的可信性，拒绝指控这位迄今为止给人的感觉是那般富于人性的女子是一个知情人、一个同谋犯。人们一次又一次地试图为她这次格拉斯哥之行找出另外一种更加宽厚的、更容易令人接受的解释。人们一而再，再而三地将那些证明玛利亚·斯图亚特有罪的陈述和文件当作不可信的材料抛在一旁，却真心诚意地（或者说为了能够使自己深信不疑地）去查验那些她的辩护者们提出的或者说是制造出的为她开脱的种种证据。但那实在是徒劳！即便人们愿意去相信辩护律师的那些证据，论据本身也无法让人深信不疑。因为这个无懈可击的环节与整个事件的链条吻合得是那般天衣无缝，以至于任何为其开脱的解释只要稍一推敲都会应声而倒。

试问凭什么可以断定是充满深情的关切驱使玛利亚·斯图亚特来到了达恩雷的病榻前，以便将他从那个避难所接回家去接受更好的照顾呢？几个月来，这对夫妇几乎完全分居。达恩雷一直被她排除在自己的生活之外，无论他如何恳求她允许自己作为丈夫分享她的卧榻,他所得到的都是对他在婚姻中合法权利的粗暴拒绝。很久以来,西班牙、英国、法兰西的使节们在报告中谈论到他们的婚姻时就已经仿佛是在谈论一件无可改变、理所当然的事实;勋爵们已经公开在为他们办理离婚申请,而在暗地里,这些人甚至在考虑更具暴力色彩的解决办法。夫妇俩是如此形同陌路地生活在一起,即便玛利亚·斯图亚特在杰德波罗生命垂危,体贴入微的丈夫也不会赶去看望已经在准备接受涂油礼的妻子。即便是用倍数最高的放大镜,人们也无法在这桩婚姻中再发现一丝丝爱的痕迹,找出一个温柔体贴的原子。因此,那种认为玛利亚·斯图亚特是被对爱人的关切之情送上这次旅程的推测,是根本站不住脚的。

不过,她的辩护者们最后还有这么个理由:玛利亚·斯图亚特会不会正是想通过这次旅行将那不幸的纷争从这世界上扫除出去呢?难道她赶到他的病床旁不会仅仅只是为了与他和解吗?但太遗憾了,即便是最后这个有利于她的解释也被出自她本人之手的一份文件所毁掉了。玛利亚·斯图亚特,这个不知谨慎的女人,从来就没有想到过,自己的信件会被后人用作指责她的物证。就在动身去格拉斯哥的前一天,她在一封写给比顿大主教的信中以一种充满敌意、饱含愤怒的口吻倾诉道:"说起朕的丈夫,那个国王,上帝知道朕一向待他如何,同样,上帝和世人也都清楚他是如何用压迫与不公回报于朕的;朕的所有臣子都是见证。我毫不怀疑他们心里是反对他的。"这像是和解的心声吗?一位正情意绵绵、满怀关切地赶去看望病中夫君的太太会说出这种话来吗?另外还有一个令人难以辩驳的证据——玛利亚·斯图亚特此行并不光是为了看看达恩雷。她可没打算看一下就打道回府,而是下定了决心,要将他弄回爱丁堡去。要说是为了表现出真诚、赢得人心,这种关怀也未免过火了——这不是拿所有的医道和理智开玩笑吗?怎么能在一月的寒冬中将一个正害着天花、发着高烧、满脸浮肿的病人从他的被窝里扯出来,再让他在一辆敞篷马车中奔波上两天两夜呢?玛利亚·斯图亚特可是连大车都事先准备好了,那为的不就是连一点点废话的机会都不给达恩雷留下,从而以最快速度把他送到爱丁堡吗?——在那里,一起谋杀他的阴谋正在紧锣密鼓的布置之中。

但也许玛利亚·斯图亚特并不知情——她的那些辩护人总归会想到这一招,冤枉一个人犯有谋杀罪,那可是人命关天的事儿啊!——或许她对这起阴谋根本就一无所知?倒霉的是,连这一点点可能性也被阿契巴尔德·道格拉斯写给她本人的一封信所排除了。因为阿契巴尔德·道格拉斯,这场阴谋中的主角之一,为了获得她对谋杀计划的明确首肯，甚至在她那次悲剧性的格拉斯哥之旅中亲自去觐见了她。即便她那时没有作出丝毫的允诺，而是断然加以拒绝，可是一位妻子又怎么能够在获悉这样一桩阴谋之后，对有人提出如此大逆不道的建议竟然保持沉默，不向自己的丈夫达恩雷发出警告呢？甚至于明明知道有人在搞针对他的阴谋，还硬要说服他回到谋杀的策源地去？在这样一种情况下，沉默比知情本身更为可怕，这是在消极而秘密地合作，因为要是谁知道了一桩罪行而又不试图去阻止它，那么他至少也要因为他的无动于衷而同样负有罪责。于是，这对玛利亚·斯图亚特来说最为有利的一条理由——她对计划好的阴谋一无所知——也只能归结于她打算让自己一无所知，她闭上眼睛，转过身去，就是为了事后能够赌咒发誓：我绝没有参与此事。

任何一位毫无偏见的研究者都无法否认，从某种程度上讲，玛利亚·斯图亚特对谋杀她丈夫负有责任。无论是谁想要为她开脱罪责，都无法得出她毫不知情的结论，最多不过觉得这个女人是身不由己。因为这个奴隶并不是在恣意横行，她只是浑浑噩噩、不由自主地在按照另外一个人施加给她的意志行事。在前往格拉斯哥引诱达恩雷回家时，玛利亚·斯图亚特非但不是那样的冷酷、自私、阴险，毫无尊重之心；相反，在那决定性的一刻，她不禁对强加给她的那个角色感到反感与恐惧，盒子中的信件便是明证。可以肯定，她的确与博斯维尔讨论过把丈夫接回爱丁堡的计划，但她的信件却令人惊讶地表明，就在那一刻，当她与主使者之间已相隔有一天的行程，他催眠术的威力也随之而削弱时，沉睡在这位伟大罪犯体内的良知便活跃起来。一个被某种神秘力量推向犯罪的人到了何去何从的十字路口，便会显示出与蓄谋已久的真正罪犯的区别，而那种一时的“犯罪冲动”也与精心策划下的卑鄙罪行迥然不同，在这类只是因为屈从了另一个更为强大的意志而并非出于自身主动的罪犯中，玛利亚·斯图亚特也许是最为完美的范例。因为，当玛利亚·斯图亚特真的要将那早已经过讨论得到批准的计划付诸实施，当她面对那个她奉命引向屠宰场的牺牲品时，一切仇恨与复仇感都突然消失得无影无踪，她天性中那种人类的本性便与任务中那泯灭人性的部分展开了绝望的搏斗。但一切都太晚了，一切都是徒劳：玛利亚·斯图亚特在这次罪恶的行动中不仅充当着一个狡猾地接近猎物的追猎者，同时，她自己也是一个被迫追猎的对象。她能够感到背后的驱赶她向前的鞭子。她感到害怕，害怕情夫会因为她没有把他们讲好的牺牲品带来而大发雷霆，她浑身颤抖，担心因为不够听话而失去他的爱情。一个已无力去抗争的灵魂在与别人强加于她的任务抗争，一个任人指挥的弱者在内心最深处否定着自己的行为，只有明白了这一点，那种从正义的角度来讲无可饶恕的行为才能在人性的角度上变得可以理解。

只有那封她从达恩雷的病榻旁写给博斯维尔的著名信件才能使这一恐怖的事件从这个较为温和的角度变得符合情理，只有它，才能为那些可憎的行为抹上一丝令人生怜的人性微光，而她的那些辩护者却一再愚蠢地试图否认它的存在。这封信，使人们仿佛透过一道裂开的墙壁窥视到了格拉斯哥那些阴森恐怖的时刻。午夜已过，玛利亚·斯图亚特穿着睡衣坐在桌旁。这是一个陌生的房间，火焰在壁炉中跳跃，影子在阴冷的高耸的墙壁上扭动。但这火焰既没有温暖这偏僻的房间，也没有给那冰冷的灵魂带来什么暖意。寒意一阵又一阵地袭向这个衣衫单薄的女人的双肩：她感到冷，她感到累，她想去睡，但激动与亢奋却使她无法入睡。在这过去的几周、过去的几个小时里，她经历了太多、太令人震撼的事情。直到现在，她的整个神经直至那最能承受痛苦的末梢都还在震颤、还在燃烧。她对自己的使命充满恐惧，但是作为博斯维尔的精神奴隶，软弱的她只能听命于主人的意志，踏上可恶的旅程，去将自己的丈夫诱出那万无一失的避难所，送上一条更加万无一失的死亡之路。但她的骗术并没有那样轻易地得逞。才到大门口，达恩雷的父亲伦诺克斯的信使便拦住了她的去路。几个月来，这个怀恨在心的女人一直躲避着她的丈夫，现在她却一下子如此含情脉脉地赶往他的病榻，这显然使得老人产生了怀疑。老人们对灾难常常会有所预感。伦诺克斯也许想起，每次玛利亚·斯图亚特虚情假意地去迎合他的儿子，都是为了要给她自己骗取点什么好处。虽然费了不少力气，但她还是成功地抵挡住了信使的盘问，幸运地挺进到了病榻之前。迎接她的那位病人同样是带着满腹狐疑，因为她在他面前演的戏已经太多了。为什么把大车也带来了？达恩雷想立刻知道原委，他的目光中闪烁着不安与怀疑。她不得不鼓起她那钢铁般的勇气，她不能有一点结巴，不能有一丝脸红，也不能有半刻的苍白，绝不能让自己在这些问题中漏了底。不过，对博斯维尔的恐惧已经使她学会了伪装。她温柔的抚摸和甜言蜜语逐渐打消了达恩雷的猜忌，一步步消融了他的意志，并将自己那更为坚强的意志灌输进了他的躯壳。刚刚才一个下午，作品的一半就已经完成了。

此刻，夜已深，她独自一人坐在她那阴暗的房间里，这里寒冷空旷，烛光像鬼火一般在跳跃，四周是如此寂静，以至于可以听见她最隐秘的心思和那遭人践踏的良心所发出的叹息。她无法入睡，她无法平静，她心中充满了无法形容的苦闷，在这最为孤独的苦难时刻，她要找一个人倾诉，一吐压在心头的苦闷。但这个人却不在身边，然而对这一切、这些令她自己都感到恐惧的可怕的罪恶行径，她又能向谁倾诉呢？在这个世界上，他不能倾听她坦白的这一切，那还能有谁呢？只有他。于是她拿起几页纸，开始写信。这封信一写起来就没完没了。当晚，信没有写完，到了第二天白天仍然没有写完，直至第二天晚上这封信才完成了。在这里，一个身陷罪恶的人在与她自己的良心展开着搏斗。这些文字是在精疲力竭与心力交瘁中写成的，愚蠢与睿智、咆哮与废话，绝望的呼告都在迷迷糊糊、疲惫不堪中混杂在一起，那些黑色的念头就像蝙蝠一样乱飞乱撞。她一会儿在那些荒唐的细节上纠缠不休，一会儿又让压抑的良心爆发出高亢的哀鸣；仇恨像闪电一样划过，怜悯又将它压倒。而始终在中间奔涌不息的，则是她对那个人无法压抑的爱所组成的炽热洪流。正是那个人的意志，在控制着她；正是那个人的手，将她推进了眼前的深渊。突然，她发现信纸用光了。于是，她又在一张只有几个字的账单上继续写了下去，她就这样写着，写着，不断写着。她有一种感觉：她与他，罪犯与罪犯，两个人的血脉已经紧紧地连在了一起，要是她连他都无法相信，无法找他倾诉，恐惧便会将她扼杀，沉寂便会令她窒息。但是，当那只颤抖的手中的笔在纸上此起彼落地飞奔时，她却感到她所写下的一切并没有表达出她所想说的那些，她觉得自己无力去驾驭那些思想，无力将它们加以组织。她的另一部分意识立刻告诉了她这一点，因此她要求博斯维尔一定要把这封信读上两遍。但是，也许正因为这封三千字的信酝酿产生于一种半梦半醒的状态之中，充满了混乱与含糊，仿佛是一个思维混乱的人闭着眼睛写成的，这封信才成为了人类精神史上一份独具特色的文献。在这里，说话的并不是一个头脑清醒的人，而是一个在疲惫与高烧所造成的恍惚中呓语的内在的“我”，一种除此之外便无从得窥的潜意识，一种赤裸裸的、没有用一点羞耻感来加以遮掩的情感。高音与低音、清醒的念头与那些在她完全正常时根本无法出口的念头交替地出现在这种心力交瘁的状态中。在信中，她忽而重复前言，忽而又推翻自己，在激情所构成的热气腾腾的洪流中，一切都混乱不堪地在巨浪中翻滚。在流传至今的自白书中，我们还从来没有（即便有，也寥寥无几）看到过一份能将犯罪中过度紧张的心理表露到如此淋漓尽致的地步的。不，布坎南也好，梅特兰德也罢，凭他们的教育程度和智力水平，那些不过是有点小聪明的脑瓜儿根本就不可能有如此神奇的构思，酝酿出这样一篇发自迷乱的内心和幻觉的独白。刻画出这样一个深陷恐怖的女人——她正在犯罪，然而却无力自拔，在良心的重压下，她只能给她的情人写啊、写啊，她要摆脱自己，她要忘却自己，她要为自己辩白，她要为自己寻求宽恕。在这写啊写中，她终于得以逃避，使自己不致在这寂静中听到那颗心在胸膛中狂跳的声音。这不由得使人要再次想起麦克白夫人，想起她同样穿着一件宽大的睡袍，令人毛骨悚然地在幽暗的宫殿中四处游荡，想起她在那些挥之不去的恐怖念头的煎熬下，像在梦游中似的、在惊心动魄的独白中供认了自己的罪行。只有莎士比亚、托尔斯泰，还有他们那位至高无上的师傅——现实，才能创作出这样伟大的作品。

多么美妙的笔调！光是第一段话就足以将人深深地打动："我累了，我困了，但是只要还有纸。我就无法阻止自己再写下去……要是我的字迹不清，请你原谅，你一定可以感觉到你那另一半(俗语，指妻子或丈夫)想说的是什么……我的宝贝儿，不管怎样，能在别人熟睡的时候给你写信，我总是十分快乐的，因为我感到，是一种要扑进你怀抱的冲动使我无法入睡。"她以一种令人倾倒的生动笔调描述了可怜的达恩雷是如何为她的不期而至所感动；人们仿佛亲眼看到了那勇敢的少年，那在高烧的炙烤下，被斑疹弄得绯红的脸颊。他孤零零地躺在那里，日复一日，夜复一夜，他的心被撕碎了，因为她，那个他为之付出了灵与肉的爱人，拒绝了他，抛弃了他。而现在，她突然又出现在那儿了，那可爱、年轻而又美丽的妻子又一次含情脉脉地坐在了他的床畔。这个沉浸在幸福中的可怜的傻瓜觉得"这是在做梦"，他承认，"见到她，他觉得是如此的幸福，以至于认为自己一定会因兴奋而死去。"当然，不信任的旧伤偶尔还会重又在他胸中点燃起痛苦。对于他来说，这一切来得太突然，太不可思议了。尽管他已饱受她的欺骗，然而如此弥天大谎却不是他那怯弱的心所能想象得出的。因为，对于懦弱者来讲，去相信、去信任是一件甜蜜的事情，而对于虚荣者来讲，要说服他相信自己为人所爱更是轻而易举。没过多久，达恩雷又被打动了，他又软下了心肠，重又变得绝对俯首帖耳，就像在谋杀李乔后那个晚上一样，这可爱的年轻人又一次乞求她宽恕他对她所犯下的一切过错。"你的众多臣子都曾犯下过错，他们都得到了你的饶恕，而我还是那么年轻。你会说，你已经饶恕了我许多次，而我却一再重复着我的错误。可是，像我这样的年轻人，听了坏主意，违背了自己的誓言，一而再、再而三地重蹈覆辙，最终才通过经验的积累学会了控制自己，不也是情理之中的事情吗？如果我这次有幸能得到你的原谅，我发誓绝不会再犯任何错误。而我别无所求，只希望我们还能像丈夫和妻子一样共同分享床榻和家园。要是你不愿如此，那我宁可不再有从这张床上起来的日子……上帝知道，我是如何惩罚了自己，你已经成为了我心中的神，除了你，我再没有想念什么了。"

这封信使人们得以再一次窥视到那个遥远而阴暗的房间。玛利亚·斯图亚特坐在病人的床畔,听他表白从心中爆发出来的爱情和与日俱增的恭顺。现在,她可以放声欢呼了,她的计划成功了,在她的努力下,这个单纯的男孩儿的心又软了下来。但是,这种欺骗却使她感到耻辱,使她无法高兴;置身在这场有预谋的活动中,那种对自己卑鄙的所作所为的厌恶之情简直令她窒息。她心神不宁地坐在病人身旁,脸色阴沉,她的眼神告诉人她在抗拒着什么东西。连达恩雷也觉察到,他那位爱人正在为什么隐晦的、他无法弄清的东西而忧心忡忡。多么绝妙的画卷!这个遭人欺骗、被人贩卖的可怜虫正在努力安慰那个欺骗他、背叛他的女人,他想帮助她,他想让她开朗、让她欢乐、让她幸福。他乞求她晚上留在这个房间里,留在他的身边,这个倒霉的傻瓜又一次梦想起了爱情与温柔。从这封信中,我们仿佛可以感到,那弱小的人儿是如何地对她深信不疑,是如何又一次真心诚意地紧紧拥抱着她,多么激动人心的场面啊!不,他可没法让自己的眼光从她身上挪开,这早已陌生、而今又重新萌发的亲密所带来的欢乐使他得到了无穷的享受。他求她帮自己把烤肉切开,他说呀说呀,在愚蠢的絮絮叨叨中供出了所有的秘密;他不仅说出了所有眼线和联络员的名字,而且还坦言自己对梅特兰德和博斯维尔简直恨之入骨,他根本就不知道她是如何在迷恋着博斯维尔。人们不难理解,他越是这样满含深情、这样充满信任地吐露心声,那个女人也就越是觉得难以去出卖这个蒙在鼓里、孤立无援的男孩。与她原意相左,她反而被这个牺牲品的轻信与毫无抵抗触动了心弦。她只有拿出极大的毅力才能迫使自己将这出卑鄙的喜剧一幕一幕地演下去。“他那般优美而谦恭的谈吐是你还从来没有听到过的。要是我不知道他的心是蜡一般的柔软,而我的心又不是金刚石一般的坚硬,那么任何人的命令也无法阻止我对他的同情,除非那命令是你亲手发出的。”人们仿佛看到:她正伸手去抚摸那个可怜虫,而那个可怜虫则正扬起他那张被炎症炙烤着的脸,用那双充满柔情与饥渴的眼睛凝视着她,仇恨早已烟消云散,她已经忘却了一切,忘却了这个愚蠢而年轻的谎话家以前对她所犯下的一切罪过。在内心深处,她更想救他一命。满心的不忍促使她把这都归咎在博斯维尔身上:“如果光是为了给我自己出气,那么我决不会这么干。”绝不是为了别的什么东西,而只是为了爱情,她才会有如此卑劣的行径,去利用人类天真的信任。她爆发出一声哀鸣,那是一番绚丽的控诉:“你要我扮演一个叛徒的角色,你迫使我成为如此扭曲的形象,现在,连我都对自己充满了恐惧和憎恶。但是你要记住,如果不是你要我这样做,那我宁死也不愿如此。我的心在滴血。”

然而，奴隶根本是无力抗争的。在皮鞭的残暴驱赶下，奴隶所能做的不过是发出痛苦的呻吟。她马上又在她意志的主宰面前低下了头，只是发出恭顺的哭诉："我不幸极了！我从来没有欺骗过任何人，可是现在却按着你的意志作了这一切。求你开口说句话吧，我该怎么办？只要是你的命令，我都会听从。你也再想想看，用药水是不是可以让这件事更加不为人知。他打算去克雷格米勒，到那里去用药水和温泉浴进行治疗。"很明显。她至少想为那个不幸的人儿找出一种温柔的死法，而避免使用粗鲁、肮脏的暴力。人们可以感觉到：要是她还没有完全听人摆布，没有完全委身于博斯维尔，要是她还有那么一点点力量，在道德方面还有那么一点点独立的火花，那么她现在一定会去救出达恩雷。可是，她不敢不服从，因为她害怕失去她已将终生相托的博斯维尔，同时又害怕博斯维尔会恰恰因为她投身于如此卑鄙的勾当而从此蔑视她（真是一种绝妙的心理，无论什么作家都构思不出来）。她伸出双手，央求他不要因此而"藐视她，因为他才是这一切的根源所在"。她跪在地上，发出最后一声绝望的呼告：他应当用爱情来补偿她今日为他所忍受的一切痛苦——"我牺牲了一切：名誉、良心、幸福和尊严。你一定要记住，千万不要听信你那位内兄的花言巧语，他是你过去以及将来最最忠诚的恋人的敌人。你也别去理睬她（博斯维尔的妻子）虚情假意的眼泪。你应当看到的是我，是我忘我的奉献，是我为了得到她那个位子在此刻所忍受的一切苦难，为了那个目标我会不惜违背自己的天性去欺骗所有人。上帝呀，饶恕我吧！我最亲爱的朋友，我求上帝赐予你所有的幸福与恩典，那是你最忠心最恭顺的恋人的愿望，而她只求你将她更加放在心上，以此作为她苦难的补偿。"无论是谁，如果他不抱任何成见地从这些话里听出了这个不幸的女人万分痛苦的心声，便绝不会再将她称为杀人犯，尽管她在这些日日夜夜中所做的一切都是在为谋杀服务。人们能够感觉到：她心中的反抗与厌恶要比她的顺从强烈上一千倍。或许，在这段日子的某些时刻中，这个女人更接近的是自杀而不是谋杀。但是，她的命运正掌握在别人手中：人一旦放弃了自己的意志，那么便不会再有自己选择道路的机会。他只能听命于人，被人使唤。就这样，她成为了情欲的奴隶，在情感上成为了一个浑浑噩噩，同时又清醒无比的梦游者，她就这样踉踉跄跄地向前走去，走向罪恶的深渊。

第二天，玛利亚·斯图亚特便彻底完成了她此行的所有使命；任务中玄妙而颇具风险的那一部分就这样幸运地完成了。达恩雷心中的疑忌被她打消了，这个可怜、病弱，而又傻乎乎的男孩儿一下子变得乐观、自信、安详、欢快，甚至还有一点幸福。尽管他还十分虚弱，而且被痘疤弄得面目全非，但是他已经忙着要与娇妻小小地亲热一番了。他渴望能拥抱她、亲吻她，而她则在强掩心中的反感，死命抵挡他迫不及待地进攻。按照玛利亚·斯图亚特的意愿——恰如她按照博斯维尔的意愿一样——达恩雷这个奴隶的奴隶宣布：他准备同她一道返回爱丁堡去。他毫不怀疑地让人把他从那座安全的城堡送到了等在外面的大车上，他的脸上罩着一块精致的面纱，以免让人发现他那变形的面孔；现在，牺牲品终于被送上了通往屠夫庄园的大道。流血的粗活儿该留给博斯维尔来干了。对于这个铁石心肠的无耻之徒来说，这种活儿轻而易举，相形之下，玛利亚·斯图亚特对自己良心的背叛不知比这艰难了几千倍。

大车在骑兵的护卫下，缓缓地行驶在冬日中冰冷的大道上；表面上看，女王夫妇在经过了几个月的对立之后终于又重新言归于好，一同回到了爱丁堡。可是，究竟去了爱丁堡的什么地方呢？人们大概会认为，他们当然是回霍利鲁德宫，国王的府第，去享受那豪华而舒适的宫殿。不，神通广大的博斯维尔可不是这样安排的。国王还不能回到他在霍利鲁德的家中去，据说这是因为传染的危险还没有过去。那么就到斯特林堡或是爱丁堡那样既气派又坚不可摧的要塞去吧？实在不行，他总可以作为客人住到别的什么豪宅，比如说主教大人的府第中去吧？也不是！被选中的是一座谁也不曾想到过的、极不起眼、十分偏僻的房子，这实在太可疑了。这房子不光简陋，而且还坐落在一个出了名的危险地段，它位于城墙外面的林苑和草地之间，也不知多少年没人住过了，一半已经倒塌，此外也很难守卫。这真是个奇特而又意味深长的选择。你不禁要问，是哪位为国王在寇克·奥菲尔德挑了这么一座偏僻得令人生疑的房子，连接着这座房子的甚至就只有一条以夜盗而闻名的“盗贼街”。瞧，那不又是博斯维尔这位“国王的国王”干的吗？在这座迷宫中，人们一次又一次地发现着同一根红线的存在。那贯穿着所有信函、文件和供词的血色痕迹最终都无一例外指向此人。

这座根本就配不上国王身份的小房子坐落在一片荒地之中，与之为邻的只有博斯维尔的一个亲信的房子。这房子一共只有一个前厅和四个房间。楼下是为女王陛下临时准备的一间卧室，因为她突然宣称自己有一个迫切的愿望：她要尽心竭力地照顾那位她迄今为止都还怀着惧意躲避着的夫君；另一个房间用来安置了她的侍女；楼上的一个房间布置成了国王的卧室，而与之相邻的一个房间里则住着他的三个仆人。不过，尽管这房子名声不佳，那些低矮的房间倒还布置得富丽堂皇，那地毯和墙幔是从霍利鲁德运来的，有两张华丽的卧榻甚至还是玛丽·

德·吉斯当年从法国带来的，其中一张给了国王，另一张则放在楼下女王的卧室里。现在，玛利亚·斯图亚特简直忙得不可开交，她要尽可能地在众人面前展示她对达恩雷的无限关怀和脉脉柔情。每天，她都要带着她的全体侍从过来陪伴病人几次。(这不禁要令人想起：这个女人几个月来不是一直在远远地躲避着他吗?)2月4日到7日，她甚至还放弃了自己那舒适的宫殿，在这荒僻的房子里住了三个晚上。她要让爱丁堡的每一个人都看到：国王和女王又重新成为了相亲相爱的伴侣。这对冤家和好如初的消息立刻被大张旗鼓甚至咄咄逼人得有些可疑地在全城人面前宣布了。不难想见，这个大转弯是如何令人惊讶，特别是令勋爵们感到突兀，不久前，他们还在和女王讨论如何摆脱达恩雷，可现在，这对夫妻之间竟然又突然爆发出了狂风暴雨般的甚至过于直露的爱情！勋爵中脑子最灵的梅里对自己该如何应对已经心中有数，他丝毫也不怀疑在那座偏僻得引人注目的房子中正在上演着什么糟糕的把戏，于是他不动声色地以一种外交家的手法做好了他的准备。

恐怕，这座城里，甚至整个国家中都只有一个人对这种气氛的转变毫不起疑，那就是达恩雷这个倒霉的丈夫。她无微不至的照顾迎合了他的虚荣心。而那些以往总带着蔑视的态度对他敬而远之的勋爵们一下子卑躬屈膝作出一副关切的神色来到他的病床前，更使他洋洋得意。2月7日，他心怀感激地写信给父亲，夸耀女王是如何用体贴入微的照顾大大加速了他的康复，夸奖她就像一位真正的妻子那样对待她所爱的丈夫。医生们已经高兴地向他保证他即将康复，那讨厌的病症所留下的最后的痕迹也在消失，他已经被允许搬回他的王宫去了，连星期一早上来接他的马匹都已经定好。再过一天，他就又可以回霍利鲁德去当他的国王，再次和玛利亚·斯图亚特分享“床榻和餐桌”，重新成为他的国家和女王芳心的主人了。

但是，2月10日星期一之前还有个星期天，这天(2月9日)晚上，霍利鲁德将要举行一次热闹的庆祝活动，因为玛利亚·斯图亚特最为忠诚的两个仆人将举行婚礼。为此，宫里准备了一次盛大的宴会和一场舞会。而女王也向她的仆人许诺，她将大驾光临。但是真正让这一天在历史上占有一席之地的还并不是这件众所周知的事，而是另外一件其意义后来才为人们所意识到的事情。这天早上，梅里突然向他的妹妹辞行，据他说，这几天他要去他的一个城堡探望生病的妻子。这可是个不祥之兆。梅里每次突然从政坛上抽身，都有其充分的道理。他走后总会发生什么政变或是不幸，而事发之后他又会回来堂堂正正地证明自己并没有插手此事。谁要是已经预感到了即将到来的风风雨雨,那么当他看到这个老谋深算的家伙在风暴来临前已经悄悄溜走时,一定会变得忐忑不安。梅里装出一副一无所知的表情离开了,就在不到一年之前,同样是在一天早上,那是李乔被谋杀后的第二天,梅里也同样是带着这样一副看上去一无所知的神情走进了爱丁堡,而这次所要发生的事情将会更为令人发指。金钱和名誉要好好保住,至于危险,就留给别人吧!

此外,还有一个迹象也颇为耐人寻味。据说,玛利亚·斯图亚特已经下令将她那张豪华的卧榻连同裘皮被褥从寇克·奥菲尔德搬回霍利鲁德。就这一举措本身来看,它完全合情合理,因为在安排了喜宴的这个晚上,女王将在霍利鲁德而不是寇克·奥菲尔德下榻,而第二天分居生活就将彻底结束了。但是,如此小心翼翼地急着把一张豪华的卧榻搬回去,却在事后引起了一番危险的揣测或者说是妄揣。在下午和晚上这段时间里,阴谋或者说真正的危险并没有露出丝毫的端倪,而玛利亚·斯图亚特的举止也正常得不能再正常了。白天,她在朋友们的陪同下去看望了几乎业已痊愈的丈夫;晚上,她在参加婚礼的人群中,和博斯维尔·韩特莱、亚盖尔一起以极其平易近人的态度坐在侍从们中间。有一件事太感人了,引人注目的感人;尽管达恩雷第二天早上就要返回霍利鲁德了,但是她仍然冒着冬夜里的寒风,来到坐落在寇克·奥菲尔德的那座荒凉的房子。她不惜放弃浓浓的喜庆气氛,为的只是再到达恩雷的小屋里去坐一坐,陪他聊聊天。玛利亚·斯图亚特在寇克·奥菲尔德一直待到晚上11点钟——你要特别注意钟点——才返回霍利鲁德:夜色中,人们老远就能看到摇曳的灯光和引路的火把,听到马队的喧嚣和人群中的笑声。城门打开了,整个爱丁堡一定都已经看到,女王在探视过她的丈夫之后又回到了霍利鲁德。在那儿,侍从们正在提琴和风笛的伴奏下翩翩起舞,于是,女王再次和蔼可亲、谈笑风生地加入了宾客们的行列。直到午夜过后,她才回到寝宫安歇。

凌晨两点,一声巨响震撼了大地。这次可怕的爆炸就像是“二十五门大炮同时开火”,连空气都为之而震颤。人们随之看到几个可疑的人影从寇克·奥菲尔德那边狂奔了出来:国王的那所房子里一定发生了什么暴行。被从睡梦中惊醒的整个城市都笼罩在恐惧与惊慌中。城门被匆匆打开了,几个信使疾驰而至,他们来霍利鲁德是为了报告一个令人震惊的消息:寇克·奥菲尔德那座孤零零的房子连同国王以及他的全部随从都被炸上了天。刚刚出席了婚礼的博斯维尔被人从睡梦中唤醒(那显然是为了制造一个不在场的证据,证明他那伙人在准备谋杀时他并不在场)，更确切地说，当人们在床边叫他时，他看上去像在睡觉。他连忙地穿好衣服，带着卫兵匆匆赶往出事地点。达恩雷和一个睡在他房间里的侍从的尸体已经在花园里找到了，蔽体的只有一件衬衫，房子本身则已经被炸药彻底送上了天。对于这个看上去令他十分惊讶、十分震动的结论，博斯维尔并无任何不满。由于他对事实比谁都清楚，因此也没有再费什么力气去调查真相。他下令收尸，过了差不多半个小时，就回城去禀报那位同样还一无所知、同样被打断了好梦的女王。事实再清楚不过了：她的丈夫，苏格兰国王亨利，被一群来历不明的凶手以一种不可思议的方式谋杀了。

THIRTEENTH CHAPTER | 第十三章 |

毁灭与疯狂

Huimie Yu Fengkuang

【茨威格经典传纪丛书】

Ciweige Jingdian Zhuanji Congshu

毁灭与疯狂

1567 年 2 月～4 月

激情有着巨大的魔力。它既能以无可名状的方式，使一个普通人焕发出超人的活力；也能用无法抵御的重压，使一个最为平静的灵魂迸发出巨人般的神力，让他冲破一切道德标准和规范的束缚，直到走向犯罪的深渊。但激情毕竟只是激情，在经过了猛烈的爆发和急剧的膨胀之后，它便会精疲力竭、黯然消退。那些在激情的驱使下走向犯罪的人，恰恰是在这一点上与真正的、天生的惯犯有着本质的区别。那些受激情左右、一时冲动的罪犯，大都只是在犯罪时才有足够的力量，而极少在事后还能应付自如。他们只是在热血的冲动下，眼睛死死地盯着预定的目标，将自己的全部精力都投向一个唯一的目标；一旦目标达到，事情完成，力量便消失得无影无踪，果断不会再有，聪明也舍他而去。而对于一个冷静、清醒、工于心计的罪犯来说，这时，与原告、法官的斗法不过才刚刚开始。他们不会像激情罪犯那样在犯罪时倾尽全力，而会最大限度地留下精力去准备事后的防御。

对博斯维尔的百依百顺，使玛利亚·斯图亚特卷入了这桩罪行，但是对于眼前的罪恶，她已经无力去应对了，因为她只不过是在激情的左右下身不由己，一切都是由外来的意志而并非由她自己所决定的，而这非但无损于她的形象，相反却使之越发高大。她只是无力及时阻止灾难的发生，后来又干脆听天由命。现在，她有两种选择：要么是让厌恶占据上风，坚决与博斯维尔决裂，因为他做得太过分了，而那并不是她心中所期待的；要么就帮忙掩盖真相，那样她就必须虚情假意、故作悲伤，以免有人怀疑他，怀疑她自己。但玛利亚·斯图亚特作出的却是在这种疑云重重的情况下最为荒唐、最为愚蠢的一个选择，那就是什么都不做。她神情木然、一言不发地待在那里，而这副六神无主的样子又恰恰暴露了她自己。她就像一个上紧了发条的机械玩具，只是按预先的设计自动走了几步——她对博斯维尔百依百顺，在恍恍惚惚中，她不假思索地完成了他的所有指令：她去了格拉斯哥，抚慰了达恩雷并把他哄骗了回来；可是现在，发条已经走到了尽头，动力消失了。于是，正当她需要演出一场感情戏来打动世人的时候，面具却从她疲惫的手中落到了地上；笼罩在她身上的是某种冷漠，某种残酷的情感上的麻木，某种难以解释的漠然；怀疑者的剑已经呼啸而出，而她却任其落向自己。

这种奇怪的情感麻木现象本身并无特别之处：受到威胁的人有时会呆若木鸡，陷入一种绝对的被动和漠然状态，而这恰恰是在他最需要伪装，需要自卫，需要在精神上有所准备的时刻。这种情感上的麻木，是人在遭遇到超过他们承受能力的紧张状态后的正常反应，是人的禀性在极限被超越后对人的一种狡猾的报复。在滑铁卢大战的那个傍晚，拿破仑那不可思议的意志力也一下子消失得无影无踪，尽管正值危难关头，他的指令比任何时候都更加必不可少，但他却目光呆滞、一言不发地坐在那里。他就像一个被打穿了的酒桶，所有的力量都在瞬息之间流失得干干净净。奥斯卡·王尔德①在被捕之前也陷入了同样的麻木。朋友们已经向他发出了警报，他有钱，而且也有足够的时间乘上火车、逃到英吉利海峡的另一边去。但是，他突然呆若木鸡，只知道坐在旅馆的房间里等啊等啊，他在等什么？是等奇迹的发生，还是毁灭的降临？只有参照历史上千百个类似的例子，我们才能理解玛利亚·斯图亚特的这种举动，才能解释她那几个星期中荒唐、愚蠢甚至带有挑衅色彩的冷漠行为，而这种行为也正是人们开始怀疑上她的根本原因。直到谋杀发生的那一刻，还没有人会想到她会同博斯维尔早有默契，对达恩雷的探视也的确可以作为她渴望两人言归于好的证明。但是，谋杀发生之后，被害者的遗孀自然便马上成为了公众注意力的焦点。这时候，她理应出来表白一下自己的清白无辜，或者去淋漓尽致地发挥她伪装的天才。但是，对伪装和谎言的厌恶却显然在这个不幸的女人心中占据了上风。她非但没有去设法打消那些情理之中的怀疑，相反还用她那种毫不掩饰的漠视使自己在世人眼中所犯的罪过比事实上还要严重。她就像是跳入深谷的自杀者，紧闭双眼，为的是不再看到任何东西，也不再有任何感觉，她所渴望的只是终点的到来，只是到达一个不必再为思考和忧虑而痛苦的地方，只是虚无，只是毁灭。在犯罪学的历史上，恐怕再也找不出第二个像这般典型、甚至典型得反常的激情罪犯了——在作案时她已经耗尽了全部精力，而后，她崩溃了。Quosdeusperderevult——众神毁灭一个人的方法，就是令他走向疯狂。

一位女王，一个清白的、忠诚的、热爱丈夫的女人在半夜里突然得到信使传来

① 奥斯卡·王尔德(1854~1900)，英国作家、诗人。著有《快乐王子》等作品。

的可怕消息——她的丈夫刚刚被不明身份的凶手谋杀了,她应当会做出怎样的反应呢?她会像被火烫了一样,猛地跳起身来。她会大喊大叫,要求立刻将凶手捉拿归案。她会把能够抓到的人统统投入监狱,即便他们只不过稍有可疑之处。她会呼吁人民起来协助,会请求外国君主在两国边境上堵截在逃罪犯。她必须像在法兰西斯二世驾崩后那样,白天黑夜地把自己关在内室里,几个星期、几个月中都不能有丝毫寻欢作乐的念头;最重要的是,她还必须在最后一个凶手和同谋被抓获归案、绳之以法之前表现得坐卧不宁,心急如焚。一个热爱自己的丈夫,事先又毫无心理准备的妻子在听到如此令她震惊的消息之后,她的精神状态差不多就应如此。而另一方面,妻子即便真是帮凶,她也至少应当精心伪装,佯装出这样一种感情来。这似乎是奇谈怪论,但却又合情合理——有什么能比在事后扮演一个完全一无所知、绝对清白无辜的人更容易避免别人怀疑到自己就是罪犯的呢?然而,谋杀发生之后,玛利亚·斯图亚特表现出来的却是可怕的冷漠,即便是最最天真的人也能觉察出其中的反常之处,她既没有像李乔被害后那样被激愤和强压的怒火所占据,也没有流露出一点法兰西斯二世的去世带给她的那种幽怨。她没有像第一位丈夫去世后那样,写下什么动人的挽歌,以表达自己对达恩雷的思念;而是在噩耗传来之后几个小时,泰然自若地签署了一份致各国政府的公函,拐弯抹角地向世界通报了这起弑君案。当然,如此煞费苦心,目的只有一个,就是免得众人把怀疑的目光对准她。在这份奇特的报告中,事实被有意地颠倒了过来,仿佛这起刺杀根本就不是针对国王的,她自己才是刺客的首要目标。据这份官方报道称:刺客原本以为他们夫妇两人都会在寇克·奥菲尔德过夜,只是出于偶然,女王才在事发之前离开了那所房子去参加婚礼,如此一来,女王方才幸免于难,没有与国王一道被炸上天去。“女王尚不知道是何人策划了这桩罪行,但她完全相信御前会议的努力和热忱,相信他们能够查出真凶,并按女王的旨意将其绳之以法,以儆效尤。”玛利亚·斯图亚特毫不犹豫签发了这份文件,满纸的谎言也丝毫没有能够令她手指颤抖。

如此厚颜无耻地歪曲事实,要想让公众相信当然绝无可能。事实上,全爱丁堡都是目击证人——谁都知道,女王在11点钟的时候就已经率领一支浩浩荡荡的队伍,举着老远就能看到的火把离开了寇克·奥菲尔德那所孤零零的房子。全城人都知道她并没有在达恩雷那里过夜,因此,那些在黑暗中窥视的刺客绝对不会是为了要她那条命才在三个小时之后将房子炸上天去。此外,把房子炸掉,这本身就不过是一个掩人耳目的手段,唯一的目的就是掩盖事实真相,因为达恩雷恐怕在此之前就已经被偷偷潜入的刺客们掐死了。这份一眼望去漏洞百出的报告只不过使人更加强烈地感觉到她与此事的瓜葛。

然而令人惊奇的是：整个苏格兰都对此保持着沉默，在这段岁月里，令世界诧异的不仅仅是玛利亚·斯图亚特的冷漠，同时也有整个苏格兰的冷漠。想想看：苏格兰国王在他自己的国都里被人谋杀了，被连人带房子一起炸上了天。可是，在出了这样一件骇人听闻，即便是在那用鲜血写成的历史书上也史无前例的新闻之后，又发生了什么事情呢？城市有没有被人民的激动与愤怒所震撼，贵族和男爵们有没有从他们的城堡赶来，保护据说同样处于危险之中的女王？神甫们有没有在讲坛前控诉这一罪行？法院有没有颁布公告揭露凶手的身份？城池有没有四门紧闭？当局有没有逮捕数以百计的嫌疑犯并对他们严刑拷打？国境线有没有封锁？苏格兰的贵族们有没有组成一条哀痛的人流，护送被害者的遗体从大街上走过？有没有人在公共场所中建起过灯火环绕、烛光映照的灵台？有没有召开过议会就这一骇人听闻的事件的始末进行过听证并作出指示？列位勋爵——王冠的捍卫者，有没有举行过集会，庄严宣誓要捉拿凶手？没有！什么都没有发生！雷声响过之后出现的是一种令人无法理解的沉寂。女王躲进了自己的房间，没有出来公开讲过一句话。勋爵们沉默不语，一片寂静。梅里也好，梅特兰德也罢，当年曾经跪在国王面前的人中竟没有一个为之而触动的。他们既不谴责这种暴行，也不出来拍手称快，他们只是小心翼翼地躲在暗处静观事态发展，人们能够感觉到，眼下对于所有人来说，大声讨论这起弑君案都是不合时宜的，他们多是少少都知道其中的一些奥妙。市民们又一次小心谨慎地躲在家中，彼此间只是低声谈论着各自的猜测。他们知道，无论是什么时候，小人物最好都不要去插手那些大人物的事情，否则，弄不好别人的账就会算在爱管闲事的人头上。于是，起初，事情的发展一如凶手所愿：人们接受了谋杀的既成事实，仿佛这只是一个令人不快的小意外。恐怕欧洲历史上还没有一个宫廷、一群贵族、一城民众如此平静，如此怯懦地对一桩弑君大罪视而不见，甚至连最起码的查明案情的措施都被有意遗忘了。司法机关或者其他什么官方机构从来都没有到凶案现场进行过调查，作出过记录，既没有提交过什么详尽的报告，也没有发布过一份公告就谋杀案的细节作出进一步的说明，案件就这样被有意识地笼罩在了一团浓雾之中，遗体并没有做过医学或司法方面的检验，因此，时至今日人们还不得而知，达恩雷到底是被掐死的、捅死的、还是毒死的（因为在凶手们不惜代价地用炸药把房子送上天之后，人们在花园里找到那具全身赤裸的尸体时，发现达恩雷满脸漆黑）。大概是为了避免传出什么流言飞语,以及避免太多的人看到尸体,葬礼在博斯维尔的催促下以一种有失体统的速度匆匆举行了。赶快把亨利·达恩雷埋到地下去吧!赶在臭气直冲云霄之前,以最快速度把这件见不得人的事情掩埋起来吧!

于是,一件无法不引起旁人注意的事情发生了:苏格兰竟然忘记了为国王亨利·达恩雷准备一个得体的葬礼,这无疑向全世界证明了参与这起谋杀的黑手是来自于何等显赫的高位。遗体并没有在隆重的仪式中被安放进棺柜,灵柩也没有在悲痛的遗孀、勋爵和男爵的护送下由一支浩浩荡荡的队伍送出城去。没有鸣炮致哀,也没有敲响丧钟。相反,棺椁在夜里被偷偷摸摸地送进了小教堂。既谈不上豪华,也说不上隆重,苏格兰国王亨利·达恩雷就在慌慌张张中被送进了墓穴,似乎他才是此案的真凶,而并非牺牲在他人的仇恨与无尽的贪欲下的被害者。随后是一场弥撒,好了,这就够了!现在,这个饱受痛苦的灵魂应当不会再来扰乱苏格兰的和平了!众神毁灭一个人的方法,就是令他走向疯狂。

玛利亚·斯图亚特、博斯维尔和勋爵们认为,棺材盖钉好,这见不得人的勾当也就算结束了。但为了避免爱管闲事的人来多嘴多舌,避免伊丽莎白抱怨他们在追查真凶方面无所事事,他们又决定要做出那么一副忙忙碌碌的样子来。为了避免一场货真价实的真调查,博斯维尔搞了个装模作样的假调查,用这个小小的姿态来表明自己正在认认真真地努力缉拿那些"不明身份的凶手"。其实,全城的人都知道凶手的名字,参加行动的有那么多党羽,他们监视着那所房子,采购了大量火药,还把火药一袋袋拖进房子里,怎么能指望别人单单没有注意到这些呢?连城门口的卫兵也都还非常不幸地清楚记得,那天晚上爆炸发生之后他开门放了哪些人进入爱丁堡。但是,女王的御前会议现在实际上只是由两位成员组成:博斯维尔和梅特兰德,其中一个凶手,另一个是同谋,他们两位只需照照镜子,就能看到此案的元凶。因此,官方固然还在歇斯底里地坚持"不明身份的凶手"的说法,并且发出文告,悬赏两千苏格兰镑奖励举报罪犯的人(两千苏格兰镑对于爱丁堡的穷人来说当然是个可观的数目),可是谁都明白,只要他打开话匣,得到的就不会是装在钱袋里的两千镑,而是一把直入胸膛的尖刀,因为博斯维尔已经迅速建立起了军事独裁,他的喽啰——边防军,咄咄逼人地在大街小巷中耀武扬威。他们那些挂在显眼位置上的武器,无疑是一个再明白不过的警告:谁敢来妄谈此事?

但是,每当有人想用强权使真理屈服时,真理便会用它的手段来保卫自己,白天,它被迫闭上了嘴巴,到了寂静的深夜,它便开始讲话,悬赏告示贴出的第二天早上，写着凶手姓名的传单就出现在了市场中甚至霍利鲁德王宫的大门上。在这些四处流传的凶犯名单中，博斯维尔、他的同党詹姆斯·巴尔福以及女王的侍从巴斯蒂安·李乔和约瑟夫·李乔的大名都赫然在列，另外一些名单还点到了其他几个凶手的名字。然而，有两个人的名字是在所有传单中都反复出现的：博斯维尔和巴尔福，巴尔福和博斯维尔。

倘若玛利亚·斯图亚特还没有完全鬼迷心窍，没有被狂奔的激情把所有的理智和判断力冲走，那么她绝不会这般任人摆布，一定会对百姓已经如此清晰的呼声做出响应：与博斯维尔分道扬镳。即便只有一点荧光划过她那被黑暗所占据的灵魂，她也应当看清自己必须与他保持距离，应该避免与他有任何往来，直到"官方"施展巧妙的手腕证明他纯属无辜为止，最后再找个什么借口把他赶出宫去。她现在只有一件事不能做，那就是把这个已经在大街上被人明里暗里称之为杀害她丈夫——苏格兰国王的凶手继续留在国君家中发号施令。而她尤其不该做的就是偏偏委派这个已经被公众舆论一致称之为凶案总指挥的人来负责调查那些"不明身份的凶手"。然而，更为过分、更为愚蠢的还是在巴斯蒂安和约瑟夫·李乔（大卫·李乔的兄弟）两人的事情上：在传单上，她这两个侍从已经被作为帮凶名列博斯维尔和巴尔福之侧。在这种时候，玛利亚·斯图亚特是不是有义务马上把嫌疑犯送交法庭呢？可是，她却悄悄给这两个人放了假，又塞给他们两本护照，让人匆匆忙忙把他们两个送到了国外——在这种事情上，操之过急、自我暴露，与愚蠢已经没有多大区别了。于是乎，她的所作所为刚好与名誉对她的要求背道而驰。她放跑了嫌疑犯，而不是把他们交给法庭，而这种包庇行为又恰恰将玛利亚·斯图亚特自己送上了被告席。但是，她那不顾个人声誉的疯狂行为还远远不止这些！尽管她这次理应装出更大的悲伤，但是在那些天里，玛利亚·斯图亚特从来未曾在旁人面前流过一滴眼泪，也未曾紧闭房门，像上次成为寡妇时那样居丧四十天。相反，刚刚才过了一个星期，她就离开霍利鲁德，到塞顿勋爵的城堡做客去了。这个寡妇简直连宫廷中用来应付一下场面的悲伤姿态都懒得做，她公然在塞顿接见了一个人，谁？詹姆斯·博斯维尔！就是这个人，他的画像眼下已经传遍了爱丁堡的大街小巷，那上面还注着这样几个字："这就是谋杀国王的凶手。"这简直是一只挑起决斗的手套，而它已经被掷在了全世界人的脸上。

但苏格兰并不等于全世界。即便那些心中有鬼的勋爵和早已吓破胆的市民噤若寒蝉，一俟国王遗体下葬，便做出副仿佛对谋杀案同样兴趣全无的样子，伦敦、巴黎、马德里的宫廷也无法对这一可怕的事件保持无动于衷。对苏格兰来说，达恩雷不过是个不怎么受欢迎的外来者，只要觉得他讨厌，就可以用一种司空见惯的手法把他踢到角落里去；可对于欧洲各国的宫廷来说，他却是一个涂过圣油，接受过加冕礼的国君，与他们同属尊贵显赫、神圣不可侵犯的王族，因此，他的事就是他们大家的事。当然，没有什么人会对那份谎话连篇的官方报道有丝毫的相信，从一开始，这件事对整个欧洲来说就已是昭然若揭：博斯维尔肯定就是凶杀案的主谋，而玛利亚·斯图亚特则是他的同谋。连教皇和他的使节都用愤怒的言辞谈论着这个丧失理智的女人。但最令外国君主们恼火的还不是谋杀本身。因为在那个世纪里，人们的脑子里还没有装进多少道德，至于某一个人的生命更谈不上会令他们头痛。事实上，自马基雅维里以来，政治谋杀在欧洲各国就已经不是什么不可饶恕的罪过，几乎每个王室都在自家的史册上留下了类似的足迹。亨利八世曾经毫不手软地铲除了两任妻子，腓力二世总不愿被人问起他儿子堂·卡洛斯被害的经过，而显赫的博琪亚家族之所以名声不佳，则要部分归功于他们的毒药。但是，他们有一点与玛利亚·斯图亚特截然不同：这些王公们都千方百计地避免自己沾上半点嫌疑，哪怕只是同谋之名；他们会让别人去干尽坏事，而自己却不弄脏双手。这些人希望玛利亚·斯图亚特去做的，只不过是做做表面文章，把自己洗刷干净；而他们所气恼的，也只是她那愚蠢的冷漠。外国的君主们用一种先是诧异，而后变得恼怒的目光注视着他们这个没有头脑而又丧失了理智的姐妹——该做的她一点不做，既不去为自己洗刷嫌疑，也不因循惯例拉几个小人物出来四马分尸或是绞死了事，反而心平气和地打起了球，并且还挑选了头号嫌疑犯来陪她玩乐。玛利亚·斯图亚特那位忠心耿耿的驻巴黎大使怀着真诚而又不安的心情向她报告了这种无动于衷的态度所造成的恶劣印象：“这里流言四起，您被说成了此案罪魁祸首，有人甚至说是您亲自下的命令。”这位勇士还向他的女王直言（这一点实在足以让这位上帝的仆人万古流芳）：要是她现在还不以最坚决、最彻底的方式去赎罪，那么“失去生命和一切还算是您较好的下场”。

这是一位朋友的直言，只要这个迷失了方向的女人尚有一分理智，身上还有一点毅力，她也应该会振作起来。伊丽莎白的唁函说得就更加透彻了。这真是奇怪的缘分：世上那么多男男女女，可偏偏没有一位能像她那个毕生的死对头一样理解她。这恐怕就像照镜子，玛利亚·斯图亚特正处在她一生中最可怕的危机和最残酷的灾难中，而伊丽莎白则一定从中看到自己——在与达德雷·莱斯特热恋的那段时间里，她也曾身陷完全相同的处境，受到过同样的，或者说同样有根有据的怀疑。这里,挡住去路的一位丈夫,而那次则是一位妻子,只有清除了她,通往婚姻的道路才会畅通无阻;于是,同样可怕的事情发生了,一天早上,达德雷的妻子艾梅·罗布萨特与达恩雷一样被某些“不明身份的歹徒”杀害了——至于伊丽莎白是否知情,那是永远也无法弄清了。马上,众人把谴责的目光都对准了伊丽莎白,就像他们今天对准玛利亚·斯图亚特一样。当时还是法兰西王后的玛利亚·斯图亚特还曾轻率地嘲笑她的表亲,说她准备嫁给那个“谋杀了自己妻子的御马官”。当然,就像今天的博斯维尔一样,莱斯特也被世人看成是杀人的凶手,而女王同样被视为帮凶。有了对这样一段苦难经历的回忆,伊丽莎白自然就成了她那位难姐难妹最好的、同时也是最真诚的军师。当年,伊丽莎白靠着自己的聪明和毅力拯救了自己的荣誉,她迅速下令进行调查,结果当然是一无所获,但总算还是调查了。而她没有嫁给那个显而易见已卷入案中的莱斯特,没有让自己被最最梦寐以求的目标所俘虏,则使得所有搬弄是非的嘴巴都不得不就此闭上,这样一来,在世人面前,她便与谋杀案再无丝毫瓜葛。所以,伊丽莎白奉劝玛利亚·斯图亚特如今也采用同样的手段。

伊丽莎白写于1567年2月24日的这封信之所以引人注目还在于它的确是出自于伊丽莎白,出自于一个人,一个女人。她在这封唁函中动情地写道:“夫人,听到您的丈夫,我的表兄,遭人卑鄙暗杀的噩耗,我是如此痛心、如此震惊,以致于我现在都还几乎无法提笔写些什么;但是,无论我的感情怎样驱使着我为血缘如此相近的一位至亲而悲哀,若是允许我直言不讳的话,那么说真的,您比他更令我伤心。啊,夫人啊!若是我不尽心尽力来捍卫您的名誉,反而只是努力向您说些好听的话,那我就算不上您忠实的表亲和真正的朋友;因此,我不愿再继续向您隐瞒众人对此的说法:他们说您在追查此案时睁一只眼,闭一只眼,并且有意包庇那些为您效劳过的人,这便给人留下了一种印象,似乎那些凶手是在您的许可下才有此妄为的。请相信我吧!就算拿世上所有的黄金收买我,我也不会萌生这样的想法。我绝不会对任何一位君主有如此恶意的猜测,也绝不会在心中给这般恶毒的念头一块立锥之地。对于您,我更加不会这样想。我全心全意地祝愿你,亦如您祝愿自己的那样,但愿您万事如意。正因为如此,我提醒您,我建议您,我恳求您千万要把这件事情放在心上。您不要害怕去触动与您最为亲近的人,只要这个人是有罪的;您不要因为别人的劝说就退缩不前,丧失掉向世人证明您既是高贵的女王又是同样诚实正派的妻子的机会。”

这个反复无常的女人恐怕还从来没有写过一封比这更为诚恳、更为富于人情味的书信，它应当足以像枪声一样令那个昏头昏脑的女人大吃一惊，最终从迷梦中清醒过来。博斯维尔再次成为指指点点的目标，无可辩驳的事实又一次摆明在她的面前：对博斯维尔的任何维护都会给她打上同谋的烙印。但是，我们不得不再强调一遍，在那几个星期中，玛利亚·斯图亚特完全处于一种身不由己的状态，她已经"可耻地迷恋上"博斯维尔。伊丽莎白的一个耳目向伦敦发回的报告是这样的："有人听她说，她情愿抛弃一切，只穿一件衬衫跟他跑到天涯海角。"任何规劝，都已灌不进这个聋子的耳朵；对那沸腾的热血，理智也已无能为力。因为她已经忘记了自己，所以她以为世界也会忘记她，忘记她的所作所为。

有一段时间，整整3月，玛利亚·斯图亚特那种无动于衷的态度倒好像颇为正确。因为全苏格兰都是一片沉默，法官们变得又瞎又聋，而博斯维尔虽然尽心竭力，却依然没有找到那些"不明身份的凶手"。这可真是奇怪了，大街小巷中的市民们倒是家家户户都在低声谈论着那些人的名字。然而，虽说人人都认得那些凶手，人人都知道他们的名字，但是却没有人愿拿生命冒险，敢去赚取布告上说的赏金。终于，有一个人说话了。被害者的父亲，伦诺克斯伯爵，国内最有名望的贵族之一，理直气壮地发出质问：为什么几个星期过去了，竟没有就杀害他儿子的凶手进行过任何认真的调查？要想用沉默代替回答是行不通了。正在与凶手同床共枕，同时又对包庇犯梅特兰德言听计从的玛利亚·斯图亚特，所给出的自然只是一个含糊其辞的答复：她定将尽力而为，并责成议会抓紧此事。伦诺克斯知道这种托辞意味着什么，于是他又换了一个要求。他提出：应当把那些名字出现在遍布爱丁堡的传单上的人先逮捕起来。要对如此一针见血的要求做出答复实在不太容易。玛利亚·斯图亚特再次采取了回避的战术：她倒是很愿意这样做，但是那上面点到的人实在太多了，而且又什么人都有，彼此又根本没什么联系，所以最好还是由他自己来说，他认为哪些人有嫌疑。无疑，她是想借那位权势滔天的军事独裁者所制造的恐怖来吓退伦诺克斯，叫他不至于说出博斯维尔这个危险的名字。但是，在这段时间里，伦诺克斯已经找到了能够庇护他的力量——他与伊丽莎白取得了联系，而且似乎还得到了她的保护。因此他勇气倍增，也不管旁人是何等尴尬，清清楚楚地把他要求予以调查的人的名字都开列了出来，名列榜首的便是博斯维尔，而后是巴尔福、戴维·查默斯以及为玛利亚·斯图亚特和博斯维尔跑腿的几个小角色，其实，他们的主子早已把他们送到了国外，以免这些人在严刑拷打之下多嘴多舌。现在，玛利亚·斯图亚特终于满心不快地看清，这出"睁一只眼闭一只眼"的喜剧是没法再演下去了。她看出，伦诺克斯的顽固劲背后所隐藏的是伊丽莎白的力量和威信。在此期间,卡塔琳娜·美第奇也单刀直入地通知她:要是这起弑君案不能通过正规的法律程序得到公正的处理,那么,玛利亚·斯图亚特将在她的眼中“名声扫地”,而苏格兰也不必再指望得到法国的友谊。于是,玛利亚·斯图亚特来了个闪电式的大转弯,用一出公开审判的闹剧代替了那出“一无所获”的调查闹剧。到了这时候,玛利亚·斯图亚特也不得不宣布同意让博斯维尔到贵族法庭去为自己进行辩护,至于那些小人物,就等以后再说吧。3月28日,伦诺克斯伯爵收到了通知,他被要求前往爱丁堡,并于4月12日在那里递交他对博斯维尔的起诉书。

然而,博斯维尔绝不是那种会穿上忏悔服,低声下气、羞羞答答地出现在法官面前的人。他宣布自己准备应传到庭,只是因为他决定施展一切手段使自己被宣判无罪,从而把自己“洗刷干净”,他干劲十足地投入了准备工作。首先,他让女王把所有要塞的指挥权都交给了自己,这样,全国所有可以动用的武器弹药就都落到了他的手中。他知道,有强权就有了公理,于是,他又把他那帮边防军全部调集到了爱丁堡,将他们武装得像是要去参加一场大战。随后,他恬不知耻地以其在干坏事方面的大胆精神,在爱丁堡建立起了名副其实的恐怖统治。他公然声称:一旦他弄清是谁张贴了那些指控他的传单,他一定会用他们的鲜血来洗洗自己的双手——这也是对伦诺克斯发出的一个严厉警告。博斯维尔总是手按短剑,他的手下也是一样,他们毫不掩饰地宣称:他们绝不会容忍有人像审问罪犯一样审问他们的头头。伦诺克斯,你倒是来呀!看你敢不敢出庭指控!法官大人们,你们倒是试试看啦!看你们怎么给他——苏格兰的独裁者定罪!

这番准备是如此大张旗鼓,以至于伦诺克斯对自己的下场也没有丝毫的怀疑。他知道,尽管他可以到爱丁堡去指控博斯维尔,但是,博斯维尔绝不会放他活着出城。他再一次向靠山伊丽莎白求援,后者毫不犹豫地向玛利亚·斯图亚特发出了一封急件,警告她悬崖勒马,不要让如此明目张胆践踏法律的行为给她背上同谋的嫌疑。

伊丽莎白义愤填膺地写道:“夫人,我本不愿如此言辞激烈,使您为这封信而心烦。但是,要对可怜人广施仁爱的祖训和不幸者的哀求迫使我不得不这样做。我听说,夫人您已经传下旨意,于本月12日开庭审理谋杀您丈夫、也就是我表兄一案的嫌疑犯。有一点极其重要,就是别让阴谋诡计在中间捣鬼,而这是很可能发生的。死者的父亲和友人恭敬地恳求我,让我请您推迟开庭的日期,因为他们发现,一些无耻之徒正努力通过暴力手段来达到以合法方式无法达到的目的。因此，我不得不这样做，这既是出于对您的爱，因为此事与您关系最大，同时也是为了安抚那些在这桩骇人听闻的罪行中无辜受难的人。即使您并无罪过，您的纵容姑息也足以使您女王的尊严荡然无存，并且受到庶民的鄙视。要是这一切真的不幸发生在您身上，那么我觉得体面地踏进坟墓也比您名誉扫地的留在世上要好。”

这封信理应像出膛的子弹一样再次正中玛利亚·斯图亚特的良心，从而唤醒她那麻木不仁的感情，但这封在最后关头发出的警告信是否真的及时送到了玛利亚·斯图亚特手中，就实在是不得而知了，因为博斯维尔的防御固若金汤，这个胆大妄为到了疯狂的地步、傲慢得连死亡和魔鬼都不放在心上的家伙，根本就没把英国女王放在眼里。他那些走卒在宫门前就已经将负责把信送到玛利亚·斯图亚特手中的英国特使拦住了。特使得到的解释是：女王还在睡觉，不能接见他。这位必须将一位女王的信件交给另一位女王的特使绝望地在街上东奔西走。最后，他得以见到了博斯维尔，可对方竟放肆地拆开了这封写给玛利亚·斯图亚特的信，看了看，然后若无其事地把它塞进了口袋。至于他后来是否把信转交给了玛利亚·斯图亚特，那就不得而知，同时也无关紧要了，因为他那个女奴早已不敢对他的意志再有丝毫的反抗。据说，当博斯维尔在他那伙骑着高头大马的匪徒的前呼后拥下去托尔布特出庭时，她竟然还愚蠢地在窗口向他招手，仿佛是祝愿这个众所周知的凶手在审判的闹剧中旗开得胜。

但是，即便玛利亚·斯图亚特没有收到伊丽莎白的最后警告，也并不是说就没人提醒过她。三天之前，她同父异母的兄弟梅里来向她辞行。据说是一种突然的冲动使他想去法国和意大利游览一番，“去看看威尼斯和米兰。”这个时候，玛利亚·斯图亚特理应从以往的经验中想到，梅里匆匆忙忙地从政治舞台上消失总是意味着狂风暴雨的到来，他是打算通过那种示威性的缺席，从一开始就显示出自己对这场下流无耻的审判闹剧的厌恶。此外，梅里对自己出游的真正原因也丝毫没有隐瞒。他告诉每个愿意听他说的人：他曾经试图将詹姆斯·巴尔福作为谋杀案的主犯之一加以逮捕，可博斯维尔为了袒护同党却对他百般阻挠。一周后，他在伦敦坦率地对西班牙使臣德·席尔瓦解释道：对他来说，只要这样一桩奇特而可怕的罪行还留在那里，罪孽还没有洗清，那么要他继续体面地留在那个王国里就根本毫无可能。谁要是在大庭广众之下都这样讲，那么对他的妹妹自然也无须讳言，事实上，有一点十分引人注目，那就是玛利亚·斯图亚特在与他分手时眼中充满了泪光。但她却无力将他拉住，因为自从她投身博斯维尔的怀抱以来，她对任何事情都已无能为力了。她只能对那个更为强大的意志百依百顺，女王已经毫无抵抗地沦落为一个在炽热的情欲下俯首帖耳的女人。

4月12日，审判闹剧在挑衅中开始，又在挑衅中结束了。博斯维尔催马来到托尔布特的法院时，倒像是来攻打什么要塞的——他斜挎佩剑，腰插匕首，在旁边前呼后拥的喽啰据说有四千之多（显然是夸大其辞）。相反，根据一项老掉牙的敕令，伦诺克斯最多只许带六个随从进入城内，如此一来，女王的偏袒已是摆得明明白白。伦诺克斯可没想到，他被恩准出席的庭审竟然是处在出鞘的匕首之下。他知道，伊丽莎白已经写信给玛利亚·斯图亚特要求将庭审延期。他觉得有股道义的力量正在支持着他。于是，他只派了一名家人去托尔布特宣读了他的抗议书。原告的缺席倒是让法官们如释重负，这些人一来已经吓得魂不附体，二来早已被人用土地、金钱和官职所收买，如今幸运地发现了这么一个受人欢迎的借口，他们便可以舒舒服服地避免作出叫人不那么舒服的判决来了。经过一番看上去十分繁琐的讨论（其实一切早已安排妥当），他们一致宣判博斯维尔与所诉的弑君案没有丝毫关系，至于理由真堪称卑鄙无耻："原告缺席。"这种根本站不住脚的判决实在难以让任何正人君子感到满意，但是它到了博斯维尔手中就立刻变成了一次辉煌的凯旋。在武器碰击的叮当声中，博斯维尔狂挥乱舞着佩剑，策马穿过市区，他大声发出了公开的挑战——现在谁还敢来指控我是谋杀国王的凶手或者帮凶？

此刻，车轮正向着深渊飞驰而去。市民们目瞪口呆，只能嘀嘀咕咕，小声为法律遭到史无前例的嘲讽而愤愤不平。玛利亚·斯图亚特的朋友们个个心情沉重，目光中充满忧虑，他们为无法规劝这个发了疯了女人而痛心疾首。她最忠实的朋友梅尔维尔写道："只能眼睁睁地看着这个好心的女王如何奔向灭亡，却无人能让她认清危险，这实在是令人扼腕。"然而，玛利亚·斯图亚特什么都不想听，更不想听什么警告，一种神秘的冲动使她敢于干出最最荒谬绝伦的事情，同时也不断推动着她前进、再前进。她不想问，不想听，也不想审视一下周围的情况。这个感情的俘虏只知道向前、再向前，朝着她的腐朽飞奔。博斯维尔向全城发出了挑战，而后，她又侮辱了全国——在议会开幕的那天，她郑重其事地让博斯维尔捧着国家的圣物——王冠和权杖作为前驱。她将这至高无上的荣誉授予这个声名狼藉的罪犯，自然也意味着把苏格兰交给了他。现在，还有谁会怀疑，博斯维尔今天已经被允许捧在手中的王冠明天就将戴在他自己的头上？事实上，博斯维尔不是一个喜欢躲躲藏藏的男人，在这个桀骜不驯的人身上，这一点总是令人欣赏的。现在，他开始肆无忌惮地索要奖赏。他先是不知羞耻地让议会把全国最为坚固的丹巴尔城堡封赏给他，以奖励他的"种种丰功伟绩"。此刻，他既然已将勋爵们召集在此，而这些人又不敢违抗他的意志，他便用铁拳来迫使他们满足他的最后一个要求：同意他和玛利亚·斯图亚特结婚。晚上，议会闭幕之后，这位大人物兼军事独裁者把所有人都邀请到艾因斯雷酒店吃晚饭。在那里，大家纵情畅饮，等到大多数人已经晕晕乎乎的时候，他便将一份盟约摆到了各位勋爵面前（这不由得令人想起《华伦斯坦》①中那著名的一幕）。根据这份盟约，勋爵们不仅有义务保卫博斯维尔免受诽谤者的攻击，并且还应推举他，这位"尊贵而强大的爵爷"作为女王高贵的丈夫。这份妙不可言的文件中写道：既然博斯维尔已被诸位贵族宣布无罪，而"同时女王陛下又没有丈夫，那么为了共同的幸福，望她能同意下嫁给她的一名臣子，即我们上面所谈及的爵爷。"而他们则有义务"像在上帝面前保证的那样忠诚不渝"地支持这位爵爷，不惜牺牲鲜血和财产维护这桩婚事，使之不受任何人的干扰和阻挠。

勋爵中只有一位利用盟约宣读之后引起的混乱悄悄溜出了酒店。其他人则乖乖地在上面签了字。这或许是因为博斯维尔全副武装的喽啰们已将房子团团围住，或许是因为他们已经暗下决心，一旦时机成熟就撕毁强加在自己头上的盟约。他们知道，墨水写成的东西用鲜血可以洗掉，大笔一挥对这伙人来说又算得了什么呢？因此，也没人把这放在心上，既然已经签好了字，那就继续闹、继续喝、继续聊吧。其中最高兴的人当属博斯维尔了。现在，要价已经得到了满足，目标已近在眼前。再过几个星期，那个在莎士比亚的《哈姆雷特》中显得那般令人难以置信的艺术夸张就要在这里变为现实了——女王"给她丈夫送葬时穿的鞋子都还一点没破"，便和杀害她丈夫的凶手一起走上婚姻的圣坛了。

众神毁灭一个人的方法，就是令他走向疯狂……

---

① 席勒的戏剧作品，描写三十年战争（1618～1648）时的德国名将华伦斯坦。

FORTEENTH CHAPTER | 第十四章 |

穷途末路

Qiongtumolu

穷途末路

1567 年 4 月 ~6 月

现在，“博斯维尔”这部悲剧正一步步走向高潮，它让人不由自主地一次又一次想起莎士比亚，虽然那似乎只是一种内心的冲动，但是它与悲剧《哈姆雷特》的外在相似性却是无可否认的。像《哈姆雷特》一样，这里也有一位被他妻子的情人通过阴谋铲除掉的国王；像莎翁名作一样，这里也有一位迫不及待要与杀害丈夫的凶手走上婚姻圣坛的寡妇；像那部戏中一样，这里也有一场影响力一步步释放出来的谋杀，而在事后掩盖它、否认它又都比谋杀本身更需要付出艰辛的努力。光是这些相似之处就足以令人惊讶了，然而，莎翁笔下的苏格兰悲剧《麦克白》更在某些场景上与历史上的这出苏格兰悲剧有着出奇的相似之处，它给人一种越来越强烈、越来越难以抗拒的感觉：莎翁的《麦克白》在有意无意之中接受了“玛利亚·斯图亚特”这部戏的氛围，那些发生在邓西嫩城堡中的虚构故事，实际上刚刚才发生在霍利鲁德的宫殿里。无论在这里还是在那里，谋杀得手之后都笼罩着同样的孤独。心头都充满着同样沉重的阴霾，庆典都是同样的恐怖——预示着灾难的黑乌鸦在房子上空盘旋，没有人敢在那里欢笑，宾客们都一个接一个地溜走。有时，你根本就无法说清：究竟是玛利亚·斯图亚特被良心折磨得夜不能寐、六神无主、欲死欲狂，半夜三更还在宫室中踯躅徘徊呢？还是麦克白夫人在竭力想洗去手上那看不见的血迹？到底是博斯维尔还是麦克白在阴谋得逞之后越来越专横，越来越强硬，甚至越来越胆大妄为、肆无忌惮地挑起举国上下的敌视，而其实又明明知道，一切武力都是徒劳，鬼魂总是要比活人更为强大？无论此处彼处，女人的狂热都是前进的动力，男人则充当了刽子手。而两者的氛围更相似得可怕：在越来越大的压力下，灵魂越来越深地陷入了痛苦，陷入了迷惘，男人和女人被同一桩罪行拴在一起，一个落入了恐怖的深渊，另一个也被拉扯着呼啸而下。这两部苏格兰悲剧，一部是真实的历史，一部是虚构的作品，都将犯罪心理和被害人对害他之人的神秘影响力刻画得精彩绝伦。无论是在世界历史和还是在世界文学的长河中,这两部作品都达到了空前的高度。

这种相似,这种惊人的似曾相识,难道仅仅只是一种偶然吗?难道不能进一步地推想,莎士比亚的作品从某种程度上讲正是玛利亚·斯图亚特悲剧性一生的浓缩和升华?童年的记忆对诗人来说常常有着一种永不褪色的魔力,而早年的冲动在天才那里就能够神奇地转化为他后来的传世之作。而且有一点是毋庸置疑的:莎士比亚知道发生在霍利鲁德宫中的所有故事,当他还在乡村中度过他的童年时,他就一定已经听说了许多有关那位浪漫女王的传奇故事——疯狂的情欲使她失去了王国和王冠,现在她正接受着惩罚,被人从英国的一座城堡押送到另一座城堡。当胜利的钟声回荡在大街小巷的上空,欢庆伊丽莎白的大敌终于人头落地,坟墓中的达恩雷到底将不忠的妻子扯到了自己身边时,这个小伙子(那时,他已经算得上半个男人并且完全够得上一个诗人了)大概正在伦敦。后来,当他在贺林希德的编年史中再次读到苏格兰女王那阴森恐怖的故事时,对玛利亚·斯图亚特覆灭悲剧的回忆会不会自然而然地在作家的"创作化学"实验室里将材料与材料神奇地化合起来了呢?虽然谁也无法宣称这是千真万确的事实,但是谁也无法否认,玛利亚·斯图亚特的生活悲剧对莎士比亚的悲剧创作影响至深。而且,唯有读过《麦克白》并深有感悟的人才能完全理解那段时间蛰居在霍利鲁德的玛利亚·斯图亚特,理解这颗坚强的心在完成了她根本无力完成的最最需要坚强的行动之后所承受的巨大折磨。

但在这两部悲剧——虚构的与真实的悲剧之中,最为令人震惊的相似之处还是在于玛利亚·斯图亚特与麦克白夫人在事成之后所发生的惊人变化。麦克白夫人原本是一个有爱心、热情而又充满活力的女人,意志坚强并且雄心勃勃。她所向往的只是她所挚爱的丈夫成为伟大的人物,而玛利亚·斯图亚特诗中的那句"把我的宝座与王冠都献给他……"麦克白夫人想必也是写得出来的。

野心激发出了犯罪者的全部动力。当她还只是在策划阴谋,还只停留在预谋和计划阶段时,当殷红的热血还没有喷向她的双手、喷向她的灵魂时,她办事干净利落而又不乏心机。就像玛利亚·斯图亚特用甜言蜜语将达恩雷引诱到了寇克·奥菲尔德一样,麦克白夫人将邓肯王请入了卧室,而在那里等待他的则是一把匕首。然而,一旦计划完成,她就立刻变成了另外一个人,力量消失得无影无踪,勇气也荡然无存。在这具行尸走肉中,仿佛有一团火在灼烧着她的良心,她目光呆滞,像疯子般地在宫室里乱转。朋友们为之心惊肉跳,连她自己都对自己不寒而栗。一种疯狂的渴望，一种病态的追求，侵蚀着她那饱受折磨的大脑：她渴望能忘记一切，渴望能不再知道，渴望能不再去想，渴望能就此毁灭。玛利亚·斯图亚特在达恩雷被杀之后也是如此。她一下子就变了，甚至于面容也变得与以往迥异，以至于伊丽莎白的密探德鲁在发往伦敦的信中写道："还从来没有见过一个健康的女人，在这么短的时间里，在外表上发生像女王那样显著的变化。"她身上已经没有什么东西再能让人联想起几周前那个开朗、镇定、平和而又自信的女人了。她将自己封闭起来，隐蔽起来，藏匿起来。也许，她就像麦克白和麦克白夫人一样，还在以为只要她保持沉默，世人便也会沉默不语，那滔天巨浪就会仁慈地从他们头上越过。然而，当世人的质问越来越响，越来越咄咄逼人时，当她一夜又一夜地听到爱丁堡的大街上有人对着她的窗户高声喊出凶手的名字时，当被害者的父亲伦诺克斯、敌人伊丽莎白、友人比顿以及所有世人都在要求她出来说话，作出答复，举行审判时，她渐渐地丧失了理智。她知道，她必须做点什么来掩盖自己，洗刷自己。然而，她却无力做出什么令信服的答复，找到什么冠冕堂皇的措辞。她仿佛是被人催眠，在梦乡中听到了来自伦敦、巴黎、马德里、罗马的呼声、劝告、警告，但是却无法从灵魂的麻痹中挣脱出来，她又仿佛是一个被活埋的人，虽然听到了来自地面上的脚步声，但她所能做的却只有绝望而无力地倾听这些声音，听天由命。她知道：她现在必须扮演一个呼天抢地的寡妇，一个悲痛欲绝的妻子，用眼泪与叹息来让人们相信她的无辜。然而，她喉咙发干，再也说不出来什么，再也无法伪装下去。一周又一周就这样过去了，终于，她再也无法忍受下去了。一头被人从四面八方围住的野兽，会出于极度的恐惧鼓起勇气朝追猎者反扑过去，麦克白为了保住自己，又将新的血债堆积在旧的血债之上。现在，玛利亚·斯图亚特也终于振作起来，挣脱了那种她再也无法忍受的麻木。世人对她会有何想法，她的所作所为是明智还是荒谬，对她来说都已经完全无足轻重了。只要能摆脱这种死寂，只要能做点什么，只要现在，只要以后，只要能够不断地飞奔，越来越快，越来越快，只要能摆脱那些声音，那些警告的声音，那些威胁的声音。向前，再向前，千万别停下来，千万别去想什么，否则她就不得不承认：任何智慧都已无法再拯救她。这是一种时常在作怪的神秘心理活动——速度能暂时掩盖心中的恐惧。比如当车夫感到车下的桥梁在咯吱作响、分崩离析时，他会在马背上猛抽一鞭，因为他知道，只有向前飞奔才能救自己一命。玛利亚·斯图亚特也是在这般绝望地驱策着命运的黑马，她要压倒所有的疑虑，将一切责难都碾得粉碎。不再去想，不再去问，不再去听，不再去看，只是朝着疯狂猛冲、猛冲！宁可在恐怖中终结，也不愿再忍受这没有终结的恐怖！这是一条永恒的定理：坠入深渊的石头越是接近谷底，它的速度也就越快；而一颗灵魂如果找不到出路，它的行事也就愈加匆忙，愈加荒谬。

玛利亚·斯图亚特在谋杀发生后几个星期的所作所为，根本谈不上有什么清醒的理智，那完全是一种无以名状的恐惧所造成的神经错乱，因为即便是发了狂，她也不可能不知道，自己已经永远地毁掉了自己的名声，整个苏格兰，整个世界都必将把她的行为——丈夫刚被谋杀几个星期便又去结婚，并且恰恰是嫁给那个谋杀丈夫的凶手——看成是对法律、习俗史无前例的挑衅。其实，只要悄悄隐蔽上那么一两年，世界也许便会忘记两者之间的联系，而后再巧妙地在外交方面做点努力，就可以找出千般借口，解释她为何恰恰选择了他——博斯维尔作为自己的如意郎君。只有一种情况会导致，而且必然导致玛利亚·斯图亚特走向毁灭，那就是她不去居丧守寡，而是匆匆忙忙地、挑衅性地将被害者的王冠戴到谋害者的头上。然而，玛利亚·斯图亚特现在偏偏选择了这条路，而且是匆忙得令人瞠目地选择了这最为荒唐的出路。

这个一向聪明而且还颇有头脑的女人何以会作出如此莫名其妙的举动？解释只有一个：玛利亚·斯图亚特实在是迫不得已。显然，她无法再等了，因为有什么东西令她无法再拖延下去，而等待和犹豫只会让一个当时还不为人知的秘密不可阻挡地暴露在世人面前——这个不幸的女人发现自己怀孕了，但她腹中的孩子并不是国王亨利·达恩雷的遗腹子，而是罪恶的私情所带来的果实。除此之外，她迫不及待要嫁给博斯维尔的这种疯狂行为恐怕再也找不到什么理由来解释了，而且事实也证实了这种推断。苏格兰的女王当然不能生下一个私生子，更何况这简直是拿火红的颜料将她这个罪犯或者说同谋的可疑之处写在所有的墙上。因为不久后，事实便会不可辩驳地告诉世人，她是如何欢快地与情人度过了居丧的这段时间。同时，即便是最最差劲的头脑也能从月份上推算出，玛利亚·斯图亚特在达恩雷被害之前或者是在此事刚过几天之后便已经与博斯维尔有过苟合（反正都是同样可耻）。只有一场匆匆忙忙的婚姻才能使这孩子的出生变得合法，从而挽救孩子的名声，同时也多多少少为她自己挽回一点面子。因为，如果孩子降生时她已经成了博斯维尔的妻子，早产对人们来说还是比较可以接受的，而且，身边至少还有个人可以把自己的姓氏给这个孩子并捍卫他的权利。所以，与博斯维尔的婚姻每拖延一个月、一个星期都将造成无法挽回的损失。也许在她看来，将谋杀前夫的凶手选作夫君固然骇世惊人，但也总比让私生子向世人公布她的罪孽更能保住脸面。我们只有承认人类的天性中确实可能存在着这样一种与生俱来的压力，才能够理解玛利亚·斯图亚特在那几个星期中的有违常理的举动，而至于其他种种猜测，则不过都是牵强附会，只会把她的真实心理掩盖在更深的浓雾之中，你只有理解这样一种恐惧，一种历朝历代中千百万妇女都曾体验过的，一种甚至曾将最最纯洁、最最勇敢的人逼向疯狂，逼向犯罪的恐惧——一次不受欢迎的怀孕给女人所带去的那种担心关系暴露的巨大恐惧，你才能理解这颗受尽折磨的灵魂何以会如此仓促行事。只有这，也仅仅只有这，才能为她疯狂的草率赋予一点理性的光芒，并同时为我们窥视到她内心危机的最深处提供一个悲剧性的视角。

多么可怕，多么令人震惊，恐怕连魔鬼都想象不出比这更加残酷的境遇了。一方面，女王知道自己有了身孕，时间的紧迫迫使她不得不匆忙行事；而另一方面，她这种匆忙之举又使得她变成了同谋。作为苏格兰女王，作为寡妇，作为有身份的正派女人，作为一个全城、全国、全欧洲都在关注的焦点，玛利亚·斯图亚特根本就不应抬举博斯维尔这样一个声名狼藉、值得怀疑的男人作为自己的丈夫。然而，作为一个无助的女人，她在绝境之中却又只有他这一个救星。她不应嫁给他，却又只能嫁给他。为了不让世人猜想到这场婚姻是迫于这种内在的压力，就必须制造点什么外在的理由，让她这种疯狂的仓促之举也能说得过去。那个绞尽脑汁想出来的借口不仅要能使这种有悖法理伦理的荒唐之举变得合情合理，而且还要能使玛利亚·斯图亚特的这次婚姻显得势在必行。但是，如何才能使一位女王“被迫”嫁给一个地位低微的男人呢？那时的习俗只允许这种事在一种与贞操有关的情况下发生：如果一个女子被人用暴力夺去了贞操，那么施暴之人就有义务与她结婚，从而恢复这个女子的名誉。所以，只有先摇身变为一个遭到了强暴的女人，玛利亚·斯图亚特才有那么一丝嫁给博斯维尔的希望，也只有这样，她才能在民众面前制造出一种假象：她并非心甘情愿，而只是出于迫不得已才不得不委身屈就。

一个如此离奇的计划只有在走投无路的绝境中才会诞生，只有疯狂的头脑才会孕育出如此疯狂的行为。即便是玛利亚·斯图亚特这种在关键时刻一向果敢的人，在博斯维尔向她建议表演这样一场凄惨的闹剧时，也吓得连连后退。这个痛苦不堪的人写道：“我想我会死掉的，因为在我看来，一切都已无可救药。”但是，不管道学家们对博斯维尔怎么想，他倒一直都是条了不起的天不怕、地不怕的好汉。对于在全欧洲面前扮演一个恬不知耻的流氓，一个玷污女王的强奸犯，一个把法律和道德玩世不恭地抛在一边的剪径贼，他根本就毫无惧色。他是这样一个男人：只要能得到王冠，即便敞开在他面前的是地狱的大门，他也绝不会半途而废。世上根本就没有什么危险能令他颤抖，令他畏缩，这一点不禁令人想起莫扎特歌剧中的唐璜，想起他在向冷酷的骑士团长发出挑战（一顿致命的晚餐）时那种狂妄大胆的姿态。而在博斯维尔这位唐璜身边浑身颤抖的则是他的列波莱罗——内弟韩特莱。此人在捞到几份肥差之后本已同意博斯维尔与他的妹妹离婚，但还是被这出令人难以置信的闹剧吓得屁滚尿流，这位缺少冒险精神的先生赶忙跑去觐见女王，力图劝她罢手。但是，在向全世界进行公然挑衅之后，博斯维尔对多一个还是少一个敌人已经毫不在乎了。袭击计划可能已经泄露——因为伊丽莎白的间谍在行动的前一天便已向伦敦报告了此事——但这丝毫也没有令他感到害怕，至于别人会对劫持信以为真，还是会看穿这场把戏，他也根本就不关心，他只想迈向一个目标——当上国王。想怎么干，就怎么干，就算是死亡和撒旦也让它们统统去见鬼吧，更何况他还有足够的力量将那个不肯顺从的女人夺取到自己身边来。

我们可以再一次从珠宝盒内的信函里看出，玛利亚·斯图亚特的内在本能曾经与她主人的钢铁意志进行过何等绝望的抗争，她的直觉清清楚楚地告诉她，即便再次玩弄欺骗的手法，她也无法再蒙蔽世人，充其量只能是骗骗自己。但是，她已经完全被他剥夺了意志。奴隶只能像以往一样听命于主人。就像上次巧妙地将达恩雷从格拉斯哥劫持出来一样，她又乖乖地，但是心情沉重地做好了让自己遭到"劫持"的准备。于是，这场两厢情愿的强奸闹剧便按照预定方案一幕一幕地上演了。

4 月 21 日，就是贵族法庭被迫宣布博斯维尔无罪以及议会对他进行"奖励"之后几天；4 月 21 日，就是博斯维尔在艾因斯雷酒店逼迫众位勋爵同意这桩婚事之后刚刚两天；同时也是当年的黄毛丫头与法国王太子结婚九周年的那一天，玛利亚·斯图亚特，这个一向不太关心孩子的母亲，突然感到了一种强烈的冲动——她要去斯特林堡看看她的幼子。受命对王储进行监护的马尔伯爵满腹狐疑地出来接驾，也许五花八门的流言飞语已经传到了这里。玛利亚·斯图亚特只有在有其他妇女陪伴的情况下，才能被允许与儿子相见，因为勋爵们害怕她把孩子抢去交给博斯维尔。大家心里都一清二楚，只要统治她灵魂的暴君一声令下，即便是最最罪恶的命令她也会乖乖地执行。探视之后，女王便在一小队骑兵的护送下走上归途。韩特莱和梅特兰德也在队伍之中，毫无疑问，他们与这个计划也摆脱不了干系。在离城还有六英里的时候，一支强大的骑兵突然“袭击”了女王的御驾，一马当先杀在前面的正是博斯维尔。当然，并没有什么战斗发生，因为玛利亚·斯图亚特禁止随从进行抵抗，“以避免流血”。而后，博斯维尔上前抓住她的马缰，一切便大功告成。女王马上自愿“被俘”，让他把自己带到丹巴尔城堡去过那甜甜蜜蜜、肉欲横流的囚禁生活了。一位过分热心的小队长带了一支援军赶去营救“被俘者”，但马上便得到了无须他前来帮忙的暗示。同时被俘的韩特莱和梅特兰德被人恭敬之极地放了出来。众人均毫发无损，只有女王本人还必须留在心爱的强奸犯那里接受“关押”。一个多星期里，“受害者”与令她蒙羞受辱者分享着床榻，同时，留在爱丁堡的人也正马不停蹄地用大笔贿赂促使宗教法庭批准博斯维尔与他的合法配偶离婚。他们先来到新教法庭，找了个可怜巴巴的借口——博斯维尔与一个女仆私通，犯了通奸罪，后来终于又在天主教法庭上有了一个迟到的大发现——他与他的妻子简·戈登沾了点远亲。最后，这笔肮脏的交易做成了。现在可以向世界宣布：博斯维尔这个无法无天的拦路抢劫犯袭击了事前一无所知的女王，而后又野性大发，玷污了她的清白，如今，只有让她嫁给那个违背她意愿，将她强行占有了的男人，苏格兰女王的名节才能得到补救。然而，这场“劫持”闹剧表演得实在拙劣，根本就无法让任何人相信苏格兰女王当真是“惨遭了强暴”；即便是观众中最最善意的西班牙使臣也向马德里报告说，事情从头至尾都是串通好了的。可是说来也怪，偏偏是那些对这场骗局了如指掌的勋爵们，此时却摆出了一副对“强暴”事件信以为真的样子。他们已经再次定下了消灭博斯维尔的“盟约”，并且耍了个颇见才智的花招——劫持本是一场闹剧，现在他们却要一本正经地来严肃对待。于是乎，众位勋爵突然之间忠心耿耿得令人感动，他们义愤填膺、怒不可遏地宣称：“女王陛下遭人暴力绑架。此诚苏格兰之耻辱。”这些忽然间忠诚无比的臣子转眼便联合起来，他们要从博斯维尔这条恶狼嘴中解救出那只可怜的羊羔来。现在，他们终于轻而易举地有了一个寻觅已久的借口，可以戴着爱国主义的面具在军事独裁者的背后捅上一刀了。众人匆匆忙忙聚到了一起，磋商起了如何从博斯维尔手中“解救”玛利亚·斯图亚特，并且以此阻止那场他们大约一周以前还在推波助澜的婚姻。

而对于玛利亚·斯图亚特来说，实在没有什么比她那些勋爵们突如其来的殷切关怀更令她窘迫的事情了。他们要真的跑来从“劫持者”手中解救她，那么她费尽心机才准备好的一手好牌便要就此毁掉了。因为她实际上并不希望被人从博斯维尔那里“解救”出来，相反，她要永远和他在一起，因此，她不得不连忙去否认她刚刚遭到博斯维尔强暴的谎话。昨天她还在琢磨如何给他抹黑，今天却又不得不赶快为他洗刷。到了这一步，戏算是整个演砸了。为了不让她的博斯维尔遭到控告、遭到追捕，她赶忙扮演起口才出众的律师，竭力为她那位诱拐犯辩护。她说“他最初的手段虽然有些问题，但除此之外都无可挑剔，因此她根本就没有什么可以抱怨的理由”。而由于那时找不到任何人来帮助自己，她“不得不强压心中初时的不满，平心静气地认真考虑了他的建议”。这个深陷在情欲的荆棘丛中的女人，已经越来越没有什么尊严可言，连她的最后一块遮布都已被枝条挂住，等到她挣脱出来时，她只能赤身裸体地面对全世界的嘲笑。

5月初，当玛利亚·斯图亚特的朋友们看到这位他们迄今为止都敬爱有加的女王返回爱丁堡的情景时，不禁都大惊失色：博斯维尔挽着她的马缰，而为了暗示女王并非是出于被迫才跟随他的，他的士兵们将长矛都掷在了地上。几个对玛利亚·斯图亚特和苏格兰真正忠心耿耿的人跑来警告这个昏了头的女人，但一切只是徒劳。法国公使杜·克洛克告诫她，如果她嫁给博斯维尔，那么她与法国的友谊将就此结束。忠诚不渝的臣子赫里斯勋爵跪在她脚下苦苦劝谏。久经考验的梅尔维尔直到最后一刻还在设法阻止这场不祥的婚姻，到后来，为了躲避博斯维尔的报复，他也不得不仓皇逃命。这些人痛心疾首，因为他们看到这个勇敢奔放的女人竟然毫不抵抗地听命于一个野蛮的冒险家；他们忧心忡忡，因为他们预感到玛利亚·斯图亚特将会因为毫无理智地匆匆嫁给杀夫凶手而丧失她的名誉和王冠。相反，对她的敌人来说，这倒是个大好时机。现在，约翰·诺克斯的谶语居然可怕地一一应验了，他的继任者约翰·克莱格干脆断然拒绝在教堂里张贴罪恶的结婚启事，他直言不讳地宣称这是一桩“在全世界面前丢人现眼的可耻婚姻”，直到博斯维尔威胁要将他送上绞架，他才又重新回到谈判桌前。玛利亚·斯图亚特不得不越来越多地低头让步，因为现在谁都知道她想结婚想得心急如焚，因此她每获得一次同意和支持，都会先被厚颜无耻的敲诈者狠狠敲上一笔。作为同意姐姐与博斯维尔离婚的报酬，韩特莱得到了本属于王室的财产。天主教会也狠捞一笔，大主教得到了好几份美差和封号。而新教教会的勒索更是远胜同行，在女王和博斯维尔面前，牧师不像臣子倒更像是严厉的法官，他要她接受一次公开的侮辱——她必须宣布：她，一位信奉天主教的君主，吉斯家族的外甥女，愿意按照改革派，也就是所谓异端的仪式举行婚礼。做出了这一可耻的让步，玛利亚·斯图亚特也就失去了最后的支持，毁掉了手中拥有的最后一张王牌——欧洲天主教世界的支持，她再也无法得到教皇的祝福，也无法再获得西班牙、法兰西的同情了，如今，她只能单枪匹马地去迎战众人。她那些十四行诗中的诗句竟然变成了可怕的现实：

为了他，我忘却了自己的荣誉——
我们生活中唯一的幸福，
为了他，我献出了权力与良心，
为了他，我被自己的祖国所唾弃。
自作孽，不可活。
神不会垂怜于无意义的牺牲。

婚礼举行于1567年2月15日，场面之凄惨简直史无前例，而这副凄凉景象正折射出了玛利亚·斯图亚特的江河日下。她第一次与法兰西王太子的婚礼是在一个阳光明媚的白天举行的，那是一个灿烂辉煌、无比荣耀的日子，成千上万的人赶来向年轻的太子妃发出欢呼，各国使节，来自各个城市、庄园的法国上流贵族都赶来争睹太子妃在王室成员和骑士精英们的簇拥下驾临巴黎圣母院的盛况。当她经过时，一座座观礼台上欢声雷动，一个个窗户口都是挥手致意的黎民，全体国民都将崇敬与兴奋的目光投在她的身上。第二次婚礼冷清了许多，举行的时间不是在大白天，而是在天刚破晓的时分，早晨6点，神父便已宣布她与亨利七世的曾孙结为了伴侣。但不管怎么说，贵族和外国使节毕竟都悉数到场，一连几天盛宴不断，爱丁堡中到处是欢声笑语。而这第三次婚礼——与博斯维尔的这一次（一个钟头前她刚匆匆把他封为奥克尼公爵），则是偷偷摸摸举行的，活像是在搞什么地下活动。凌晨4点，当夜色还笼罩着千家万户，全城的人还在熟睡时，几条人影轻手轻脚地溜进了城堡中的小教堂——在那里，两个多月以前人们才刚刚为她惨遭谋害的丈夫做过祈祷，而玛利亚·斯图亚特也至今还在服丧。这一回，教堂里空空荡荡。客人是邀请了不少，但来的人却少得令人心酸。谁都不想作为见证，看到苏格兰女王如何将戒指戴在那只沾着达恩雷鲜血的手指上。她王国里的众位勋爵几乎无一例外地缺席了，而且连句表示道歉的话也没有。梅里和伦诺克斯去了国外，即便是梅特兰德和韩特莱这两个尚有半点忠心的臣子也采取了敬而远之的态度。长久以来，这位虔诚的女信徒一直都只将她隐藏在内心最深处的念头告诉一个人——她的忏悔师,然而,此人如今也只能永远地舍她而去,这位她心灵世界的保护神痛心地宣告:从这一刻起,他将把她视作迷途的羔羊。没有一个珍视名誉的人愿意眼睁睁地看着杀害达恩雷的凶手如何娶到达恩雷的妻子,愿意看着上帝的仆人如何为这亵渎神灵的婚约祝福。玛利亚·斯图亚特恳求法国公使出席婚礼,多少让他们有点面子。但她的恳求只是徒劳,这位一向热心的朋友对此断然予以拒绝。他说,他的出席将被视作是法国方面的首肯,“人们也许会因此而以为我的国王与此事有什么关系”。此外,他也不打算承认博斯维尔是女王的丈夫。婚礼匆匆而就,没有做什么弥撒,也没有奏响管风琴。晚上,厅堂里也没有烛火通明,因为既没有舞会也没有盛宴。此外,这里也没有出现像达恩雷的婚礼上那样高呼着“大方点,大方点!”的人群,自然也没有大把的钱币撒向欢呼的民众。阴暗的小教堂冷冷清清、空空荡荡,活像一口棺材;见证这场奇特婚礼的宾客表情呆板地站在那里,倒像是前来致哀。新婚夫妇也没有在喜气洋洋的队伍的陪伴下横穿全城,在大街小巷中接受欢呼,相反,在空荡荡的小教堂中,两人就已经被那种恐怖的气氛搞得不寒而栗,因此他们赶忙跑回宫里,躲到了门闩紧锁的重重门户后面。

然而,在经过了不顾一切的纵马狂奔之后,到达了目的地的玛丽亚·斯图亚特也一下子到了精神崩溃的地步。她最为疯狂的愿望如今已成为了现实,博斯维尔已经是她的人了,已经掌握在她手中。她欲火熊熊的眼睛曾经狂热地紧盯着这个结合的时刻,她幻想着有了他在身边,有了他的爱,她就能战胜一切恐惧。但是现在,当她再没有什么目标可以狂热地紧盯不放时,她的眼前一下明亮了,她环顾四周,发现的却只是空洞与虚无。就连她和她爱得发疯的那个人之间,也在结婚之后便立刻出现了不和谐的音符——事情历来如此,如果两个人相互拉扯着走向毁灭,那么他们总会把责任推卸在对方身上。就在那个凄惨的婚礼举行后的下午,法国公使所见到的便已是一个六神无主、近乎绝望的女人,夜幕还没有降临,阴影就已经骤然投射在这对夫妻之间。杜·克洛克向巴黎报告道:“已经开始后悔了。星期四,女王宣我觐见时,我觉察到她和她丈夫之间有些古里古怪的。她辩解说,如果我觉得她神色黯然,那可能只是因为她觉得在世上已别无欢乐可求,她所希望的只剩下一样——死亡。昨天,她和博斯维尔伯爵在屋里锁起了房门,有人听见她大喊大叫,让人送把刀子进去,好让她自杀,隔壁房间的人听到了叫声。恐怕要不是上帝保佑她,她真会在绝望中干出什么傻事来。”不久后,关于这对夫妇之间出现的裂痕又有了新的传言。据称,博斯维尔实际上根本就没有把他和他那位年轻美貌的前妻的离婚协议当回事，他每天都是和她而不是和玛利亚·斯图亚特在一起过夜。大使再次在发往巴黎的报告中写道："自从结婚的那一天起，玛利亚·斯图亚特就一刻也没有停止过流泪和哀叹。"就在这个被冲昏了头的女人赢得了她向命运狂热索取的一切时，她突然意识到，自己其实什么都失去了，在她自己营造的这场苦难中，即便是死亡，也算是超脱了。

玛利亚·斯图亚特和博斯维尔那段痛苦的蜜月总共持续了三个星期，这是充满了恐惧与垂死挣扎的三个星期。两人想要挽救局面，想要渡过难关的一切努力都归于徒劳。在公开场合中，博斯维尔对女王温存无比、敬畏有加。尽量做出一副充满柔情和恭敬的样子。然而任何语言和姿态都不如他的卑劣行径更令人印象深刻。全城的人都在冷眼旁观这对罪犯。独裁者拉拢民心的行动只是白费力气。无论他如何把自己打扮成追求自由的战士、心地善良的君主、虔诚无比的教徒，贵族们都一概敬而远之。他出席改革派的布道会，可新教教会却和他们的天主教同行们一样对他充满敌意；他向伊丽莎白发去几封奴颜婢膝的信件，英国女王却根本不予答复；他致函巴黎，对方却瞧都不瞧上一眼。玛利亚·斯图亚特向诸位勋爵发出召唤，勋爵们却根本不离开斯特林堡；她想要回孩子，监护人却拒绝执行。所有人都在沉默，所有人都在用一种可怕的沉默来对待这两个人。为了制造出某种歌舞升平的假象，博斯维尔又赶忙举办了一个假面舞会和一场水上游戏，他亲自上场献技，而女王则面色惨白地倚在看台上向他挤出微笑。向来都是那般好奇的老百姓也凑过来看热闹，但却没有发出什么欢呼。一种恐惧催生的麻木，一种残酷的漠然笼罩着全国，然而，只要稍有不慎，它就会骤然变为愤怒的风暴。

博斯维尔不是那种只会沉浸在多愁善感的迷梦中的人。作为一个经验老到的海员，他能从这种压抑的平静中感觉到即将来临的风暴。他像以往一样果敢地开始着手准备。他知道，那些人准备要他的命，因此只有武力才能决定一切。于是，他加紧从四处招募骑士和民兵，准备在袭击到来之前完成备战工作。为了他的雇佣兵，玛利亚·斯图亚特也心甘情愿地牺牲了她所能牺牲的一切，她变卖珠宝，四处借贷，最后甚至还把伊丽莎白不久前送给教子的礼物——金质洗礼盆送去熔炼了（这真是苏格兰女王的耻辱，更是对英国女王的侮辱），为的只是多得到几个金币，以便能使她的统治苟延残喘几天。但是，在这种越来越咄咄逼人的沉默中，勋爵们已经集合了起来，他们就像一块乌云，一步步向王宫逼近，闪电则随时都有可能降临到头上。博斯维尔当然深知同行们的伎俩,绝不会被表面的平静所欺骗。他知道那些阴谋家们正在暗中策划对他发起突袭,他可不愿在难以固守的霍利鲁德宫里坐等袭击。于是,新婚后还不到三个星期,他便于6月7日出逃到了坚固的鲍特威克堡,向忠于他的人靠拢。玛利亚·斯图亚特也孤注一掷,向她的“臣民、贵族、骑士、乡绅、绅士和农民”下达了动员令,命令他们带上六天的给养,于6月12日全副武装地到鲍特威克集合。显然,博斯维尔是计划在他的敌人还没有来得及集结全部兵力之前,以闪电般的进攻彻底粉碎对方。

但是,他从霍利鲁德逃走,却恰恰使得勋爵们勇气大增。他们马上挺进爱丁堡,兵不血刃便占领了首都。谋杀案中的帮凶詹姆斯·巴尔福迫不及待地出卖了他的同伙,将固若金汤的城堡拱手交给了博斯维尔的敌人。这下,那一两千名骑士就可以放心大胆地去攻打鲍特威克了,他们将赶在博斯维尔的部队完成作战准备之前将他擒获。但博斯维尔也不会像兔子一样束手就擒,他立刻跃窗而出,逃之夭夭,只留下女王在城堡里面。勋爵们当然不敢上来就对他们的女君主刀剑相加,他们只是努力想说服她同她那个灾星博斯维尔分道扬镳。但是,这个不幸的女人已经把她的肉体和灵魂都交给了那个强奸犯。半夜,她匆匆换上一身男装,勇敢地飞身跃上马背,不带一名随从,不顾一切地奔向了丹巴尔。她要去找博斯维尔,不能同生,便求共死。

有一个意味深长的信号本来应当能让女王明白她的失败已经无法挽回了——就在他们逃往鲍特威克堡的那一天,她的最后一名谋士,唯一一个即便是在她丧失理智的日子里仍然对她抱有某种好感的人——梅特兰德·列廷顿也突然不辞而别了。梅特兰德曾经伴随着她的女主人走过了很长很长一段艰难的道路。在编织杀害达恩雷的罗网时,恐怕没有哪一位比他掺和得更加起劲。现在,他感觉到风头对女王十分不利。而作为一个真正的外交家,一个一向知道见风使舵,投向得势者,而从不投向失势者的老手,他当然不想在失势者一边久留。在出逃鲍特威克的一片混乱中,他悄悄策马溜出了队伍,溜向了勋爵们一方。现在,连最后一只老鼠也逃离了正在徐徐下沉的船只。

但是对于玛利亚·斯图亚特这个无可救药的女人来说,现在已经没有什么能够引起她警觉或者是叫她害怕的事情了。在这个超凡的女人身上,危险只会一次次激发她难以抑制的勇气,而这又会为她那些愚蠢透顶的行为抹上美丽的浪漫色彩。在穿着一身男装驰入丹巴尔之后,她既没有寻找女王的服饰,也没有寻找盔甲和武器。什么都无关紧要了！宫廷礼仪和风范早已是过眼云烟，现在是战争时期了。于是，玛利亚·斯图亚特随便找了个穷女人，借了一身普普通通的农家服装：一条格子面短裙，一件红色罩衫，一顶丝绒帽子。管它得体不得体，管它穿上之后像不像女王，只要能和他在一起，能和这个男人在一起并辔奔驰，这又算得了什么呢？自从失去了一切之后，他，就已经是她在这个世界上的一切了。博斯维尔仓促拼凑了一支杂牌军。收到动员令的骑士、贵族和勋爵谁也没有前来助战，这个国家早已不再听从它那位女王的指挥了。博斯维尔的主力部队——区区两百名雇佣火枪兵开始向爱丁堡挺进，跟他们在一起小跑的是一大群拿着原始武器的农民，所有这些人加在一起也还不到一千两百人。驱赶他们向前的唯一动力是博斯维尔刚强的男性意志，他要抢在勋爵们之前动手。他知道，当理智已经到了穷途末路的境地时，就唯有靠丧失理智的勇敢才有挽救危局的机会。

在距爱丁堡六英里的卡贝里山下，两支人马(人少得都没法叫军队)相遇了。在人数方面，忠于玛利亚·斯图亚特的部队占有优势。但是在那咄咄逼人、迎风招展的王室狮子旗下没有一位勋爵，没有一个骑术出众的受封贵族，博斯维尔麾下除了雇佣火枪兵外就只有他的族人，不光武器窳劣，而且这些人对打仗也没什么兴趣。而在他们对面不到半英里远的地方(距离之近，足以让玛利亚·斯图亚特看清她的每一个对手)，勋爵们骑着装饰豪华的骏马，已经列成了一个寒光耀眼的阵势，这些人不仅久经战阵而且对即将开始的战斗都喜形于色。他们打出来的大旗实在是稀奇古怪，但却毫无惧色地正对着女王的大纛。白色的旗面上画着的是一个倒在树下的男人，在这个被害者身边还跪着一个小孩，他泪流满面地将双手举向苍穹，高呼着："上帝啊，请给我公道，为我报仇！"这群不久前还在挑唆博斯维尔干掉达恩雷的勋爵，如今又借这面旗帜来宣称自己是在为达恩雷复仇。同时，他们也暗示，只是为了要对付凶手他们才动用武力，而绝不是真想造反和对抗女王。

两面色彩鲜明的大旗在风中猎猎作响，但双方的战士却都没有显示出真正的勇气。两队人马谁也不肯先发起攻击，双方只是隔着一条小溪互相监视，严阵以待。被博斯维尔匆匆拉来的乡巴佬们，显然没什么兴趣去为一桩他们既不知道也不理解的事情搭上小命。而要让勋爵们明目张胆地用刀枪去对付一位合法的女君主，他们也多少还有些犹豫不决。这可不比耍点阴谋诡计干掉国王来得容易——那只需事后绞死几个可怜虫，就可以大言不惭地声明自己清白无辜——这些暗中施展的诡计可从来没有叫勋爵们觉得良心上有什么特别过意不去的地方。

但是要在光天化日之下亮出家伙，直扑自己的君主，毕竟是件令人尴尬的事情，也大大有违那时还根深蒂固的封建忠君思想。

对立双方这种战和两难的心理并没有逃过法国大使杜·克洛克的眼睛，他本来是以观察员中立的身份出现在战场上的，现在又连忙扮演起调解人的角色来。休战旗打出之后，双方将士各自就地宿营，在一片平和的气氛中享受起了那个美丽的夏日。骑兵们甩蹬离鞍，步兵们摘下了沉重的武器。在大家填饱肚子的时候，杜·克洛克在一小队骑兵的护送下，越过小溪来到了女王驻扎的山丘上。

这种觐见的场面真叫稀奇，女王历来是身着华衮坐在华盖之下接见法国使臣，现在却穿着一身五颜六色的农家服装坐在块石头上面，那条苏格兰短裙短得几乎连膝盖都遮不住，然而她的尊贵气势和不可一世的傲气却丝毫不逊于当年宫装中的她。她筋疲力尽、脸色苍白，但是却情绪激动、怒不可遏。她似乎觉得她还控制着局面，还是这个国家的女主人。她要求勋爵们立刻听从她的指挥。当初不是他们在大庭广众之下宣布博斯维尔无罪的吗？为什么现在又控告他是杀人犯？当初不是他们要她嫁给博斯维尔的吗？为什么现在又把这场婚姻说成是罪恶？无疑，玛利亚·斯图亚特叫他们放下武器是有道理的，但是一旦拿起了武器，讲道理的时刻也就过去了。当玛利亚·斯图亚特与杜·克洛克谈判时，博斯维尔骑马跑了过来。大使向他行了礼，但是却并没有与他握手。现在，博斯维尔开始发话，他的话直截了当，他那爽直而大胆的目光中没有一丝恐惧的阴影。即便是杜·克洛克也不得不由衷地钦佩这个亡命之徒的沉着镇定。他在报告中写道："我必须承认，我在他身上看到了一个谈吐充满自信，懂得如何大胆、果敢、灵活地去领导部队的伟大斗士。他虽然看到他的敌人众志成城，而自己这边靠得住的恐怕连半数都没有，但他却依然丝毫不为所动，这使我不得不对他表示钦佩。"博斯维尔提议用决斗的方式——由他和任何一位地位相当的勋爵——来解决这整件事情，如果他的事业是正义的，那么上帝必将与他同在。即便是陷于如此绝望的境地，他依然不失风趣，他建议杜·克洛克到小山上去观战，并保证让客人大饱眼福。但是女王对决斗却根本毫无兴趣。这位无可救药的浪漫主义者像以往一样没有丝毫的现实意识，她还在一个劲地指望着对方低头认罪。没多久，杜·克洛克就明白他此行纯属徒劳了。这个高贵的老人很想帮助那位噙满泪水的女王，但是只要她不离开博斯维尔，她就毫无出路可言，而她又绝不愿意离开他。那就只有再见了！他恭恭敬敬地行了一礼，然后缓缓地骑马回到了勋爵当中。

讨论已经结束,那么现在该开始动武了。然而,士兵们却比他们的统帅聪明。他们看到大老爷们在那里彬彬有礼地讨价还价。那么他们这些穷光蛋为什么偏要在这样一个明媚而炎热的日子里相互屠杀呢?于是,他们明显地开起了小差。而眼见最后的希望也在落空,玛利亚·斯图亚特只得徒劳地下达了进攻的命令。然而,命令已经不管用了,这支七拼八凑的人马在无所事事地驻扎了六七个小时之后已经慢慢土崩瓦解。勋爵们一发现这个情况,就立刻派出两百名骑兵切断了女王和博斯维尔的退路。现在,女王终于明白大祸临头了。作为一个真正的有情人,她没有考虑自己,她所想到的只有一个人——心上人博斯维尔的安危。她知道,她的臣子中没有哪个敢动她一根毫毛,但他却是他们绝不会放过的,光是为了不让他讲出什么这些姗姗来迟的达恩雷的复仇者不愿听到的话,他们也会这样做。于是,她这么多年来第一次放下了她的傲慢。她派出一名信使打着谈判的旗子去见诸位勋爵,谕请骑兵队队长寇柯尔迪·格林治单人独骑来见她。

女王的圣旨依然有效,其魔力依然令人敬畏,寇柯尔迪·格林治立刻下令他的骑兵停止前进,自己则只身前去拜见玛利亚·斯图亚特。行过臣子的跪见之礼后,他便开始谈判。他提出的最后条件是:请女王离开博斯维尔,同他们一起返回爱丁堡;然后他们就放博斯维尔离开,让他想去哪儿就去哪儿,他们绝不追击。

博斯维尔默默地矗立一旁——真是了不起的情景,了不起的人物!他既没有同寇柯尔迪攀谈,也没有同女王交谈一句,他不想影响她做出决定。人们可以感到,他真的会单枪匹马地去迎战山脚下那两百名手挽丝缰的骑兵,而他们只等寇柯尔迪举起宝剑,便将扑向敌阵。直到听见女王接受了寇柯尔迪的建议,博斯维尔才向她走来,与她紧紧拥护——他们还不知道,这是他们最后一次拥抱了。而后,他跃上坐骑,飞驰而去,跟随他的只有几个仆人。梦魇已经结束,清醒之后所要面对的则是残酷的现实。

梦醒的时刻到来了,可怕而又无情。勋爵们向玛利亚·斯图亚特许诺,用体面的方式将她送回爱丁堡。也许他们的初衷的确如此,可是,她穿着那身可怜巴巴、风尘仆仆的衣服刚刚走近一群雇佣兵,毒蛇吐信般的哧哧讥笑之声便向这个备受屈辱的女人袭来。在有博斯维尔的铁拳保护时,老百姓还不敢向女王宣泄仇恨。现在,再没有什么人保护她了,仇恨便肆无忌惮地钻了出来。一位投降的女王对于造反的士卒来说已经算不上什么统帅。她的士兵将她围得水泄不通,先是出于好奇,后来则变成了群情激昂,四面八方都响起了尖叫声:“烧死这婊子!烧死这个谋杀亲夫的家伙!”寇柯尔迪用剑脊四处抽打也毫无效果,根本不起任何作用，被驱赶开的人群总是很快又重新聚到一起。作为凯旋仪式，女王被押在那面画着被谋害的丈夫和祈求报仇的孩子的大旗后面，从下午6点走到晚上10点，从朗赛德走到了爱丁堡。老百姓纷纷跑出家门、涌出村庄，赶来观看被俘的女王这场别具一格的好戏。有时，好奇的人流甚至如此汹涌，连士兵的队形也被冲得七零八落，士兵们只得一个挨一个往前推进。在这一天中，玛利亚·斯图亚特所蒙受的耻辱也达到了她有生以来的一个顶峰。

但是，对于这个高傲的女人来讲，人们只能凌辱她，但却无法让她低头认输。伤口只有在受到污染之后才会伴有火烧火燎的疼感，玛利亚·斯图亚特也是在遭到恶毒的嘲笑攻击之后才感到了自己的失败。斯图亚特家族的血、吉斯家族的血一起在她体内沸腾、翻滚，她非但没有巧妙地伪装起来，反而指责勋爵们应为百姓们的攻击谩骂负责。她像怒狮一般地朝他们扑去，威胁要将他们绞死，要将他们统统钉在十字架上。在行进中，她突然抓住了与她并辔而行的林赛勋爵的手，用威胁的口吻对他说道："我拿这只手起誓，我会要了你的脑袋。"与以往历次一样，她那过分激昂的勇气在危急关头又变成了毫无理智的行动，尽管她的命运正掌握在勋爵们手中，但是她却丝毫没有去曲意迎合他们或是聪明地闭上嘴巴，而是公然加以回敬，向他们宣泄自己的仇恨，自己的蔑视。

也许正是她这种强硬的态度使得勋爵们变得比他们原先计划的更为强硬。

现在，当他们发现没有指望再从她那里得到宽恕时，便决定尽量给她点颜色瞧瞧，让这个桀骜不驯的女人也领教领教任人摆布的苦涩滋味。他们没有将女王护送回位于城外的霍利鲁德宫，而是强迫她先从寇克·奥菲尔德的谋杀现场前走过，再穿过挤满好奇群众的城中大道，最后到达海埃街的囚室，那场面跟把她钉死在耻辱柱上也没什么差别。囚室的进出口被严密地封锁了起来，上至贵族出身的宫廷女官，下至粗使的女仆都不许入内。长夜在绝望中开始了。她已经几天没有换过衣服，从早上开始就什么也没有吃过；从旭日东升到夕阳西下，她所经受的痛苦简直已经无法形容了，她不仅失去了一个国家，而且也失去了自己的爱人。屋外，市井无赖聚集在窗下，仿佛是在围观笼中的小鸟，他们肆意取笑这个毫无抵抗能力的女人，激动的人群中不断爆发出一阵阵尖厉的谩骂。直到这时候，勋爵们确信给她的凌辱已经差不多了，才试着和她开始谈判。他们的要求其实并不高，他们只求玛利亚·斯图亚特能够永远地离开博斯维尔。但是，这个顽固不化的女人却丝毫没有因为失败而停止抗争，相反，她的胆略比前途光明时更为过人。她轻蔑地拒绝了勋爵们的提议。后来，连她的一个敌人也不得不承认："我所见过的女人中，再没有一个比此时此刻的女王更有胆略，更为果敢了。”

在用威胁的手段没有达到迫使玛利亚·斯图亚特舍弃博斯维尔的目的之后，勋爵中最最聪明的一位便开始了智取的尝试。跟随她多年，另外也还算得上忠诚的谋士梅特兰德采用了一种比较巧妙的战术。她的自尊心和嫉妒心成了他挑逗的目标，他向她报告——也许纯属谎言，也许确有其事，这些出自老狐狸之口的话你又怎么搞得清楚呢？——博斯维尔欺骗了她的感情，甚至在他们结婚的那个星期里他还在继续与年轻的前妻暗度春风；博斯维尔甚至还向前妻发誓说，她才是他眼中的正室，而女王只不过是小老婆。但是，玛利亚·斯图亚特早已学乖了，她对这些骗子根本就不相信，报告只是使她更加暴跳如雷。于是，爱丁堡的居民便看到了这样一场恐怖的表演——在铁窗后面，衣衫褴褛的苏格兰女王敞胸露怀，披头散发，突然像个疯子似的咆哮起来，她歇斯底里、声泪俱下地向着群众大声高呼——她的那些臣子将她投入了监狱，民众应当将她拯救出来——众人虽然仍旧对她恨意未消，但是却也不禁为之动容。

局势变得越来越难以控制。勋爵们真想扔掉这个烫手的山芋。但是他们深知，自己已经走得太远，走回头路，再把玛利亚·斯图亚特作为女王送回霍利鲁德，如今已经没有可能，而要把她继续留在囚室里，留在激愤的人群中，同样也是不可能的，因为那样要承担巨大的风险，甚至会惹恼伊丽莎白和其他外国君主。唯一有勇气、有权威做出决定的是梅里，而他又不在国内，没有他，勋爵们什么决定也不敢做。于是，他们决定先把女王送到一个保险的地方去，而最最保险的地方则莫过于洛赫利文城堡了。洛赫利文城堡四面环水，与周围的陆地完全隔绝，城堡的主人是玛格丽特·道格拉斯，梅里的母亲。当年，玛丽·德·吉斯曾背信弃义地从她那儿夺走了詹姆斯五世，因此可以预料，她对那女人的女儿也未必会有什么好感。勋爵们在文告中小心翼翼地避免使用“囚禁”这个危险的字眼。据公告称：隔离，只是为了“防止陛下与所谓的博斯维尔伯爵取得任何联系，并且阻止她与那些试图使他逃脱正义惩罚的人进行联络”。这无非是一个初步的权宜之计，是一种怯懦与伪善的产物：他们虽已起兵，但却尚无胆量打出造反的旗帜，他们把所有的责任都推到了正在亡命天涯的博斯维尔身上，怯懦地将心中的目标——将玛利亚·斯图亚特永远地赶下宝座——隐藏在了陈词滥调之下。为了蒙骗那些已经忙着要看审判和处决“那婊子”的老百姓，6月17日晚，玛利亚·斯图亚特在三百名卫兵的押送下回到了霍利鲁德。但是，市民刚一上床，一小队人马便集合起来，将女王向洛赫利文城堡送去。这段孤独而忧伤的旅程直到东方发白才宣告结束，在熹微的晨光之中，玛利亚·斯图亚特的眼前出现了一片波光粼粼的小湖，湖心中那座孤零零的、固若金汤、坚不可摧的城堡便是她即将开始囚禁岁月的地方。会囚禁多久呢？谁也不知道。小船将她送进了城堡，而后，一道道铁皮包裹的门户又重新沉重地合上，达恩雷与博斯维尔所组成的那充满激情而又阴森恐怖的叙事诗结束了，一曲哀婉的绝唱，一部终身囚禁的编年史则从此开始。

FIFTEENTH CHAPTER | 第十五章 |

废黜

Feichu

废黜

1567 年夏

6 月 17 日是女王一生命运的转折点。在这一天，勋爵们用洛赫利文城堡的铁锁和门闩囚禁起了他们的女王；同时也是从这一天起，玛利亚·斯图亚特就再也没有停止成为搅扰欧洲安定的动荡之源。她的沉沦将一个崭新的，可以说是革命性的、影响之深远简直无法想见的问题摆在了时代的面前：对一位与人民发生了针锋相对的矛盾，并且已经证明不配再拥有王冠的君王到底应当怎么办？在这里，错误毋庸置疑是在君主一方：是玛利亚·斯图亚特自己的情欲和鲁莽导致了这样一种不可思议、令人难以忍受的局面。她不顾贵族、民众和教会的呼声，竟然选择了一个有妇之夫作为如意郎君，而这个人还正被舆论一致指责为杀害苏格兰国王的凶手。她不仅践踏了法律和习俗，而且至今都拒绝宣布这疯狂的婚姻无效。即便是她最最友善的朋友也一致认为，如果她要将那个凶手留在自己身边，那么她就休想再继续担当苏格兰的统治者了。

但是有什么办法能迫使女王离开博斯维尔或是逊位给她的儿子呢？答案令人沮丧：没有。在那个时代，制约君王的国家法律几乎为零，百姓对统治者不能有任何非议或谴责，任何司法管辖权到了国王宝座的台阶前都戛然而止。国王也不在民法的管辖范围之内，而是超然于法律之外，凌驾于法律之上。他与神父一样，受命于上帝，职权既不能转让也不能赠送他人。在此之前，还从来没有人能够剥夺一位涂过圣油的君主的尊号，从君主专制时代的世界观来看，夺去一位统治者的王冠要比夺去他的生命更为困难。你可以将他谋杀，但却不能将他废黜，因为使用强制手段废黜君主意味着君主体系在世界范围内的崩溃。玛利亚·斯图亚特对那桩罪恶婚姻的矜持迫使世界不得不面临一个崭新的抉择。所以，这次有关她命运的抉择，不仅仅只是一次孤立冲突中的抉择，而是事关人类思想和世界观原则的一次重大抉择。

因此，诸位勋爵纵然天不怕地不怕，但也只得放下脾气，热心地去寻找一种心平气和的解决办法。虽然相隔了几百年,可是我们仍然能够清楚地感觉到他们在做出这样一个革命性的创举——将他们的女王禁闭在重重铁锁和门闩之后时那种忐忑不安的心情。事实上,最初玛利亚·斯图亚特要重返宝座并非难事。只要她宣布与博斯维尔的这场婚姻为非法,并承认自己有错就足够了。而后,虽然她不再像以前那么可爱,威信也大为削弱,但她毕竟还可重新获得尊重,可以再住到霍利鲁德去,并且另外挑选一个更为体面的丈夫。但是,玛利亚·斯图亚特好像患上了久治不愈的白内障,依然沉醉在妄自尊大之中,丝毫没有明白她与夏特利亚尔、李乔、达恩雷、博斯维尔接二连三、目不暇接的丑闻已经使她被视为不可饶恕的轻浮的罪人。而她却连最最微小的让步也不肯做出。她与自己的国家作对,与整个世界作对,她一定要为博斯维尔这个杀人凶手辩护,并且声称绝不与他离婚,否则她腹中的孩子便会生下来就是野种。这个浪漫化的女人还陶醉在云端,根本就不愿去琢磨一下现实。但是她这种顽固(你也可以根据自己的好恶称之为愚蠢或是伟大)必然强烈地激起种种反施在她身上的暴力行为。而由此引发的抉择——君王要用血来抵偿他们的恣意妄为——则一直影响到数百年后,不仅是她,连她的嫡孙查理一世也被砍了脑袋。

但不管怎么说,她还是可以得到许多帮助的。因为面对这样一场远近闻名的女王与子民之间的冲突,她的同行,欧洲其他国家的君王绝不会袖手旁观、漠然置之,其中最坚决地站在她一边的当属她的老对头伊丽莎白了。人们一而再、再而三地认为,伊丽莎白突然如此不顾一切地转而支持她的对手,只不过是她见风使舵、缺乏真诚的性格的一种表现。但实际上,伊丽莎白的所作所为是完全发自心底,完全合乎逻辑,完全毋庸置疑的。因为,她现在如此热心地站在玛利亚·斯图亚特一边,绝不等于她就偏袒玛利亚·斯图亚特,偏袒那个女人,偏袒她那不光彩的可疑行为——这中间的差别我们无论如何都必须看清——她是在作为一位女王回护着另外一位女王,是在为着自身的利益而维护着君权不容侵犯这种无形的观念。本国贵族有多少忠心,伊丽莎白实在是再清楚不过,因此她无法容忍在邻国的土地上竟然出现这样一个恶劣的先例——犯上作乱的臣子们居然掏出武器对准一位女王并且把她监禁起来,而且事后还不受任何惩罚。塞西尔是十分愿意为信奉新教的列位勋爵提供保护的,伊丽莎白的态度却与他截然不同,她决心要以最快的速度迫使这些冒犯了女王陛下的乱臣贼子重新俯首帖耳,因为捍卫玛利亚·斯图亚特的命运就是捍卫她自己的地位。因此,如果她说她深表同情,这次我们倒真的可以破例相信她一回。她很快便宣布要给被推翻的女王以姐妹般的支持，尽管她同时也要毫不客气地对这个女人所犯下的罪过指指点点。个人的观点与政治家的立场在她面前泾渭分明，她写道："夫人，人们历来认为幸福能够带来朋友，而不幸则能够考验朋友，并视此为友谊中的一条定理。现在，摆在我面前的就是这样一个用行动来证明友谊的机会，因此，我认为，无论是就我立场而言，还是从您这方面的原因来讲，向您进言几句以证明这种友谊都是正确的……夫人，我直话直说，您在您的婚姻大事上如此缺乏冷静，给我们大家都添了不少麻烦，我确信，您在世界各国的好友没有一位会赞成您的所作所为。如果我不向您说明这一点，那么我就是在对您撒谎。您怎么能做出这种自毁名誉的事情，如此匆匆忙忙地嫁给那样一个男人呢？光是声名狼藉倒也罢了，可他还是一个被公众舆论指责为与您前夫被害有关的人啊。而且，连您也因此而背上了嫌疑，尽管我满心希望那并不是真的。您嫁给那个男人是多么冒险的行为啊！他的妻子还活着，因此无论是从上天还是从尘世的律条来讲，您都不可能成为他合法的妻子，你们的孩子也不会是合法的结晶。现在，我对这桩婚姻有何想法您已经清楚了。我非常遗憾不能有更好的看法，尽管您的信使也曾试图用种种有力的证据来说服我。我原本希望，您在丈夫遇害之后能够首先考虑将凶手捉拿归案、绳之以法。如果您真的那样做了——其实那根本就不难办，因为事情已经如此清清楚楚——那么您的婚事也许便不会招来那么多的不满。而现在，我只得为了我对您的友谊，为了我和您亡夫之间的血缘纽带告诫您：我将尽我所能，对这起谋杀案的涉案人予以应有的惩罚，不管此人是您的哪一位臣子，此人与您有多么亲近。"

这番话尖锐明晰、斩钉截铁，无须任何解释便已是一清二楚。它表明，与几百年后那些竭力为玛利亚·斯图亚特洗脱罪名的人相比，伊丽莎白无疑已经通过密探和梅里的禀报更为确凿无疑地了解了发生在寇克·奥菲尔德那件事情的内幕，因此她对玛利亚·斯图亚特的同谋罪已经没有任何怀疑。她在这里直接点出博斯维尔便是凶手，在这封外交信函中她耐人寻味地使用了一种礼节性的表达方式："我希望"——而不是"我深信"——玛利亚·斯图亚特与这起谋杀案并无关系。在涉及如此严重的罪行时，"我希望"实在是一种再暧昧不过的说法了，敏锐的耳朵不难从中听出，伊丽莎白绝不是打算承认玛利亚·斯图亚特是清白无辜的，而只是出于休戚相关的考虑才盼望这起丑闻能尽快收场。然而，她越是表白自己与玛利亚·斯图亚特的所作所为势不两立，就越是顽固地去捍卫玛利亚·斯图亚特作为女王的尊严。她在这封意味深长的信中写道："但是，在得悉您的不幸之后，作为对您的安慰，我将向您保证，我将尽我所能，采取一切必要措施来捍卫您的荣誉与安全。”

伊丽莎白真的说话算话了。她传令她的大使就叛乱分子对玛丽亚·斯图亚特的种种犯上之举提出强烈抗议。她提醒众位勋爵：要是他们敢轻举妄动，那么她将不惜用战争来解决问题。在一封措辞严厉的信中，她警告他们不要有将一位涂过圣油的女王送上法庭的非分之念。“《圣经》中有哪一行文字允许臣子推翻他们的君主？哪一个基督教国家里有这样一条法律，允许臣子侵犯他们的君主，将她投入监狱或是送上法庭？……与诸位勋爵一样，我对我的表亲国王遇害之事同样怒不可遏，而对于我的妹妹下嫁博斯维尔之事我更是比诸君中任何一位都不愿看到。但是，对于诸位勋爵后来对待苏格兰女王的方式我却既不能允许也不能容忍。因为你们是臣仆，而她是主人，根据上帝制定的戒律，臣仆是无权强迫主人来对指控作出回答的，恰如自然界中头不能由脚来指挥一样。”

但是，尽管多年来大半勋爵都在她那里秘密领取薪饷，伊丽莎白还是破天荒地遭到了公开的拒绝。李乔被杀之后发生的一切已经再清楚不过地告诉他们，一旦玛利亚·斯图亚特重返王位，等待他们的将会是什么，更何况，直到现在为止都还没有任何威胁利诱能叫她抛开博斯维尔。此外，返回爱丁堡的路上那刺耳的诅咒声，发誓要用他们的头颅来报羞辱之仇的誓言声，都还不祥地回荡在耳际。他们把李乔、达恩雷、博斯维尔一一从道路上铲除出去，并不是为了重新到那个喜怒无常的女人手下去做一个无权无势的顺民。对于他们来说，将玛利亚·斯图亚特的儿子，一个一岁大的孩子扶上王位不知要舒服多少倍，因为一个孩子不会去发号施令。这样，勋爵们便可以在他成年之前的二十年里成为这个国家无可争议的主人。

但是尽管如此，如果不是机缘巧合，让一件真正足以将玛利亚·斯图亚特置于死地的武器落入他们手中，勋爵们也绝不会有那么大勇气，胆敢公开对抗他们的施主伊丽莎白。卡贝里山之战后的第六天，一桩卑鄙的叛变行为投其所好地给他们送去了一个好得不能再好的消息。那位詹姆斯·巴尔福，博斯维尔杀害达恩雷时的同党，看到如今风向已变，不由得感到浑身不自在，他发现只有一条出路能够拯救自己，那就是再去干一笔新的无耻勾当。为了与当权者建立友谊，落难的朋友便成了贩卖的目标。他悄悄向勋爵们透露了一个重要消息——逃亡途中的博斯维尔派了他的一名仆人回爱丁堡来执行一项任务：悄悄从宫中取回一只他先前放在那里的藏有重要文件的珠宝盒。于是，那个名叫达尔格立什的仆人马上被抓了起来,在严刑拷打之下,这个怕死鬼很快便供出了盒子的所在之处。根据他的口供,勋爵们不一会儿便找出了藏在一张床下的银质珠宝盒——那本是当年法兰西斯二世送给妻子的礼物,而她又像对待自己所拥有的所有东西一样,把它献给了她无比挚爱的那位情人。这只结实的珠宝盒只有用几把精巧的钥匙才能够打开,博斯维尔习惯用它来存放私人文件,恐怕里面不光有女王的亲笔信和山盟海誓,而且还有一些会令勋爵们大丢脸面的文件。也许(这再明显不过了),他当初是觉得在逃往鲍特威克以及打仗的时候带上如此重要的信件实在过于危险,才宁可在宫里找个安全的地方把它们藏起来,准备有时机再派一名可靠的仆人去取回。对他来说,这些信件到了危急关头便能大派用场,既可以拿来讹诈,也可以用来自卫;因为这里不仅有他与众位勋爵的"盟约",而且还有女王给他的密信以及对婚事的许诺;有了这些自供状,他一方面可以将女王控制在手中,让她不敢翻脸抛下自己,另一方面又可以钳制众位勋爵,以免他们控告自己是谋杀犯。因此,这个众叛亲离的人只不过才刚有一只脚脱离险地,便迫不及待地要取回这件至关重要的罪证。而对于众位勋爵来说,偏巧在这个时候撞上这么一次空前绝后的好运,不啻捡到一头自己送上门来的猎物:因为现在他们一方面可以随心所欲地销毁证明他们自己同样有罪的书面证据,另一方面又可以毫不客气将那些不利于女王的证据拿来对付她本人。

这伙人的头头莫顿勋爵先将这个紧锁的珠宝盒保存了一夜,第二天,他便召集其他勋爵(值得一提的是,其中也包括了天主教徒和玛利亚·斯图亚特的朋友),当着他们的面撬开了珠宝盒。盒中出现的是玛利亚,斯图亚特那些著名的信件以及她亲笔写下的十四行诗。在这里,再次讨论后来印行的文本与原件有多大出入已经没有什么必要了,因为有一点两者是毫无二致的——信件的内容对玛利亚·斯图亚特的确极为不利。从这一刻起,勋爵们在登场时便换了一种脸色:更为大胆,更为自信,更为顽固了。第一阵欢呼尚未平息下来,他们便已迫不及待地把消息放了出去。当天,他们就派了一名使臣去法国拜见梅里,向他口头禀报了最具杀伤力的信件的大致内容——勋爵们忙得连抄写一份都来不及,更不用说去伪造那些东西了。他们还通知了法国大使,说他们在对被捕的博斯维尔的仆人进行严刑拷问之后已经拿到了供状——如果那些信上不是有什么足以揭露玛利亚·斯图亚特与博斯维尔早有勾结的证据的话,勋爵们是绝不会摆出这样一副胜券在握、紧追不放的姿态来的。这一下,女王顿时前景黯淡,处境堪忧了。

在如此紧要的关头发现这样一些信件,无疑大大巩固了叛乱者的阵地。他们终于在这里为自己的不臣之心找到了期盼已久的道义上的理由。此前,他们只能指控博斯维尔一个人是谋杀国君的罪犯,同时由于担心他会把他们的同谋罪也抖搂出来,所以还得小心翼翼,不能把逃亡者真的逼急。而对女王,除了指责她嫁给了一个凶手之外,他们迄今为止也还找不出什么罪名来。如今可就不一样了,有了这些信,那些纯洁无瑕、毫不知情的勋爵们"突然发现"女王也是同谋,如此一来,老谋深算、恬不知耻的敲诈能手们便可以利用她那些冒冒失失的自白书来逼迫她作出让步了。而今,一个能叫女王"自愿"让位给儿子的把柄终于落到了他们手中,要是她敢反对,那就拿通奸和参与谋杀的罪名来公开指控她。

指控之类事情当然要让别人来代劳,而不是自己亲自出马。勋爵们心中有数:伊丽莎白是绝不会允许他们来审判自己的君主的。这时,他们小心翼翼地退到了后台,至于要求公开审讯的这场戏嘛,还是让第三方来演比较好。于是,煽动公众舆论声讨玛利亚·斯图亚特这个任务便由约翰·诺克斯兴高采烈地接受了下来。他不光是幸灾乐祸,而且真可谓心如铁石。当年李乔被杀之后,这位狂热鼓动家出于谨慎的考虑躲到了国外。而今,他那些不祥的预言——什么"血洗耶洗别"将重演,什么她的轻率将引发灾难——不仅令人目瞪口呆地成为了现实,而且还超出了预想,这样,他又俨然一副先知的模样回到爱丁堡来了。于是,布道坛上响起了对罗马教廷有罪的宠女进行起诉的大声疾呼,《圣经》的宣讲师开始要求对不贞的女王进行审判。一个礼拜日又一个礼拜日,新教教士们的调门越来越高。他们在讲坛上对着激动的人群大声高喊:女王与最最卑微的农妇应当同罪,只要是通奸和谋杀就不能得到宽恕。他们毫不含糊地要求将玛利亚·斯图亚特处以极刑。这番不懈的努力终于没有白费,不久,弥漫在教堂中的仇恨便喷涌到了大街上。那些在苏格兰从来都是一声不吭的下层平民,眼见可以看到这个他们长久以来一直只能怀着敬畏心情仰视的女人将要穿着死囚的衣服走向断头台,不由兴奋万分,于是要求进行公开审理。女人们更是特别起劲地对女王发出鼓噪。"男人们已经够坏了,而女人们的疯狂与放肆更是达到了顶峰。"因为在苏格兰没有哪个穷婆子不知道,如果她敢那般大胆地纵情淫乐,耻辱柱和火刑架就将是她的归宿。那么这个女人难道就可以不受惩罚地去卖弄风情,去谋杀亲夫吗?难道仅仅因为她是女王她就可以逃脱火刑的惩罚吗?"Bumthewhore!"——"烧死这婊子!"的呼声越来越狂暴地响彻了全国。当英国大使向伦敦发去报告时,他真的是被吓坏了:"这出悲剧以意大利人大卫和女王丈夫的死亡为开端,只怕要以女王本人落到同样的结局而收场了。"

这恰恰是勋爵们所期望的。现在，重炮已经架好，玛利亚·斯图亚特任何拒绝“自愿退位”的进一步抵抗都将被击得粉碎。约翰·诺克斯的对女王提起诉讼的要求即将被满足，文件都已准备就绪，玛利亚·斯图亚特将被指控为“有违法行为”——这里的用词非常小心——“因为她与博斯维尔及其他人有行为不端之处”。要是女王再继续拒绝退位，那么在珠宝盒中找到的那些足以证明她包庇谋杀的信件就将在法庭上公开宣读，从而使她彻底颜面扫地，至于犯上作乱的行为则足以因此在世人面前变成正义之举，而伊丽莎白和其他君主也将无法再以辩护人的身份出现，因为出自她本人之手的亲笔信已经证明了她是通奸犯和谋杀案中的帮凶。

公开审判成了要挟的武器。7月25日，梅尔维尔和林赛动身前往洛赫利文，他们随身带去了三份已经拟好的文件，如果玛利亚·斯图亚特不想在公开审理中蒙羞受辱的话，就必须在上面签字。在第一份文件中，玛利亚·斯图亚特必须宣称自己对治理国家已经感到疲惫，因此“乐意”卸下王冠的重负，摆脱这份她既无力量也无兴趣去承担的工作；在第二份文件中，她要同意让自己的儿子登基加冕；第三份文件则是说她同意委托异母兄弟梅里或者其他适当人选出任摄政。

在众位勋爵当中，梅尔维尔对她来说是最近人情的一个了，这次谈判就由他来主持，此前他已经来过两次，希望能和和气气平息争端，并且说服她与博斯维尔分手。但是两次他都遭到了拒绝，因为玛利亚·斯图亚特宣称她不能让博斯维尔和她的孩子作为野种来到世间。可是现在，信件被找到了，硬碰硬的时候到了。女王先是激动无比，顽强抵抗。她痛哭流涕，发誓自己就是舍弃生命也不舍弃王冠（这句誓言真在她的一生中得到了履行）。但梅尔维尔毫不客气地把等待着她的命运描述得狰狞无比：公开宣读她的信件，传讯被捕的博斯维尔的仆人，在庭审中接受审讯和判决。玛利亚·斯图亚特眼见她自己的轻率使自己陷入了如此黑暗、如此耻辱的境地，不由得浑身颤抖。对在大庭广众之下低头认罪的恐惧渐渐夺去了她的力量。在经过了长时间的犹豫，经过了疯狂的反抗、愤怒、绝望之后，她终于投降了，在那三份文件上签了字。

协议达成了。但是，苏格兰的“盟约”历来不会被协议双方当真，谁也不会被誓约和诺言捆住手脚，勋爵们绝不会因此便不把玛利亚·斯图亚特的信件拿出来在议会宣读，他们就是要向全世界大肆宣扬她的罪行，从而断绝她卷土重来的可能。另一方面，玛利亚·斯图亚特也不会认为拿根鹅毛在一张没有生命的羊皮纸上弄上些墨水就算是退了位。一切赋予这个世界以真实和本质的东西——尊严、誓约、诺言，对于她来说，无论在什么时候都是无法与王权所具有的真实内涵相提并论的，它恰似那在她血管中奔腾的热血，已经成为了她生命中不可分割的部分。

几天后，小国王加冕登基；百姓们没法在广场上欣赏到热热闹闹的火刑场面，只得满足于一场不那么火爆的表演。加冕典礼在斯特林堡进行。艾托尔勋爵手捧王冠，莫顿勋爵护送权杖，格林寇恩勋爵轻托御剑，马尔勋爵怀抱幼儿，从这一刻起，这个小孩将被尊称为苏格兰国王詹姆斯六世。赐福仪式由约翰·诺克斯主持，此举将向世界证明，这个孩子，这位刚刚加冕的国王已经永远摆脱了罗马异教思想的陷阱。百姓在城堡大门前放声欢呼，喜庆的钟声四处回荡，全国各地都放起了礼花。在这一瞬间——总是只有那么一瞬间——欢乐与和平又重新笼罩了苏格兰。

而今，所有棘手的、令人尴尬的工作都已有人完成，梅里这位出色的演员又可以以凯旋者的姿态回来了。这个老奸巨猾的政客在危难关头总是躲在台后，这一次，他这一招再次经受住了考验。李乔被杀时他不在场，达恩雷被杀时他不在场，而反对他妹妹的这次叛乱也没有他的份儿：他的忠心无懈可击，他的双手没沾鲜血。时间为这位聪明的缺席者代劳了一切。正因为他懂得精打细算地等待，他才会以最为冠冕堂皇的方式毫不费力地得到他窥视已久的一切。作为勋爵中最有头脑的一个，梅里被一致提名为摄政。

但是，梅里这位天生的统治者深知必须控制好自己，绝不能马上伸出手来，显出一副垂涎欲滴的样子。他太聪明了，绝对不会让自己像接受一件恩赐似的从那些以后要听他发号施令的人手中接过这个荣誉。此外，他也要避免给人造成一种印象，好像他这位仁爱恭顺的兄长是赶来从妹子那里夺权似的。不，应当由她亲自来恳求自己出任摄政。从心理学上讲，这的确是一个高招，这样他便可以达到目的，让造反的勋爵和被剥夺了王冠的女王都来恭请他出山掌权。

梅里到洛赫利文城堡会见玛利亚·斯图亚特的情景真值得戏剧大师来大书一笔。那个不幸的女人刚一看到他，便激动万分地扑进了他的怀抱，在她异母兄弟的怀中抽泣哽咽。她渴望着终于能得到那一切——安慰、支持和友情，特别是已经久违了的忠告。但是，梅里却做出一副冷若冰霜的样子，只是冷冷地看了看这个激动万分的女人。他将她领进屋里，劈头盖脸便是一番对她所犯罪孽的严厉训斥，对她所渴望的宽恕却只字不提。这叫人寒心的冷淡令女王惊慌失措，她不由得痛哭流涕，只能竭力为自己辩白，为自己开脱。然而，梅里这时却俨然一位道德家,只是阴沉着脸,一言不发,沉默、沉默、再沉默。他要让这个绝望的女人清楚地感到恐惧,要让她觉得他这种沉默中蕴涵的是更加可怕的讯息。

整整一夜,梅里都让他的妹妹在恐惧的炼狱中接受着煎熬,他将一杯杯毒液灌入她的体内,他要让前景难料的恐惧一直燃烧到她内心的最深处。可怜这个身怀六甲的女人,对外界所发生的事情根本一无所知(外国使臣的任何拜谒请求都遭到了阻挠),她根本不知道等待自己的将是什么——起诉还是审判?耻辱还是死亡?在度过一个不眠之夜以后,第二天早上,她的抵抗彻底崩溃了。这时,梅里慢慢开始来软的一手儿了。他小心翼翼地暗示:如果她不再有逃跑或是与外国势力取得联络的企图,那么他们也许——仅仅只是“也许”,梅里使用的是一种并不确定的口吻——还会想办法在世界面前挽救她的名声。尽管希望是如此渺茫,但也一下子又激活了这个难以自制,濒于绝望的女人。她扑进哥哥的怀中,请求他、乞求他接受摄政的重任,因为只有这样,她的儿子才能平安无事,王国才能稳固,她自己才能脱离险境。她不停地央求,而梅里则故意当着众多证人的面让她请求了很久,最后才慨然应允,从她手中接过他此行唯一想要取得的东西。现在,他可以满意而归了。而玛利亚·斯图亚特则颇感宽慰地留在了那里。她知道,如今大权已经掌握在哥哥手中,这样,那些信中的秘密就不会泄漏,而她也有望在世人面前保住颜面了。

但是,怜悯不会降临到一个失势者的身上,梅里一旦牢牢掌握了大权,他的当务之急便是要让妹妹永远不能东山再起,作为摄政,他必须要从道义上解决掉这个令他难以安心的王位窥视者。摆脱拘禁是不必再谈了,相反,他还要竭尽全力让玛利亚·斯图亚特永远地留在那里。尽管他答应过伊丽莎白,也答应过他的妹妹,要保住她的名誉,但他还是默许苏格兰议会于12月15日从银质珠宝盒中取出了玛利亚·斯图亚特写给博斯维尔的那些丢人现眼的信件和十四行诗,并且当众宣读。经过对比笔迹,众人一致认为这的确出自玛利亚·斯图亚特之手,四位主教、十四位修道院院长,十二位伯爵,十五位勋爵,三十多位小贵族,其中也包括众多女王的密友,以自己的名誉起誓,证明这些信件和十四行诗均系真迹。一个重要的事实是:没有一个声音,甚至包括她那些朋友都没有提出丝毫的异议,于是议会这个舞台就变成了法庭,而女王则在无形之中被她的臣子们推上了被告席,过去几个月中的无法无天的行为——背君、拘禁,在信件宣读之后都一下子被套上了合法的光环。他们明确宣称女王是罪有应得,因为她不仅知情,而且还曾亲自参与谋杀她的合法丈夫,“从她在案发前后亲笔写给谋杀案主犯博斯维尔的信件中完全可以得出这一结论，而案发后那场可耻的婚姻同样可以证明这一点”。这还不够，为了让全世界都知道玛利亚·斯图亚特的罪过，让所有人都明白列位又忠诚又正直的勋爵纯粹只是激于义愤才起兵造反，那些信件的副本被送到了各国宫廷。如此一来，玛利亚·斯图亚特便被打上了耻辱的烙印，成为世人唾弃的对象，梅里和诸位勋爵的如意算盘是：一旦额头上有了耻辱的红字，那么她也就再不敢来为她那颗有罪的头颅索取王冠了。

但是，在玛利亚·斯图亚特心中，君权神授的自信已经根深蒂固，无论是谩骂还是凌辱都不可能使她屈服。她觉得，任何耻辱的烙印都无法毁坏那个戴过王冠，涂过圣油的前额。任何判决、任何命令都不能使她低头；别人越是想用暴力来使她屈服于苟且偷生的命运，她的反抗也就越是坚决有力，要长期禁锢这样一种意志是根本不可能的，它会冲毁道道高墙，漫过层层堤坝，要是用铁链来将它锁住，那么在它的猛烈挣扎下，连墙壁和心灵都必将为之震颤。

SIXTEENTH CHAPTER | 第十六章 |

告别自由

Gaobie Ziyou

告别自由

1567 年夏～1568 年夏

如果说“博斯维尔”这部悲剧中的阴暗悲凉的场景只有在莎士比亚笔下才能成为不朽名篇的话，那么尾声中发生在洛赫利文城堡的那些较为柔和、既浪漫又伤感的场面则理应由瓦尔特·司各特来描绘了。尽管与莎士比亚相比，他还相去甚远，但是，如果谁要是在孩提时代，在少年时代领略过司各特的小说，那么那些书在他内心中所留下的真实感受，一定要比历史上的真实场景更加真实。因为在某些罕见的，上天所安排的情况下，美丽的传奇故事比真实的史实更为动人。当我们还是充满激情的少年时，我们曾何等喜爱这些故事！生动的场面曾何等清晰地印入我们的心灵！而我们的灵魂又曾何等深深地为同情所包围！因为光是这些素材本身就已经包含了所有浪漫动人的要素。这里有冷酷的看守监视着清白无辜的公主，有卑劣多嘴的小人破坏着她的名誉，而公主本人则年轻、善良、楚楚动人，能神奇地使敌人的铁石心肠为之软化，能在男人的心中鼓舞起骑士般的侠义心肠。与情节一般浪漫的还有那种氛围：一片美丽的湖光中矗立着一座阴森森的城堡。站在塔楼上，公主模糊的泪眼可以眺望到她那美丽的苏格兰国土：眼前，起伏的山峦、连绵的森林展示着它们的妩媚，展示着它们的秀美，远方，北海的波涛正汹涌澎湃，不知从什么地方送出隆隆涛声。苏格兰人民心中所蕴含的所有诗情似乎都已经凝结在了他们所挚爱的女王这一浪漫的传奇时刻上，似乎这个传奇故事一旦完成，便深深地渗入了这个民族的血液，再也不能分离。人们一代又一代地传诵着它，一次又一次地相信着它，它就宛如一棵永不枯萎的大树，年复一年地盛开出鲜花。而在这崇高的真情实感旁边，书写着事实的史册则可怜巴巴地躺在那里无人问津。因为任何一件东西一旦被完美地创造了出来，美，便成了它捍卫自己权利的武器。如果有朝一日，变得越来越成熟而多疑的人们试图去探寻隐藏在这动人传奇后面的真情实景时，那么史实所带来的清醒倒像亵渎了神明，就好像是在用冷冰冰、干巴巴的散文复述着一首诗歌。

但是，每一个传奇中都存在着危险，那就是它会仅仅只是为了娓娓动听而闭口不谈那真正属于悲剧性的东西。同样，描写玛利亚·斯图亚特被囚禁在洛赫利文的浪漫故事也隐瞒了她真实的、内心深处的、真正属于人类最本质的痛苦。瓦尔特·司各特执意要"忘记"讲述的一个事实是：浪漫的公主那时正有孕在身，而胎儿的父亲却是杀害她丈夫的凶手。实际上，这正是她那段可怕的屈辱岁月中最最可怕的精神上的苦难。因为，如果她腹中的胎儿如预料的那样早早来到世间，那么任何一个毫无怜悯之心的人都能根据自然界中可靠无比的日历推算出她是何时委身于博斯维尔的。虽然说不准到底是哪一天哪一时刻，但那肯定是发生在一个道德与习俗都不能容忍的时间里，而那时发生的爱情也就等于是通奸和失节——或许是在她为去世的丈夫服丧的日子里，在塞顿以及在她从一个城堡漫游到另一个城堡的非同寻常的旅途当中，或许是比那更早一些（这更有可能），当她的丈夫尚在人世的时候，但不管是早是晚，那都同样可耻。所以，博斯维尔的孩子一旦降生，也就等于是在日历牌上为全世界清楚地指明她罪恶情欲的起始日期，而你只要想到这一点，也就能完全理解这个绝望女子的所有痛苦了。

但是，这个秘密最终也没有摘去神秘的面纱。我们不知道玛丽亚·斯图亚特在被送入洛赫利文城堡时已怀孕多久，也不知道她是何时才终于从内心的恐惧中解放出来，同时我们也无从知晓孩子生下来是死是活，不知道这为婚姻道德所不容的爱情果实被人抱走时是几个星期还是几个月大，我们找不到一点能够明确提示我们的线索。这里只有谜团和猜测，因为证据与证据之间都相互矛盾。然而，有一点是确凿无疑的，那就是玛利亚·斯图亚特完全有充分理由隐瞒她这次当上母亲的日期。她没有在任何一封信，任何一句话中再次提到这个孩子——仅仅这一点就十分可疑了。据她的秘书纳奥撰写的一份据说是在玛利亚·斯图亚特亲自监督下起草的报告称：她早产的一对双胞胎生下来就死了——早产，人们的确有理由猜想这种早产并非偶然，要么她干吗偏偏要把御医也带来共渡铁窗生涯？而另外一个同样不足为信的故事版本是：那个孩子，一个女婴，活着来到世间之后便被秘密地送到了法国的一个修女院里，她至死都不知道自己是出自于帝王之家。然而，任何猜测，任何窃窃私语对于这个无从考查的问题来说都毫无帮助，真相永远地躲进了迷雾之中。解开玛利亚·斯图亚特最后这个秘密的钥匙则已沉入了洛赫利文湖的深处。

但是，看守玛利亚·斯图亚特的人并不是浪漫传奇中那种被描得黑得都不能再黑的凶神恶煞般的狱卒，仅仅一个事实就足以证明这一点：看守们为她隐瞒了那个野种出生或者说早产的秘密，而这本来会使玛利亚·斯图亚特的名誉岌岌可危。受命看管玛利亚·斯图亚特的道格拉斯夫人，洛赫利文的领主，三十年前曾是女王父亲的情人，她曾经为詹姆斯五世生过六个孩子，其中老大便是梅里；在嫁给洛赫利文的道格拉斯伯爵之后，她又为他生了七个孩子。这个女人曾经十三次经历过分娩的痛苦，也曾因头几个孩子被视为私生子而亲身体验过那种精神上的折磨，因此她比任何人都能够理解玛利亚·斯图亚特的痛苦。人们在背后的议论，说她是如何如何的冷酷无情，恐怕纯属谣传和无中生有。如果推断得没错的话，她甚至将那位女囚待为了上宾。玛利亚·斯图亚特在城堡中占用着整整一长排房间，她带来了她的厨子，她的御医，还有四五个服侍她的女仆；在城堡中，她的自由从来没有受到过什么限制，此外还有迹象表明，她甚至还得到过出去打猎的许可。如果抛去那些罗曼蒂克的伤感，完全公正地来看待的话，那么她所获得的待遇简直可以称得上宽厚了。因为浪漫主义常常让我们忘掉这一点——一个女人在丈夫被谋杀后三个月就嫁给了那个凶手，那么她至少也要因为自己这一严重过失而难逃罪责；即便是在现代，法庭最多也只有在考虑到精神错乱或者是被人操纵这些可以减罪的情况时才会免除她的同谋罪。所以，当这个女人的国家已经被她的非分之举搞得鸡犬不宁，当整个欧洲都已为之而愤怒时，强迫这个女人安静一段时间，不仅是为这个国家，同时也是为她自己办了一件好事。因为在与世隔绝的这段日子中，这个情绪激动的女人终于得到了一个让过度兴奋的神经归于平静的机会，并且同时也恢复了内心的坚定，重新赢得了被博斯维尔所消磨掉的意志。因此，在洛赫利文的几个月囚禁生活其实倒是帮这个过于鲁莽的女人躲过了她最最危险的一个敌人——她自己的好动与急躁。

干了那么多蠢事却仅仅只受到如此浪漫的监禁，这种惩罚的确称得上是宽大了，只要拿她那位同谋兼情人的境遇来比较一下，这一点便已十分清楚。博斯维尔的命运与她相比实在相去甚远。尽管得到过承诺，但鹰犬们还是从大地和海上向逃亡者追猎过来。他的项上人头现在已价值一千苏格兰克朗，博斯维尔明白，在苏格兰，即便是他最要好的朋友也会为了这笔赏金而背叛他、出卖他。但这个亡命之徒并不是那么好抓到的：他先是准备纠集他的边防军进行最后的抵抗，后来又逃向奥克尼群岛，准备从那里发动战争对抗众位勋爵。但梅里派出的四艘军舰也尾随而至，直扑小岛。最后，亡命之徒拼尽全力才得以摆脱追兵，驾着一条可怜巴巴的小破船逃进了公海。在那儿，风暴又找上了他。等到这艘只适于在沿海航行的小船张着已经支离破碎的船帆朝挪威驶去时，一艘丹麦战舰又拦住了他的去路，为了避免被引渡，博斯维尔决心，要瞒天过海——他从水手那儿借了一件普普通通的外衣，他宁愿被当成海盗，也不愿被人认出是正在受到悬赏捉拿的苏格兰国王。不过，最终他还是被认了出来。他被从一个地方押送另一个地方，后来竟在丹麦享受了一段时间的自由。正当他似乎已经幸运地得救了的时候，惩罚女神却又不期而至，在这里撵上了那位风流成性的情场老手，他的处境随之急转直下，这都只因一位丹麦女子出来控告他，指控他以结婚为诱饵诱奸了她。同时，哥本哈根方面也更为详细地了解了他过去的罪行，从这时起，斧子就一直悬在他的头顶上，随时都可能叫他身首异处，外交信使们风驰电掣般地来往穿梭，梅里，还有比他更为急不可耐的伊丽莎白都要求引渡博斯维尔，因为有了他就有了对付玛利亚·斯图亚特的重要人证，玛利亚·斯图亚特的法国亲戚们则在暗中努力，力图让丹麦国王不要交出这个危险的人证。现在，看押越来越严密了，但囚犯也恰恰是靠着这种保护才得以逃过了复仇。这个曾经在大战中面对千军万马也面不改色、毫无惧意的男人现在却胆战心惊，害怕被捆在锁链之中送回故土，害怕受尽种种酷刑之后再被作为弑君犯处死。他被从一座监狱押送到另一座监狱，关押他的地方越来越狭小，他仿佛被视为了一只危险的野兽，层层铁窗、重重高墙之后的看管也越来越严厉。没过多久，他便明白，只有死亡才能给他带来解脱。在可怕的寂寞与无聊中，这个身强力壮、生机勃勃的男人，这个敌人的灾星、女人的宠儿，度过了一周又一周，一月又一月，一年又一年；这个活生生的躯体在一点点地腐烂，生命正从这个庞然大物上一点点地流逝。他曾经在原野上奔驰射猎，曾经在战场上率领部属冲锋陷阵，曾经在无数国家领略过万种风情，也曾享尽人间乐趣；对于这样一个桀骜不驯的男人来说，只有在拥有用之不尽的精力、无拘无束的自由时，满足的感觉才会油然而生；而困守在这冰冷、黑暗、毫无感情的墙壁间，那种狰狞、无聊的寂寞，那种使生命渐渐萎缩的日复一日的空虚，简直比受刑更加痛苦，比死亡更加致命。传闻中说（可以认为这是一种可信的说法），他发疯般地朝着铁栅栏咆哮，最后在疯狂中可怜地死去了。在众多为玛利亚·斯图亚特而献出生命、为她而受尽折磨的人当中，以这个人得到的爱最多，但也以这个人受到的折磨最为长久，最为可怕。

然而，玛利亚·斯图亚特是否还在想念着博斯维尔？那种无法抗拒的魔力是否还在远方发挥着它的效力？联系两人的炽热纽带是否已经在无声无息之中渐渐消失了？谁也无法知道。就如她一生中其他许许多多事情一样，那始终都是一个谜。只有一点让大家瞧得目瞪口呆：产后尚未完全恢复，还没有完全从做母亲的辛劳中解脱出来，她便已经重新拥有了当年那种女性魅力，再一次激起了感情的涟漪——她又一次，也是第三次，将一位年轻人的命运与自己的命运联系在了一起。我们不得不再一次重申并且惋惜：流传下来的玛利亚·斯图亚特的画像大都并非出自高人之手，我们无法从中窥视到她真实的本质。画上的她总是冷冷地、平平淡淡地用一张妩媚、平静、和蔼可亲的脸对着我们，但是却丝毫无法让人体会到那种性感的魅力，而那肯定才是这位神奇女性的特点所在。当年，她一定散发着某种特殊的女性魅力，因为她到处都能够为自己赢得朋友，甚至是在她的敌人当中。无论是在新婚之日还是守寡之时，无论是在宝座之上还是囹圄之中，她都会在自己周围营造出一种同情的氛围，连她周围的空气都会为之软化，充满和睦的气息。她刚一到洛赫利文，便征服了她的看守——年轻的鲁瑟文勋爵，以至于众位勋爵不得不认为有必要把他调走。而他才刚刚离开城堡，她便又将另一位年轻人，洛赫利文的乔治·道格拉斯勋爵弄得神魂颠倒。短短几周之后，女看守的这个儿子便已准备为她付出一切，而实际上，越狱的时候，他是她最为忠诚，最为忘我的一个助手。

他难道仅仅只是助手而已？在几个月监禁生活中，年轻的道格拉斯难道就没有为她做过更多的事情？他那种倾慕之情难道就真的完全只停留在骑士般的、柏拉图式的精神恋爱阶段上？我们永远不得而知。但不管怎么说，玛利亚·斯图亚特的的确确是充分利用了这个年轻人的感情并且用尽了诡计和欺骗的手段。除了她自身的魅力之外，女王还常常拥有另外一种诱惑：赢得了她的手便可以进一步去赢得王位，这种诱惑对于她所遇到的每一个男人都像磁石一般充满吸引力。玛利亚·斯图亚特可能已经让年轻的道格拉斯看到了结婚的希望——当然，这只是一种大胆的猜测，而并非定论——并以此来哄骗了那位得意洋洋的母亲，因为监视是越来越松。现在，玛利亚·斯图亚特终于可以朝着她处心积虑的目标——冲出囹圄进发了。

3 月 25 日的第一次越狱行动尽管计划得十分巧妙，但是却以失败而告终。有一个洗衣女工每周都要和女仆们一起乘船到岸上去，而后再返回。道格拉斯想方设法说服了她，使她同意与女王调换服装。于是，玛利亚·斯图亚特穿着女仆的粗布衣服，为防被人认出还严严实实地裹着面纱，幸运地通过了守卫森严的城堡大门。当她已经坐船来到湖中,即将与牵马在对岸等候她的乔治·道格拉斯会合时,一位船工忽发奇想,准备要和这个身材苗条,头戴面纱的洗衣女工开开玩笑。他一定要撩起她的面纱,看看她是不是真的漂亮。玛利亚·斯图亚特忙用她那双纤细、柔嫩、白皙、小巧的手死死抓住面纱。然而,正是那种柔嫩、小巧,那种与洗衣女工极不相称的、保养良好的手指泄露了她的身份。船工们马上敲响了警钟,尽管女王怒不可遏地命令他们把她送到对岸去,但她还是被重新送回了监狱。

此事立刻被禀报了上去,随后,看管更加严密了。乔治·道格拉斯被勒令不得再踏进城堡一步。但这却并不影响他在附近住下,并与女王继续保持联络。他作为忠实的信使向女王的追随者们传递着消息。你瞧,她尽管已经身败名裂并且作为杀人犯受着监押,但在梅里统治了一年之后,她竟然又重新拥有了拥护者。一部分勋爵,特别是韩特莱家族和塞顿家族一直都对女王忠心耿耿,当然,这也部分是出于对梅里的仇恨。然而,不可思议的是,长期以来与她不共戴天的对头汉密尔顿家族居然也成了她最好的追随者。斯图亚特家族与汉密尔顿家族积怨已久,长期以来,汉密尔顿家族作为仅次于斯图亚特家族的强大势力,一直窥视着苏格兰王冠并且为此进行着不懈的努力;现在,机会突然向他们招手了——只要娶了玛利亚·斯图亚特,族中便能有人登上苏格兰国王的宝座。于是他们马上倒向了女王一边,虽然几周前他们还在要求将这个女人作为凶手处决掉——搞政治才不管什么道德不道德呢!我们很难想象,玛利亚·斯图亚特真会去考虑嫁给一个汉密尔顿家族的人(难道博斯维尔已经被忘掉了?),恐怕她只是为了换取自由才有此承诺。与此同时,乔治·道格拉斯,另一个得到了她承诺的人——这是一个绝望的女人所玩的一个大胆的两面派游戏——正在穿针引线,并且组织了那次决定性的越狱行动。5月2日,一切准备就绪,玛利亚·斯图亚特一如既往地让勇气代替明智成为了命运的主宰。

这次越狱颇为浪漫,一位浪漫的女王也理应如此:不知是玛丽亚·斯图亚特还是乔治·道格拉斯在城堡内的居民中找了一个名叫威廉·道格拉斯的小侍童做帮手,结果这个聪明伶俐的小男孩干净利落地完成了他的任务。在洛赫利文城堡里,严格的家规中有这样一条:当大家共进晚餐时,为了安全起见,通向外面的所有大门的钥匙都必须放在管家身旁的桌面上,到了晚上,他就把它们带走,保管在自己的枕头下面。由于他希望吃饭时钥匙也处于触手可及的明显位置,因此,那堆沉甸甸的金属这会儿就放在他面前的桌子上。现在,该上菜了,精明的小男孩迅捷地将一块餐巾掷在钥匙上。等到更换杯盘时,他便趁着众人开怀畅饮、高谈阔论的机会，神不知鬼不觉地将钥匙连同餐巾一起收走了。随后，一切便如预先准备的那样迅速进行起来，玛利亚·斯图亚特换上一身女仆的衣服，小男孩跑在前面带路，他将一扇扇门从里面打开，又从外面小心翼翼地锁上，这样就谁也休想很快追上来了。至于钥匙，则最后往湖里一丢了事。此前，他已将所有能找到的船只都捆在了一起，并且用自己的船拖到了湖心，如此一来，要想跟踪追击就根本不可能了。此刻，他只需在5月温和的夜色中飞快地划动双桨，将小船送到对岸去便大功告成；湖边，乔治·道格拉斯和塞顿勋爵已经带着五十名骑兵等候在那里。女王毫不犹豫地跃上马背，连夜朝汉密尔顿家族的城堡疾驰而去。一旦重获自由，往日的豪情便又重新回到了她的身上。这便是那个闻名遐迩的传奇故事——玛利亚·斯图亚特逃出惊涛骇浪环绕中的城堡。不过这必须归功于一位感情炽热的年轻人的痴情和一个小男孩的自我牺牲；方便的话，您不妨再去看看瓦尔特·司各特的小说，印证一下她的这段浪漫故事，但是，史学家们对此的看法却不那么富于激情。他们认为，严厉的女看守道格拉斯夫人并不像她表面上以及传闻中的那样毫不知情，这个美妙的故事只不过是编造出来为看守们的无动于衷和恰逢其时的视而不见进行开脱的。但是，这些传奇是如此娓娓动人，我们又何必去戳穿它们，何必要将玛利亚·斯图亚特一生中最后一抹浪漫的晚霞也笼罩在阴霾中呢？乌云已在地平线上升起，风流女王的时代已接近尾声，这位年轻、大胆的女子已是最后一次点燃爱情的火焰，品尝爱情的甘美了。

一个星期以后，玛利亚·斯图亚特又集合起了一支拥有六千士卒的军队，阴云似乎已经散去，一时间，她仿佛又看到了高照在自己头上的吉星。光是汉密尔顿家族，光是韩特莱家族、塞顿家族这些老朋友来到她身边，倒也罢了，难以想象的是，前来为她效力的人竟超过了苏格兰贵族的半数，其中包括了八位伯爵、九位主教、十八位勋爵、一百多位男爵。这真是不可思议，但又没什么令人费解的，因为在苏格兰还从来没有一个人能够在真正成为统治者的同时不遭到贵族的反对。梅里的铁腕引起了贵族的敌视，因此，他们才更宁愿要一个虽然罪孽深重，但是却俯首帖耳的女王来取代这位摄政。其他国家也连忙做出姿态，声援重获自由的女王，法国使臣前来拜望玛利亚·斯图亚特，向她——合法的女君主表示效忠，伊丽莎白在得悉她“脱险的好消息”之后派来一名特使道贺，在身陷图圄的这一年当中，玛利亚·斯图亚特的地位竟变得巩固无比，前景也大为光明。但是，似乎有一种不祥的预感在动摇着她的信心，以往是那么勇敢、那么好战的玛利亚·斯图亚特竟然试图避免以武力来一决胜负，而更力求心平气和地与她的兄弟取得和解；只要他现在能恩赐给她些许微不足道的帝王光辉，这个饱经苦难的女人便愿将大权拱手相让。显然，当年博斯维尔那钢铁般的意志在她身上所激发出来的坚不可摧的力量已经有部分崩溃了——以后几天，这一点暴露无遗；在经历了那么多忧愁、危难和痛苦之后，在经历了那么多疯狂的敌视之后，她所渴望的只剩下了自由、和平与宁静。但梅里却不打算再让她来分享大权。他的好胜心与玛利亚·斯图亚特的好胜心本是继承于同一位父亲，何况还有不少好帮手在一旁出谋划策，劝他采取断然措施。而在伊丽莎白向玛利亚·斯图亚特发去贺信的同时，英国首相塞西尔也正在那儿起劲地催促梅里一劳永逸地干掉玛利亚·斯图亚特和苏格兰的天主教势力。梅里没有什么可以犹豫的，他知道，只要这个不肯服输的女人是自由之身，苏格兰就永无宁日。同时，只有干净彻底地解决掉那些起来造反的勋爵，以儆效尤，他的欲望才能得到满足。于是，他以他惯有的果断作风连夜集结了一支军队。虽说他的部队在人数上处于劣势，但却比玛利亚·斯图亚特的部队更加训练有素、军纪严明。他也不等援兵到齐便率领大军开出格拉斯哥。5月13日，两军在朗赛德相遇，女王与摄政，哥哥与妹妹，梅里·斯图亚特与玛利亚·斯图亚特算总账的时刻到来了。

朗赛德之战快如闪电，但却一锤定音。它没有卡贝里山之役开始以前那种长时间的犹豫和谈判。在第一轮攻势中，玛利亚·斯图亚特的骑兵部队便投入了对敌攻击。但梅里选择了一个有利的阵地，敌方骑兵还没来得及向他所在的高地发起冲锋，就已经被猛烈的火力打得七零八落，接着他一个反冲锋，对手便全线崩溃。前后不过三刻钟，一切就都已结束。女王的最后一支部队土崩瓦解，在丢下三百具尸体和大炮之后没命地逃走了。

玛利亚·斯图亚特站在一座山顶上观战，眼见大势已去，她连忙奔下山岗，跃上马背，在寥寥几个骑兵的护送下，飞速向远方逃去。她已经不再考虑什么抵抗，一种恐怖的感觉笼罩着她的全身。她顾不上什么休息，只是一个劲地跑，她跃过草地与沼泽，穿过森林与田野，整整一天都在策马向前，支撑着她的只有一个念头：逃出去！后来，她在给洛林枢机主教的信中写道："我遭受过谩骂、诽谤、囚禁、饥饿、寒冷、酷热的折磨，我曾经在原野上不吃不歇地奔逃了九十二英里，连自己也不清楚要走向何方。我那时不得不睡在光秃秃的土地上，喝变酸的牛奶，没有面包就吃燕麦充饥。在那片原野上，我像猫头鹰似的生活了三天，身边连一个服侍我的侍女都没有。”这就是那段日子的写照，她将一位勇敢的亚马孙女战士的形象，一位集英雄主义与浪漫主义于一身的形象留在了苏格兰民族的记忆中。今天，苏格兰已经忘记了她的弱点和愚蠢，饶恕了她在激情驱使下所犯的罪孽，留给人们的仅仅是这样一副画面：一座孤零零的城堡中囚禁着一位柔弱的女子，画面一转——一位勇敢的女骑手，为了捍卫自由，正骑着口喷白沫的战马在深夜里疾驰，她宁愿承受千百次的死亡威胁，也不愿怯懦地向她的敌人投降。她已经三次像这样在夜色中奔逃了，第一次是与达恩雷一起逃出霍利鲁德，第二次是在一袭男装的掩护下从鲍特威克堡逃到博斯维尔身边，第三次是同道格拉斯一起逃出洛赫利文城堡。这三次，她都通过不顾一切地狂奔拯救了自己的王冠和自由。然而，现在她所能保住的却只有区区一条性命了。

朗赛德之战后的第三天，玛利亚·斯图亚特来到了大海之滨的丹德连南修道院。这里已是她疆土的尽头。她就像逃窜的猎物一样，被赶到了领地的最边缘。对于这位昨天的女王来说，现在整个苏格兰已再无一处安全之所，亦再无一条退路可言，在爱丁堡等待着她的是铁石心肠的约翰·诺克斯，是庶民的又一次嘲弄，是教士们的又一次仇视，甚至还可能是耻辱柱和火刑台。她的最后一支军队已经瓦解，她的最后一丝希望已经破灭。决定何去何从的艰难时刻到来了。她的身后是她已经失去的国家，那里已经没有归路可言；在她面前是无垠的大海，那里通向世界各国，她可以渡海去法国、去西班牙、去英国。法国是她成长的地方，那儿有她的朋友、她的亲人，那儿还生活着许多热爱她的人——有曾经为她讴歌的诗人，有曾经陪伴她的贵族。这个国家已经盛情欢迎过她一次，并且为她举行过盛大豪华的加冕仪式。但是，正因为她曾在那里身为王后，享尽那片土地上的荣耀，被视为王国显贵中的显贵，她不愿作为乞丐回到那里，穿着破衣烂衫，一副颜面扫地的样子去摇尾乞怜。她不想看到那个恶毒的意大利女人卡塔琳娜·美第奇充满讥讽的微笑，也不想接受什么施舍或是被关进一所修道院里，而逃到西班牙去投靠冷若冰霜的腓力又让她觉得大失身份：那个假仁假义的宫廷绝不会原谅她曾在一位新教牧师的面前与博斯维尔结为夫妻，绝不会原谅她曾经接受了异教的祝福。因此，她所能选择的只有一条出路——去英国，实际上，这已谈不上什么选择，而完全是一种无奈。伊丽莎白不是曾经在她最最绝望的囚禁岁月中鼓舞她，说她“无论什么时候都可以将英国女王视为忠实的朋友”吗？伊丽莎白不是曾经信誓旦旦，要将她重新扶上女王宝座吗？伊丽莎白不是曾经送来一枚戒指作为信物，许诺她任何时候都可以以此来呼唤她的姐妹之情吗？

不过,谁的手一旦沾上霉运,便会一而再、再而三地掷出坏点子。像以往每次作出重大决策时一样,玛利亚·斯图亚特在这至关重要的时刻又一次犯了操之过急的毛病;她在事先没有得到任何保证的情况下,便从丹德连南修道院向伊丽莎白发出这样一封信:“我最最亲爱的姐姐,对于我的种种不幸遭遇,你一定已经知道了不少。但是,促使我写这封信的,还是近日所发生的一些事情,对此你恐怕还尚未耳闻。让我尽量简要地告诉你吧——我最为信任有加,提拔得最多的一些大臣竟然对我刀剑相加、无礼相待,我曾遭受了残酷的关押,是万物的主宰,全能的上帝以一种无人能料的方式将我解救了出来。但是,那之后的一次失利使得大多数对我忠诚不渝的士卒都在我的眼前战死在了疆场。现在,我已经被赶出了我的王国,身陷于绝境之中,以至于我除了上帝便只能指望你的善心了。因此,我请求你,我最最亲爱的姐姐,请让我来到你的面前,让我向你倾吐我的种种不幸遭遇。”

“同时,我乞求上帝赐予你无边的幸福,赐予我耐心与安慰,而那正是我首先寄希望于你,盼望并恳求你给予的,为了能使您想起我之所以信赖英国的原因,我向这个国家的女王送上这件宝物——她所许诺的友谊与帮助的信物,爱你的妹妹,玛利亚女王。”

仿佛是有意要为后人留下话题,玛利亚·斯图亚特匆匆写了这么几句话,而这几行字则永远地决定了她的前途。随后,她将戒指封人信中,把这两样东西一起交给了一位在马上待命的信使。被封在信中的不仅仅是一枚戒指,那里还有她自己的命运。

总之,骰子已经掷下去了。5月16日,玛利亚·斯图亚特登上一条小渔船,渡过索尔韦海湾,在港口小城卡莱尔附近登上了英国的土地。在这决定命运的一天,她还不满二十五岁,然而,真正属于她的生活其实已经结束。这个世界所能给予的一切悲欢离合她都已经品尝过、承受过,她曾登上过人世间的每一座巅峰,也曾跨越过每一座低谷。旦夕之间,她那极度紧绷的神经便尝遍了起起落落——她埋葬过两位丈夫,失去了两个王国,不仅曾逡巡在囚室中,而且还走上过犯罪的阴暗道路,然而她却一次又一次地重新挺起胸膛,拾级而上,走向宝座、走向圣坛。在过去的年复一年、周复一周的岁月中,她的生活中充满着火焰,那火焰曾是那般旺盛,那般狂热,它的余晖甚至穿透了从那以来的几百年。然而,如今这堆火焰已经坍塌,已经熄灭,她美好的一面已经在火焰中耗尽,剩下的只是渣滓与灰烬,只是熊熊烈火所留下的一点可怜的残渣。在她自身所投射的阴影下,玛利亚·斯图亚特步入了命运的黄昏。

SEVENTEENTH CHAPTER | 第十七章 |

罗网织就

Luowang Zhijiu

罗网织就

1568年5月16日~6月28日

玛利亚·斯图亚特踏上英国土地的消息无疑令伊丽莎白大吃了一惊。因为这种不请自来将她送人了十分尴尬的境地。诚然，在过去的一年中，她曾出于君主利益休戚相关的考虑，力保玛利亚·斯图亚特免受戕害。她曾慷慨激昂地向她保证过自己的同情、友谊和关爱——反正信纸值不了几个钱，而外交家的笔写起这种客套话又实在是如行云流水。伊丽莎白热情洋溢、也许过分热情洋溢地向她许诺，无论她碰到什么麻烦都可以将自己视为忠实可靠的姐姐。但是，伊丽莎白从来就没有邀请玛利亚·斯图亚特去英国，相反，她多年以来一次又一次地排除了两人会晤的可能性。可现在，这个讨厌的女人突然踏上了英国的领土，而就是这个国家，不久前她还在高傲地自封为她真正的女王。她来了，事先不曾询问一下，既没有得到过什么邀请也未曾提出过什么申请，开口第一句话便是要对方履行以前作出的、含糊其辞的友情许诺。在第二封信中，玛利亚·斯图亚特根本就不再讨论伊丽莎白是否愿意迎接她的问题，而是将这视为了自己理所应得的权利："我请您尽快来接我。因为我目前的境遇不要说是对于一位女王，就是对于一名普通的贵妇也堪称凄惨。我在第一天里，在田野上奔驰了六十英里，除了我的生命之外，我没有能够抢救出任何东西。如果您能像我期盼的那样对我无比惨痛的遭遇报以同情，那么您将会亲眼看到这一切。"

同情，这的确是伊丽莎白的第一感觉。看到一个想把她推下宝座的女人自己跌下了宝座，而她伊丽莎白连手都不曾动过一下，她的虚荣心自然获得了极大的满足——要是能让世人看到她如今是如何搀起跪在自己面前的那个曾经何等不可一世的女人，如何以一位庇护者的身份居高临下去拥抱对方，那该是多好的一场戏呀！因此，她的第一个，也是正确的本能反应便是宽宏大量地邀请那位过去的女王来见自己。法国大使写道："我获悉，女王在御前会议上极力为苏格兰女王说话；她晓谕众人，准备按玛利亚·斯图亚特当年的身份和地位去接待她、礼遇她，而不管她今天身处何等境地。”伊丽莎白出于她那种强烈的世界历史责任感愿意信守自己的诺言。如果她真的按照这种本能的冲动行事了的话，那么她就不仅拯救了玛利亚·斯图亚特的生命，同时也拯救了自己的声誉。

但伊丽莎白并非独自一人。在她身边还有个塞西尔，此人一双蓝眼睛里闪烁着钢铁般的寒光，在政治的棋局中，他所走的每一步都丝毫不带个人的感情。这个易于冲动，连一点点气压变化都能影响到喜怒的女人把这样一个清醒、坚韧的谋士放在自己身边是经过了精心考虑的。他毫无艺术细胞、毫无浪漫气质，他那清教徒似的天性使他从内心中憎恶玛利亚·斯图亚特那种充满激情、放纵无度的行为，而作为一名严格的新教徒，他又厌恶这个天主教的女信徒。此外，他的私人笔记证明，他毫不怀疑玛利亚·斯图亚特在达恩雷被刺一案中扮演了同谋和帮凶的角色。所以，伊丽莎白刚刚伸出援助之手，他便立刻挡在了面前。作为一名政治家，他清楚地意识到，一旦英国政府和这个难以满足的女人沾上边，就会有无穷无尽的麻烦；多年以来，凡是这个女人所到之处都会横生事端。如果在伦敦以君王之礼欢迎玛利亚·斯图亚特，就等于暗示英国承认她对苏格兰拥有主权，这样，出钱出枪对付梅里和众位勋爵的义务就会被强加在英国身上。对此，塞西尔毫无兴趣，因为挑唆勋爵们造反的本来就是他自己。在他眼中，玛利亚·斯图亚特是新教的死敌，而且一直都是英国最大的威胁，要让伊丽莎白相信玛利亚·斯图亚特的危险性，对他来讲并不是什么难事；英国女王很快就不大愉快地获悉，她手下的贵族是何等隆重地在她的土地上欢迎着苏格兰女王。信奉天主教的勋爵中首屈一指的诺森伯兰邀请玛利亚·斯图亚特去他的城堡做客，而信奉新教的勋爵中影响最大诺福克也到她那里去造访。听上去，似乎所有人都对这个女囚着了迷，而伊丽莎白又天性多疑并且像所有女人一样讲究虚荣到了发痴的地步，于是她马上收起了慷慨的念头，不再准备以君王之礼迎接玛利亚·斯图亚特入宫，因为那个女人会令自己相形见绌，会成为自己国内那些异己分子中意的王位继承人。

总之，才过了几天，伊丽莎白便已将她的仁爱抛到了九霄云外，她下定决心绝不让玛利亚·斯图亚特入宫相见，而同时也不让这个女人离开英国。当然，要是伊丽莎白真能在什么问题上态度明确，应对干脆，那她也就不是伊丽莎白了。无论是在人际交往中，还是在政治问题上，模棱两可的态度都是最为无益的，因为它使灵魂陷入迷惘，世界陷入不安。而正是以这种模棱两可为起点，伊丽莎白开始了她对玛利亚·斯图亚特所犯下的无可推卸的罪责。命运之手将她多年以来梦寐以求的胜利拱手送到了她的面前：她那位一向被视为所有骑士精神化身的女对手没费自己吹灰之力便落入了耻辱的深渊，那位将手向她的王冠伸来的女王自己反倒丢掉了王冠，那个曾自以为拥有继承权，可以趾高气扬地站在她面前的女人如今却站在那里乞求援助。其实，现在伊丽莎白可以有两种选择。她可以将玛利亚·斯图亚特视为流亡者，按照英国的一贯作风慷慨地向她提供避难权，从而迫使她在道义上向自己卑躬屈膝。她也可以以政治原因为由拒绝让她逗留在自己的国家，而无论是哪种态度在法律上讲都是冠冕堂皇，因为你可以对一位求助者表示欢迎，也同样可以将其拒之门外。只有一种做法不仅有违人道，同时也天理难容，那就是先把求助者骗到身边，然后再强行将其扣押下来。伊丽莎白对玛利亚·斯图亚特所施展的便是这样一种人所共愤的诡计——尽管玛利亚·斯图亚特提出了明确的要求，伊丽莎白却非但不允许她离开英国；相反还用诡计、谎言、虚伪的许诺、暗施的暴力将她扣押下来，用这种居心险恶的软禁使一个已经饱受凌辱和失败的女人越来越步人歧途，使她违背自己的本意走上一条充满绝望与罪孽的黑暗道路。

这种以最为险恶，因而也最为丑恶的方式对个人权利所进行的公然践踏，对伊丽莎白的人格来讲是一个永远也无法抹去的污点，她甚至比后来将玛利亚·斯图亚特判处极刑，送上断头台都更加叫人难以原谅，因为这种粗暴的囚禁根本就连一点点说得过去的借口都找不到。当拿破仑逃到英国贝列安号巡洋舰上，要求按照宾客所享有的权利得到对方的款待时，英国的确可以将其视为一场做作的闹剧并加以拒绝（这件事有时也被用作为反面的例子）。因为那时英法两国宣战已久，而拿破仑作为敌军统帅在四分之一世纪里都在不懈地致力于将大不列颠王国置于死地。然而，苏格兰和英国之间却非但没有战争可言，相反还充满了和平的气氛。多少年来，伊丽莎白和玛利亚·斯图亚特彼此以朋友和姐妹相称，当玛利亚·斯图亚特逃向伊丽莎白那里时，她可以向她出示那枚戒指——她们友情的象征，她可以援引她的话："世上绝没有第二个人能够如此诚挚地倾听她的声音。"她也可以抓住一点不放：手下那些叛臣——梅里、莫顿，还有杀害李乔、杀害达恩雷的凶手，只要逃到了英国，伊丽莎白都给予了避难权，而对其罪行则不加追究。最后一点：玛利亚·斯图亚特并不是到英国来抢王冠的，她只有一个微不足道的请求——在这个国家安度余生；假如伊丽莎白觉得这不合自己的口味，那么至少也应放她继续向法国进发。伊丽莎白自然知道：她是无权扣押玛利亚·斯图亚特的，这一点甚至连塞西尔也一清二楚，出自他本人之手的一份笔记（《苏格兰女王备忘录》）便是明证。他写道："必须对她加以帮助，因为她是怀着对女王的信任自愿来到这个国度的。”因此，这两人的心底里其实雪亮，他们根本就找不出一丝合法的线索来编织如此粗大的一条非法的绞索。但是，如果不能在那般棘手的情况下编造借口、花样百出，不能无中生有、“有”变为“无”，政客们还能有什么事情可做呢？既然没有什么真正可以用来扣押流亡者的理由摆在面前，那就只有去捏造一个了。既然玛利亚·斯图亚特对伊丽莎白并无过错可言，那么就想办法让她有吧。当然，一定要小心行事，因为旁人并没有睡着，世界正拭目以待，所以，罩向那毫无防备的猎物的罗网必须要不动声色、绝对轻手轻脚地一点一点收紧，等到她发现了这种意图，准备振翅高飞时——一切为时已晚，每一次奋力的挣扎都只会使她自己被越捆越紧。这带有迷惑性的罗网是以宫廷的礼仪和殷勤的接待为开始的。伊丽莎白驾前最为显赫的两位贵族，斯克罗普勋爵和诺立斯勋爵，被派作荣誉骑士，以最快速度（多么体贴入微！）赶到卡莱尔去拜见玛利亚·斯图亚特。但是他们的真正使命却既无光明正大可言，又不那么单纯专一。他们要以伊丽莎白的名义向尊贵的客人表示欢迎，要对被推翻的女王的不幸遭遇致以同情，同时还要稳住这个激动的女人，让她平静下来，让她不至于过早被惊动并向其他国家的宫廷大声求援。而他们两人最主要也是最根本的使命则是秘而不宣的——要将那个实际上已经成为囚徒的女人小心翼翼地看管起来，谢绝一切拜访，没收所有信件，因此，另外还有五十名斧头兵也被同期调往卡莱尔也就并非巧合了。此外，斯克罗普和诺立斯还必须把玛利亚，斯图亚特所说的每一句话都迅速报往伦敦。因为有那么些人正在那里迫不及待地等待着时机，只要玛利亚·斯图亚特稍有闪失，他们便可以为已经是既成事实的囚禁补上一个堂而皇之的借口。

诺立斯勋爵的侦察任务完成得精彩之至——我们要多谢他妙笔生花，为我们留下了玛利亚·斯图亚特最为直观、也最为生动的一幅性格写照。人们一次又一次地从中领略到，虽然不过只有寥寥几次，但是她一旦集中了全部精力，那么即便是最最聪明的男人也不得不对她表示景仰和钦佩。弗兰西斯·诺立斯爵士在给塞西尔的信中写道：“毫无疑问，她是一个出类拔萃的女人。没有什么奉承话真能哄得住她，同样，只要她认定与她说话的是一个正人君子，那么无论你怎样直言她也不会生气。”他认为，她的言谈证明她不仅口才出众而且头脑敏锐，他盛赞她“有着不屈不挠的气魄”、“宽广的胸怀”和平易近人的态度。但是他也洞察到那种异乎寻常的高傲是如何在损害着这个灵魂：“她最为渴望的东西便是胜利，与之相比，尘世间的财富以及其他一切都是那般微不足道、渺小无比。”不难想象，当生性多疑的伊丽莎白看到自己对手的这幅性格写照时心中会有怎样的感觉，她的心肠和手腕会如何在瞬息之间变得越来越硬。

但玛利亚·斯图亚特也有一双敏锐的耳朵。她很快就觉察到特使们那些亲切的慰问和恭维实际上便如风和水一般根本无味可言，这两人之所以如此热情友好地与自己进行交谈，只不过是为了对别的什么东西加以隐瞒。那就像是在喂什么苦药，先是一滴一滴，同时还拌入许多甜言蜜语，好让她渐渐才品味出伊丽莎白不愿接见她，除非她先把自己被指控的所有罪名都洗刷干净。这个荒唐的借口是伦敦那些人在此期间搜肠刮肚侥幸找到的，目的只不过是为一个赤裸裸、冷冰冰的企图——将玛利亚·斯图亚特拒之门外并且加以软禁——围上一块道德名义上的遮羞布。而玛利亚·斯图亚特要么是真的没有看出这是个陷阱，要么就是装作并不明白这种拖延的险恶用意。她激动无比地宣称她准备为自己辩白："但是这自然只能是在一个人的面前，一个我承认出身与我同样高贵的人面前——那就是英国女王。"越早越好，不，她要马上就去"充满信任地投入她的怀抱"。她急切地请求"省去一切繁文缛节，让她以十万火急的速度去伦敦相见，好让她能够申诉，能够粉碎别人对她的名誉进行的一切诽谤"。因为她完全愿意接受伊丽莎白作为法官，当然，也只接受这一个人。

这些话已足以让伊丽莎白心满意足了。既然对手已经原则上同意进行申辩，那么现在她就有了下手之处，可以把这个原本是到她的国家来做客的女人慢慢拖进一场诉讼中去了。当然，猛扑过去未免太扎眼，行事还是要完全小心谨慎，千万不能让这个已经有些警觉的女人早早就向世人发出哀鸣，在最终令玛利亚·斯图亚特名声扫地的决定性一击发出之前，还必须先用种种许诺将她麻醉起来，让她安安静静、毫无反抗地躺到刀口之下去。于是伊丽莎白修书一封，如果我们不是知道此时内阁会议早已决定采取扣押行动，信中那番慷慨陈词倒真会令我们大为感动。一个硬邦邦的事实——拒绝接见玛丽亚·斯图亚特——被裹进了软绵绵的棉花里，这个狡猾的女人写道："夫人，我的赫里斯勋爵向我禀报，说您愿意在我面前就您所受到的种种污蔑进行申辩。啊，夫人，世上恐怕再没有人比我更愿意倾听您的声辩，比我更愿意洗耳恭听有助您恢复名誉的每一个回答了。然而我不能拿我自己的声誉去冒险。实不相瞒，有人已经在说我闲话，认为我打算一味偏袒您这一边，而不愿睁眼看看您的大臣们指控您的那些事情。"在巧妙的拒绝之后是更加圆滑的引诱。伊丽莎白信誓旦旦地许诺——请特别注意这几行字——"我以王者之尊保证，无论是您的臣子还是我的顾问们对我提出的建议都绝不会令我动摇，绝不会令我要求您做出什么有损于您自己或是您名誉的事情来。”信是越来越动情，越来越动听：“我不让您来见我，您是不是觉得奇怪？我请您设身处地为我想一想。如果您已经将嫌疑洗刷干净了，我会以隆重的礼仪来欢迎您，但在那之前，我却不能这样做。我向上帝起誓，一旦那成为现实，世上绝不会再有第二个人比我更衷心希望见到您，对于我来说，那将是人世间最大的快乐了。”

这番话实在是温和婉转，令人安慰，感人肺腑。但它所遮掩的却是一个干巴巴、硬邦邦的事实。因为前来送信的信使还肩负着另一个任务——向玛丽亚·斯图亚特最终挑明，她根本没有希望面对伊丽莎白为自己进行辩护，她所能面对的只能是就苏格兰发生的种种事情的一次正规调查。当然，眼下这还必须郑重其事地冠之以“会议”的美名。

就像是碰到了烧得火红的铁块一样，一听到审讯、调查、判决这些字眼，玛利亚·斯图亚特立刻暴跳如雷，她声泪俱下地怒斥道：“除了上帝，没有任何人有权作为法官来审判我。我知道我是什么人，知道我的身份赋予了我怎样的特权。不错，我确实曾经全心全意、推心置腹地向我的姐姐提出过建议，请她在我的事情上充当仲裁。但她既然不允许我去见她，那她又为何还要扮演法官的角色呢？”她以威胁的口吻预言（后来果然成了现实！），伊丽莎白把她扣留在自己的国家里绝不会捞到什么好处。她随即抓起笔来，激动地回复道：“嘿，夫人，您何时何地听说过这样的事情——一位君王亲自去聆听一个受到冤屈的人进行申辩，竟因此受到指责？……夫人，您千万不要以为我是为了逃命才到这个地方来的——无论是世界还是整个苏格兰都没有抛弃我——我来这里是为了重新恢复我的名誉，是为了寻求支持，制裁那些诬陷我的人，而绝不是为了来屈尊回答他们的谎言。我之所以在众位君王中选择您，是因为您是我的至亲、是我无可挑剔的好友，是因为我相信能在您的面前控告那些人，相信您能将重新恢复一位女王的荣誉视为自己的荣耀。”她不愿逃出一座监狱，又在这个“没什么差别”的地方失去自由。最后，她怒气冲冲地要伊丽莎白表明态度（可惜无论什么人想叫伊丽莎白做到这一点都是徒劳一场）——帮助她还是放她远走高飞。她愿意到伊丽莎白面前申辩，但绝不是和那些叛臣贼子们一起上法庭，除非这些人是被捆着带来的。她有一种强烈的意识——她的特权是上帝赐予的，如果她不能拒绝臣子们与她平起平坐，那么她宁愿去死掉。

从法律上讲，玛利亚·斯图亚特的立场无可挑剔，英国女王没有比苏格兰女王更高的主权，她无权调查一宗发生在别国土地上的谋杀案，也无权去干涉别国女王与臣民之间的纠纷，这一点，伊丽莎白心中自然是一清二楚。因此，她加倍努力地送上她的甜言蜜语，力求将玛利亚·斯图亚特从那坚不可摧的阵地引诱出来，然后领进一片诉讼的泥潭中去。不，她不能去充当法官，她只是出于朋友和姐妹之情想还女王一个清白。啊，一旦事情水落石出，她就可以如愿以偿——终于和亲爱的表妹见上一面，并且将她重新扶上女王宝座了。为了促使玛利亚·斯图亚特离开安全的阵地，伊丽莎白的重要承诺是一个接着一个，她装模作样，似乎她一刻也不曾怀疑这个受尽污蔑的人是清白无辜的，似乎所要进行的审理跟玛利亚·斯图亚特根本就毫无关系，而纯粹只是用来对付梅里和其他叛臣贼子的。谎言也是一个接着一个。伊丽莎白发誓绝不会允许调查中出现任何有损玛利亚·斯图亚特名誉的讨论——不久，我们就可以看到这番诺言是如何被遵守的。伊丽莎白还在居间调停的人面前做出一副坚决的姿态，说无论调查结果怎样，玛利亚·斯图亚特的女王地位都会得到保障。但是，就在伊丽莎白信誓旦旦地以名誉向玛利亚·斯图亚特担保时，首相塞西尔正热火朝天地奔驰在另一条轨道上。为了让梅里来配合这场调查，塞西尔私下向他保证：绝不会让她的妹妹重登女王宝座。可见，当面一套背后一套的政治戏法也并非是我们这个时代才有的独特发明。

很快，玛利亚·斯图亚特便觉察到这是一场心照不宣的你争我夺，伊丽莎白固然不会听她的摆布，她对这位亲爱的表姐所要达到的目的也一清二楚。她开始自卫、开始抵抗，她时而在信中甜言蜜语，时而又尖酸刻薄。但是从伦敦抛出的套索却再也不肯放松了，相反，他们在一点点地将它收紧。越来越紧，越来越狠。渐渐地，为了让她受到更大的精神压力，五花八门的防备手段都派上阵来，他们要叫她明白，要是情况紧急，要是她敢拒绝、敢抗争，他们将坚决用武力来解决。她所享受的种种舒适待遇被打上了折扣，她不能再接见苏格兰来的客人，每次出门都有不下一百名骑兵四面环绕。后来一道命令更是叫她目瞪口呆：她被勒令离开坐落在大海之滨的卡莱尔——在那里，她至少还可以任意远眺，而且说不定还会有一条船善心大发来将她救走，可现在她却只能去约克郡，去坚固的博尔顿城堡，走进一座“很大、很美、也很气派的房子”里。当然，这个硬邦邦的指令外面也被涂上了一层甜蜜蜜的蜂蜜，锋利的鹰爪还羞答答地藏在天鹅绒的手套里：他们向玛利亚·斯图亚特保证，伊丽莎白下令将她转移纯粹是出于关心体贴，是为了让她离自己更近，是为了让信件的往来更加快捷。在博尔顿她将“享有更多的欢乐和自由,并且完全无须再担心受到敌人的威胁。"玛利亚·斯图亚特可没那么天真,她才不会相信别人有如此好心,虽然她明知自己已经一败涂地,但她的抵抗还在继续。可是,她难道还有什么选择的余地吗?苏格兰已经回不去了,法国又去不成,她的境遇越来越有失体统:她吃的是别人的面包,穿的是从伊丽莎白那儿赊来的衣服。孤零零一个人,真正的朋友一个也见不到,身边全是对手的部下。渐渐地,玛利亚·斯图亚特的抵抗不那么信心十足了。

终于,恰如塞西尔所料的那样,她犯下了一个很大的错误,而这也正是伊丽莎白焦急等待着的:在不经意之间,玛利亚·斯图亚特宣布她同意接受调查。这是玛利亚·斯图亚特一生中最大最不可原谅的错误,她贸然放弃的是一个根本无懈可击的立场——伊丽莎白无权对她进行审判,也无权剥夺她的自由,无论是作为女王还是作为客人,她都无须对异邦的裁决加以理睬。但玛利亚·斯图亚特的勇气向来只够做轰轰烈烈的短暂喷发,她从来就不具备做一位君王所必需的坚韧不拔的力量。她感觉到脚下已经没有了坚实的立足之处,连忙徒劳地追加上一些条件,指望在被骗取了首肯之后,至少还能抓住那条将她推下深渊的手臂。她在6月28日的信中这样写道:"只要是您的吩咐,我就没有什么不敢去做的,因为我从来就不曾怀疑过您的信誉和一位女王的可靠。"

但是,无论是谁,一旦他把自己的命运交给了别人,自己的命运要看别人是否愿意恩赐,那也就再没有什么言辞、什么恳请能够补救,能够帮上忙了。公理掌握在胜利者的手中,而对于失败者来说,永远也不会有公理可言,胜者为王!

EIGHTEENTH CHAPTER | 第十八章 |

罗网收紧

Luowang Shoujin

罗网收紧

1568年7月~1569年1月

玛利亚·斯图亚特刚刚轻率地答应接受一次“绝无偏袒的仲裁”,英国政府便马上施展种种手腕,要把它变成一次绝对偏袒的审讯。在众位勋爵被允许带着种种证据亲自到场的同时,玛利亚·斯图亚特却只被允许派遣两名委托人代表她出席。她只能远远地通过中间人对犯上作乱的勋爵们提出指控,而勋爵们却既可以随心所欲地高谈阔论,又可以私下里串通一气——遭到这些暗算之后,玛利亚·斯图亚特不得不从一开始便由攻势转入守势。所有美丽的许诺都一个接一个被无声无息地踢到了谈判桌下,还是那个伊丽莎白,刚刚还在那里说她的名誉不允许她在审理结束之前与玛利亚·斯图亚特相见,现在却不加思索地接见着叛贼梅里,那些“名誉”方面的考虑也就马上不再提起了。当然,把玛利亚·斯图亚特推上被告席的意图暂时还得遮遮掩掩(别国的看法总归还是要考虑考虑的),所以,公开的说法是“勋爵们必须就他们的反叛行为作出‘解释’”。那么,伊丽莎白装模作样要勋爵们解释的到底是什么呢?这当然意味着他们要把拿起武器对准女王的理由统统都摆出来,其实也就是暗示他们将弑君案的来龙去脉公之于众。如此一来,矛头自然便调转向了玛利亚·斯图亚特。只要勋爵们提出了有力的证词,伦敦便可以找到一块法律上的垫脚石,将玛利亚·斯图亚特继续扣押下去。于是,那毫无合法可言的关押,便可以幸运地在世界面前披上合法的外衣。

但是,这次原本是按照骗局来设计的会议(称之为审判实在是亵渎了司法部门)在不知不觉中却完全变成了不合塞西尔和伊丽莎白口味的另一种闹剧。虽说安排双方共聚圆桌旁的本意是让他们相互攻击,可当事双方却都没什么兴趣用证据和事实来说话,其中的原因大家肚子里都清清楚楚。因为这宗诉讼的可笑之处在于——这里的原告和被告原本就都是此案中的同谋,双方都更愿意对达恩雷被刺一案中那些棘手的细节避而不谈,因为他们在其中扮演的角色实在是彼此彼此。莫顿、梅里、梅特兰德固然可以翻出来那只装信的珠宝盒,声称玛利亚·斯图亚特不是同谋也至少是包庇犯,显得正义完全站在众位体面的勋爵一边。但玛利亚·斯图亚特也同样可以理直气壮地指责勋爵们事前完全知情并且至少是以沉默支持了这桩罪行。要是勋爵们胆敢把那些令人尴尬的信件抛到桌面上来,那么玛利亚·斯图亚特也可以把事后才高唱忠君爱国的勋爵们的面具从脸上撕去,因为她早已从博斯维尔那里知道是哪些人共同签署了那份弑君盟约,而且说不定那份盟约就在她手上。因此,双方都没什么兴趣逼人太甚实在是再自然不过的事情了,于是乎,双方又有了共同的利益——和和气气地把这件令人难堪的事解决掉——也就没有什么令人费解的了。别去打搅坟墓中可怜的亨利·达恩雷了。"让死者安息吧!"成了双方虔诚的祈祷语。

如此一来,伊丽莎白万万没有料到的一幅奇特景象出现了:在讯问开始时,梅里只是把博斯维尔点了出来——他知道,这个危险人物远在千里之外,根本不可能前来指认他的同谋——而对他的妹妹,他却表现出了少有的审慎态度,没有对她进行任何指责,似乎他已经完全忘记了一年以前议会是如何公开宣判她犯有同谋罪的。其他那些一反常态的骑士也没有像塞西尔所期待的那样雄赳赳地出场亮相,抬手就将那些致命的信件掷在桌上。这出颇具创意的闹剧中还有另外一个(当然还并非最后一个)奇特之处——英国方面的代表也是心事重重、尊口难开,难得问上半句。信奉天主教的诺森伯兰勋爵大概是觉得玛利亚·斯图亚特要比他的伊丽莎白女王更为亲切,而诺福克勋爵则出于某些后来才慢慢为人所知的原因,对和平解决的方案十分醉心;和解方案的轮廓已经被勾勒了出来:玛利亚·斯图亚特可以重享她的尊号和自由,而梅里则保留他唯一看重的东西——实实在在的权力。伊丽莎白原本希望能出现电闪雷鸣、将她的对手从道义上击得粉碎的地方,现在却是和风徐徐;她原以为那些人会就真相和材料争争吵吵,而事实却是他们关起门来推心置腹,气氛一天比一天温和,一天比一天融洽。这可真是旷世罕见的审讯!总而言之,几天之后,严厉的责备已经被忘在了脑后,原告和被告、陪审员和法官都找到了共同的努力方向,那就是为这一次会议——伊丽莎白为对付玛利亚·斯图亚特而导演的政治上的头号国家大事——准备一次最高规格、气派非凡的葬礼。

最适合在对立双方之间穿针引线,扮演中间人角色的当然要属那位左右讨好的老手——苏格兰国务大臣梅特兰德·列廷顿。他不仅在刺杀达恩雷这桩阴谋中扮演过最不光彩的角色,同时,作为天生的权术家,他对两面派这种角色也驾轻就熟。当勋爵们在克雷格米勒拜见玛利亚·斯图亚特，建议她用离婚或其他什么办法甩掉达恩雷时，梅特兰德作为发言代表含含糊糊地许诺道：梅里“会从指缝中看这件事”。此外，博斯维尔的婚事也是他操办的，在“劫驾”发生之时他是“偶然”在场的一位目击者，只是到了最后一天他才倒向了勋爵一边。要是女王和勋爵们之间真的来上一场枪林弹雨，那么他这个正处两大阵营之间的人势必前途渺茫。因此，情急之下，他只能把所有合法与不合法的手段都施展了出来，以求息事宁人。

他先是恐吓玛利亚·斯图亚特——勋爵们已经决定，要是她顽固不化，那么他们为了自卫也只有不顾一切，把什么招数都用上了，到那时候可就没人顾得上她的脸面了。为了向她证实勋爵已经准备了多少足以葬送她名誉的武器，梅特兰德悄悄叫他的妻子玛丽·弗莱明把控状的主要罪证——珠宝盒中的那些情书和十四行诗抄写了下来，然后把抄件摆在了玛利亚·斯图亚特面前。

把一份玛利亚·斯图亚特尚不知晓的罪证悄悄透露给她本人，当然是梅特兰德对他盟友们的一步暗算，此外这也是对正常司法程序的严重践踏。但是，它很快就被勋爵那边同样不合规矩的行为比了下去。如出一辙，勋爵们也将“珠宝盒信件”透露给了诺福克和其他英方代表，从某种意义上讲，干脆就是从谈判桌下塞过去的。此举对玛利亚·斯图亚特是一次沉重的打击。因为那些原本已倾向于和解的法官不由得因此对她本人产生了反感，这其中尤以诺福克为甚，潘多拉的盒子打开后升腾起的那股臭气令他震惊得无以复加。他马上向伦敦禀报（这同样违反了规定，但在这次稀奇古怪的诉讼中，除了公正，没有什么是行不通的）：“显而易见，女王与博斯维尔之间是一种强烈而肮脏的情欲，她不仅嫌弃后来被害的丈夫，而且还是谋杀案中的同谋。对这种种劣行，每一个有良知的好人都会感到不寒而栗。”

对于玛利亚·斯图亚特来讲，这实在不是个好消息，可对伊丽莎白来说，这却是天大的喜讯。因为她现在终于知道，只要把那么一份控告材料往桌子上一扔，对手就将名声扫地。如此一来，她再也坐不住了，不把那东西公之于众她是安静不下来的。到了这时候，玛利亚·斯图亚特越是愿意息事宁人，伊丽莎白就越是要在大庭广众之下让她丢人现眼。在诺福克看到声名狼藉的珠宝盒信件之后，他那充满敌意的态度，他那发自内心的愤怒，使得这场戏中的玛利亚·斯图亚特看上去似乎已经回天无术了。

但是，政坛便如赌桌，只要手中最后一张牌还没有亮出来，就不能认为一方已经输掉。就在这千钧一发之际，梅特兰德又打出了一手令人叹为观止的好牌。他找到诺福克，和他进行了一次秘密的长谈，你再来看吧——你一定会大吃一惊，甚至在最初一刻根本就无法相信这段记录是真的——一夜之间，奇迹出现了：扫罗突然变成了保罗①——怒不可遏、义愤填膺，对玛丽亚·斯图亚特已经抱有强烈偏见的法官诺福克，现在却变成了她最热心的拥护者和捍卫者。他非但不秉承本国君主的意愿去策划公开审判，反而却在眨眼之间转而关心起了苏格兰女王的利益——他突然劝玛利亚·斯图亚特千万不要放弃苏格兰的王冠，另外还要把英国王位的继承权也抓在手中。他要帮她挺直腰杆，为她重铸铁腕。同时，他还对梅里发出了迫切的警告：不要把那些信拿出来。你再瞧瞧吧——梅里在和诺福克进行了一次秘密交谈之后也来了个大转弯，变得又温和又大度，调子也和诺福克完全一致了：博斯维尔才是罪魁祸首，玛利亚·斯图亚特不应对此负责。似乎一夜之间，甜蜜的和风便吹遍了千家万户，冰雪已经开始消融；再有两三天，春意和友情便将撒满这个古怪的法庭。

人们不禁要问：究竟是什么东西竟能使诺福克一夜之间来了一个一百八十度的大转弯，一下子从伊丽莎白的法官变成了胆敢抗命的叛徒，从玛利亚·斯图亚特的对头变成了她最热忱的朋友？第一个念头是：梅特兰德收买了诺福克。但转念一想便会觉得这难以成立。因为诺福克是英国贵族中的第一富豪，他的家族也仅比都铎王族稍逊少许，要收买他，不光梅特兰德一个人没那么多钱，就是整个贫穷的苏格兰也凑不出。但是，如同大多数情况一样，第一感觉往往是正确的——梅特兰德的确是成功收买了诺福克，他向这位年轻的鳏夫送上的是唯一一件能令这样一个有权有势的人心动的东西，那便是更大的权势。他将女王的玉手送到了公爵大人面前，也就等于是向他献上英国王冠的继承权。而王冠永远都散发着一种魔力，它能令最最胆小怕事的人也变得勇猛无比，最最淡泊名利的人也变得野心勃勃，最最聪明睿智的人也变得愚蠢透顶。如此一来，我们便不难理解，为什么诺福克昨天还在那般步步紧逼，要玛利亚·斯图亚特主动放弃王位，今天却又一下子如此一反常态，反而劝说她捍卫自己的权利了。都铎家族曾经以叛国罪的名义处死了他的父亲和祖父，如今他要通过与玛利亚·斯图亚特的婚姻一举达到夺取王位的目标——作为子孙，背叛一个曾经用刽子手的板斧消灭过自己祖先的王族，我们又怎能去责备他呢？

---

① 这是出自《圣经·新约》的典故：耶稣门徒保罗原名扫罗，曾反对耶稣并参与迫害耶稣的门徒，在耶稣显示了一次神迹之后，他接受了洗礼，改名保罗，成为十二使徒之一。

当然，就我们今天这些人的感情而言，要接受这样一件令人难以置信的事情，实在不是一时三刻便能做到的——就是这个男人，昨天还在对谋杀犯、通奸犯玛利亚·斯图亚特震惊不已，对她“污秽”的艳史怒不可遏，现在却闪电般地决定要娶这个女人为妻了。玛利亚·斯图亚特的辩护者们当然也在问题上推出过他们的假设——梅特兰德一定是在那次密谈中向诺福克证明了这个所谓“珠宝盒信件”纯属假货，从而使他相信了玛利亚·斯图亚特的清白无辜。但是，流传下来的史料中却并无这样的记载；事实上，直到几星期以后，诺福克还在伊丽莎白面前将玛利亚·斯图亚特称之为杀人犯。但是，如果我们把当代的道德观念套用到四百年以前，那无疑是大错特错了，因为人生的价值在不同的时代、不同的空间中并不是绝对的，每个时代都赋予人生不同的价值，道德永远只是相对的。与19世纪相比，当代对政治谋杀的态度要宽容得多，同样，在16世纪，那也根本就没什么值得伤脑筋的。内心中的犹豫对于那个时代来讲是陌生的，因为在那个时代中，道德的基石并不是《圣经》，而是马基雅维里的《君主论》。那个时代的人要是想登上王位，是不会过分为难自己，例行一番多愁善感、犹犹豫豫的，也不会迫不及待地去关心宝座前的台阶上是否还有未干的血迹。《理查三世》中有一场戏：王后明知那个男人便是凶手，却还是嫁给了他，这可是那个时代的人写的，观众们从来也没有认为这有什么不可信的地方。为了登上王位，刺客、毒药照样可以拿来对付父亲、兄弟，成千上万的无辜者被拖进战争，至于公理何在，到了剪除异己、扫清道路时是没人会关心的。在那个时代的欧洲，你恐怕根本就找不到一个不曾公然犯下这些罪行的王族。看在王冠份上，十四岁的男孩可以娶上一位五十岁的贵妇，稚气未脱的小丫头可以嫁给一个足够做她爷爷的糟老头子。品行和容貌、尊严和道德都不是大家所关心的，弱智、残疾、截瘫病人、梅毒患者、精神失常者、身负血案者都可以拉来婚配。那么，当年轻、美貌、热情奔放的女王已经在向未来的夫君招手时，又何必指望这位野心勃勃、爱慕虚荣的诺福克会有什么特别的犹疑呢？此时的诺福克已经被勃勃野心激荡得头晕目眩，他不再去管玛利亚·斯图亚特做过什么，而只关心她能为他做些什么。这个生性懦弱、天资鲁钝的男人仿佛已经看到自己走进了威士敏斯特，坐在了伊丽莎白的宝座上。于是，一夜之间天翻地覆，梅特兰德的巧手解开了为女王定制的罗网。玛利亚·斯图亚特本以为会碰到一名严厉的法官，现在却突然在那儿找到了一位未婚夫和好帮手。

但伊丽莎白不光有一个警觉、多疑之极的头脑，她还有许多灵通的耳目。她曾经得意洋洋地向法国大使吹嘘过："君王都长着硕大的耳朵，声音无论远近都难以逃过。"她从上百个微小的迹象中感觉到，约克城中正在酝酿什么她恐怕不愿意尝到的无名饮料。她首先将诺福克召来，面带嘲讽、直截了当地告诉他，自己听说他准备去做新郎了。诺福克可不是什么英雄好汉。彼得的公鸡立刻嘹亮地高叫起来①；他马上矢口否认和那个昨天他还在追求的女人有那种可耻之极的关系——那统统都是谎言、诽谤，他怎么也不会和那样一个淫妇、凶手结婚吧！故作激昂的一派谎言成了他的宣言："要是那样，我每天睡觉之前还得先摸摸枕头下面是不是放着把刀子。"

但是伊丽莎白心中有数，后来她得意洋洋地说："他们还当我是傻瓜，以为什么都能瞒得过我。"当这个女人怒不可遏地在宫廷之上对着胆小鬼大发雷霆时，对方立刻吓得把什么秘密都招认了出来。马上，她决定要亲自来大干一场。按照她的旨意，11 月 25 日，谈判桌从约克郡搬到了威士敏斯特的画廊，约克郡到这儿有两天的路程，同时还远离了她的警卫和间谍；而此处距她的房门不过才几步，就在她那多疑的眼睛底下，梅特兰德再要要什么花招可就没那么容易了。此外，在她发现她的代表不那么可信之后，她又增派了几个绝对靠得住的人，为首的便是她的宠臣莱切斯特，到了这个时候，缰绳已经挽在了她的铁腕上，于是，诉讼便奉旨行事，飞快地进行起来。梅里，她的老食客，得到的命令一清二楚：他应当出来"申辩"；此外还有一个颇含风险的嘱托：即便是在"极为令人作呕的指控"面前他也不能退缩——也就是说，尽管把那些装在珠宝盒中的信件、那些与博斯维尔通奸的证据拿出来。那番郑重其事的许诺，什么绝不允许"有损玛利亚·斯图亚特名誉"的事情发生，统统都被抛到九霄云外去了。但是勋爵们还是感觉不怎么自在，对于是否把信拿出来始终犹豫不决，所以还只局限于做一些泛泛的指控。另外，伊丽莎白也没法公开下令，要他们交出信件，因为那样一来，她的偏向就暴露得太明显了。于是她又想出了更为虚伪的一手，她装模作样，似乎她本人已经完全相信玛利亚·斯图亚特是清白无辜的；而正因为如此，她才出于姐妹之情，迫不及待地要搞个水落石出，以拯救妹妹的名誉；如此一来，唯一的捷径便是把所有"恶意中伤"的材料都拿出来瞧瞧。她一定要让那些写给博斯维尔的情书和情诗都出现在审判台上。玛利亚·斯图亚特必须被彻底解决掉。

---

① 《圣经·新约》中的典故：耶稣被杀前，门徒彼得向他表示忠心，耶稣说："今夜鸡叫之前，你要三次不认我。"当晚耶稣被捕，彼得当场向差役起誓说："不认得那个人，"这时正好鸡叫。这一典故用来形容干亏心事被别人捉住时的尴尬和惊慌。

在这种压力之下，勋爵们终于让步了。到了最后一分钟，梅里又表演了一小出装模作样进行抵抗的闹剧——他并没有亲自把那些信件抛到桌子上，而仅仅只是把它们拿出来晃了晃，然后由一位秘书“强行”从他手中抢走了那些信件，到了这一刻，伊丽莎白已经大获全胜。作为证据的信件摆到了桌上，立刻就被当众宣读了出来，次日在扩大会议上又被朗读了第二遍。尽管勋爵们早就曾起誓证明“此系真迹”，但伊丽莎白却觉得这还不够，远远不够。她仿佛预见到几百年后会有人为了拯救玛利亚·斯图亚特的名誉而提出种种借口，宣称那些信件纯属伪造，她又下令当着所有与会代表的面将这些信件上的笔迹与她本人收到的玛利亚·斯图亚特的信件进行严格的比较。在进行这番工作时，玛利亚·斯图亚特的代表退出了会场(这也是足以证明那些信件确属真迹的重要证据)，他们理直气壮地声明：伊丽莎白没有信守她自己的诺言，因为她曾经保证过不允许任何“有损玛利亚·斯图亚特名誉”的事情发生。但是，在一场主要被告不许出席，而她的敌人如伦诺克斯之流却可以随心所欲进行指控的诉讼中，不公本来就已达到了极致，在这种地方还能有什么公正可寻呢？玛利亚·斯图亚特的委托人刚一离开，奉旨到场的代表们便一致作出了“初步决议”：在玛利亚·斯图亚特把各种罪名洗刷干净之前，伊丽莎白还是以不接见她为宜。伊丽莎白的目标达到了。她终于炮制出了一个她如此急需的借口，能够名正言顺地将那个流亡者从自己身边推开了。现在，用不着花多大力气就可以再找一个借口将她继续置于“体面的保护”之下——与“囚禁”相比，这种委婉的说法要漂亮得多。到了这个时候，伊丽莎白的追随者们可以欢呼胜利了，帕克大主教的口号便是：“我们的好女王现在终于揪住了狼耳朵！”

随着“初步决议”的抛出，玛利亚·斯图亚特的名誉在众目睽睽之下遭到了扼杀，她只得低下头，露出脖子，等着判决像利斧一样落到自己头上。她可能会被宣布为杀人犯，引渡回苏格兰，到了那儿，约翰·诺克斯才不会跟她讲什么客气。可是，那致命的一击却并没有呼啸而下——伊丽莎白这时又忽然决定高抬贵手了。这是她的一贯作风，不管好事还是坏事，到了该做出最后决断的时候，这个谜一般的女人总是拿不出真正的勇气来。是像暖流一样在她体内奔腾不息的人性激起了宽宏大量？还是因为她为自己自食“王者之言”，没有保住玛利亚·斯图亚特的名誉而感到羞愧？是又一个权术上的伎俩？还是像这类性格难以探究的人身上常有的那样——是各种矛盾心情交织在一起的结果？不管原因到底是什么,反正当机会来到面前,可以将对手彻底解决掉时,伊丽莎白却又一次退缩了。她没有让法庭迅速作出一项严厉的判决,而是推迟了作出最终裁决的时间,以便与玛利亚·斯图亚特进行谈判。从根本上讲,伊丽莎白只是希望这个桀骜不驯、死不认输,不知道什么叫害怕的女人老实一些,只是希望她能变得安安静静、不再威胁到自己。因此,她给她出了个主意:让她在最终判决作出之前对物证的真实性提出质疑。此外,她还悄悄通知玛利亚·斯图亚特,要是她自愿逊位,那么就宣判她无罪,并允许她拿上一笔养老金在英国自由地生活下去。与甜面包一同落下的还有皮鞭——另一方面,他们又放出要公开处决她的消息来恐吓她,英国宫廷的正式代表诺立斯报告说:他已经施展浑身解数,把那个女人吓得半死了。伊丽莎白使出的又是她惯用的那两手:恐吓加利诱。

但玛利亚·斯图亚特并不是那么容易被吓住,也不是那么好引诱的。对她来讲,就是危险真已到了有灼肤之痛时,她也只会因此而振作起来,而随着勇气一起增长的还有她的沉着镇定。她拒绝再去就那些证物进行讨论。当她发现自己落入的是怎样一个陷阱时,已经为时太晚;于是她便回到了自己原先的立场上,拒绝和她的臣子们平起平坐。她身为女王,只需说一句所有罪名和证据均属捏造,就应比所有的证词和证物都更有法律效力。至于别人向她提出的那笔交易——用她的逊位来换取那个她根本就不予承认的法庭的无罪开释,她更是断然予以拒绝,她毅然决然地向中间人扔下了几句话——后来她真的用自己的生命与死亡证明了此言不虚——“休要再提什么放弃王冠了!我宁死也不会同意的。直到生命的最后一息,我的话都将还是苏格兰女王的话。”

恐吓失败了,伊丽莎白鼓起的那五分勇气,碰上的是玛利亚·斯图亚特坚不可摧的勇气。伊丽莎白又一次犹豫起来,尽管玛利亚·斯图亚特毫无让步之意,她却不敢对她作出公开的判决。她虽有那样的意愿,但在最后的结果面前,她却屡屡向后退缩(这一点我们还会一次又一次地看到)。判决终于作出了,并不是像她原先计划的那样具有毁灭性,但却如整个诉讼一样阴险毒辣。1月10日,法庭郑重其事地宣布了一个既无说服力又饱含欺诈的畸形判决。它宣称梅里及其拥护者并无有悖于荣誉和职责的行为。这也就等于明确赞同勋爵们的叛卖。而为玛利亚·斯图亚特恢复名誉的结论就要含糊其辞得多:列位勋爵对女王提出的指控尚缺乏充分证据,不足以令英国女王陛下对她妹妹的良好看法有丝毫的恶化。从表面上看,这个判决保住了女王的名誉,人们可以将原因解释为证据不足或者证据无效。但是，这段文字中却隐藏了一个带毒的倒刺——“缺乏充分证据”。这也就是暗示，有许许多多证据可以用来证明女王嫌疑重大甚至有罪，只是证据还不那么“充分”，没有充分到足以让伊丽莎白这样一位好女王相信的地步。这些话对于塞西尔所要达到的目标已经足够了：嫌疑的阴云依然笼罩在玛利亚·斯图亚特头上，现在已经有充足的理由把这个手无寸铁的女人继续扣押下去。这一刻，伊丽莎白胜利了。

但这场胜利却像皮洛士的胜利①一样代价沉重。因为只要玛利亚，斯图亚特被扣押在那里，便有两个女王生活在英国的土地上。而只要两位女王并立一天，英国便国无宁日。不公正的待遇向来是滋生不安定因素的温床。那些靠阴谋诡计搞出来的东西绝不会带来什么好的结果，伊丽莎白剥夺玛利亚·斯图亚特自由的那一天，便也是她自己失去自由的开始，因为她将玛利亚·斯图亚特当成敌人来对待，也就为对方的每一分敌视提供了理由；她自己背信弃义、花言巧语，也就等于承认对方背信弃义、花言巧语也全在情理之中。此后，年复一年，伊丽莎白将不得不为她当初的错误——没有按照自己最初的、也是最为自然的本能行事而付出惨痛代价。当她意识到，在这件事情上，宽容才真正是明智之举时，已经为时太晚。倘若伊丽莎白能搞个花不了几个钱的仪式，冷冰冰地欢迎一下这个登门求告的女人，随后就让她离开自己的国家，那么玛利亚·斯图亚特的生命必将在一片凄凉之中黯然归于黄土。试想，在被人鄙夷地驱逐出门之后，这个女人又能投向何方呢？没有哪位法官，没有哪位诗人会再来关怀她。那些丑闻已使她名声扫地，而伊丽莎白的大度更使她自惭形秽，她也许会从一国宫廷游荡到另一国宫廷，但是去苏格兰的路已经被梅里堵死，而无论是对法国还是对西班牙来说，一个满腹牢骚的女人恐怕都有些别扭，那两个国家大概也不会对她礼敬有加。或许，照她那个活泼的性格她还会卷入许多新的风流韵事，或许她还会跑到丹麦去追随她的博斯维尔。要是那样的话，她的名字定会在浩瀚的历史中湮没无闻，最多不过是作为一位曾经嫁给杀夫凶手的女王被人提起，没有任何体面可言。然而，正是伊丽莎白的不公待遇改变了世界历史，将玛利亚·斯图亚特从那种黯淡无光，默

---

① 皮洛士（公元前319年～公元前272年）是希腊北部伊庇鲁斯的国王。公元前280年及公元前279年他两次率部与罗马军队大战，他虽然取得了胜利但也元气大伤。他曾说：“再打一次这样的胜仗，我们就完了。”因此“皮洛士式的胜利”被用来形容代价惨重的胜利。

默无闻的命运中拯救了出来。恰恰是她使得她那位女对手的形象又重新高大起来，正是因为她竭力要去贬低玛利亚·斯图亚特，才在事实上抬高了对方的身价，为那个已经失去王冠的女人又送上了一轮殉难者的光环。事实上，玛利亚·斯图亚特之所以成为一个如此具有传奇色彩的人物，并不是因为她本人做过什么事情，而恰恰是因为她无辜遭受的不公待遇。同时，伊丽莎白则错失了一个在关键时刻表现真正的宽宏大量的机会，就后人对她的道德评价来说，再没有什么比这更大的损失了。

NINTEENTH CHAPTER | 第十九章 |

惨淡岁月

Candan Suiyue

【茨威格经典传纪丛书】

Ciweige Jingdian Zhuanji Congshu

惨淡岁月

1569年～1584年

没有什么比描绘空虚更加毫无希望，也没有什么比刻画单调更加困难无比。玛利亚·斯图亚特的系狱岁月就是这样的一种空虚单调，一种连星光都没有的沉沉长夜。判决一下，她生活中的热烈奔放的节奏便被永远地打破了。一年又一年的岁月就像海面上的浪花一样一波又一波地奔流而去，时而出现一阵喧嚣，时而又漫不经心地归于平静；而内心的深处则再也没有翻起波澜，既没有堪称完整的幸福降临在这个孤独的女人身上，同样也没有什么厄运降临。什么事都没有发生，也正因为如此，当她只能眼睁睁看着她曾那般富于激情的命运如日西坠时，才感到双倍的难熬。二十八岁、二十九岁、三十岁懒洋洋地拖着死气沉沉的步子来了，然后又都离开了这个对生活充满渴望的年轻女人。而后是又一个十年，同样是那样空虚、乏味：三十一岁、三十二岁、三十三岁、三十四岁、三十五岁、三十六岁、三十七岁、三十八岁、三十九岁——光是一个接一个地写下这些数字都让人觉着累。但我们最好还是把它们开列出来，一个数字挨一个数字，好让大家都体验一下这种穷年累月、生命一天天风化、一点点耗尽，濒于死亡的精神状态，因为这些年里，每一年都有几百天，每一天又都有许多个小时，而其中又没有一个小时真正能为她带来生气与快乐。接着，四十岁来临了，但是走过这一关口的已不再是一位年轻的少妇，而是一个体弱多病的女人。四十一、四十二、四十三岁也悄悄走来了，最后，人不开恩，死亡也会垂怜于她，引领这颗疲惫的灵魂走出牢笼。有些东西在这些年中也发生过变化，但都只是微不足道、无足轻重的事情，玛利亚·斯图亚特的身体有时好些，有时差些；有时出现一点希望，随之而至的又是百倍的失望；别人对她有时严厉一些，有时恭敬一些；伊丽莎白来的信有时火气大些，有时温和一些；总而言之，反正总是只有那样一种叫人难以忍受的不折不扣的单调，只有毫无色彩的岁月仿佛陈旧的念珠一样一成不变地从指缝中不知不觉地滑过。从表面上看，监狱在更换，苏格兰女王时而被软禁在博尔顿城堡，时而被关押在契茨沃尔德、谢菲尔德、塔特贝里、温菲尔德或是福特林盖，但那只是名字不同，石头和墙壁有些差别，而在本质上，所有这些城堡都是一个样，因为它们都囚禁了自由。在这个狭小的圈子之外，星星、月亮和太阳乖戾地沿着广阔的运行轨道一成不变地兜着圈子，夜复一夜、日复一日、月复一月、年复一年。一个个帝国兴衰更替，一位位君主崛起沉沦，一家家少女成熟、生育又枯萎。在群山和大海的那边，世界在不停地改变，只有这里的这条生命久久地躺在阴霾之中，根和茎已经被人砍断，再也不能开花、不能结果。充满渴望而又无能为力——这就像毒液一样侵蚀着人体，慢慢地，玛利亚·斯图亚特的青春枯萎了，生命也离她而去。

然而，在这没有尽头的监禁中，最最残酷的地方却恰恰在于它的外表上毫无残酷之处可寻。这自相矛盾吗？不，因为一颗高傲的心灵会在粗鲁的暴行面前进行抗争，会在受到凌辱的时候点燃愤怒的火焰，而灵魂也总是在疯狂的抵抗中走向成熟。然而，面对空虚她却无能为力，只能一天天地被它削弱下去。就好比一座橡胶做的牢房，无论你如何用拳头去击打墙壁都不会有丝毫的反响，而这只会比一座坚固无比的地牢更加令人难以忍受。任何鞭打、任何谩骂都不会像一边卑躬屈膝、低声下气地给她戴上高帽子，一边却肆意践踏她的自由那样更加深深地灼伤这颗高傲的心，任何讥诮都不会像虚情假意的礼数那样更加带有强烈的嘲讽。然而，这种假惺惺的体贴，这种对地位而不是对受难者本人的考虑，却偏偏紧盯住玛利亚·斯图亚特不放——围绕在她周围的，总是这样彬彬有礼的守护、不动声色的监视，那些“荣誉卫士”总是摘下帽子，毕恭毕敬地垂下头，用目光紧紧跟踪着她的脚后跟。在那些年里，他们一分钟也没有忘记玛利亚·斯图亚特是女王，他们向她提供一种又一种毫无价值的舒适，一项又一项微不足道的自由，却唯独不给她生命中最为神圣、最为重要的东西：真正的自由。伊丽莎白所要小心翼翼去维护的，是她作为仁君的声望，因此她做出了十分聪明的选择，没有让那强烈的复仇欲望左右自己对敌人的处置。哦，她是多么关心她的好妹妹啊！只要玛利亚·斯图亚特一生病，伦敦便会立刻飞来细心的问候，伊丽莎白会派出自己的御医，并会明确提出希望由自己的仆人来服侍玛利亚·斯图亚特的饮食。不，她可不能让人将来在背后议论，说她企图用毒药干掉那个不合心意的女对手，不能让人有理由埋怨，说她把涂过圣油的女王锁进了一座监狱——她只是坚决地、无比坚决地请求她那位苏格兰姐妹在英国那些美丽的庄园里多住一些日子！诚然，对伊丽莎白来说，把这个桀骜不驯的女人关进伦敦塔，要比花费不菲的把她安置在各处城堡的宫室里令人舒服得多、也放心得多。但是，与那些一个劲催促她采取这种粗暴的保险措施的部长们相比，伊丽莎白在世故人情方面要老练得多，她不愿留下一个挟仇报复的恶名。她坚持自己的意见：玛利亚·斯图亚特还是应当像女王一样被供养起来，不过，应当将她长长的拖裙用敬畏死死钉住，再用黄金的锁链将她牢牢捆紧。节约得发疯的伊丽莎白狠了狠心，破天荒地战胜了她在家务方面的吝啬心，在唉声叹气之中每周掏出五十二英镑来证明她对这位不速之客的殷勤，这一掏便是二十年。此外，玛利亚·斯图亚特还从法国官方得到一笔一千二百英镑的年金，因此，她其实倒并不至于挨饿。在那些城堡里，她住得跟君王也没什么两样。她尽可以在贵宾厅中张起女王的华盖，让每一位来访者都清楚地看到：住在这里的是一位女王，虽然她已失去自由。她进餐所用的是清一色的银制餐具，房间中所点的是插在银制烛台上的高级蜡烛，地板上铺的也是当时极其昂贵的土耳其地毯。她的家什极多，以至于她每次从一座城堡搬迁到另一座城堡时，都要动用几十辆四匹马拉的大车。光是在玛利亚·斯图亚特身边服侍她起居的就有侍从女官、侍女、粗使女仆组成的一整套人马；鼎盛时期，伴驾的有不下五十个人，其中有侍从长、神父、御医、秘书、司库、近侍、尚衣官、御用裁缝、室内装饰师、御厨——宫廷虽小，但却是一应俱全。小气的英国女王不顾一切地要在精简人手上打主意，玛利亚·斯图亚特却不为所动，抵抗到底。

其实，伊丽莎白并没有打算把被废黜的女君王关在残忍得具有浪漫色彩的地牢里，这一点从一开始，在她挑选出任长期看守的人选时，就已经得到了证明。施鲁斯贝里伯爵乔治·托尔博特是一位真正的贵族和绅士，而且直到1569年6月伊丽莎白选中他之前都还堪称是一个幸福的男人。他在北部和中部几郡中拥有大片领地，还有九座城堡归他所有。他就像一位小小的诸侯一样，平静地生活在自己的庄园里，远离了功名利禄，也没有引起历史学家的多少关注。政治上的野心与这个富足的男人从来就没有什么缘分，他只是认真而知足地享受着他的生活。当他胡须已经开始发白，自以为已经可以去颐养天年的时候，伊丽莎白却突然要他肩负起一项棘手的使命——看管她那个雄心勃勃，同时又因为遭受不公待遇而变得愤世嫉俗的女对手。他的前任诺立斯在施鲁斯贝里被委以此任之后，不由得为终于有人来代替自己接手这项危险的工作长舒了一口气，他开心地说：“神明在上，我宁愿受到任何惩罚，也不希望再继续干这件差事了。”因为这实在是件吃力不讨好的苦差——“荣誉卫士”的权力与职责都界定得非常模糊，而这样一件差事的双重色彩又要求执行者把握好那难以把握的分寸。从一个角度来讲，玛利亚·斯图亚特是女王,但从另一个角度来讲又不是;从名义上讲,她是贵宾,但从本质上讲,她却是囚犯。因此,施鲁斯贝里作为一位绅士必须向她展示出一位东道主的礼貌热情,而作为伊丽莎白的代理人,他又必须同时小心翼翼地对她处处加以限制。他主管玛利亚·斯图亚特,但在觐见女王时却只能卑躬屈膝,他必须对她严加看管,但却只能是毕恭毕敬的面具之下;他应当对客人盛情相待,但又必须对她时时监视。光是这局面就已经够他头晕脑涨了,可他的妻子偏偏又来添些乱子。这女人已经把三位丈夫送进了黄土,如今又用她的喋喋不休把第四任丈夫搅得求生不能,求死不得。这女人一会儿倒向伊丽莎白,一会儿又对她搞起阴谋诡计;一会儿拥护玛利亚·斯图亚特,一会儿又与她反目成仇。这可真难为了施鲁斯贝里这个老实人,他只得在三个神经过敏的女人之间来回周旋——第一个与他有君臣之名,第二个与他有结发之情,而第三个则是被一条看不见的绳索与他死死地捆在了一起。因此,在那十五年间,可怜的施鲁斯贝里与其说是看守,倒不如说是玛利亚·斯图亚特的难友。那神秘的诅咒也同样波及他的身上——这个女人在她那悲剧性的人生道路上所遇到的每一个人都会被她殃及。

玛利亚·斯图亚特是如何度过这许许多多个空洞无聊的年头的?那似乎是一段非常宁静、舒适的岁月。从表面上看,她的日常起居丝毫无异于年复一年生活在封地上的贵妇。当她觉得身体无恙时,她常常纵马出去满足一下自己打猎的嗜好,当然,凶神恶煞般的"荣誉卫兵"总会将她围在中间。她也可以通过球戏或者其他体育活动来让她那有些疲惫的躯体保持活力。她并不缺少社交活动,附近城堡中的人都常来向这位有趣的女囚致敬,因为没有人会对这样一个事实无动于衷——眼下这个女人虽然无权无势,但照规矩她却还是王位的直接继承人——我们绝不能忽视了这个事实——伊丽莎白毕竟是凡人,一旦她有所不测,明天玛利亚·斯图亚特便会取而代之成为英国女王。因此,深谋远虑的聪明人,特别是那位常任看守施鲁斯贝里,都竭力同她保持融洽的关系。甚至于伊丽莎白的宠臣,那两位和她亲密得都不能再亲密的朋友,赫顿和莱切斯特,为了保住自己的前程,也背着他们的主子向她最最愤恨的敌人兼竞争对手发去书信和问候——又有谁说得准呢?说不定明天就得跪在她的面前求她赏份美差了。如此一来,玛利亚·斯图亚特虽说是被软禁在乡下,但对天下大事,宫廷动向却都总是了如指掌。而那位施鲁斯贝里夫人更是向她透露了一些伊丽莎白的个人隐私(其实这女人要是聪明一点的话就该免开尊口)。因此,为数众多的地下渠道为这个失去自由的女人带去了源源不断的鼓励,要是我们把玛利亚·斯图亚特的流亡生活想象成狭小、阴暗的地牢，想象成绝对的与世隔绝，那倒是大谬不然了。音乐伴随着她度过冬天的夜晚——当然，夏特利亚尔的时代已经一去不复返，再没有年轻的诗人为她谱写那些含情脉脉的牧歌，霍利鲁德那流光溢彩的假面舞会也永远成为了往事，爱与激情在这颗容易骚动的心灵中已经再也找不到空间——风流的岁月已经伴随着青春慢慢逝去了。在众多的倾心于她的朋友中，只有曾将她救出洛赫利文城堡的小侍童威廉·道格拉斯留了下来。而在她的小宫廷里，所有男人中（唉，可怜博斯维尔和李乔已经不在其中了），与她交道打得最多的就是医生。玛利亚·斯图亚特病痛不断，她受着风湿的折磨，腰间还有一种莫名的疼痛，她的腿常常肿得连路都走不了，只能试着靠温泉来缓解症状。由于缺少有益身心的运动，她曾是那般婀娜、苗条的身材逐渐变得臃肿肥胖。如今，她也极少再像当年那样活力四射、纵情驰骋了——一连十二个小时在苏格兰草原上奔驰的时代已经一去不返，巡幸一座又一座城堡、到处寻欢作乐的时代已经永远逝去。而这种与世隔绝的状态越到后来，这位女囚在户内活动中找到的乐趣也就越多。她会像个修女似的穿着一身黑衣，一连几个钟头坐在绣架旁，用那双依然十分美丽的纤纤玉手绣出令人叹为观止的金丝绣件，其中的精品我们至今还能欣赏到。有时，她一连几个小时一动不动地在那里阅读她喜爱的书籍。在那段近二十年时间里，她没有闹出任何风流韵事；自从她天性中那种强烈的情感无法再倾注在一个像博斯维尔那样令她倾心的男人身上之后，她便转而用柔情蜜意去对待另外一种从来不会使人失望的东西——动物。玛利亚·斯图亚特让人从法国送来了几条狗类中最为聪明也最为温顺的西班牙犬和长毛狗，她还坚持亲自去伺候鸣禽、摆弄鸽棚，亲自去照顾园中的花草。对仆役们的太太，她也关爱有加。如果谁只是浮光掠影地看看她的生活，只是到她那里做做客，而并未了解到她的内心深处，也许会真的以为她那曾经震撼世界的野心已经完全泯灭，所有属于尘世的欲望都已从她心中消退。因为这个日渐衰老的女人常常（而且越来越多地）披着飘垂的黑纱缓步去教堂望弥撒，在她的小教堂里跪倒在祈祷椅前，只是偶尔（极少极少）还将她的诗句写在祈祷书或是一张白纸上。但那已不再是火热的十四行诗，而是一些由虔诚的信仰和心如死灰的哀怨所组成的小诗。例如：

我成为了什么，为什么还活在世间？
我是没有灵魂的肉体，是往日的影子，
被恶狠狠的旋风到处驱赶。

让我死去——便是我对生活的请求?

从表面上看,你会越来越强烈地认为,这个饱经沧桑的女人似乎已经厌倦了世俗的权力,似乎她已经心如止水,只是在虔诚地等待着死亡为送来她永久的宁静。

但是,你可千万别被蒙蔽了:所有这些都只不过是假象,是一场假面游戏。事实上,这个心高气傲的女人,这个性如烈火的女王,她生存下来就是靠着一个信念,就是为着一个目标:重获自由,再夺江山。玛利亚·斯图亚特从来就没有想过,根本连一秒钟都没有真正去想过,像一个懦夫那样对稍有松动的绳索感到心满意足,什么坐下来刺绣、读书,什么与人闲聊,沉溺于懒懒散散的梦想,统统都只不过是用来掩盖她每天真正的工作:密谋。从遭受监禁的第一天起,直至最后一天,玛利亚·斯图亚特从来就没有停止过策划阴谋。无论到了什么地方,她的房间都会被变成一间秘密的政务办公厅,而后,里面便会没日没夜地忙个热火朝天。在紧闭的门扇后面,玛利亚·斯图亚特在两位秘书的协助之下,亲手起草信件发给法国、西班牙和教皇的使节,发给她在苏格兰、荷兰的追随者;当然,出于谨慎,她同时也寄些信给伊丽莎白,有祈求对方的,也有用来稳住对方的,有谦恭的,也有怒不可遏的,虽然那女人早已对此置之不理了。派往巴黎、马德里的信使在上百种伪装的掩护之下来往穿梭,接头暗语被制订了出来,每月一换的整套密码被编制了出来,一个将伊丽莎白所有的敌人都联络了起来的货真价实的跨国邮政网正日复一日地运行着。玛利亚·斯图亚特的全体仆从就像总参谋部一样,为那足以永垂不朽的自由之战而奔忙着,(塞西尔对此确信无疑,所以才不断致力于减少她手下仆从的人数),那五十名仆从不断地在周围的村庄里迎接着访客或是拜访着什么人,有时取回情报,有时送出情报;而村里的居民们则以接受施舍为名定期地收取着贿赂。在这番精心布置之下,外交信函的递送服务一直延伸到了马德里和罗马。信件有时藏在待洗的衣物中偷运出去,有时夹在书中,有时塞在空心的手杖里,有时放进首饰盒盖子的夹层里,有几次则藏在水银镜子的背面。用来骗过施鲁斯贝里的花招也是层出不穷,有时是拆开鞋底,把用密写药水写成的信函塞进去,有时是制作一个特别的假发套,然后把小纸卷裹在里面。而玛利亚·斯图亚特叫人从巴黎或是伦敦寄来的书中则有许多已经标注出来的字母,只要按照某种编码顺序组合起来便意义自明。至于最为重要的文件则由她忏悔师缝在自己的法衣里瞒天过海。玛利亚,斯图亚特年轻时就已经学会了用密码写信和解密,现在她干脆亲自来领导历次重大的跨国行动。这场刺激的游戏——让伊丽莎白的命令破产,令她精神焕发,并取代了她的体育活动和其他各种娱乐。带着全部的热情,玛利亚·斯图亚特不假思索地投入了外交努力和阴谋诡计的策划,有些时候,当来自巴黎、罗马、马德里的信函和许诺沿着层出不穷的新途径涌向她那间密室时,这个已经一落千丈的女人恐怕又有了大权在握的那种感觉,她甚至于还会觉得自己已经成为了全欧洲所瞩目的焦点。而玛利亚·斯图亚特之所以能在这许许多多个漫长、空虚的年头里那般不可思议地坚持下来,也许恰恰就在于这唯一的乐趣:伊丽莎白明知道她的威胁之大,却又偏偏对她无可奈何——虽然布下了一个又一个看守和警卫,但却无法阻止她从自己的小屋里指挥千军万马,参与主宰世界的命运。

这种百折不挠的毅力,这种在锁链中依然能够显示出来的力量实在令人惊叹,然而同时也充满悲剧色彩。因为无论玛利亚·斯图亚特想出了多少计划,付出了多少努力,最终却都难逃不幸的结局,所有她废寝忘食策划出来的阴谋诡计都事先便已注定了失败的命运。双方实力实在相差悬殊,而在与一个十分严密的组织对抗时,个人历来总是弱小的一方。玛利亚·斯图亚特是单枪匹马,而伊丽莎白的背后则是一部国家机器——首相、顾问、警察、士兵、间谍。再说,就指挥作战而言,处理国务的办公厅总比牢房要方便。塞西尔要多少钱就有多少钱,国防经费由他掌管,他可以随心所欲地放手大干,派出上千个耳目来监视一个孤苦伶仃,毫无经验的女人。那时居住在英国的三百万人几乎每一个都被警察摸得一清二楚,每一个外国人只要一登上英国的海岸就会受到检查、受到监视:旅馆、监狱、船只,到处都布满眼线,每一个可疑分子背后都有寸步不离的密探,如果这些档次较低的手段无法奏效,那么就马上动用最为凌厉的手段:严刑拷打。集体力量的优势马上便显示了出来。一年又一年,那些为玛利亚·斯图亚特鞠躬尽瘁的朋友们一个接一个被拖进了伦敦塔中不见天日的地牢,摧筋断骨的皮鞭逼出了口供和同谋的名单,套在指头上的铁钳粉碎了一个又一个阴谋。虽说玛利亚·斯图亚特也能派信使把她的信件和建议偷运出境,但是这样一封信到达罗马、到达马德里不知需要多少多少个星期,而等那里的国务机关拆看之后回信,又要好几个星期,等回信送到,不知又是多少个星期过去了!然而,到头来得到的帮助又是多么微不足道,这种不冷不热对于一颗火热、焦躁的心,对于一颗已经在等待救兵从海上、从陆上赶来的心又是多么难以忍受！这个女囚，这个孤独的妇人日思夜想的都是自己的命运，因此她以为其他人在那个自由而忙碌的世界中所关心的也只有她的命运。于是乎，玛利亚·斯图亚特虽将她的脱困说成了反宗教改革运动刻不容缓的任务，说成了拯救天主教会的头等大事，却一切都是枉然：那些吝啬鬼们各打各的主意，就是无法达成一致。海军并没有被武装起来，她的主要支持者，西班牙的腓力二世花了不知多少时间去祈祷，却总是鼓不起勇气。他不想为一个女囚去打一场胜负难料的战争，所以他与教皇都只是偶尔送点钱来，收买几个冒险家去搞些叛乱和谋杀。不过，搞出来的阴谋真叫人觉着有些可怜，不仅漏洞百出，而且总是过不多久便被沃尔辛厄姆手下那些机警的间谍们捅了出来。于是乎，最后就只剩下塔山刑场上几具遍体鳞伤、残缺不全的尸体不时提醒着老百姓：一个顽固声称自己才是真正合法的英国女王的囚徒还在某处城堡中生活着，此外还不断有那么些傻瓜或者说英雄甘心为她卖命。

这层出不穷的阴谋诡计最终将玛利亚·斯图亚特推向了灭亡，因为她，一个总是不知天高地厚的女人，所开始的是一场注定将要失败的赌博——孤身一人在囚室中向地球上最为强大的女王宣战，对于这一点，她的同代人早已看得一清二楚。1572年，里道尔菲的阴谋破产之后，玛利亚·斯图亚特的小叔子查理九世便懊恼地说："这个可怜的傻瓜除非人头落地，否则绝不会安静下来。他们肯定会真的要了她的命。但我认为这都要怪她自己傻，我看她是无药可救了。"这番生硬的话是出自一个对真正的英雄气概知之甚少的男人，在巴托罗缪之夜①中，他自己只是壮着胆子躲在安全的窗户后面朝手无寸铁的逃命者偷放冷枪。但是从明哲保身的意义上讲，玛利亚·斯图亚特的所作所为无疑是十分愚蠢的，因为她没有选择一条比较舒适，但是也比较怯懦的投降路线，而是坚定地走上了一条毫无希望的冒险之路。也许，只要她放弃王冠，她就会真的重获自由，也许，那些年中，牢门的钥匙就掌握在她自己手中。她只需放下架子，郑重其事地表示自愿放弃对苏格兰、英国王位的所有要求，英国就会如释重负，还她自由。伊丽莎白曾多次试图为她架起一座金桥，一而再、再而三地与她谈判，列出种种优惠的和解方案——当然，这绝不是出于大度，而是出于恐惧，因为危险的女囚依然对她构成威胁，这种现状就像阿尔卑斯山一样压在她的心头。但是，玛利亚·斯图亚特宁可做一个戴着王冠的女囚，也不愿做一位没有王冠的女王。早就看穿了她心思的诺立斯在她

① 1572年8月23日，圣巴托罗缪之夜前夕，巴黎天主教势力突然向胡格诺教徒发动袭击，血腥屠杀新教徒。

遭到软禁的第一天就曾断言:只要她还存有一线希望,她就会有足够的勇气坚持下去。她那种高贵的意识告诉她:作为一个逊位的女王,等待她的将是不知在哪个耻辱的角落里的可怜巴巴、微不足道的自由,唯有含垢忍辱才能将她塑造成历史长河中一位新的伟人。她说过:她绝不逊位,直到生命最后一息她的话都将还是苏格兰女王的话,在她心中,信守这番誓言的决心要比囚禁有力一千倍。

发疯般的勇敢与发疯的界线是很难划分的,因为英雄行为常与蠢笨有相通之处。在处理实实在在的问题方面,桑丘·潘萨要较堂吉诃德聪明;而从理智的角度来讲,忒耳西忒斯要比阿喀琉斯考虑得更加周到。但是,哈姆莱特有句名言:在荣誉遭遇危险时,即使是为一根稻草之微,也要慷慨力争。这句话在任何时代都堪称检验英雄本色的试金石。玛利亚·斯图亚特所要面对的是一个拥有如此巨大优势的敌人,几乎可以断言这场斗争毫无希望可言,但如果因为它徒劳无功就说它毫无意义,那则是不公正的。因为在那些年里,这个表面上软弱无力、孤苦伶仃的女人正是靠着她的执著显示出了一种无与伦比的力量,而且这一点甚至一年比一年体现得强烈;同时,正是因为她在努力挣脱锁链,才使得整个英国在某些时刻都为之震撼,使得伊丽莎白心惊胆寒。在评点历史事件时,人们常常会从后人那种轻松的立场出发,把他们同时所看到的结果也考虑进去,这种观察角度其实是有失公允的;事后将一位失败者称为傻瓜,因为他冒险去进行了危险的斗争,那当然是再容易不过的了。而事实上,在近二十年的斗争中,胜负的天平一直在这两个女人之间左右摇摆。一些旨在将玛利亚·斯图亚特送上王位而发动的阴谋,只要再多那么一些运气和灵活就真的可以叫伊丽莎白性命堪忧;有那么两三次,掠过的匕首确实与伊丽莎白只相距毫发。先是诺森伯兰率领信奉天主教的贵族发难,叛乱席卷整个北方,伊丽莎白好不容易才控制了局势。而后是危险性更为明显的诺福克的阴谋——英国最上层的贵族,其中甚至包括像莱切斯特这样伊丽莎白最亲密的朋友,都支持他迎娶苏格兰女王的计划。而苏格兰女王本人为了给他们打气,也已向他发出了一封封情意绵绵的情书——为了胜利,她又有什么干不出来的呢?此外,在佛罗伦萨人里道尔菲的穿针引线之下,法国和西班牙的部队已经做好了登陆作战的准备,如果那个诺福克不是表现得像个懦夫(这一点在他上次懦弱地矢口否认准备结婚时就已经被证明过了),如果计划不是偶然碰上了那么多倒霉的事情,遇到狂风、恶劣的天气、大海的隔挡和叛变,那么局面将会截然不同,角色也将调换过来,玛利亚·斯图亚特将在威士敏斯特登上宝座,而伊丽莎白则会倒在伦敦塔中或是躺在棺材里面。但是,即便是诺福克的鲜血、诺森伯兰的可怜下场以及许许多多在这些年里为玛利亚·斯图亚特而从断头台上滚落的头颅,都无法使后来者望而却步。又有一位求婚者出现了,他便是奥地利的唐·璜——查理五世的私生子,腓力二世的异母弟弟,列潘多之战的胜利者,骑士中的楷模,基督教世界中的头号斗士。因为是私生子,他要获得西班牙的王冠是毫无指望的,所以他转而致力于在突尼斯建立一个自己的王国。这时,另一顶王冠又开始向他招手——被囚的苏格兰女王向他献上了自己的纤纤玉手。然而,正当他在荷兰准备好了军队,一切计划也已准备停当,可以去将她救出牢笼,让她重获自由时,一场恶疾却从天而降,叫他过早的一命呜呼了——玛利亚·斯图亚特和她那些帮手们总是不走运!可以说,追求玛丽亚·斯图亚特以及那些为她效力的人当中,就没有一个福星高照的。

如果我们纵览全局,那么平心而论,在伊丽莎白与玛利亚·斯图亚特的斗争中真正最终起到决定性作用的因素是:在这些年中,幸运之神始终眷顾着伊丽莎白,玛利亚·斯图亚特则厄运当头,而在实力与实力,个人与个人的较量中,两人几乎是不相上下的。只不过她们的星象不同罢了。玛利亚·斯图亚特作为一个被废黜的女王,一朝成为幸运之神的弃儿,那么无论她在囚室里再作出多少努力,都只能是以失败而告终。前来攻打英国的舰队被风暴打得支离破碎,她的信使迷失了道路,她的追求者一命呜呼,她的朋友们在关键时刻胆色全无,每一个为她效力的人到头来都是自取灭亡。

因此,诺福克在断头台上的遗言真是正确得令人吃惊:“不管她干什么,不管别人为她干些什么都从一开始就注定了失败的命运。”自从她邂逅博斯维尔的那一刻起,一轮昏暗的月亮便照射着她的每一步。爱上她的人命赴黄泉,她爱上的人尝尽苦果。想为她送去幸福的人,送去的却是灾难;想为她出力的人,付出的却是自己的生命。她就像童话中将过往船只吸向自己的黑色磁山,别人的命运被她的命运所吸引,到头来得到的却是毁灭。渐渐地,她的名字被裹上了一层阴森森的传说——围绕着她的是一种死亡的魔力。然而,她的事业越是看不到希望,她的劲头就越是高涨。长期监禁的惨淡非但没能让她屈服,反而在她心中铸就了更为强烈的反抗意识。尽管她明知一切都将是徒劳,但她却自愿向着最终的决斗发出了挑战。

TWENTYTH CHAPTER | 第二十章 |

最后一战

Zuihou Yizhan

最后一战

1584年～1585年

岁月悠悠，一周又一周、一月又一月、一年又一年就像浮云一般从这个孤寂的生命头顶掠过，似乎没有在她身上留下任何痕迹。然而，时间毕竟是在改变着每一个人和他周围的世界，尽管一切都是那样令人难以觉察。四十岁来临了，四十岁应当是一个女人一生中的转折点，然而玛利亚·斯图亚特却依然被软禁着，仍然没有获得自由。年龄的痕迹已经轻轻地拂在了她的身上，她的发际有了灰白的颜色，她的身体发胖了、臃肿了，她的神色更加安详，更像一位年高德劭的贵妇了，一种莫名的苦闷开始浸透她的全身，似乎只有宗教世界才是最好的解脱之路。要不了多久，这个女人便会深深地感到，恋爱的岁月，享受生活的时代已经一去不复返，现在无法实现的，将永远也无法实现了，黄昏已至，暮色开始降临。已经很久没有求婚者到来，也许永远不会再有了；要不了多久，生活便将永远地成为往事，那么，再日复一日地等待奇迹将她救出，等待那个漫不经心、犹犹豫豫的世界伸出援助之手，真的还能有什么意义吗？在她最后的那段岁月中，人们越来越强烈地感觉到，这个饱经沧桑的女人内心中已经厌倦了你争我夺，慢慢地打算要放弃斗争、寻求和解了。她越来越多地暗问自己：像阴影中的一朵小花那样毫无用处、那样无人爱怜地一病不起，不是太傻子吗？难道她不愿意从那慢慢变得灰白的发际上摘下王冠，用这去赎买自由吗？在四十岁的这一年，玛利亚·斯图亚特开始对这种沉重、空虚的生活越来越感到疲惫，那种疯狂、强烈的权欲渐渐土崩瓦解，化为一种柔和、神秘的对死的渴望；也许就是在那样一个时刻，她在一纸便笺上写下了下面几行一半哀怨、一半祈祷的拉丁文诗句：

至高无上的圣父啊，你是我的希望！
圣子啊！请你给我关爱，请你赐我自由。
在囚禁中痛苦、在病痛中衰弱的人儿啊，

日日夜夜地思念你。
跪在地上，我流泪诉说，
上帝啊！请你给我自由。

既然人间的救兵犹犹豫豫，迟迟不到，她便将目光转向了救世主。她宁愿死去，也不愿再继续忍受这种空虚，这种对前途的茫然，这种日复一日的等待，这种希望——渴求——再一次的失望。管它结局是好是坏，是成是败，反正让它们都结束了吧！斗争不可阻挡地走向了终结，因为玛利亚·斯图亚特正凝聚了灵魂中所有的力量期盼着这个终结的到来。

这场可怕、险恶、残酷，同时又蔚为壮观的持久战持续得越长，两位宿敌——玛利亚·斯图亚特和伊丽莎白的对立也就越发尖锐。伊丽莎白在政坛上取得一个又一个成功。她与法国达成了和解，西班牙迟迟不敢和她开战，在对所有异己分子的斗争中她都占据了上风。只有一个敌人、一个对她构成致命威胁的敌人，还挺直腰杆生活在这个国度里，那是一个她已经击败但却永远不可能征服的女人。只有消灭掉这一个，也是最后一个敌人，她才能真正成为胜利者。而对玛利亚·斯图亚特来讲，除了伊丽莎白，这个世间她也再没有什么人可恨了。在绝望得发疯的时刻，她再一次向她的亲人、那个被命运的纽带与她紧紧缠绕在一起的姐姐发出了呼号，希望以澎湃的激情来唤起对方的恻隐之心。“我再也无法忍受下去了，夫人！”她在这封感情过分激昂的信中写道，“在我垂死之际，我不得不把那些令我有如此惨淡结局的罪人一个个挂在嘴边。在您的监狱里，即便是最为卑微的囚徒也有为自己辩白的机会，有人会告诉他们原告人、起诉人的名字。但为什么却偏偏剥夺了我的这项权利呢？何况我还是女王，您的至亲和合法的继承人？我想，恐怕恰恰是这最后一点才是我的敌人长期以来如此对我的真正原因……但是，唉，他们如果是出于这个原因才打算继续对我进行折磨的话，那么此刻他们就没有理由，也根本没有必要再这样做了——我可以拿我的名誉起誓，除了上帝的天国，我已不再奢求任何国度了。我已经在心中做好了去那里的准备，因为对于我所承受的所有苦难和折磨来说，那将是最好的结局。”她倾注所有发自内心深处的炽热的真情实感，最后一次恳求伊丽莎白将她放出牢笼：“我再一次求您看在救世主的面上，看在基督受难的份上，允许我离开这个国家，随便退隐到什么远离喧嚣的地方去，让我这个已经被那无休止的哀怨所耗尽，已经精疲力竭的躯体得到少许休息,让我可以在我的灵魂去拜见上帝时做好准备——上帝已经在一天天地召唤我了……请您在我离开人世之前赐予我这个恩典。一旦你我之间的纷争平息了,那么我从躯壳中解脱出来的灵魂也就不至于不得不在上帝面前告您的状,指责您是使我在这里、在人世间受苦受难的罪魁祸首了。"但是,对于如此惊心动魄的呼告,伊丽莎白却无动于衷,她甚至连表示安慰的只言片语都不愿意发去。现在,玛利亚·斯图亚特也只有紧咬双唇,攥紧双拳了。从此以后,她心中便只剩下了一种感情——对那个女人的仇恨,冰冷的、炽热的、经久不息的、熊熊燃烧的仇恨,而且随着其他敌人和仇家的离世(或是在自相残杀中同归于尽),她所有的仇恨越来越激烈地集中在这唯一一个人身上,变得更加不死不休。似乎是为了展示玛利亚·斯图亚特所散发的那种神秘的死亡魔力——无论是爱她的人还是恨她的人几乎都无一幸免——拥护她的人也好,敌视她的人也好,为她而战的人也好,对她宣战的人也好,统统都在她之前离开了人世。所有在约克郡指控过她的人,梅里、梅特兰德都死于非命;所有在约克郡奉旨审判她的人,诺森伯兰、诺福克都身首异处;那些先合谋干掉达恩雷而后又除去博斯维尔的阴谋家,彼此自相残杀,统统死于非命;那些在寇克·奥菲尔德、卡贝里和朗赛德扮演了叛徒的人,也都叛卖了自己。那些怙恶不悛的苏格兰勋爵,那帮疯狂、危险、权欲熏心的家伙,在你争我夺中统统同归于尽。战场变得空空荡荡。人世间,除了一个人之外,她已再没有什么人可恨了,那个人便是伊丽莎白。这场二十年的民族大战终于变成了一场一对一的决斗。在这场女人与女人的决斗中已没有任何谈判的余地,结局只有一个:不是你死,就是我亡。

为了刺刀见红的最后一战,玛利亚·斯图亚特还需要再补充一次能量。只有将她的最后一线希望也夺走,使她再次被深深地刺痛,才能激发出她最后的力量。因为只有到了山穷水尽或是看似山穷水尽的地步,玛利亚·斯图亚特才能屡屡显示出她超凡的勇气和无与伦比的坚毅。只有到了穷途末路的那一刻,她才会迸发出英雄的气概。

这个要从玛利亚·斯图亚特心头夺走的最后一线希望便是与儿子取得谅解。在这段空虚的岁月中,在这片丑陋的死寂中,她只是在等待着,感觉着时间像从分崩离析的破楼上泻下的沙粒一样从身边流过,而就在这段望不到尽头的岁月中,就在她日渐疲惫、日益衰老的日子里,一个孩子——她的亲生骨肉长大成人了。在她当年丢下孩子,离开斯特林堡,在爱丁堡的城门前被博斯维尔率领骑兵围住,并被他扯入毁灭的深渊的时候,詹姆斯六世还只是个婴儿。自从那团混混沌沌的物质成为了一个孩子以来，在这十年、十五年、十七年当中，他已经成为了儿童、少年，并且几乎长成一个大人了。詹姆斯六世身上继承了不少他父母的性格特点，但是由于掺杂得十分厉害，因此不那么明显，这孩子有不少奇特的地方，他笨嘴拙舌，身体又肥又重，此外还胆小怕事。这个男孩给人的第一印象便是病态。他对社交活动退避三舍，见到刀子就吓得半死，对狗也害怕，举止粗鲁而笨拙。人们至今都无法从他身上感觉到他母亲那种温文尔雅、天生丽质。他没有什么音乐的天分，既不喜欢音乐，也不喜欢跳舞，连对轻松惬意的交谈也没什么兴趣。但他却有学习语言的天分，拥有良好的记忆力，而且事情一旦涉及他自身利益，他甚至还能显示出那么一些聪明和毅力。万分不幸的是，他父亲那种与贵族不大相称的脾性也刻在了他的性格当中。他继承了达恩雷的软弱、虚伪和不可靠。有一次，伊丽莎白愤愤然地说道："这么个两面三刀的小子，你还能指望他干点什么?"他就跟达恩雷一样毫无主见，人云亦云。宽宏大量对于这个郁郁寡欢的利己主义者来说是一个完全陌生的词汇，能够促使他下定决心的只有那种冷冰冰的外在的虚荣。而他对亲生母亲如此冷若冰霜，则唯有抛开所有感情、所有孝道才能理解。他是在玛利亚·斯图亚特那些死敌的培养下长大的，他的拉丁文教师是乔治·布坎南，那本声名狼藉、诽谤他母亲的小册子《揭露》便出自此人之手。关于那位被囚禁在邻国的母亲，他大概只听说了她参与过谋杀他父亲，并且还想来夺走他——一位登基多年的国王的王位。从一开始，那些人就将这样一种观点钉入了他的头脑：他应当将他的母亲视为一个陌生人，视为实现野心的一块拦路石。即便孩子的天性驱使詹姆斯六世萌生出一种无论如何都要见一见那个赠予了他生命的女人的愿望，英国、苏格兰的看守们也会加倍警惕，不让这两位囚徒有一丝一毫接近的机会——玛利亚·斯图亚特是伊丽莎白的囚徒，同样，詹姆斯六世也是苏格兰勋爵和当权摄政的囚徒。这许多年中，他们只是偶尔才有一次书信往来。玛利亚·斯图亚特寄去过一些礼物、玩具，有一次还有一只猴子，但她的礼物和书信却大都被退了回来。因为她固执己见，不承认自己的儿子拥有国王的头衔，所以勋爵们将那些只称詹姆斯六世为王子的信件都视为对国王的污辱，全部拒收。可见，只要这些人心中权欲压倒一切，亲情的声音便只能偃旗息鼓，只要她还坚持自己是苏格兰独一无二的女王，而他也同样坚持唯我独尊，那么母子关系便只能是一种不冷不热的、一种形式上的关系而已。

直到玛利亚·斯图亚特不再坚持认为勋爵们为她儿子举行的加冕典礼完全无效，并且准备承认他在一定程度上有权继承王位，他们之间的距离才开始有所缩小。当然,即便到了这个时候,她也并没有打算牺牲女王的头衔。做出彻底的让步。在她心中,无论是在活着的时候,还是在死去的时候,王冠都必须戴在她那涂过圣油的头上,只是为了换取自由,她如今才准备最低限度地与她的儿子分享君主之名。她第一次想到了妥协。只要让她继续称王,只要能找到体面的形式,使她的让步能镀上一层薄金,那就让他君临天下,称孤道寡去吧!于是,秘密谈判的帷幕逐渐拉开。但是,有那群勋爵虎视眈眈,詹姆斯六世表现得就像个冷冰冰的数学家。他恬不知耻地在谈判中玩起了脚踩两只船的把戏。拿玛利亚·斯图亚特这张牌来对付伊丽莎白,拿伊丽莎白这张牌来对付玛利亚·斯图亚特。至于天主教和新教这两张牌,他也同样玩得得心应手,只要出价更高,投身在谁的怀抱里又有什么值得激动的呢?对于他来说,名誉不名誉有什么关系,重要的只有一点,就是要保住国王的宝座,同时还要将英国王位的继承权揽在手中。他要继承的是这两个女人的遗产,而不仅仅是其中一个的。他准备继续当新教徒,只要这能给他带来好处;他也愿意皈依天主教,只要他们能付得出更高的价钱。其实,这个十七岁的小伙子,为了能马上成为英国国王,甚至对最令人作呕的计划——娶老太婆伊丽莎白为妻——也毫无惧色——这女人不光比他妈还大九岁,而且还是她妈的对头和死敌。在詹姆斯六世,达恩雷的儿子眼中,所有的谈判都不过是些冷冰冰的数学公式。但与此同时,永远充满幻想、对现实世界一无所知的玛利亚·斯图亚特,却已经被这最后一个希望烤得热血沸腾。希望之火已在熊熊燃烧:只要与儿子达成协议,她便可以重获自由,并且继续当她的女王了。

但是,伊丽莎白看出了母子携手可能对她带来的危险,她绝不能容忍这种事情发生。谈判只不过才刚刚织出了几缕细纱,伊丽莎白的手便已火速伸了过来。她那种玩世不恭的敏锐洞察力马上告诉她:她可以将那个摇摆不定的小伙子抓在自己手中,着手之处便是他在人性上的弱点。年轻的国王嗜好打猎,她便向他送上骏马与良犬。苏格兰宫廷总也摆脱不了财政上的危机,她便向他的顾问们施以贿赂,并且最终向他提供了一笔五千英镑的年金。此外,她还抛出了一个被证明十分有效的诱饵——英国王位的继承权。像大多数情况下一样,金钱能使人摆脱犹豫。就在蒙在鼓里的玛利亚·斯图亚特还在做她的白日梦,甚至已经在与教皇和西班牙人为天主教怀抱中的苏格兰规划蓝图的时候,詹姆斯六世却与伊丽莎白悄悄签下了一纸盟约。那里面详尽地规定了这笔肮脏的交易所能为他带去的收入和好处,而理应提及的他母亲重获自由的问题却未在条款之列,甚至根本连一行提到那个女囚的文字都找不到。自从那个女人无法再为他带来什么好处,她对他来说便已是无关紧要了:他把她抛在一边,好像世上根本就没有这个人似的,于是,儿子便与他母亲的死敌携起手来。既然那个曾经赐予他生命的女人现在已经不能再为他带去什么了,那就让她离自己的生活远一点吧!条约刚一签好,能干的儿子刚把金钱和良犬放到家中,与玛利亚·斯图亚特的谈判便立即中断。难道现在还需要对一个无权无势的人讲什么客气吗?于是,国王下旨起草了一份措辞严厉的敕令,用刺耳的腔调宣布永远剥夺玛利亚·斯图亚特的苏格兰国王尊号和各项权利。如此一来,她那个无儿无女的女对手在夺去了她的国家、王冠、权力和自由之后又夺去了她最后一线希望:她的亲生儿子。伊丽莎白最终彻底击败了她。

伊丽莎白的这次胜利对玛利亚·斯图亚特仅存的幻想来说无疑是致命一击。在丈夫抛弃了她、兄长抛弃了她、臣民抛弃了她之后,连她的亲生骨肉也抛弃了她,现在她真的是孤家寡人了。她的愤怒就如她的失望一样难以形容。再没有什么人挂念她了!那么她又何必再把别人挂在心上呢?既然儿子不认她,那她也不再认这个儿子了。既然儿子出卖了她对王冠所享有的权利,那她现在也要来出卖他的权利。她说詹姆斯六世忤逆不孝、忘恩负义、缺少教养,她诅咒他、回敬他,说她在遗嘱中不仅将剥夺他对苏格兰王位的继承权,同样也将剥夺他对英国王位的继承权。与其将斯图亚特家族的王冠传给这样一个异端和叛徒,倒不如让它落入一位外国君主的手中。她决定把苏格兰和英国的王位继承权送给腓力二世,只要后者能够保证为她的自由而战,并且最终制服那个扼杀了她一切希望的女凶手伊丽莎白。现在,国家对她来说还有什么意义?儿子对她来说还有什么意义!只有活下去才是唯一的目标,自由才是唯一的目标,胜利才是唯一的目标!如今她还有什么可害怕的?即便是最最冒险的事情对她来说也再没有什么冒险可言了。既然已经失去了一切,那就再没有可以失去的了。

一年又一年,怒火与怨恨不断积聚在这个历尽苦难、备受凌辱的女人心中。一年又一年,她播种希望、四处周旋,她寻找盟友、苦心经营,她想要找出和解的途径。现在,她的忍耐力已经到了尽头。强压的仇恨就像火焰一样直喷向那个折磨她、篡夺她王位、还将她关押在这里的女人,玛利亚·斯图亚特几乎把所有的怒气都凝聚在指尖,伸出尖利的指甲不顾一切地朝伊丽莎白扑了过去——这已经不再是一场女王与女王之间的斗争,而成为了女人与女人间的一场搏斗。事情的起因不过是一件微不足道的小事:施鲁斯贝里伯爵夫人——一个既喜欢玩弄阴谋又喜欢搬弄是非的悍妇,忽然心血来潮,神经兮兮地指责玛利亚·斯图亚特和自己的丈夫关系暧昧，这当然不过只是妇道人家吃饱了之后在小客厅里的胡言乱语，连她自己都从来未曾当真。可伊丽莎白却不肯放过这个在世人面前叫女对手丢人现眼的机会，她马上迫不及待地向外国宫廷大肆宣传这起新的绯闻，其手法与她当年将布坎南的诽谤性小册子连同“珠宝盒信件”寄到各国君主手中如出一辙。这一下，玛利亚·斯图亚特被激怒了，夺去她的权力、夺去她的自由、夺去她寄托着最后一线希望的儿子还不够，现在这些人还要来施展阴谋诡计玷污她的名誉！她已经过着像修女一样与世隔绝的生活，没有什么乐趣，也感受不到爱的存在，可还有人要在世人面前糟蹋她，把她说成是通奸犯！她那受伤的高傲骤然勃发。她要为自己讨回公道。施鲁斯贝里伯爵夫人确实理当跪在地上收回不光彩的谎言。但玛利亚·斯图亚特清楚地知道是谁在利用这个谎言恶毒地攻击自己，她已经感觉出那只黑手正是来自于自己的死敌。对于这种暗箭伤人的行径，现在她要用公开的反击加以回敬，熊熊的怒火已经将她的灵魂炙烤了太长的时间，此时她迫不及待地要以一种女人对女人的口吻，揭一揭这位以道德楷模自居的、所谓童贞女王的老底。于是，她给伊丽莎白写了一封信，表面上是为了“友好地”告诉她。施鲁斯贝里伯爵夫人就伊丽莎白的私生活散布了哪些流言飞语，实际上则是当面嘲笑她那位“亲爱的姐姐”，让她明白她根本就无权去扮演正人君子和道德的法官，刻骨的仇恨贯穿了整封信，无情的攻击一个接着一个，就像冰雹一般地落了下来。只要是一个女人对另一个女人说得出口的大实话，不管有多么残忍，这里都绝不放过；伊丽莎白的所有缺点都成了当面进行嘲笑的笑料，甚至连女性最为秘密的隐私也被无情地揭露了出来。玛利亚·斯图亚特自称是出于对朋友的敬爱才写了这封信，而实际上却是为了无情地刺痛伊丽莎白。玛利亚·斯图亚特告诉她：施鲁斯贝里伯爵夫人说她爱慕虚荣，对自己的容貌自视甚高，差不多都把自己当成天上的女王了；说她对阿谀奉承百听不厌，还要求那些马屁精不断对她进行肉麻之极的吹捧；而她一发脾气就把伴驾女官和侍女折磨得死去活来，一个侍女被她折断了手指，而另一个只因为在服侍她进膳时稍有闪失，便被她一刀砍在手上。不过，与伊丽莎白在私生活和生理问题上所受到的可怕揭露相比，前面这些还只能算是微不足道的攻击。玛利亚·斯图亚特说，施鲁斯贝里伯爵夫人声称：伊丽莎白的大腿上有一处化脓的溃疡（这是影射她父亲将梅毒遗传给了她），而且，她虽然已经是个老太婆，月经也没了，可对男人的兴趣却还丝毫不减，她不光和“某个男人”（莱切斯特伯爵）睡过了不知多少次，而且还东跑西颠，到处寻找满足淫欲的机会，“绝不放弃同更多情夫寻欢作乐的自由”，她常常只穿内衣和罩衫，半夜里爬到男人的房间里去,而为了这些娱乐她也破费不少。玛利亚·斯图亚特将名字一个一个点了出来,每一个细节都不肯放过。对于仇敌最为秘密的隐私,她也毫不手软,痛下杀手,她以嘲讽的口吻告诉伊丽莎白,说伊丽莎白有某个地方完全不同于其他女人(本·琼森也曾在餐桌上公开谈到过这一点),所以,“那些装模作样地期待着她同安茹公爵结婚的人都是在胡言乱语,因为根本就不存在结婚的可能”。对,就是要让伊丽莎白明白,她小心翼翼想要保守的秘密——她在女性器官上的缺陷已是尽人皆知,谁都知道她充满淫欲,却从来没有产生过正常的性欲;她只能玩些无济于事的游戏,却从没得到过真正的满足;她被永远排除在了与帝王联姻、成为人母的可能性之外。世界上还从没有一个女人像囚室中那个女人那般令人生畏地向这个世界上最最有权有势的女人直言不讳——在过去二十年中所冻结的仇恨、所窒息的愤怒、所束缚的力量突然之间爆发了出来,化为一次可怕的扑击,直取虐待她的那个人的心脏。

这封充满暴怒的信一经寄出,和解也就再无希望了。写信的女人和收信的女人已经到了无法再在同一片空气中呼吸,无法再在同一个国度中生活的地步,正如西班牙人所说的:Hostaacuchillo——刺刀见红、生死相拼,这便是她们唯一的选择,也是最后的选择。在经历了四分之一世纪旷日持久、互不相让的敌视和窥探之后,玛利亚·斯图亚特与伊丽莎白之间那场载入世界历史的斗争终于被推向了顶峰,而且我们也确实可以将其称之为:已经到了刀尖对刀尖的地步。除了军事手段,反宗教改革派已经动用了一切可以动用的外交手段。西班牙还在孜孜不倦但是进展缓慢地建造着无敌舰队,尽管从印第安人那里弄到了无数金银财宝,但这个倒霉的宫廷却总还是那样入不敷出,总还是在那里犹豫不决。虔诚的腓力想:为什么不选择条又省钱、见效又快的途径呢?——只要收买上几个杀手,不就可以立竿见影,把伊丽莎白这个异教徒的靠山搞掉了吗?——在这方面,他和约翰·诺克斯倒是意见一致——干掉一个异教徒只能算是顺应天意的大好事。在马基雅维里和他弟子们的时代里,只要是涉及权力的事情,向来就没有什么问心有愧可言。何况,这是一场影响无法估量的赌博,是一场信仰与信仰、南方与北方的大比拼——而只需朝伊丽莎白的心脏来上一刀,世界便将从异教手中拯救出来。

政治上的激情一旦走到了狂热的地步,道德意识、法律意识便会荡然无存,什么正直、什么荣誉,统统都会被抛在脑后。而后,即使是暗杀也会被歌颂为向神献上美丽的祭品。1570年,伊丽莎白被开除教籍;1580年,奥伦治王子被逐出教会。这两个天主教世界的头号敌人都被宣布为不再受法律的保护。自从教皇将圣巴托罗缪之夜一举屠杀六千新教徒的暴行吹嘘成丰功伟业之后,每个天主教徒都知道,在这两个天主教的死敌中,他能干掉一个,就是为上帝干了一件大好事。只需鼓足勇气、结结实实地来上一刀,或是电光火石般地放上一枪,玛利亚·斯图亚特便能走出牢笼,登上国王宝座,英国、苏格兰便能统一在正统派的信仰之下。既然赌注是如此之大,那么就没有什么可以犹犹豫豫、拖拖拉拉的了:西班牙大使曼多萨在他一份又一份紧急公函中反复将"刺杀女王"称之为一件值得寄予厚望的行动;尼德兰总督阿尔拔公爵同样明确表示赞同;而同时称雄于东西两个半球的君主腓力二世则亲手在暗杀计划上批上了"愿上帝与我们同在"。不必再去讲什么外交艺术,也无需再通过什么光明正大的战争来公开寻求解决的办法了,现在需要的仅仅只是一把匕首、一次刺杀。无论是这一方还是那一方,大家对所要采取的手段都已达成一致:在西班牙,刺杀伊丽莎白的计划已经在内阁的秘密会议上获得通过并得到了国王的批准;在伦敦,塞西尔、沃尔辛厄姆和莱切斯特一致认为,必须用暴力手段来结束掉玛利亚·斯图亚特的问题。到了这个地步,已经再无回旋余地,也别无其他出路了:只有用鲜血才能了结掉这笔早已到期的旧账。现在所要讨论的,其实也只有一件事情:谁能够先发制人——是改革派还是反改革派,是伦敦还是马德里。是玛丽亚·斯图亚特在伊丽莎白之前被消灭,还是伊丽莎白在玛利亚·斯图亚特之前被干掉。

TWENTY-FIRTH CHAPTER | 第二十一章 |

走向结局

Zouxiang Jieju

走向结局

1585年9月~1586年8月

“必须结束了!”伊丽莎白的一位大臣不耐烦地说出了这句钢铁般强硬的话,表达了全国民众的感情。一国民众或一个人最不能忍受的莫过于长久地拿不定主意。宗教改革运动的另一个先驱者奥伦治,在1854年6月被一个狂热的天主教徒谋杀,这向英国清楚地表明,下一个该杀谁了。现在,一个阴谋越来越快地引发另一个阴谋——终于到了该收拾那个女犯的时候了!她是制造动乱的危险的祸首!该把这个祸害连根铲除了!1584年9月,新教的勋爵们和高官显贵们几乎全体出席了一个隆重的“大会”,并“以名誉和宣誓向永恒的上帝保证,不仅要处死参与反对伊丽莎白的阴谋者”,而且“要追究叛党拥戴的任何觊觎王位者的罪责”。然后,议会通过了“女王陛下人身安全法”,使大会的决定成为法律。从此,任何参与谋刺的人(这一条尤为重要),都会在断头台上斩首。此外还决定,“任何被控参与谋刺女王的人,将由王室任命的二十四名会审官审判”。

总之,英国政府向玛利亚·斯图亚特明确地发出了双重警告。第一,女王的名位再也不能继续使她免受公开的审判;第二,即使谋刺伊丽莎白成功,她也得不到任何好处,只能被无情地送上断头台。这像是最后一次吹响进军号,敦促顽抗的要塞投降。如果她执迷不悟,那就决不宽恕。伊丽莎白和玛利亚·斯图亚特之间含含糊糊、敷衍了事的关系已成为过去,现在一股强劲的刺骨的寒风吹来,云雾消散,一切终于明朗了。

彬彬有礼的书信来往和彬彬有礼的虚情假意都成为过去,延续了几十年的斗争到了最后一个回合,不可能再容忍任何仁慈。这一点,玛利亚·斯图亚特从英国采取的断然措施也能看出来。英国宫廷在这些谋杀案发生后,决心严厉地对付玛利亚·斯图亚特,彻底制止她继续进行任何可能的阴谋活动。施鲁斯贝里作为绅士和大贵人,当狱吏太仁慈,他被“立即解职”。“解职”对他来说真是意味着

“解放”，他确实跪在地上感谢伊丽莎白在他受了十五年的罪之后使他成为自由的人。代替他的是个狂热的新教徒埃米亚斯·波立特。从这时起，玛利亚·斯图亚特才有理由第一次说她过的是“奴隶”生活，因为接替那位善良狱吏的是一个无情的狱吏。

埃米亚斯·波立特是个最顽固的清教徒，是那种符合《圣经》要求但不讨上帝喜欢的卫道士。他毫不隐讳他的意图，那就是要让玛利亚·斯图亚特日子过得难受和不自在。他有意识地，甚至自豪地履行他的职责，对她无情地加以看管。他写信给伊丽莎白说：“如果她能通过搞密谋或采取狡猾的手段从我手里逃脱，我决不请求陛下对我宽恕，因为只是由于我疏于防范才会发生这样的事。”他作为一个忠于职守的人，冷静、清醒而有条不紊地严加看管，使玛利亚·斯图亚特无法为非作歹，仿佛这是上帝指派给他的毕生使命。从此，这个严厉的人只有一个虚荣心，那就是堪称模范地履行狱吏的职责。任何诱惑都不能使这个“卡敦”①堕落，也不能使他发善心；有时，涌起了一点温情，却片刻也不能化解他僵化冷漠的面容。对他来说，这可怜而疲惫的女子不是一位命运不幸而叫人分外敬重的女王，而是他的女王的唯一的敌人，应该把她作为公教的反基督者严加看管，使她无法兴风作浪。她身体虚弱，双腿患关节炎，因此站起来很困难；他挖苦地说，这“对看守们是一件好事，因为他们用不着特别提防她逃跑”。他细致入微地逐条逐条履行狱吏的职责，为他自己工作勤奋而感到无比的高兴，像一个认真负责的官员一样，每天晚上把他一天观察到的情况，工工整整地写在记事本上。世界历史上也许有过比这个超级信徒更残暴、更无情、更恶毒、更不公正的狱吏，但几乎找不到一个人，会像他那样把自己的职责变成公务上的乐趣。他首先无情地填平了玛利亚·斯图亚特迄今常常用来同外界联系的渠道。现在五十名士兵日日夜夜看守着通向城堡的所有的道路。她的随从人员以前可以不受阻拦地去附近的村庄，传递口头或书面信息，如今他们被剥夺了活动的自由。只有在得到特准后，在士兵的陪同下，才可以离开城堡。以前，玛利亚·斯图亚特定期亲自向附近的穷人布施，如今也被禁止。洞察力敏锐的波立特有理由认为，她通过这种善行争取穷人为乱党办事。严厉的措施一个接一个。内衣、书籍、任何寄来的包裹都要经过细细检查，就像今天在海关被检查一样；由于越来越仔细的检查，任何通信变得越来越困难。现在，玛利亚·斯图亚特的两个秘书，瑙尔和寇尔，不得不无所事事地坐

① 古罗马政治家，迦太基的死敌。

在房间里。他们再也不用破解密信或写信了。再也没有任何信息从伦敦、苏格兰、马德里和罗马送来了,在孤寂中玛利亚·斯图亚特见不到一丝希望。不久,波立特又夺走了她个人的最后一点欢乐:把她的十六匹马留在塞菲尔德,她所喜欢的追猎和骑马兜风的日子已成为过去。在最后一年,她生活的空间变得极其狭窄;在埃米亚斯·波立特的看管下,玛利亚·斯图亚特的囚所越来越像个牢房和棺材,这是不祥的预感!

为伊丽莎白的名誉着想,人们一定希望她委派一个比较温和的狱吏来看守她的同样是女王的妹妹。但是,为了她自身的安全,她无法找到比这个冷酷的喀尔文派教徒更可靠的狱吏了,人们不得不遗憾地承认这一点。这个狱吏波立特模范地履行了他担负的职责,切断了玛利亚·斯图亚特同外界的联系。几个月后,她像生活在玻璃罩里似的同外界隔断了,再也没有一封信和一个字从外面传进她的囚所里来。伊丽莎白有一切理由可以感到放心了,可以对她的臣仆感到满意。确实,她激动地说出了一番话,感谢埃米亚斯·波立特出色地为她效劳:"我亲爱的埃米亚斯,希望你知道我是多么感谢你令人满意的尽力和完美无缺的行动,感谢你明智的指挥和可靠的措施,以便完成一项如此危险而艰难的任务。如果你知道这一点,也许能减轻你的忧虑,使你的心情快乐起来。"

然而奇怪的是,伊丽莎白的两个大臣,塞西尔和沃尔辛厄姆,并不太感谢过分认真的埃米亚斯·波立特卖力地工作。因为把那犯人彻底禁锢起来,不符合他们最隐秘的计划。他们的意图在于让玛利亚·斯图亚特利用机会搞阴谋活动。而波立特的严格看管,却使她避免了轻率的行动。塞西尔和沃尔辛厄姆需要的根本不是无罪的玛利亚·斯图亚特,而是有罪的玛利亚·斯图亚特。他们有意把她看作引起英国动乱、政治阴谋迭出的祸根,要她把阴谋继续搞下去,最终陷进死亡的罗网里。他们认为"必须结束了";他们想要公开审判玛利亚·斯图亚特,要判她死刑,送她上断头台。仅仅囚禁她对他们来说已经不够了。除了彻底消灭苏格兰女王,再也没有其他可靠的办法了。为了做到这一点,他们付出了很大的努力,巧妙地诱使她落入他们设计的陷阱里。他们花的精力并不亚于为防止她参与阴谋活动而把她严密看管起来的波立特。为达到目的,他们就需要有人阴谋行刺伊丽莎白,就需要玛利亚·斯图亚特参与阴谋活动的明显而确凿的证据。

谋害伊丽莎白的政治密谋本来就已存在。可以说,这种密谋一直持续不断。腓力二世在欧洲大陆建立了一个真正的反英密谋中心。在巴黎,摩根是玛利亚·

斯图亚特委以重任的人和秘密特务，靠西班牙资助的钱不断地组织策划反对英国和伊丽莎白的冒险活动。他在那里经常招募年轻人，并通过西班牙和法国的使臣在心怀不满的英国天主教贵族和反改革同盟各国的政事厅之间建立秘密联系。只是有一点摩根并不知道，那就是沃尔辛厄姆是古往今来最有才能、最肆无忌惮的警务大臣之一，他派了一些特务，佯装成狂热的天主教徒，混进政事厅里。另外，正好是摩根认为最可信任的那几个使者，实际上已被沃尔辛厄姆收买了过去，领取他的津贴。不管为玛利亚·斯图亚特干些什么，还在计划实施之前，英国总是得知了消息。1585 年底，上一批阴谋分子在断头台上的血还没有干呢，英国内阁得到消息：一个谋刺伊丽莎白的新的行动又在酝酿中。那些被摩根招募、为玛利亚·斯图亚特觊觎王位卖力的英国天主教贵族都是哪些人，叫什么名字，沃尔辛厄姆都了如指掌。他只需把他们抓起来，动用刑具和火刑，就能及时地揭露他们的阴谋。

然而，这个诡计多端的警务大臣采用的手段要高明得多，他的目光要远得多。当然，他现在一动手就能使阴谋破灭。但是，把几个搞阴谋的贵族或冒险家分尸，对他来说在政治上没有任何意义。那接二连三的叛乱像是许德拉①，砍掉它五六个头，一夜之间又会重新长出来，这有什么用呢？塞西尔和沃尔辛厄姆的信条是“迦太基必须摧毁”，他们必须结束玛利亚·斯图亚特的生命。要达到这一目的，他们必须找一个借口，不是以企图搭救她出狱这个无关紧要的罪名为借口，而是以她策划罪大恶极、证据确凿的阴谋活动为借口。因此，沃尔辛厄姆没有把所谓的巴宾顿阴谋急匆匆地扼杀在萌芽状态，而是采用一切办法，巧妙地推波助澜：他暗中表示赞许，他出钱给予支持，他表面上装作漠不关心的样子，以此促使他们搞阴谋。正是通过他巧妙地煽风点火，一些外乡贵族反伊丽莎白的愚蠢的阴谋变成了著名的旨在消灭玛利亚·斯图亚特的沃尔辛厄姆阴谋。

然而，要援用议会条款合法地处死玛利亚·斯图亚特，需要经过三个阶段。首先需要促使阴谋分子策划谋刺伊丽莎白，并取得确凿的证据。其次，需要促使阴谋分子把他们的意图明确地告知玛利亚·斯图亚特。第三，需要引诱玛利亚·斯图亚特明确地以书面形式赞同这个谋刺计划。这点是最难以做到的。没有白纸黑字的证据，怎能处死一个无辜的人？否则，这将在世人面前损害伊丽莎白的名誉。最好能巧妙地使玛利亚·斯图亚特变成有罪的人，最好能耍弄诡计阴

① 希腊神话中的一种九头怪物。

险地把刀子塞到她手里，让她自取灭亡。

英国国家警务部门陷害玛利亚·斯图亚特的阴谋以卑鄙的手段开始了：这个女囚徒的生活突然改善了。沃尔辛厄姆似乎不用费力就使虔诚的清教徒埃米亚斯·波立特确信，引诱玛利亚·斯图亚特参与阴谋，要比让她与世隔绝、摆脱各种各样的诱惑有利得多。波立特按照英国警察总部的计划，突然改变了策略。一天，这个以前一直无情的人来见玛利亚·斯图亚特，亲切地对她说，她有希望从塔特贝里迁往查特利。看不清对手阴谋的玛利亚·斯图亚特掩饰不住内心说不出的喜悦之情。塔特贝里是一座阴森森的城堡，与其说是城堡，还不如说是座监狱。相反，查特利不仅地处平原，风景秀丽，而且位于一些天主教贵族的领地附近，玛利亚·斯图亚特一想到这点，不禁怦然心动。这些天主教贵族对她很友好，她可以指望得到他们的帮助。在那里她终于又可以骑马和打猎，在那里她甚至可以得到海外的亲戚和朋友的信息，凭借她的勇敢和手段获得她梦寐以求的自由。

她终于盼到了，一天早晨，玛利亚·斯图亚特惊讶得简直不相信自己的眼睛。像是有魔法似的，埃米亚斯·波立特可怕的封锁被冲破了。一封信，一封密信，传到了她的手里。这是她与世隔绝几个月来收到的第一封信。啊，她的那些朋友多机灵，多审慎，多聪明，终于找到了一条途径，瞒天过海，蒙骗了无情的警卫长埃米亚斯·波立特。她没有想到会有这样的恩赐：她不再与世隔绝，她能够重新感受到朋友们的关心和同情，她又可以得知外界救援她的计划和准备情况！当然，一种神秘的本能提醒她还得小心提防。她复信给她的代理人摩根，急切地告诫他："您要当心，别卷进任何可能承担罪责的事情。你的嫌疑够多了，可别让人对你产生更多的嫌疑。"不过，当她得知她的朋友们天才的发明时，她很快消除了猜疑。原来她的朋友们（实际上是谋杀她的凶手）发明了一个巧妙的办法把信通行无阻地转送到她的手里。附近的啤酒厂每星期给女王送一桶啤酒供她的仆人饮用。她的朋友们似乎已经说动马车夫，让他在装满啤酒的桶里放进一只密封的木瓶。在这只掏空的木瓶里藏有送给女王的密信。从此，信件往来顺畅无阻，像邮递员送信一样正常。每星期那个勇敢的人——在这些信里他被称为"好人"——把珍贵的酒桶送进城堡，玛利亚·斯图亚特的管家从桶里取出木瓶，装进新的信件后，再交给他放进空酒桶。勇敢的马车夫没有什么可埋怨的，因为他这样夹带私货可以两头得利。他既可以从玛利亚·斯图亚特的外国朋友们那儿得到丰厚的酬金，又可以从管家那儿得到双倍的啤酒钱。

然而有一件事玛利亚·斯图亚特没有料到:勇敢的马车夫因为干了阴暗的勾当,还要向第三方领赏。除了双方雇主,他还要向英国警方领取酬金。当然,埃米亚斯·波立特对这整个交易是一清二楚的。实际上,用啤酒桶送信并不是玛利亚·斯图亚特的朋友们想出的主意,而是一个叫吉福德的人的发明。这个人在摩根和法国使臣面前冒充玛利亚·斯图亚特的亲信,而实际上是沃尔辛厄姆的特务。他想出的办法对警务大臣具有不可估量的好处,玛利亚·斯图亚特阴谋作乱、定期往来的信件都在她的政敌监视之下。送给玛利亚·斯图亚特的每一封信,从玛利亚·斯图亚特那儿得到的每一封信,都落到摩根认为最可信赖的吉福特的手里。在他把信放进啤酒桶之前,或从啤酒桶取出信之前,这些信都被截获。沃尔辛厄姆的秘书托马斯·费利佩斯立即把密信译出,抄录一份,墨迹未干便急送伦敦。然后,才把原信完好地火速送给玛利亚·斯图亚特或法国使馆。收信的人蒙在鼓里,一点也没有产生怀疑,继续无忧无虑地进行信件往来。

这局面真是古怪。双方都很高兴,自以为骗过了对方。玛利亚·斯图亚特松了一口气。她终于战胜了那个冷酷无情的清教徒波立特,他居然检查她的每件内衣,拆开她的每双鞋子的鞋底,他严厉地看管她,把她当成一个罪犯拘禁起来。她窃窃自喜地想,尽管他有那么多士兵,尽管有那些结实的门闩和狡猾的手段,但她每星期仍然能收到从巴黎、马德里和罗马寄来的重要信件;她的那些代理人正在勇敢地坚持工作,外国为援救她已经准备了军队、军舰和武器,这些事情真想让他知道!有时她的喜悦之情不经意地从目光中强烈地流露出来。埃米亚斯·波立特在记事本中嘲讽地写道,自从她被有毒的希望迷了心窍以来,她的健康状况和情绪明显好转了。然而,更应该笑的是埃米亚斯·波立特。每当他看见那个勇敢的马车夫送来啤酒时,每当他阴险地看着忙忙碌碌的管家急匆匆地把酒桶滚进黑乎乎的地窖,以便在里面偷偷地从酒桶里取出珍贵的木瓶时,他冷峻的嘴角便露出辛辣的嘲笑。因为玛利亚·斯图亚特马上要看的信,英国警方早已看过了。在伦敦,沃尔辛厄姆和塞西尔坐在办公室的靠背椅里,面前放着照玛利亚·斯图亚特往来的密信如实翻译的抄件。他们从信中得知,玛利亚·斯图亚特提出愿把苏格兰的王权和她的英国王位的继承权让给西班牙的腓力二世,如果他愿意帮助她恢复自由的话。读了这样的信,他们暗自高兴地微微一笑,心想不妨把信给詹姆斯六世看看,免得他说人们对待他母亲太严厉。他们看到,玛利亚·斯图亚特在发往巴黎的一封亲笔信中,急切地要求西班牙军队人侵英国。好啊,这封信在审判中也是有用的。遗憾的是，至今在信中还没有找到他们所期待的最重要最根本的东西，那就是玛利亚·斯图亚特赞同谋杀伊丽莎白的计划，没有这一条就无法审判她。她还没有触犯神圣的议会条款。要启动置她于死地的审判机器，还缺少一颗小小的螺丝钉，即玛利亚·斯图亚特明确表示“同意”谋刺伊丽莎白。为了得到这颗必不可少的螺丝钉，在这一行中最危险的大师决定大干一场。于是开始了在世界史上最令人难以置信，但有文件为证的反间行动：沃尔辛厄姆施展引诱她犯罪的绝招，使玛利亚·斯图亚特成为他自己炮制的犯罪行为的知情人，这个犯罪行为也就是所谓的巴宾顿阴谋，实质是沃尔辛厄姆阴谋。

沃尔辛厄姆的计划堪称是一个出色的计划，它的成功也证明了这一点。然而这个计划如此令人厌恶，以致直到几百年后的今天，还叫我们看了感到恶心。沃尔辛厄姆为了达到他无耻的目的，利用了人类最纯洁的感情，即利用了年轻人对罗曼蒂克天性的信任。为了使玛利亚·斯图亚特落入圈套，伦敦的那班人选中的工具是个名叫安东尼·巴宾顿的人。他有权得到人们的同情和赞叹，因为他完全是出于最高尚的动机牺牲了他的生命和名誉。他是清白人家的小贵族，家境富裕，已经结婚，同他的妻子和一个孩子住在他的领地上，这个年轻的宗教狂日子过得很幸福。他的领地叫利奇菲尔德，就在查特利附近。这下子人们不难理解，为什么沃尔辛厄姆选中查特利堡作为玛利亚·斯图亚特的安身之地。密探们早就向他报告，说巴宾顿是个坚定的天主教徒，也是一个富有牺牲精神的追随玛利亚·斯图亚特的人，他已经多次帮她秘密地传递信件，关心他人悲惨的命运，不正是一个高尚的青年神圣的权利吗？在沃尔辛厄姆看来，这样一个天真的理想主义者，纯粹的傻瓜，要比雇用的特务有用得多，因为女王对这样的人更容易信赖。她知道，吸引这个正派的、也许有些迷惘的小贵族为她效劳的，既不是什么贪欲，也不是对她的爱慕。据说，早年巴宾顿当侍童时曾在施鲁斯贝里伯爵府上见过玛利亚·斯图亚特，并且爱上了她。这传说可以说是一种本末倒置的罗曼蒂克的想象。他显然从未见过她，他为她效劳完全出于他对效劳的兴趣，出于他对天主教的虔诚，出于他对一个历经艰险的女子的钦佩，而这个女子又被他视为合法的英国女王。像所有容易冲动的年轻人一样，他无所顾忌、冒冒失失、口没遮拦地在他的朋友中游说，招募了几个天主教贵族参加他的队伍。在他那一伙狂热的夸夸其谈的人中，特别出众的人物是一个名叫波拉德的偏激的神父和一个姓赛维治的极大胆的亡命之徒。其他的都是些幼稚的、愚蠢的贵族小青年，他们熟读了普卢塔克的作品，迷迷糊糊地梦想着做出英雄业绩。但是，不久在这些老老实实的人中冒出了几个果敢的人，远比巴宾顿和他的朋友们敢作敢为。首当其冲的是那个吉福特，日后伊丽莎白给了他每年一百镑的年金以酬报他的效劳。他们觉得仅仅援救被囚的女王还不够。他异常激烈地要求采取更危险的行动，谋刺伊丽莎白，除掉这个"篡位者"。

这些异常大胆、果敢的朋友显而易见是警方雇佣的特务，是为沃尔辛厄姆效力的。卑鄙的警务大臣派他们混进这帮年轻的理想主义者的秘密团体中，不仅仅是为了及时探听这些人的一切计划，更重要的是为了把巴宾顿推得比他原来打算的更远。巴宾顿原来计划同他的朋友把玛利亚·斯图亚特救出来(所有的文件都毫无疑问地证明了这一点)，他想趁玛利亚·斯图亚特出外打猎或骑马兜风的机会，从利奇菲尔德果敢地出击，使她从囚禁中获得自由。这些在政治上充满激情而天性善良的年轻人，本来无论如何也不想采取谋杀这类不道德的行动。

然而，沃尔辛厄姆为达到其目的，需要的不仅仅是他们把玛利亚·斯图亚特从狱中劫走，因为这样他就没有理由援用新的议会条款。为实现他不可告人的目的，他更需要一宗真正的谋杀阴谋。于是，他让那些卑鄙的捣乱分子，那些内奸不断地活动，唆使巴宾顿和他的朋友采取谋杀伊丽莎白的行动。最后，巴宾顿真的决定考虑沃尔辛厄姆所需要的谋杀活动。5 月 12 日，同阴谋分子有密切联系的西班牙使臣向腓力二世报告了喜讯：四名能够出入伊丽莎白宫殿的天主教贵族，在耶稣受难像前宣誓，要以毒药或匕首谋害伊丽莎白。我们可以看出，那些内奸干得很出色。沃尔辛厄姆一手导演的谋杀阴谋终于在暗中进行。

然而，沃尔辛厄姆提出的任务只完成了一部分。圈套只套住了一头，另一头也得套住。暗杀伊丽莎白的阴谋已经顺利地布置好了，但使玛利亚·斯图亚特卷进去的任务更加艰难，她对外界策划的阴谋还不知道，得诱使她亲自表示"同意"。沃尔辛厄姆再次把他的奸细召来。他派他们潜往巴黎常设的天主教密谋中心，面见腓力二世和玛利亚·斯图亚特的总代理人摩根，埋怨巴宾顿一伙工作不卖力，态度很不坚决。他们不想真正地参与谋杀行动，他们是一帮动摇者，是一帮犹豫不决的人。当务之急是要敦促这些懒散而软弱的人鼓起勇气，完成神圣的任务。而这件事只有玛利亚·斯图亚特才能真正办到，要由她说几句鼓气的话。只要巴宾顿确信他所尊敬的女土赞同谋杀，他就会义无反顾地付诸行动。为了绝对保证完成伟大的任务，那些奸细极力劝说摩根，要他促使玛利亚，斯图亚特给巴宾顿写几句鼓励的话。

摩根迟疑不决。似乎他在清醒的瞬间看穿了沃尔辛厄姆的把戏。但奸细们一再催逼，说只不过是写几句客套话而已。摩根终于让步了。但为了谨慎起见，他亲自为玛利亚·斯图亚特起草了给巴宾顿的信件。女王对她的总代理人绝对信赖，一字一句地照原件誊抄了一遍。

现在沃尔辛厄姆如愿以偿，玛利亚·斯图亚特和阴谋分子建立了联系。起初还比较谨慎。那是玛利亚·斯图亚特按摩根的要求给她的救援者写去的第一封信，信的措词虽然热情，但内容干巴巴的，不会引起人的怀疑。沃尔辛厄姆需要的是不谨慎，是明确的表示，是对策划的暗杀行动直言不讳的“同意”。现在，按照他的旨意，特务们又向其他人发起进攻。吉福德催逼不幸的巴宾顿，对他说，既然女王如此高尚，显示对他的信赖，那他也绝对有责任向她表示同样的信赖，让她知道他的打算。暗杀伊丽莎白这样危险的行动，没有玛利亚·斯图亚特的同意是无法进行的。为什么不把计划告诉她呢？不用冒险，有一条可靠的途径，可以由那个勇敢的马车夫同她联系，商定一切细节，取得她的指示。巴宾顿，一个地地道道的傻瓜，鲁莽得失去了理智，笨拙地钻进了圈套。他给他尊敬的女王送去一封长信，详详细细地向她谈了他的计划。为什么不该让可怜的女王高兴高兴呢？为什么不该让她事先知道她重获自由的一刻快到了？他如此天真，好像天使会通过肉眼看不见的途径把他的话传给玛利亚·斯图亚特。他完全没有料到，那些警探和奸细正在杀气腾腾地窥视着他，监听他的每一句话。这个可怜的傻瓜在这封长信中把他们密谋的行动计划全说了出来。他告诉女王，他将亲自带领十位青年贵族和一百个助手突袭查特利，把她接出来；同时，他的六位出色而可靠的朋友，都是献身天主教事业的贵族，将在伦敦干掉“篡位者”。这封坦率得近乎失去理智的信，表达了赤诚如火的决心，谈到了他们充分意识到他们面临的危险。读这封信，人们不能不深受感动。只有冷酷的心，只有可怜的无情的灵魂，才会出于畏首畏尾的谨慎而对这样豪爽的表白不作回答，不给予鼓励。

沃尔辛厄姆摸准了玛利亚·斯图亚特那颗火热的心，摸准了她那种屡试不爽的轻率。如果她赞同巴宾顿的谋杀计划，那他就达到了目的。从此，他就不必花力气去对付玛利亚·斯图亚特，秘密地派人去杀害她了。因为她自己给自己的脖子上套上了绞索。

这封充满灾难的信发出了。奸细吉福德立即把信转给政事厅。在那儿，信被细心地译了出来，并被复制了一份。从外表上一点也看不出破绽。这封信又被放进啤酒桶，按照原来的途径送往囚禁的地方。7 月 10 日，信到了玛利亚·斯图亚特的手里。在伦敦,有两个人像她一样激动,焦急地期待着她是否复信,以及如何复信。这两个人便是塞西尔和沃尔辛厄姆,卑鄙的暗杀阴谋的策划者和领导者。最紧张的一刻,最令人担忧的一刻来临了,鱼儿已经碰到了诱饵,会不会把它吞下去?会不会放弃它?这确是可怕的一刻。尽管人们对塞西尔和沃尔辛厄姆的政治手段可以赞叹,也可以谴责,但这都无关紧要。不管塞西尔为了干掉玛利亚·斯图亚特而采取的手段多么令人厌恶,但他毕竟是个政治家,他总是为实现一个观念服务;对他来说,消灭新教的敌人是刻不容缓的政治需要。对沃尔辛厄姆来说,他作为警务大臣,人们很难要求他放弃特务活动,完全采用符合道德伦理的工作方法。

可是伊丽莎白呢?她一生在采取任何行动时都怕遭到后世的谴责。这次她知道她的大臣制造的杀人机器比任何斩首机更狠毒、更危险吗?她的枢密院成员干出如此令人厌恶的勾当,是否得到了她的同意和批准?英国女王在这种卑鄙地迫害对手的政治阴谋中扮演了什么样的角色呢?——这个问题必须提出来。

不难得出这样的结论:她扮演了两面派的角色。我们有确凿的证据,证明伊丽莎白是了解沃尔辛厄姆的阴谋的。从开始到结束,她对塞西尔和沃尔辛厄姆诱使对方犯罪的每一步每一个细节都是容忍的,赞同的,也许甚至是高兴地鼓励过。历史决不会宽恕她的罪过,因为她把一切看在眼里,甚至帮助她的大臣把她的犯人阴险地诱入致命的圈套。然而,如果她行事一贯明确,那么伊丽莎白就不是伊丽莎白了——这一点必须反复强调。这个最奇特的女人能够说出任何谎话,做出任何伪装,干出任何欺诈的事,但决不会丧失良心,对不高尚不道德的事从来不明确地表态。在关键时刻,她总是控制住自己的权力,显出某种宽容心。这一次她也因采取这样卑劣的手段获得好处而感到内疚。当她的臣仆诱惑玛利亚·斯图亚特落入圈套的时候,她突然来了一个出乎意料的大转弯,这一步有利于那个面临危险的受害者。她召见法国公使,查特利堡的玛利亚·斯图亚特的来往信件都是由他转交的,他没有料到他的信使却是沃尔辛厄姆花钱雇用的走狗。伊丽莎白清清楚楚地对他说:"公使先生,您常同苏格兰女王联系。不过,请您相信我,我的王国里发生的一切事情我都知道。那时我姐姐作为女王掌权时,我也蹲过牢房,因此我清楚地知道,囚徒们会采用什么样的巧妙的方法去收买仆人,同外界取得秘密的联系。"伊丽莎白似乎想用这些话来安慰自己的良心。她直爽而明白地警告了法国公使和玛利亚·斯图亚特。她说出了她可以说的话,点明了真相,而没有暴露她的手下的人。如果玛利亚·斯图亚特现在还不放弃她的活动,那么伊丽莎白至少可以表明她是无辜的,她可以心安理得地说:我到最后一刻还警告过她。

然而,如果玛利亚·斯图亚特能够接受警告,会翻然醒悟吗?如果她能小心行事,深思熟虑,那她就不是玛利亚·斯图亚特了,虽然她收到巴宾顿的信后一开始只写了一行字作答。就像塞西尔的使者在失望中所说的那样,她还没有对谋杀计划表明她内心的态度。她还在犹豫,还在动摇,是否该相信外人,她还拿不定主意,而且她的秘书瑙尔竭力劝她在这种有失体面的事情上不要留下书面的东西。但这个计划太诱人了,前景太美妙了,以致玛利亚·斯图亚特无法抵制对权术游戏和阴谋的危险的兴趣。瑙尔带着显而易见的担忧写道:“她准备表示同意。”她同她的两个秘书——瑙尔和寇尔,连续三天关在她的书房里,详尽地一条一条地答复每一个建议。在接到巴宾顿的信后没几天,6月17日,她的复信用以往的方式放在啤酒桶里发出。

但是这一次,不幸的信没有走远,甚至根本没有送往伦敦,以往玛利亚·斯图亚特的秘密信件都是在伦敦政事厅破译的。塞西尔和沃尔辛厄姆迫不及待地想知道她做出的决定,就派破译密信的秘书费利佩斯直接到查特利,以便他在现场破译密信。恰巧那天玛利亚·斯图亚特乘马车出门兜风,她偏偏碰见了这个死神的使者。这个陌生人引起了她的注意,但因为这个丑陋的麻子(她在一封信里这样描写他的外貌)微笑着向她问好(看来他无法抑制住他的幸灾乐祸),被希望蒙蔽了双眼的玛利亚·斯图亚特以为他是朋友们派来的特使,是来偷偷地察看地形,以便为她未来的越狱作准备的。其实,这个费利佩斯到这里是为了察看她危险的动向。她的信从酒桶里一取出来,他就贪婪地抢了过去,立刻投入了破译工作。猎物被逮住了,得赶紧破肚取出它的内脏。他尽快地一句一句地破译起来。起先只是一些一般的话。玛利亚·斯图亚特向巴宾顿表示感谢,对突袭查特利把她营救出来的行动计划提出了三条不同的建议。这对间谍来说是很感兴趣的内容。但这还不是最重要、最关键的东西。随后,费利佩斯高兴得心都要停止跳动了,他是在幸灾乐祸,因为他终于发现了最紧要的字眼,白纸黑字醒目地写着“同意”,玛利亚·斯图亚特对暗杀伊丽莎白的计划表示同意,这是沃尔辛厄姆几个月来所希望并精心诱使的“同意”。巴宾顿报告说,六位贵族青年将在宫中行刺伊丽莎白,对此玛利亚·斯图亚特冷静而客观地作了答复,她指示:“可委派这六位贵族去行事。此事一了,不等看管我的警卫长获悉此事,马上把我从这儿接走。”不需要更多的东西了。玛利亚·斯图亚特的这几句话表明了她的真实态度,她同意谋杀计划,现在沃尔辛厄姆的阴谋得逞了。主使者和帮凶,主人和仆人,都互相握手庆贺,握着他们肮脏的、不久将沾满鲜血的手。“现在您掌握了足够的书面证据。”沃尔辛厄姆的亲信费利佩斯兴奋地写信对他的主子说。埃米亚斯·波立特也料到他的犯人将被处死,他狱吏的职责也尽到了,他不由得激动地感谢神恩。他写道:“上帝保佑我努力工作。他这样报答我忠心耿耿的效劳,我真是感到高兴。”

现在,极乐鸟已飞进了网里,沃尔辛厄姆原本不需要再长时间地犹豫了,他的计划成功了,他的卑鄙勾当搞成了;但他对这件事蛮有把握,因此他不忙收网,先把他的牺牲品玩弄几天,以享受一下他充满敌意的乐趣。他仍然让玛利亚·斯图亚特的信不受阻挠地送到巴宾顿手里(这封信早已录了副本)。沃尔辛厄姆心里想道,如果巴宾顿复信,这也是一件好事,这样控告的分量会更重些。然而,巴宾顿这时根据某种迹象看出他的秘密已被邪恶的人发现。突然,一种不可名状的恐惧感攫住了这个勇敢的人,因为即使最有胆量的人,当他感到自己被一种无形的不可捉摸的力量攫住时,神经也会极度紧张的。他像一只被追赶的老鼠到处乱窜。他先是骑了一匹马到内地去,想逃之夭夭,后来他突然回到伦敦,去见一个人(我们不由得想起陀思妥耶夫斯基),正是这个人在玩弄他的命运,此人就是沃尔辛厄姆,他失去了理智,逃入了这个危险的敌人怀抱,这件事无法理解却又完全可以理解。很明显,他想从沃尔辛厄姆那儿探听消息,看看人家是否怀疑他。然而,冷漠而不动声色的警务大臣没有泄露一点儿消息,若无其事地让他离去,好让这个傻瓜再去干一些轻率的事,以便增添一些新的证据。但巴宾顿似乎感到有人在暗中搞他。他急匆匆地写了张字条给他的朋友,为了给自己增添勇气,他用了一句表现英雄气概的豪言壮语:“考验我们信仰的炉火已经升起。”同时,他给玛利亚·斯图亚特写了最后一封信,在信中他安慰她,要她满怀信心。然而,沃尔辛厄姆现在有了足够的证据,给予狠狠的一击。一名阴谋分子被抓了起来。巴宾顿一得到消息,便知道一切都输了。他建议他的朋友赛维治孤注一掷,作最后的挣扎——立即进宫,行刺伊丽莎白。但已经太迟了,沃尔辛厄姆的密探已经在追捕他们。两人只是凭着拼死的决心,才在警察想逮捕他们的关键时刻逃脱了。然而逃到哪里去呢? 所有的街道都被封锁了,所有的港口都有人监视。他们既无钱,又没有食物。他们在圣约翰树林里躲了十天,这树林当年在伦敦郊区,如今在伦敦市中心。这十天是可怕的十天,是令人提心吊胆、无路可走的十天。饥饿无情地折磨他们;到最后他们被困境所逼,只得找到一个朋友的家里。他们吃了面包,这是他们最后的晚餐。在那儿他们被抓走,戴着手铐脚镣穿过全城。在伦敦塔牢房里，勇敢而虔诚的年轻人等着受刑，等着判决；庆祝胜利的伦敦的钟声在他们头顶上方响起。伦敦市民放烟火，鸣礼炮，举行盛大的游行，欢庆伊丽莎白的得救，欢庆政治阴谋的破产和玛利亚·斯图亚特的灭亡。

这时，蒙在鼓里的查特利堡的女囚徒在多年郁郁寡欢之后，又兴奋和激动起来。她的每一根神经都绷得紧紧的。她每时每刻地期盼着骑士飞驰而来，向她报告那个“计划已经实行”的消息。今天、明天或后天，她这个犯人就会被接走，送往伦敦豪华的王宫里。她梦想着那美好的情景：贵族和市民穿着节日的盛装，在城门口迎接她；欢庆的钟声震天动地（这个不幸的女子还不知道伦敦塔楼上的钟真的敲响了，那是为了庆祝伊丽莎白的得救）。再过一两天，一切便会圆满成功。英国和苏格兰将会在她的权杖下统一，天主教将会在全世界振兴。对于疲乏的肉体，对于虚弱的心灵，没有一个医生能拿出比希望更有疗效的药剂。玛利亚·斯图亚特总是那样轻信，那样自信，自以为胜利近在眼前，以致她完全变了个样。她突然显得朝气蓬勃，青春焕发。最近几年，她经常疲惫无力，散步不到半小时，便会抱怨地说腰痛、劳累、关节痛；如今她又能敏捷地跃上马背。她自己也对体力的突然恢复感到惊异，她写信给摩根（这时死神之镰已在她的密探的头上挥舞），对他说：“感谢天主，他还没有使我衰弱不堪，我现在还能拉弓射死麋鹿，还能骑着骏马紧紧追赶猎狗。”

因此，当一向不太友好的埃米亚斯·波立特邀请她于 8 月 8 日去邻近的蒂克索尔堡狩猎时，她感到很惊喜，她心想，这个愚蠢的清教徒还完全没有料到他典狱官的生涯即将告终。一队骑手已装备齐全，她的宫内大臣、两个秘书和御医，都跃上了马背，甚至连埃米亚斯·波立特也带了几位军官加入了兴致勃勃的打猎者的行列，他今天特别亲切和平易近人。早晨景色壮丽，阳光明媚，暖意袭人，遍地是绿油油的嫩苗。玛利亚·斯图亚特催动了她的坐骑，她策马前进，耳边风儿在呼呼作响，她不禁感到生活和自由的美好，感到说不出的高兴。几个星期，几个月以来，她从来没有像今天这样青春焕发；在这些阴郁的岁月里，她从来没有像这个美好的早晨那样快活，那样充满活力。她觉得一切是那样美妙，那样明快。谁的心要是被希望所振奋，谁一定会感到幸福。

快到蒂克索尔林苑的大门时，疾驰的马减慢了速度，开始小跑起来。玛利亚·斯图亚特的心突然怦怦直跳：在城堡的便门前等着许多骑士。这些人难道是——啊，多么令人高兴的早晨呵！——难道是她的朋友：巴宾顿和他的伙伴？难道信里那些秘密的预言提前实现了？可是，奇怪的是：等候的骑士中，只有一个走出队列，慢慢地、异常肃穆地骑马来到她面前，然后脱帽，鞠躬，自我介绍说：托马斯·乔治爵士。瞬间，玛利亚·斯图亚特感到刚才还在欢快跳动的心停止了跳动。因为托马斯·乔治爵士以简短的言语向她报告，巴宾顿的阴谋败露，他奉命来逮捕她的两个秘书。

玛利亚·斯图亚特哑口无言，她无法回答。无论她说“行”还是“不行”，提问题还是发牢骚，都会暴露自己。也许她对整个事件的危险程度还没有充分的估计，但很快一种可怕的疑虑攫住了她，因为她发现埃米亚斯·波立特根本不打算把她送回查特利。这时她才明白这次邀请她打猎是什么用意：他们想诱她出门，以便毫无阻拦地搜查她的处所。现在她所有的文稿肯定已被彻底翻寻和检查过，她所有的外交信函肯定已被查出来。她竟然满怀君主的安全感，公然负责处理外交事务，好像她仍是女王，而不是身在异邦的囚犯。她现在有充裕的时间，过多的时间，去思考她的一切过失和疏忽，因为她在蒂克索尔被扣留了十七天，她既不能写信，也收不到一封信。她知道，她的一切秘密如今都已暴露，任何希望都已破灭。她又沉落了一级，现在她不仅是囚犯，而且是被告。

十七天后，玛利亚·斯图亚特回到查特利时，好像已经换了一个人。她不再是先前那个手执标枪、周围簇拥着可靠的臣仆、骑马飞奔的快活的女子，而是一个疲惫无力、垂头丧气、一下子苍老了许多的妇人；她被严厉的警卫和敌人夹在中间，慢腾腾地、默默无言地进了城堡的大门，她知道她失去了任何希望。她发现她的箱子和橱柜都被打开，她留下的文件和信函都被收掉时，她是否感到惊奇呢？她看到留下来的为数不多的仆人含着绝望的眼泪迎接她时，她是否感到诧异呢？不，她知道现在一切都已过去，一切都已结束。然而，一件意想不到的小事帮她度过了最初的麻木绝望的时刻。楼下仆人的房间里，传来一个产妇痛苦的呻吟声，那是她忠实的秘书寇尔的妻子在分娩。寇尔已被作为证人押往伦敦，好让他毁掉他的主子。产妇孤单单的一个人，没有医生和牧师帮助她。女王出于对一个女人和不幸者的同情，奔下楼去帮助这个临产的女人。因为没有牧师在场，她亲自为婴儿洗礼，在他降世之初给了他基督徒的祝福。

玛利亚·斯图亚特在这个可恨的城堡里又住了几天。后来，来了一道命令，她被转移到另一个城堡，在那儿受到更严密的看管，她几乎与世隔绝了。这个城堡名叫福特林盖。玛利亚·斯图亚特住过许多城堡，在那里她既是客人，又是犯人，既是君主，又是受尽耻辱的人，而福特林盖堡是她最后逗留的地方。她的迁移的生涯到了尽头，不安静的女人很快就会安静下来。

在这几天内，那些为玛利亚·斯图亚特卖命的不幸的青年贵族，遭到残酷的折磨，相比之下，我们觉得玛利亚·斯图亚特在最后的悲剧中只经受了轻微的痛苦。世界史总是站在不公正和非社会性的立场上写成的，因为世界史几乎总是描写世上强者的苦难和王侯的盛衰，而对另一些人，对那些生活在黑暗中的小人物却只字不提，仿佛不同的肉体对折磨和拷打的感觉也不同。今天有谁还记得巴宾顿和他的九个伙伴呢？有谁还提到他们的名字呢？而苏格兰女王的命运却在无数的舞台上，在书里和图画上永垂不朽！巴宾顿和他的伙伴们在三小时内遭受的可怕的拷打和肉体折磨，远远超过玛利亚·斯图亚特在二十年内所遭受的痛苦。按照法律，他们只该处以绞刑，但阴谋的策划者觉得这样处置这些阴谋的受骗者太轻了。于是，伊丽莎白同塞西尔和沃尔辛厄姆一起策划，亲自决定（这是她名誉上的又一个污点），在处决巴宾顿和他的伙伴时，要通过精心设计，把他们折磨得死去活来。在六个信仰坚定的年轻人中，有两个是半大的孩子，他们犯下的罪名仅仅是他们的朋友巴宾顿在逃亡中来到他们家乞讨，他们给了他几块面包。他们上了绞刑架，先被绞了片刻，以维护法律的尊严，然后在他还没有断气时割断绳索，好让这个野蛮时代的极度残忍，全部发泄到他们抽搐的、痛苦得无法形容的肉体上。几个刽子手以令人毛骨悚然的手段，干起了骇人听闻的屠宰活儿。他们慢慢地、令牺牲品痛苦万分地肢解活生生的肉体。这情景惨不忍睹，甚至连伦敦的市井无赖也忍受不了，以致当局不得不在第二天缩短这种肉体折磨的时间。恐怖的行刑再次进行，鲜血在刑场上漫溢，这全是为了那个女子，她具有不可思议的魔力，总能拖上几条年轻的生命同她一起灭亡。这又是一次，但这是最后一次了！从夏特利亚尔开始的伟大的死神之舞结束了。再也没有人会为她追求权力和高贵的梦想而献出生命了。如今她自己也将成为牺牲品。

TWENTY-SECOND CHAPTER | 第二十二章 |

伊丽莎白同自己交战

Yilisabai Xiang Ziji Jiaozhan

伊丽莎白同自己交战

1586年8月~1587年2月

目的终于达到了。玛利亚·斯图亚特落入了圈套,她表示了"同意",她犯了罪。现在,伊丽莎白再也不必操心了,自有法律为她做出决定,为她采取行动。长达二十五年的斗争结束了,伊丽莎白胜利了,她可以与民众一同欢乐了。她的子民在伦敦的大街小巷高声欢呼,兴奋不已,欢庆他们的女王的得救,欢庆新教的胜利。但是,在欢乐之中也总是掺有不为外人所知的苦汁。正是现在,伊丽莎白可以猛烈打击的时候,她的手颤抖了。把一个轻率的人诱人圈套比较容易,而要杀死一个毫无抵抗能力的女子却要难千百倍。假如伊丽莎白想用暴力除掉这个讨厌的囚犯,那么她早已有了上百次机会,可以悄悄地这样做。早在十五年前,议会曾要求用刀斧给玛利亚·斯图亚特最后一次警告。约翰·诺克斯在临死之前还恳求伊丽莎白:"如果不斩草除根,一旦发芽,要比我们想象的快得多。"但她一再回答说,她"不能杀死为免遭老鹰吃掉到她这儿寻求保护的小鸟"。现在,除了赦免和处死,她别无选择。现在,一再拖延而又无法拖延的决定紧迫地摆到了她的面前。伊丽莎白不寒而栗;她知道,她一旦宣布处以极刑,后果是非同小可的。我们今天无法设身处地地想象这个决定的重大的革命意义。这个决定极大地动摇了当时世界上仍然有效的等级制度。因为把神圣的女王送上断头台,这就意味着向如今仍顺从的欧洲各国人民表明,对君主也能审判,也能处死,君主并不是神圣不可侵犯的。伊丽莎白的决定不仅关系到处死一个人,而且关系到一种思想的消亡。她为后世几百年开创了一个裁决的先例,警告世上所有的君主,曾有一颗戴王冠的头掉在断头台上。没有这个先例,斯图亚特家族的后裔查理一世也不会被处死;没有查理一世被处死的先例,路易十六和玛丽·安东内特也不会死在断头台上。伊丽莎白以她对世情深远的洞察力,以她强烈的责任感,意识到她一旦做出决定,就不容改变。她犹豫,她担心,她动摇,她拖延,一天天拖下去。她的理智同情感再次交战,而且比以往任何时候都激烈得多。伊丽莎白同自己交战。一个人同自己的良心交战的情景,看上去总是惊心动魄的。

伊丽莎白陷入内心冲突,左右为难,企图最后一次避开无法回避的事。她曾不止一次地回避做出决定,但事情一再回到她手里。在最后关头,她又试图推卸责任,把责任推给玛利亚·斯图亚特。她给玛利亚·斯图亚特写了一封信(没有保存下来),在信中她建议对方写一封私人的信,要对方作为一个女王向另一个女王坦诚承认参与了政治阴谋活动,表示宁愿听凭她亲自裁决,也不愿接受公开审判。

伊丽莎白的这个建议实际上是现在还能找到的唯一的解决办法。只有这样,玛利亚·斯图亚特才能避免屈辱的公开审讯,避免宣判和处决。对伊丽莎白来说,这再一次意味着她可以得到最可靠的保证,她可以通过对方亲笔书写的有损名誉的坦白信,在道义上把讨厌的对手监禁起来。玛利亚·斯图亚特招供之后,再也没有抵抗能力,只能老老实实地过着黯淡的日子,而伊丽莎白可以放心地大放光彩,雄踞统治的巅峰。角色的分配从此有了定论,伊丽莎白和玛利亚·斯图亚特在历史上不再相提并论,也不再是对手,玛利亚,斯图亚特只是个罪人,跪倒在宽恕她、免她一死的恩人伊丽莎白的面前。

但是,玛利亚·斯图亚特根本不希望免于一死了。高傲一向是支撑她的最强大的力量。她宁愿在刽子手的面前跪下,也不愿向一个女保护人屈膝;她宁愿愚蠢地撒谎,也不愿坦率地认罪;她宁愿走向灭亡,也不愿低声下气。玛利亚·斯图亚特高傲地对这个既想救她的命、又想凌辱她的建议不作回答。她知道,作为君主,她已经赌输了;在世上只有一件事她还有能力去做,那就是使她的对手伊丽莎白显得理亏。既然她在生前已经不可能损害她的敌人的声誉,她就只好果断地抓住最后一个机会,让世人都认为伊丽莎白是个铁石心肠的罪人,她要以自己光荣的死使伊丽莎白丢脸。

玛利亚·斯图亚特推开了伊丽莎白伸过来的手。现在,伊丽莎白在塞西尔和沃尔辛厄姆的逼迫下,只得走上她原来感到厌恶的路。为了给预期的审判提供合法的依据,她首先召集王室的法律顾问开会商量。王室法律顾问们几乎总是顺从地做出有利于执政君主的决定。他们起劲地在历史上搜寻先例,看看以往是否有过君主在正规法庭上受审的事例,以免起诉明显地违背传统,标新立异。他们费了好大的劲才挖出几个例子:凯撒时代一个小小的地方长官卡耶坦斯,同样没有名气的君士坦丁的小舅子里齐尼斯,最后还有霍亨施陶芬的康拉定和那不勒斯的约翰娜。根据历史资料,被法庭判决处死的王公就这几个人。极尽谄媚之能事的法律顾问们走得更远，他们认为，伊丽莎白建议把案子提交最高贵族法院审判，其实这是没有必要的，因为玛利亚·斯图亚特的“犯罪现场”在斯塔福德郡；根据他们的权威意见，把玛利亚·斯图亚特交给一般的平民裁决会审判就行了。但这种把君主混同于平民的审判方式并不讨伊丽莎白的喜欢。她把形式看得很重。她希望都铎家族的外曾孙女和斯图亚特家族的女儿在审判和处决时应保持王者的身份，享有尊严和荣耀，要有豪华的排场和气派，要有一个女王应当享有的令人肃然起敬的场面，而不能由几个农民和商贩组成的法庭去审判。她怒气冲冲地责备过分卖力的法律顾问们：“你们想得倒好，让这样一个法庭去审判一位公主。我认为正确的做法是，收起这一套谬论，诸如由十二个平民对女王做出判决等，应当把如此重大的案件交给我们王国最显赫的贵族和法官，人数要多，由他们去审理。因为我们两个女王是被置于世界的舞台上，全世界都在看着我们。”她为玛利亚·斯图亚特要求王者的审判、王者的处决和王者的葬礼；她召集本国最优秀最高贵的人组成最高贵族法庭。然而玛利亚·斯图亚特根本不愿意出庭，也不愿意接受她女王姐姐的臣仆对她的审讯，虽然那些人的血管里也流着最高贵的血。她只同意在她的房间里接待特使。“怎么回事?”她责问他们说，而没有朝前走一步去迎接他们。“难道你们的主子不知道我生来就是女王吗? 难道她以为我会降低我的身份，叫我的国家、我出身的家族和继承我王位的儿子丢脸吗? 难道她以为我会叫历代国王和外国君主丢脸，我会接受传讯到庭以致损害他们的权利吗? 不! 绝对不! 我宁愿遭殃，我的心决不屈服，它忍受不了屈辱。”

然而，一条永恒的规律是：幸运和不幸都不会使人的性格完全改变。玛利亚·斯图亚特的长处总是保持不变，她的错误也总是保持不变。她在危险关头，总是表现出她品行的高尚，但后来总是过于浮躁，保持不了最初的坚定，承受不了较长时间的压力。就像在约克郡诉讼中一样，最终她在压力下从主权国家的立场上后退了，放弃了手中唯一使伊丽莎白害怕的武器。经过长时间艰难的斗争，她终于同意向伊丽莎白的特使做出解释。

8 月 14 日，福特林盖堡的大厅里气氛庄严。在大厅尽头的平台上摆着豪华的御座，上面张着御用华盖。在这个悲惨的时刻，御座一直空着。这个空着的御座只是作为一种象征，表明英国女王伊丽莎白在场默默地主持审判，她虽然未露面，但最终将按照她的意愿，以她的名义做出判决。在平台的左右两侧，众多的法庭成员按官位的等级依次就座，大厅的中央摆着一张长桌，供总检察长、预审法官、几个法庭成员和记录员使用。

玛利亚·斯图亚特由她的管家搀着进了大厅,这些年她一直穿着一身黑衣,今天也是如此。进来时,她朝会场看了一眼,轻蔑地说:“这儿有那么多法律专家,但没有一个为我辩护的!”然后她走向为她指定的座位,她的椅子离华盖只有几步远,但比空着的御座低了几级台阶。这种把伊丽莎白的坐椅高于玛利亚·斯图亚特坐椅的精心安排,其意显而易见,是想再次强调英国凌驾于苏格兰之上的权利,即英国主张而苏格兰一贯反对的所谓宗主权。玛利亚·斯图亚特即使死在眼前,也不能承认这种贬低她的做法。“我是女王,”她尽量大声地说,好让大家都能听到,都能理解她的话,“我曾是法国王后,我的座位应该摆得更高一些。”

审判开始。同约克郡和威士敏斯特审判一样,这种审判不过是蔑视最基本的法律概念的做戏而已。旧戏重演,主要人证——那时是博斯维尔的仆人,这次是巴宾顿和他的伙伴——在开庭前已被匆匆处死,这不能不叫人产生疑问。现在只有他们屈打成招的笔录放在审判席上。此外,审判也违反了诉讼法:连那些用来起诉玛利亚·斯图亚特的书面罪证,如她写给巴宾顿的信和巴宾顿写给她的信,不知为什么,也没有拿出原件来,而只拿出了抄件。玛利亚·斯图亚特理所当然地质问沃尔辛厄姆:“我怎么能肯定我的信件没被你们篡改过,以捏造处死我的证据呢?”从法律上说,这个辩护词是很有分量的,如果玛利亚·斯图亚特有一个辩护律师的话,他就能做一件很容易做的事:指出法庭这种做法显然是违法的。但是,玛丽亚·斯图亚特孤身一人在法官的面前,既不了解英国的法律,也不了解控罪的材料,注定要重犯当时在约克郡和威士敏斯特的错误。她不是限于驳斥真正不符合事实的罪状,而是否定一切,连毋庸置疑的事实也加以否定。起初她矢口否认知道巴宾顿这个人,可是第二天,在证据面前,她不得不承认她原先否认过的事情。就这样她毁坏了自己的道德信誉。到了最后一刻,她又回到旧有的立场上,她说:“我是女王,有权要求庭上相信我的王者之言。”可是这时已经太迟了。她大声疾呼:“我是对英国女王的友谊和谎言充满信任才来到这个国家的。诸位爵爷,你们瞧这儿,”她边说,边从手指上退下戒指给法官们看,“这是我从你们女王那儿收下的戒指,作为亲善和保护的标志。”她这么说已经无济于事了。因为法官们根本不想保护永恒的、无可争辩的权利,他们只想保护他们的女王,他们只想恢复国内的安宁。判决书早就拟好了。10月28日,法官们在威士敏斯特的星法庭举行会议。只有一个人,那就是苏奇勋爵,有胆量声称他完全不相信玛利亚·斯图亚特想谋害英国女王。他这一表态,就使法庭的判决失去了一致通过的最漂亮的装饰。但其他人还是顺从地认为玛利亚·斯图亚特有罪。于是,记录员就座，用漂亮的花体字在羊皮纸上写道："此人玛利亚·斯图亚特，图谋夺取英国之王权，赞同并拟定各种各样的计划，其目的在于侵犯、推翻和杀死我们的至尊英国女王。"犯这样的罪，应受何种惩罚，议会事前已经做出决定，那就是处死。

行使审判权并做出判决是出庭贵族的责任。他们承认被告有罪，并要求处死。但女王伊丽莎白，她还拥有另一种高于凡人的神圣的权利，这就是合乎人性、宽大仁慈的赦免权，可以赦免法庭认定的罪行。撤销死刑判决完全听凭她一个人的意志。于是，由她一人做出决定这件她所厌恶的事，又落到她的身上。她怎样才能摆脱呢？伊丽莎白再次陷入内心冲突中。就像古希腊悲剧中受良心困扰的角色，两组合唱团在左右两边轮唱对立的歌曲，来自外部和内心的两种声音在回响，一种声音要求严厉处之，一种声音要求宽大为怀。而在这两种声音之上，站着看不见的人世间的审判官——历史，它对生者总是保持沉默，而当生者不在人间存在之后，才敢向后世对死者的事迹进行评说。

右面的声音总是那么无情而清晰，它一再地说：处死，处死，处死。宰相、枢密院成员、最亲密的朋友、众勋爵和市民，举国上下都一致认为，只有一个办法，才能保证国家的和平以及女王的太平，那就是把玛利亚·斯图亚特送上断头台。议会郑重地递交了一份请愿书："鉴于延续我们所信奉的宗教，鉴于保护女王的人身安全，维护国家的利益，我们恭敬陛下立即下旨，宣布对苏格兰女王的判决，并要求尽快对该女王执行正义的处决，我们认为除此之外没有别的办法能够保护陛下的安全。"

这样的要求使伊丽莎白非常高兴。她正急切地想向全世界证明，不是她要迫害玛利亚·斯图亚特，而是英国人民坚持要执行法庭的判决。民众的这种喧嚷声叫得越响，传得越远，叫人听得越清晰，对她就越有利。因为这一下她就有机会在"世界舞台"上唱一段精彩的善良与人性的咏叹调；作为一个演技娴熟的优秀演员，她懂得利用这个现成的机会。她怀着激情的心情倾听议会意味深长的劝告，谦恭地感谢上帝赐福给她，把她从危险中拯救出来。然后她提高嗓音，目光掠过大厅，仿佛在对全世界对历史说话，为自己对玛利亚·斯图亚特的命运所负的罪责开脱。"虽然我的生命遭到严重的威胁，但在这儿我得承认，我感到最痛苦的事，莫过于眼看一个和我同为女子、名分和出身与我相同，而且血缘与我如此亲近的人犯下如此严重的罪行。我心中没有任何敌意，所以在针对我的罪恶阴谋被揭露以后，我立即悄悄地写信给她，对她说，如果她给我写一封坦诚的信，能真心认罪，那么一切都可以悄悄地解决。我信上这样说，绝不是为了诱她落入圈套，因为当时我已经知道了全部案情,即使她对我承认了,也不会有什么新东西。就是在现在,事情已经到了如此程度,我仍愿意原谅她,只要她老老实实地悔过,只要从此再也没有任何人以她的名义向我提出非法的要求,不仅我的生命取决于此,甚至连我的国家的安全和康泰也取决于此。因为我希望自己还能活着,只是为了你们和我的人民。"她坦率地承认,对历史的审判的恐惧,使她迟疑不决。"因为我们君主是站在引起全世界注目和好奇的舞台上。我们衣服上有一点点污斑便会引人注意,我们行为有任何不当之处便会立即被人觉察,因此我们必须格外谨慎,以使我们的行为总是那样公正和光明磊落。"由于这个原因,如果她不能立即做出决定,那她恳请议会谅解,"因为我的禀性就是如此,有些事情远未如此重要,还需长时间地考虑,才能最后做出决定。"

这番讲话是不是真诚的话?既是又不是,因为在伊丽莎白的内心有两个愿望在斗争:她既想除掉她的对手,又想以宽大为怀的仁慈形象出现在世人面前。十二天后,她再次向宰相请教,询问是否存在这种可能性:既可使玛利亚·斯图亚特免于一死,又可保证自身的安全。但枢密院和议会再次表明他们的看法:没有别的办法。伊丽莎白再次发话。这一次她说话的语调强硬,令人信服,她的话倒有几分真实,她从来没有说过这样漂亮的话,她说出了内心的想法。她说:"在我的一生中,我从来没有像今天这样矛盾,因为我不知道是该说话,还是该沉默。要是我说话,抱怨一通,那意味着我是在佯行善事;要是我再次沉默,那意味着我是在无视你们的一切努力。我表示不满也许会使你们觉得惊奇,但是我承认,我内心希望找到另一种办法,代替你们原先的建议,来保护你们的安全和我的康乐……然而,现在我断定,我的安全只有通过处死她才能得到保证,我内心深深地感到悲痛,因为我曾经对许多乱党分子表示过仁慈,也对许多叛国行为保持沉默,而对如此高贵的君主不得不严酷无情……"她已让人感到她倾向于听从议会的劝说,只要他们继续坚持下去,她就会被说服。不过,她像以往一样聪明和模棱两可,她没有用明确的"是"或"不是"来使自己承担义务,她用这样的话结束了她的发言:"我请求你们满足于眼下没有答复的答复。我并不是反对你们的意见,我理解你们陈述的理由,但我请求你们,接受我的谢意,原谅我内心的疑虑,高兴地接受我对你们没有答复的答复。"

右边的声音响起来了,响亮而清晰:处死她,处死她,处死她。而左边的声音,心那边的声音,也越来越有说服力。法国国王派了一个特遣使团从大海那边来到英国,要英国考虑各国君主的利益。法国国王提醒伊丽莎白,捍卫玛利亚·斯图亚特的人身不可侵犯权，也是捍卫她自己的人身不可侵犯权；他还提醒伊丽莎白，出色而顺遂地治理国家应以不流血为最高原则。他提到各民族享有宾客受到款待的神圣权利，伊丽莎白不能违背上帝的旨意，杀害一个天主祝福的女王。伊丽莎白按照她一贯的阴险的方式，只是做出半心半意的保证，并用含含糊糊的空话来搪塞。于是，外国使者的语调变得越来越尖锐。起初是请求，后来变成严厉的警告，甚至公开的威胁。然而，伊丽莎白很有处世经验，执政二十五年来熟谙各种政治诡计，因而有敏锐的感觉。她从那些慷慨激昂的言词中只捕捉一个信息：外交使臣此行是否有断绝外交关系、宣布开战的全权？不久她听出在那些响亮而刺耳的言词中没有刀剑的当啷声，如果刽子手的刀斧落在玛利亚·斯图亚特的脖子上，亨利三世和腓力二世都不会当真拔剑相助。

最后她只是无所谓地耸了耸肩，以此作为对法国和西班牙的外交恫吓的回答。而对付来自另一面，即苏格兰方面的责难，自然需要更机灵的手段。因为不管别人怎么样，对詹姆斯六世来说，阻止外国处死苏格兰女王，是他神圣的义务：将要洒在断头台上的血，是同他血缘一样的血；将要被夺去生命的女人，是给了他生命的母亲。但在詹姆斯六世的心中，对母亲缺乏一种儿子的亲情。在他成了伊丽莎白的供养者和盟友之后，她母亲拒绝给他国王的尊号，并郑重地发誓同他脱离关系，甚至把他的继承权转让给外国国王。这样的母亲只能成为他的障碍。他一听说英国揭露了巴宾顿的阴谋，便急忙向伊丽莎白致以衷心的祝贺。狩猎是他喜欢的活动，在狩猎时法国使臣缠住他，要他为了母亲的利益有效地施加他的影响，他很恼火地对法国使臣说："她这是自作自受！"他明确地说，"她关在那里，她手下那些卑鄙的仆人统统被吊死"，他都无所谓，"她除了向上帝祷告，根本不要再干其他的事"，这是最好的办法。去它的吧，这整个儿事跟他毫无关系。这个毫无同情心的儿子起初甚至拒绝派使团到英国去。但是，英国竟对玛利亚·斯图亚特做出了判决，一个外国女王竟要害死神圣的苏格兰女王，苏格兰的民族感情受到伤害，于是，整个苏格兰掀起了愤怒的浪潮。在这时，他才发觉他扮演了一个可悲的角色，如果他继续保持沉默，那就不成体统了，至少他也得做做样子。苏格兰议会要求在苏格兰女王被害的情况下，应立即宣布废除同盟条约，甚至宣战。詹姆斯六世虽然不会走得这么远，但也坐到桌旁给沃尔辛厄姆写了一封语气强硬、措词激烈、咄咄逼人的信，并且派了一个使团前往伦敦。

这种抗议的举动，伊丽莎白自然已经料到了。但她这一次依然倾听那些含糊的声音。詹姆斯六世的使团一分为二。一些人正式地、大声而明确地要求撤销死刑判决，他们威胁说要废除盟约，要动武。这些言词激烈的苏格兰贵族，确有真诚的、令人信服的激情。可是，他们没有料到，正当他们在接见大厅里慷慨激昂、咄咄逼人地大喊大叫的时候，另一个密使，詹姆斯六世的私人代表，却悄悄地从后门溜进了伊丽莎白的内宫，在那儿轻声地提出另外一个要求。这个要求对苏格兰国王来说比他母亲的生命要重要得多，那就是承认他对英国王位的继承权。据消息灵通的法国公使说，那个詹姆斯六世的秘密谈判代表的使命是，要使伊丽莎白相信，如果詹姆斯六世如此大声而强硬地威胁她，那只是为了他的荣誉和外部形象才这样做的，他请求她不要介意他表面上的激烈言行，不要把这视为不友好的表现。伊丽莎白当然早就知道詹姆斯六世的意图，她听了密使的这番话，更加证实了她的看法：詹姆斯六世愿意默默地容忍把他的母亲处死，只要完全保证或含糊地保证给他英国王位的继承权。不久，一桩卑鄙的幕后交易开始了。玛利亚·斯图亚特的儿子和她的敌人亲近地坐到了一起，一种共同的不可告人的企图把他们第一次连在一起，因为两人在心里都想着同样的结果，两人都不愿把这种想法显露在世人面前。两人都觉得玛利亚·斯图亚特挡了自己的道，但两人都装出一副样子，似乎援救和保护玛利亚·斯图亚特是他们最神圣、最重要、最关切的事情。其实伊丽莎白决不会为挽救命运安排给她的妹妹的生命而斗争，詹姆斯六世也不会为挽救他母亲的生命而斗争。两人只是为维护在“世界舞台”上的美好形象而斗争。事实上，詹姆斯六世早就暗示，即使发生最坏的事情，他也不会为难伊丽莎白，这等于是允许伊丽莎白去杀害他的母亲。不等外国的敌人动手送玛利亚·斯图亚特的命，她的儿子已把她献了出来。

总之，伊丽莎白心里有数，如果她真的决定动手，如果她想结束玛利亚·斯图亚特的生命，那么法国、西班牙和苏格兰都不会干预。现在只有一个人也许还能救玛利亚·斯图亚特的命，那就是玛利亚·斯图亚特自己。只要她去请求宽恕，伊丽莎白也许会对她的胜利感到满足了。她甚至在内心深处暗暗地期待着玛利亚·斯图亚特来求她，因为这可以使她摆脱良心的折磨。在这几周里，她使出了各种办法，以便打掉玛利亚·斯图亚特的傲气。法庭刚宣布死刑判决，她就把判决书交到犯人手里。而埃米亚斯·波立特，这个冷酷无情、工于心计、道貌岸然而令人厌恶的狱吏，马上乘此机会把死刑犯侮辱了一番，对他来说，她只是个“行尸走肉”。他第一次忘了在她面前脱下头上的帽子，这是一个卑鄙无耻的小人的愚蠢做法，对待别人的不幸不是同情而是幸灾乐祸。他命令她的仆人立即撤掉饰有苏格兰国徽的御座华盖。但仆人拒绝执行这个狱吏的命令。于是，波立特吩咐自己的手下人把华盖扯掉。后来玛利亚·斯图亚特在原先饰有苏格兰国徽的地方挂上一幅耶稣受难像,以显示她受到比苏格兰更强大的神明的保佑。她现在只要受到对手一点点冒犯,就会用笔写出豪迈的言词来。"如果我不求饶,他们就威胁我。"她写信给她的朋友们说,"但我要告诉他们,如果他们已经决定要我死,那他们就在错误的道路上走到底吧。"如果伊丽莎白要杀她,那对伊丽莎白更加不利!宁愿以自己的死让对手在历史上受耻辱,也不愿让她以虚伪的温柔的面目出现,戴上宽宏大量的桂冠!玛利亚·斯图亚特既没有对送交给她的死刑判决提出抗议,也没有请求宽恕,她以基督徒的恭顺感谢上帝的决定。但她对伊丽莎白,则以女王的身份高傲地说道:"夫人,我衷心地感谢上帝,他降恩于我,通过您的手段结束我的生命的漫长而艰难的朝圣之行。因此,我就不请求延长我的生命了,我已经经历了那么长的时间,尝够了生的艰辛。我只请求您答应我几个要求,因为我了解您的大臣,他们在英国身居高位,我不指望他们会发善心,所以我只能求您,而不求别人:第一,在我的敌人喝饱了我无辜的血之后,请您允许我的仆人将我的遗体运往一处神圣的地方埋葬,最好运往法国,因为我尊敬的母后的遗骨安息在那儿;我在那儿,我可怜的肉体,我从未能得到安宁的、被绳索同灵魂捆绑在一起的肉体,最终将得到解脱,获得安宁。其次,您把我交给您的大臣处理,他们的残暴使我担忧,因此,我请求您陛下下旨,不要把我在隐蔽的地方行刑,而要当着我的臣仆和其他人的面行刑,以便他们以后能够证明我至死忠于真正的教会,捍卫我生命的最后的一息,免得我的敌人散布污蔑我的谣言。第三,我的那些仆人,在许多忧患中,一直忠贞不渝地为我服务,我请求允许他们不受阻挠地到他们愿意去的地方去,让他们靠我遗嘱中留给他们的菲薄的钱在那儿自在地生活。"

"我恳求您,夫人,看在我们共同的祖先亨利七世的份上,也看在我至死还享有的女王尊号的份上,不要让我正当的愿望落空,并请您亲手写句话向我保证。然后,我将像我度过了一生那样去死。您的对您怀有好感的妹妹和犯人玛丽亚女王。"

我们看到,奇怪而出乎意料的是,在长达几十年斗争的最后时日,角色却换过来了。自从玛利亚·斯图亚特拿到死刑判决书后,她反而感到踏实和自信。伊丽莎白在签署死刑判决书时,手颤抖不已,而玛利亚·斯图亚特在接到死刑判决书时,心却不怎么颤抖。她并不怎么害怕去死,而伊丽莎白却害怕杀死她。

也许她内心深处不相信伊丽莎白会有胆量命令刽子手动手杀害加冕过的女王,也许她外表的镇定只是一种伪装。但是,不管怎样,连埃米亚斯·波立特那样多疑的观察者也看不出她有丝毫不安的迹象。她不打听，不抱怨，不求看守给她优待。她不试图同她的外国朋友们秘密联系。她的一切反抗、明显的抗拒和自卫都到此结束。她自觉地听凭命运的安排，她把自己交给了上帝，听凭上帝做主。

她在认真地做准备，以此度过她的时日。她写遗嘱，把她在世上的所有的财产事先分给她的仆人；她写信给世界各国的君主和国王，但不是催促他们发兵和准备战争，而是使他们确信她已做好死的准备，怀着对天主教的忠诚信念，为天主教的信仰而献身。终于，一颗不安宁的心趋于伟大的宁静。恐惧和希望，正如歌德所说，"这是人类最凶恶的敌人"，再也不能控制她坚强起来的灵魂。正如后世同她命运相似的玛丽·安东内特一样，面对死神，才领悟了她真正的使命。她认识到她对历史负有的责任，这种意识出色地战胜她一贯的轻率，她想的不再是宽恕，而是一种有效的、明确的追求，希望在最后一刻得到胜利的欢乐。她知道，只有英勇的、富有戏剧效果的死，才能在世人面前弥补她一生悲惨的罪孽，她知道在这一生最后只有一个机会获得胜利，那就是慷慨就义。

在福特林盖堡，被判死刑的囚犯因镇定、宁静而显得威严。与此形成鲜明对照的是，在伦敦，伊丽莎白因拿不定主意、极度神经质和不知所措而显得暴躁和恼怒。玛利亚·斯图亚特已经做出了决定，而伊丽莎白还在为做决定而同自己搏斗。现在她的对手完全掌握在她的手中，而她从未像现在这样忍受她的对手给她带来的折磨。在这几星期里，伊丽莎白睡不着觉，整天阴沉着脸，一言不发。人们明显地感觉到她在苦苦思考着一个叫她受不了的问题：是否签署死刑判决书？是否命令执行判决？她像西绪福斯①推石头那样，一而再，再而三地思考这个问题，她被这个问题搞得苦恼不已。她的大臣极力劝谏她，但也是徒劳，她良心的呼喊更加强烈。她拒绝了大臣们的各种建议，一再要求他们提出新的建议。塞西尔发现她"像天气一样多变"，她一会儿想处死，一会儿想宽恕，一再催逼她的朋友们"另想办法"，虽然她清楚不过地知道没有别的办法。要是事情能够自行解决，不让她知情，不用她发布命令，不要由她发出，却又是为了她，那该多好啊！一种对责任的恐惧越来越厉害地攫住了她，使她颤抖不已。她不断地权衡这一引人注目的举措的利弊，并且以模棱两可、怒气冲冲、不明不白的谈话把决定一天天地拖下去，没有期限地拖下去，使她的大臣们很不耐烦。"陛下谈这个问题谈够了，不知要把它拖到什么时候。"塞西尔抱怨道。这个冷酷、精明、极有心计的人也理解不

① 希腊神话中的西绪福斯死后在地狱中被罚推石头上山，他把石头快要推到山顶时，石头又滚落下来。他推了又滚，滚了又推，如此一直推下去。

了这颗激动而窘困的心。因为，不管伊丽莎白派了严厉的狱吏去监视玛利亚·斯图亚特，但是她自己在世上也处在一个更严厉、更残酷的狱吏的监视之下，而且日日夜夜受到监视，这便是她的良心。

三个月，四个月，五个月，伊丽莎白内心的自我搏斗几乎持续了半年，她反复考虑着是该听从理智的声音，还是该听从人性的声音。她神经过度紧张，以致无法忍受，其结果自然是有一天突然像爆发似的做出决定。

1587年2月1日，星期三，海军上将霍华德在格林威治林苑向国务第二大臣戴维逊传达女王的旨意，要他立即朝见女王。在这一天，沃尔辛厄姆正巧病了或是装病。女王要戴维逊把玛利亚·斯图亚特的死刑判决书带给她签署。戴维逊拿来了由塞西尔亲手草拟的判决书，连同其他文件一起呈交女王。但奇怪的是，伟大的演员伊丽莎白突然又不急于签署文件了。她装做若无其事的样子，同戴维逊聊起了不着边际的事情，还望着窗外，欣赏冬天早晨的壮丽景色。接着她顺便问戴维逊，他带什么来了。（难道她真的忘了是她叫他带死刑判决书来的?）戴维逊回答，有几个文件要签署，其中也有霍华德勋爵特意吩咐他带的那一件。伊丽莎白拿起公文，但她连看也不看，匆匆地一份接一份地签了字，当然其中也有玛利亚·斯图亚特的死刑判决书。看样子她本来就是有意这样干的，似乎她由于疏忽签署了那份夹在其他文件中的死刑判决书。但签过了字，这位像天气一样多变的女子又出乎意料地立即换了另一种心情。这瞬间的变化暴露了她是有意在做戏。她明确地对戴维逊说，她之所以如此长时间地犹豫，是因为要让大家清楚地看到她是多么不愿意做出她的决定。现在，您就把签了字的死刑判决书交给宰相盖国玺吧，不要对别人多说什么，然后把命令交给指定执行的人。她交代的任务十分明确，戴维逊没有任何理由怀疑她的决心已定。看来她早已考虑成熟，现在她冷静而明确地同戴维逊商谈所有的细节。行刑最好安排在福特林盖堡的大厅里，外院和内院她觉得都不合适。此外，她严肃地提醒他要严守她签署死刑判决书的秘密。一个人在经过长期的折磨后，一旦做出了决定，总是会感到心情轻松。她也是如此，她终于有了信心，情绪也变好了。伊丽莎白显得很高兴，甚至开玩笑地对戴维逊说，这噩耗一定会毁了沃尔辛厄姆。

戴维逊现在以为（任何人都会这样理解）问题已经解决。他鞠了一躬，走向门口。但事实上伊丽莎白从未做出什么明确的决定，问题在她那儿从未真正得到解决。戴维逊刚走到门口，她又把他叫了回来。她快乐的情绪，她真正的或装出来的决心不再动摇的情绪，都已经完全消失了。伊丽莎白烦躁地在房里踱来踱去。是否还有别的办法呢？大会的成员最后都发过誓的，要杀死每一个参与谋杀她的人。在福特林盖的埃米亚斯·波立特和他的助手是大会的两个成员，难道他们不能担起他们该死的责任，去干这件事情，免得她这个女王沾上执行公开处决的污点呢？于是，她请戴维逊转告沃尔辛厄姆，叫他无论如何要按这个意思给那两个人写封信。

听话的戴维逊变得很尴尬。他确切地感觉到女王刚做了这件事又不愿去做了。也许他已经后悔没有人为这样重要的谈话在场作证。但他还有什么办法呢？他的任务很明确。于是，他首先去政事厅，让人在死刑判决书上盖印，然后去找沃尔辛厄姆。沃尔辛厄姆立即按照伊丽莎白的意愿给埃米亚斯·波立特写了一封信。他在信上说，很遗憾，女王发现他这个臣仆缺乏热情，他早该考虑到玛利亚·斯图亚特对陛下的危害，他早该“自作主张，不待明确的使命”，找到一种办法除去玛利亚·斯图亚特，因为他向大会宣过誓。这样一来，他就卸掉了女王的负担，因为众所周知，她是讨厌流血的。

这封信可能还没有送到，当然更谈不上复信从福特林盖回来，格林威治的风向又转了。第二天，即星期四的上午，一名使者敲戴维逊的门，送来了女王的一张字条：如果他还没有把死刑判决书交给宰相盖印，那么他暂时搁一搁，等她找他再次谈话。戴维逊马上急匆匆地去见女王，对她说，他昨天就完成了她交付的任务，死刑判决书已经盖了印。伊丽莎白显得很不满意。她沉默不语，没有责怪戴维逊；尤其是这个表里不一的女子只字不提把盖了印的文件交还给她。她只是重新抱怨说，那个负担又落到了她的肩上。她心绪不宁地在房间里踱来踱去。戴维逊等待着，等着她做出决定，等着她下命令，说出明确而清楚的愿望。但伊丽莎白没有对他下什么命令，突然离开了房间。

伊丽莎白又演出了一场莎士比亚风格的戏，不过观看演戏的观众只有一个人。这使我们又想起了理查三世，他向白金汉抱怨，说他的对手还活着，却没有下个明确的命令，要白金汉去杀死他的对手。白金汉明白他的意思，却又装做没有听懂的样子，理查三世用极为恼怒的目光看着白金汉。不幸的戴维逊也受到同样恼怒的目光的盯视。这个可怜的摇笔杆子的人感到他站在裂开的地面上，他绝望地想竭力抓住另一个人，免得在这具有世界历史意义的大事上一人承担责任！他先去找伊丽莎白的心腹赫顿，把他可怕的处境向赫顿叙述了一番：伊丽莎白命令他依法执行死刑判决，但从她整个行为来看，他现在已经感到她今后一定会否认她措词含糊的命令。赫顿对伊丽莎白了解得太透了,自然能看穿她的两面游戏,但他也同样不想对戴维逊说个明确的"是"或"不"。他们像踢皮球似的把责任推来推去。伊丽莎白想把责任推给戴维逊,戴维逊想把责任推给赫顿。赫顿又急忙告诉给宰相塞西尔。塞西尔也不想把事情揽在自己身上,他在第二天召开了一个秘密的国务会议。不过应邀参加会议的都是伊丽莎白最亲近的朋友和最信赖的人:莱斯特、赫顿和其他七位贵族。他们在同伊丽莎白的亲密交往中都有深切的体会,知道她这个人很不可靠。在这个会上,问题第一次明确地提了出来,他们都有这样的看法:伊丽莎白为了挽救她的道德声誉,试图不给人留下这样的印象:处决玛利亚·斯图亚特是由她做出的决定。她希望把事情搞成这样:她事先不知情,在处决既成事实以后,她在世人面前感到很"意外"。因此,他们既然是她的忠臣,就有责任在这出喜剧中参加演出,表面上违抗她的旨意执行死刑,而实际上是她要求执行的。不言而喻,这种表面上自行其是而实际上是她要求的越权,所负的责任是重大的。因此,她真正的或假装的愤怒一旦爆发,不能由一个人单独承受。塞西尔提议,由他们共同下令执行死刑,也由他们共同承担责任。肯特勋爵和施鲁斯贝里勋爵被选定到场监刑。事先派秘书比尔带着有关命令赶往福特林盖。现在,所谓的罪名由国务会议的十名成员共同承担,他们终于以所谓的"越权"——这是伊丽莎白暗地里所要求的"越权",卸掉了女王肩上的"负担"。

伊丽莎白最主要的一个特性便是特别好奇。她总是想知道一切,而且立即想知道在她的城堡四周乃至全国所发生的事情。但奇怪的是:这一次她既不问戴维逊,也不问塞西尔或其他任何人,根本不去打听她签署的玛利亚·斯图亚特死刑判决书是怎样处理的。在这三天里,她似乎完全忘记了这件事情,几个月来她时时刻刻忙于操办的就是这桩案件。似乎她喝了忘川之水①,把这件重要的事忘得一干二净。即使到了第二天即星期天上午,当臣下把埃米亚斯·波立特致沃尔辛厄姆的复信呈交给她的时候,她也压根儿没有想起她签署的死刑判决书。埃米亚斯·波立特的答复叫女王很不高兴。他一眼就看出人家要他扮演一个吃力不讨好的角色。他马上意识到人家会怎样恶意地报答他,如果他真的把玛利亚·斯图亚特干掉的话:女王会公开骂他是杀人犯,把他交给法庭审判。不行,埃米亚斯·波立特既不指望都铎王朝的感谢,也不想被人挑出来当替罪羊。为了不违抗女王

① 出自希腊神话,地狱里有条忘川,喝了忘川之水,就会忘记人间的事。

的旨意,这个聪明的清教徒拿更高一级的上帝做挡箭牌。他披上道德的外衣赶忙加以拒绝。“我的心充满痛苦,”他在信中充满激情地说,“我曾预见有一天会有人借用我仁慈的女王的愿望,要求我做上帝和法律所禁止的事情,因此我十分难受。我的家产和财富、我的地位和生命,都属陛下支配,我甘愿立即放弃,如果她有这个愿望的话,因为唯有这样做,我才能报答她的仁慈和宽厚。但是,上帝保佑我,叫我不要做会使自己身败名裂以及使子孙后代蒙受耻辱的事,如果没有法律认可和公开命令,不要擅自批准杀人。我希望陛下以一贯的仁慈,亲切地接受我忠诚的答复。”

这个波立特不久前还由于他的“勤奋地效力和准确无误的行动”受到女王的赞赏,但这一次女王根本不想对他的答复给予仁慈。她恼怒地在房间里踱来踱去,咒骂那些“假正经、假道学的家伙”。这些家伙口头上允诺一切都做,实际上什么也不做。她狂怒地说,波立特违背誓约,他在誓约上签过字,发誓即使有生命危险,也要为女王效力。为她乐意采取行动的人够多的,有个名叫温德菲尔德的就是一例。她似真似假地发了一通火,把可怜的戴维逊也骂了一通,他居然还劝她采取公开的法律途径。沃尔辛厄姆很狡猾,他选择了更好的办法,称病躲过了一劫。女王叱责戴维逊说,比他聪明的人,看法都和他不同。这件事早到了该了结的时候,他们还没有办完,这是他们全体的耻辱。

戴维逊一声不吭。他本可以自夸地说,事情早就在很好地办了。但他感到,如果他坦白地对女王说出这件事,那么只能惹她生气,这件事她大概早已知道,只是不想坦白地说出来,因为一名特使已经带着盖过印的死刑判决书前往福特林盖,同他一起去的还有一个敦实粗壮的汉子,此人将把语言变为行动,把命令变为鲜血,他就是伦敦的刽子手。

TWENTY-THIRD CHAPTER | 第二十三章

我的终结就是我的开始

Wo De Zhongjie Jiushi Wo De Kaishi

我的终结就是我的开始

1587年2月8日

几年前，玛利亚·斯图亚特曾在一件缎子外套上绣上这样一句格言：我的终结就是我的开始。当时她还不完全理解这句格言的意思。现在她的预感成真了。只有悲壮的死，才是她光荣的真正的开始。只有这样的死，才能在后人的眼里补偿她青年时代的罪过，才能美化她的错误。几个星期以来，被判了刑的她，坚定而考虑周密地准备接受最大的考验。她身为年轻的法国王后时，曾两次亲眼看到贵族怎样死在刽子手的刀斧之下。因此，她早已懂得对这种极端残无人道的行为的恐惧，只有通过英勇的自制力才能克服。玛利亚·斯图亚特心里知道全世界及后人都将对她这个作为加冕国王中第一个伏在断头台上的人加以评论，在这决定性的时刻，任何一点颤栗，任何一点踌躇，任何一点面无人色，都会亵渎她帝王的荣誉。于是，她在这几个星期的等待中，暗暗地积聚她的精神力量。这位平时感情容易冲动的女子，是如此平静、坚定地准备赴死，这是她一生中从未有过的。

正因为如此，2月7日星期二，仆人向她通报施鲁斯贝里和肯特勋爵带着几个市政委员来到的时候，她丝毫也没有显出惊异和恐惧的神色。她事先已考虑到了，把她的女官和大多数仆人都叫来，然后才接见来使。她希望从现在起每时每刻都有她的忠实臣仆在场，以便他们将来能够作证，詹姆斯五世和洛林的玛利亚的女儿，斯图亚特王室和都铎王室的血亲，是能够挺直腰杆、荣耀地经受最艰难的考验的。在家里容留玛利亚·斯图亚特近二十年的施鲁斯贝里，在她面前跪下，低下头发花白的头。他用微微颤抖的声音宣布，伊丽莎白不得不屈从臣民的坚决要求，下旨执行判决。听到这个消息，玛利亚·斯图亚特一点也不显得惊讶，一点也不显得激动，她知道她的每一个姿态都将载入史册。她听完死刑判决书后，泰然自若地画了个十字，说："赞美上帝，让您带来了这个消息。我感到没有比这更好的消息了，因为它向我宣布我的苦难即将结束，它意味着天主对我的恩典，要我为天主光荣的名声和罗马天主教而死。"她没有对判决提出一句不同的意见。她已经不想作为女王去抗拒另一个女王对她施加的不公正的惩罚,她只想作为一个基督徒去受难。也许她喜欢把她的殉难看成是她一生中最后一次胜利。她只有两个请求:一,允许她的神父给她做临终祝福;二,行刑不要放在次日上午,以便她有机会细致地考虑她最后的安排。这两个请求都被拒绝了。狂热的新教徒肯特伯爵回答说,她需要的不是伪教的教士,他倒很乐意给她派一个改革派的牧师来,好让他为她宣讲真正的宗教。玛利亚·斯图亚特理所当然地拒绝倾听一个异教教士关于真正的信仰的说教,因为在这样一个时刻,她正准备以她的死在整个天主教世界面前证明她的信仰。肯特伯爵的要求很愚蠢,相比之下,拒绝推迟执行死刑的决定,对濒临死亡的玛利亚·斯图亚特来说还不算太残酷。她只剩下一夜的时间用来作准备,时间太紧,没有害怕和惶恐的余地。一个垂死的人时间总是太紧了,这可是上帝对人的恩赐。

审慎和深思熟虑,很不幸,这是玛利亚·斯图亚特过去缺乏的品质,现在她却能审慎和深思熟虑地安排她最后的时间。作为一个伟大的女王,她想把她的死显出伟大的气概来。她以一向出色的审美情趣,以得之于遗传的艺术感受力,以在危险关头高度的镇静,准备她的去世,好像她的去世是个节日,是个胜利,是个伟大的盛典。一切都不该临时安排,听凭偶然性和情绪的摆布,一切都以效果来衡量,一切都要显出王者的高贵和庄严。每一个细节都经过周密细致的考虑,像是为描写壮烈牺牲的殉难者的史诗寻觅感人的或激动人心的诗句一样。为了有时间静心写几封必要的信和集中思绪,玛利亚·斯图亚特吩咐提前开饭,她象征性地把这顿晚餐搞成最后的晚餐。吃过晚餐,她把仆人召来,在她身边围成一圈,让人给她斟了一杯酒。她神色严肃而安详地举起满满一杯酒,俯视跪在她面前的忠实的仆人,一饮而尽,祝他们幸福。然后她说了一番话,谆谆嘱咐他们要永远忠于天主教,彼此和睦相处。她请求每个人原谅她(这像是使徒行传中的一个场景),原谅她以往有意或无意使他们遭受的不公正的待遇。然后她把特意挑选的礼物送给每个人。礼物有戒指、宝石、项链和花边,还有一些曾点缀过她昔日的生活并给她带来乐趣的精致的小玩意儿。仆人们跪在她面前,有的默默无语,有的啜泣不已,接过她的礼物。女王也不由自主地被她忠实的仆人的伤心的关爱所感动。

最后她站了起来,走进她的房间,房中书桌前的蜡烛已经点亮。从今夜到明晨,在这段时间里她还有许多事情要做:再看一遍遗嘱,为明天艰难的赴刑做出安排,写最后几封信。第一封信恳切地请求她的神父通宵别睡,为她祈祷;虽然他也在城堡里,离她只有两三个房间远,但肯特伯爵(狂热总是如此无情)禁止神父离开他的房间，为了使他无法出来给玛利亚·斯图亚特举行最后的“天主教临终涂油仪式”。接着女王又写信给她的亲戚亨利三世和德·吉斯公爵。在这最后的时刻，她心情沉重，表现出她的一种特别的关心，这也使她显得特别高尚：在法国前王后的津贴被取消后，她的仆人没有生活来源了。她请求法国国王承担义务，按她的遗言付清余款，并下旨做安抚亡灵的弥撒，以悼念“最信奉天主教的女王，她作为天主教徒被剥夺了所有的财产，慷慨就义”。在这之前，她已经给腓力二世和教皇写过信了。在世上的君主中，她还没有写信的只有伊丽莎白了。但玛利亚·斯图亚特对她再也没有一个字可写了。她再也没有什么要请求她，也没有什么要感谢她。只有通过高傲的沉默和壮烈的死，她才能使她的老对手感到羞耻。

过了午夜好久，玛利亚·斯图亚特才上床就寝。她在生前该做的一切都已经做了。她的灵魂寄寓在她疲惫的肉体里只有几个小时了。侍女们跪在房间的角落里，翕动着嘴唇为她祈祷，她们不愿打扰女王的睡眠。但玛利亚·斯图亚特并没有入睡。她睁大眼睛望着茫茫的黑夜；她只是让她的肢体稍微休息一会儿，以便她清晨能以一颗正直而坚强的心面对严峻的死亡。

玛利亚·斯图亚特曾为参加许多庆典而梳妆打扮，如参加加冕和施洗典礼，参加骑士的游艺活动，参加战斗和狩猎活动，参加接见活动，以及舞会和比武等，她总是穿着华丽，知道美在世上具有强大的威力。但在她命运最重要的时刻，为了她的死，她比任何时候都更精心地加以打扮。想必在几天或几周前，她已经想好最庄严的赴死仪式，细心地考虑了每一个细节。想必她把她的衣服一件件地挑来挑去，把她的箱子都翻遍了，以便挑选一件适合这前所未有的场面穿的最得体的衣服。她的动机是，作为一个女人，似乎想在这最后一次卖弄风骚的冲动中，为后世树立一个榜样，叫后代看看一个女王该以怎样完美的形象走向断头台。从早上6点到8点，她的女仆花了两个小时为她更衣。她不愿意像个可怜的罪犯，穿着破破烂烂的衣服，晃晃荡荡地走上断头台。她为她最后的远行选了一件华美的礼服，最庄重最精致的深褐色丝绒衫，镶了一圈貂皮，高高的白色立领，飘垂的衣袖。一件黑缎斗篷裹住庄重的华服，沉甸甸的拖地后襟很长，由她的侍从长梅尔维尔在后面敬畏地捧在手里。一袭寡妇的白纱从头上罩到脚下。精致的披肩和贵重的十字架念珠代替了世俗的饰物。白色的羊皮鞋很轻软，以致她后来走向断头台时，在死一般的寂静中，听不到她脚步的声响。女王亲手从她的盒子里取出一块手帕，她的眼睛将要用这块手帕蒙住。那是一块薄若蝉翼的上等麻纱织物，绣着金花边，也许是她自己绣的。她衣服上的每一个搭扣的选择都富有含意，每一样小玩意儿都符合音调铿锵的总体效果。她甚至预先想到在断头台前得在陌生男人的注视下抛开那神秘的豪华。为了那沾满鲜血的最后一刻,玛利亚·斯图亚特贴身穿了一件血红的衬裙,还让仆人给她准备了一副长过胳膊肘的火红色的手套,以便斧子砍进脖子溅起的鲜血溅在衣服上不太显眼。从来没有一个判处死刑的女子如此精心而威严地准备自己的死亡。

上午8点,有人来敲门。玛利亚·斯图亚特没有答理。她还跪在祈祷台前大声地念临终祷文。做完祈祷后,她才站起来。第二次敲门时,她才去开门。执行官走了进来,手里拿着白色的权杖(马上就得把它折断),他深深地鞠了一躬,毕恭毕敬地说:"夫人,勋爵大人在等您,并派我来请您。""我们走吧。"玛利亚·斯图亚特说,并向门口走去。

最后一段路开始走了。左右两边都有她的仆人搀扶,她慢慢地挪动着患有关节炎的双腿。她使用了三种宗教武器来保护自己,以便不受恐惧的突然袭击。她颈子上挂着一具金十字架,腰上垂着一串宝石念珠,手里握着虔诚信徒的宝剑——一具象牙耶稣受难像:要让世人瞧瞧,一个女王是怎样心怀天主教的信仰,为天主教而死的。世人会忘记她青年时代犯下的多少罪孽和做过的多少蠢事,忘记她是作为一桩蓄意谋杀案的知情人走上断头台的。她想向世世代代表明,她是为天主教事业而殉难的,她是被异教敌人杀害的牺牲品。

她的忠诚的仆人搀着她走到门口为止,原来就是这样计划这样约定的。因为不能给人这样的印象:好像他们参与了这种令人憎恶的行为,亲自把他们的女主人送上断头台。他们只愿意在她的住地帮助她,服侍她,但不愿意在她被残酷地杀死时做刽子手的帮凶。从门口到阶梯下,由埃米亚斯·波立特的两名部下搀扶她,只有她的敌人,她的对手,才会参与这种罪恶行为,把加冕女王送上断头台。在阶梯最下面一级的地上,在行刑大厅的门口,她的侍从长安德鲁·梅尔维尔跪着等她。他作为苏格兰贵族,有责任把行刑经过向她的儿子禀报。女王把他扶起来,拥抱了他。她欢迎这位忠实的见证人,因为他的到场能够增强她起誓要保持坚定举止的信心。梅尔维尔说:"我将负起我一生中最艰难的责任,把我最尊贵的女王和女主人的去世向国内报告。"她回答说:"你更应该为我的痛苦即将结束而高兴。只是请你报告,我为忠于我的宗教而死,是真正的天主教徒,是真正的苏格兰人,是真正的女王。让天主原谅那些要我死的人吧。还请你告诉我的儿子,我从来没有做过任何可能有损于他的事情,从来没有放弃我国的主权。"

说完这些话后，她转向施鲁斯贝里和肯特伯爵，请求准许她的随从女仆在她行刑时在场。肯特伯爵表示反对，理由是这些女人的哭泣和号叫会引起骚动，也许也会引起不满，因为她们会拿她们的手帕浸入女王的鲜血中。玛利亚·斯图亚特不让人剥夺她最后的愿望。“我保证她们绝不会干出类似的事。”她回答说，“我相信你们的女主人也不会拒绝另一个女王的请求，不让她的女仆在最后一刻侍奉她。她绝不可能给你们下这样无情的命令。即使我地位低微，她也会同意我的请求，何况我还是她的近亲，是亨利七世的血脉，是法国的前王后，是加冕的苏格兰女王。”

两位伯爵商量了一下，最后准许让四名男仆和两名女仆陪着她。玛利亚·斯图亚特同意了。她挑选的最忠实的仆人跟着她，梅尔维尔捧着她的后襟，在执行官、施鲁斯贝里和肯特的后面，她走进了福特林盖堡的大厅。

在这个大厅里，敲打声整夜不绝。桌椅都被搬了出去。大厅的尽头搭了一座台子，有两英尺高，蒙着黑麻布，就像一座灵柩台。中间在一个包着黑布的砧子前面已经放了一张小板凳，凳上有个黑色的垫子，让女王跪在上面受砍头之刑处死。台子左右两边各有一张椅子，是伊丽莎白的专使施鲁斯贝里和肯特伯爵的席位。墙边僵直地站着两个人，像青铜像似的，身穿黑天鹅绒的衣服，戴着黑面罩，看不到他们的真面貌，那是刽子手和他的助手。这座极其庄严的台子只许受刑者和刽子手上去。观众挤在大厅的尽头。这里有一道栅栏拦住了，由波立特和他的士兵守卫着。在栅栏的后面站着两百多个贵族，他们从邻近地区急匆匆地赶来，以便观看一出从来没有见过也没有听说过的戏，看看一个加冕女王是怎样被砍头的。在紧闭的城堡大门外面，聚集着成百上千的下层百姓，他们是被这个消息吸引过来的。他们被禁止进城。只有具有贵族血统的人，才准许观看君主是怎样流血的。

玛利亚·斯图亚特镇定地走进大厅。女王从孩提时代起，便学会了保持王者的风度，在这最艰难的时刻，她也没有忘记这一高超的艺术。她昂着头，登上断头台的两级台阶。她十五岁时，就是这样登上法国的王座的，就是这样登上雷姆斯大教堂的台阶的。如果是别的星辰主宰她的命运，她也会这样登上英国的王位。当时，她是那样恭顺而自豪地挨在法国国王的身边，挨在苏格兰国王的身边下跪，接受神父的祝福；而现在她同样下跪，接受死神的祝福。她冷漠地听秘书再次宣读死刑判决书。她脸上露出如此愉快的神情，几乎是喜形于色，连对她恨得要命的敌人温格菲尔德，在给塞西尔的报告中也不得不说，她听死刑判决书好像在听福音书一样。

但是，还有一个严酷的考验摆在她面前。玛利亚·斯图亚特想在最后一刻显出纯洁和伟大的形象。她想作为殉教的圣徒，作为信仰的象征，像巨大的火炬一样照亮全世界。而新教的勋爵，他们的目的在于阻止她把临刑的姿态升格为一个狂热的天主教徒的感人的"表忠"。他们在最后一刻还试图用恶毒的小动作贬低玛利亚·斯图亚特的尊严。从她的房间到行刑大厅只有短短的一段路，女王在路上多次环顾四周，看看她的忏悔神父是否在场，希望他至少能用默默的手势赦免她的罪孽，为她祈福。然而她失望了。他们不许她的神父离开他的房间。现在，她已经准备好她临刑时没有神父到场为她作宗教祈祷。突然之间，断头台上出现了一个彼得斯波罗的改革派的牧师傅莱彻博士；两大宗教之间残酷无情的斗争毁掉了她的青春，毁掉了她的命运，直到她生命的最后一刻，它们还在争斗不已。虽然两位勋爵知道虔诚的天主教信徒玛利亚·斯图亚特曾三次拒绝说，她宁可得不到临终祈福而死，也不愿一个异教的牧师为她作临终祈祷。但是，正如玛利亚·斯图亚特在断头台上赞美自己的宗教一样，新教徒也要赞美自己的宗教，他们也要他们的上帝到场。改革派的牧师在体贴入微地关心她灵魂得救的借口下，开始进行极其平淡的布道。玛利亚·斯图亚特只求速死，她等得不耐烦了，试图打断他布道，但没有见效。她有三四次要傅莱彻博士别给自己添麻烦，她对罗马天主教的信仰忠贞不渝，蒙天主恩宠，现在她要为捍卫天主教而流血。但这个渺小的牧师，出于他的虚荣心，根本不理会一个垂死者的意愿。他规规矩矩地朗诵他的布道词，他感到无比荣幸的是他能面对如此高贵的人布道。他喋喋不休、单调刻板地继续念下去。最后，玛利亚·斯图亚特知道没有别的办法对付他讨厌的布道，她只有拿起她的武器：她一只手握住耶稣受难像，另一只手拿起祈祷书，跪了下来，大声地用拉丁文祈祷，以便用神圣的祈祷文压过他喋喋不休的胡话。总之，两个人在向同一个上帝祈祷，为同一个受难者的灵魂祈福，不是声音在比高低，而是两大宗教在距砧子两步远的地方展开了斗争；仇恨历来比尊重他人苦难的感情更强烈。施鲁斯贝里、肯特和在场的其他大多数人用英语在祈祷，而玛利亚·斯图亚特和她的仆人则用拉丁文在祈祷。牧师终于布道完了，全场才悄然无声。此时，玛利亚·斯图亚特才同样用英语祈祷，大声恳求捍卫基督受迫害的教会。她为她的苦难到了尽头而感谢天主；她把耶稣受难像贴在胸口，大声宣告，她指望得到耶稣基督通过她的血拯救世人的功德，因此她手拿耶稣基督的十字架，准备为他流血牺牲。狂热的新教徒肯特勋爵试图打断她虔诚的祷告，要她停止这种罗马教廷的欺骗行为。但是,垂死的人已经远离人世间的一切纷争了。她对肯特没说一句话,也没有看他一眼,她只是提高了嗓音,声音清晰地对全场的人说,她的敌人早就企图喝她的血,而她衷心地原谅他们,请求天主指引她走向真理。

全场一片沉寂。玛利亚·斯图亚特知道即将到来的是什么。她再次亲吻耶稣受难像,画了个十字,说:“仁慈的耶稣基督呵,像你在十字架上伸出你的双手拥护万物一样,也用你充满同情心的手保护我吧,宽恕我的一切罪孽。阿门。”

中世纪是残酷的,充满暴力,但不能因此说它没有情感。在它的某些风俗习惯中,还保留着一种深知自己残忍的感觉,而这种感觉是我们时代所缺乏的。每一次行刑,不管多么残忍,在恐怖中也会瞬间闪现人性的尊严。刽子手在动手杀死或拷打牺牲品之前,必须请求他的牺牲品原谅对其肉体犯下的罪孽。现在,戴着面具的刽子手和他的助手在玛利亚·斯图亚特面前跪下,请求她原谅他们不得不给她施以死刑。玛利亚·斯图亚特回答说:“我衷心原谅你们,因为我指望死能解脱我的一切痛苦。”然后,刽子手和他的助手才站了起来,开始准备。

与此同时,玛利亚·斯图亚特的两名女仆为她卸装。她亲自帮着她们摘下脖子上的带有“神的羊羔”的项链。她做这件事时,手没有颤抖。据她的敌人塞西尔的使者说,她“急急忙忙,似乎她迫不及待地想离开这个世界”。当黑色的斗篷和深色的外衣从她的肩上落下时,一袭大红的衬裙在观众眼前一亮。当她的女仆给她手臂上套上火红的手套时,突然之间她像一团血红的火焰站在那儿,那形象是那样壮观,令人难忘。现在,告别的时刻到了。女王拥抱她的女仆,请她们别大声哭泣和悲叹。然后,她才跪到垫子上,大声朗诵赞美诗:“耶和华啊,我投靠你,请你让我永不感到惭愧。”

现在再也没有什么事要做了。她只需把头俯到砧子上,用双手抱住砧子,仿佛抱住她死去的相爱的人。直到最后一刻,玛利亚·斯图亚特仍然保持帝王的尊严。没有一个动作,没有一个字露出她的恐惧。斯图亚特、都铎和吉斯家族的女儿准备庄严地死去。但是,人的一切尊严,学来的和继承而来的一切自制力,面对任何谋杀所具有的残忍,又有什么用呢!杀害一个活生生的人,从来不可能是纯洁、浪漫和激动人心的事情,在这方面一切书籍和报道都在撒谎。死于刽子手的刀斧之下,这景象总是特别可怕的,这是卑劣的屠宰。刽子手第一下没有砍准,不是砍在脖子上,而是砍在后脑勺上,发出沉闷的声响。受难者窒息般从嘴里迸出呼噜声和呻吟声;第二下深深地砍进脖子里,血汩汩地喷了出来。第三下才把头砍了下来。又出现了一个令人毛骨悚然的景象:当刽子手抓住头发,想把头提起来给全场看时,他抓住的只是假发,头一下子掉了下来。头血糊糊的,像九柱戏所用的球在地上骨碌碌地滚。刽子手再次抓住头,把它举起来,全场观众一看,像是看见了鬼,他们看到的是一个老女人的头,一头花白的短发。观众顿时毛骨悚然,吓得呆若木鸡,谁也透不过气来,也说不出话来。最后,那个从彼得斯波罗来的牧师终于回过神来,费力地喊道:"女王万岁!"

这颗陌生的苍白的头颅睁着浑浊的双眼呆呆地看着在场的贵族;如果这场赌博是另一种结果,那么他们会是她最忠实的奴仆和最热忱的臣仆。他们的嘴唇又痉挛似的抽搐了一刻钟,终于以非凡的力量压住了凡人的恐惧,但牙齿还在直打战。为了缓解观众的恐惧感,刽子手急忙用一块黑布遮住了尸身和美杜萨①的头。在死一般的寂静中,仆人要求把阴森森的尸体抬走,这时,一件意想不到的小插曲消除了人们心头的恐惧。当刽子手抬起血淋淋的尸体,想把它搬到隔壁房间,给它涂防腐剂时,突然发觉有什么东西在她的裙子底下活动。原来是女王心爱的小狗,她悄悄地跟着她,谁也没有发觉。似乎它被女王的命运吓怕了,紧紧地贴住女王的身体。这时它跳了出来,身上被流出的血沾得湿漉漉的。它又叫又咬,叫个不停,不愿离开尸体。刽子手拼命地想赶它走,但它不让人抓住,也不受人引诱,只是疯狂地扑向陌生的、穿着黑色衣服的大坏蛋,正是这些坏蛋用它亲爱的女主人的血深深地伤害了它。这个小动物为它的女主人进行搏斗,比她的儿子和成千上万宣誓忠于她的人更充满激情。

① 希腊神话中的蛇发女妖。

尾声

1587 年 ~1603 年

在古希腊戏剧中，在阴郁而庄严的悲剧之后，总要上演一出热闹的滑稽短剧，在玛利亚·斯图亚特一剧中也不乏这类收场戏。2 月 8 日上午，她的人头落地，第二天上午全伦敦都知道她被处决了。消息传来，城市和乡村一片欢腾。那个平时听觉灵敏的伊丽莎白女王要不是突然听觉迟钝，成了聋子，那她现在一定会问，今天日历上没有标明节日，她的臣民干吗狂热地庆祝？但她明智地闭起嘴巴，不去询问。她把自己紧紧地裹在不知情况的神秘外衣里。她想得到她的对手被处决的正式报告，更确切地说是“出乎意外”地得到有关报告。向假装不知情的女王报告“她亲爱的妹妹”被处决的消息，这一令人沮丧的任务落到塞西尔的肩上。他怎么也高兴不起来。二十年来，这位饱经考验的大臣，由于类似的原因，屡遭风暴的袭击，有的是君主发怒激起的真正的风暴，有的是因政治策略的需要而装出来的风暴。这一次，这个沉着、严肃的人在走进女王的接见厅，正式向她报告死刑已经执行的消息之前，心里做好了准备，显得特别冷静。但是，后来突然出现的场面，却是没有先例的。怎么回事？是谁胆敢不让她知道，不奉她的命令，擅自处决玛利亚·斯图亚特的？不可能！简直难以置信！她从来没有打算采取如此残酷的措施，除非外国的敌人侵入英国的国土。她的谋臣欺骗了她，出卖了她，像狡猾的无赖一样对待她。他们用阴险毒辣、不可告人的暴行，不可挽救地在全世界面前玷污了她的声望和荣誉。啊，她可怜的、不幸的妹妹呵，竟成了如此可鄙的疏忽、如此卑劣的行径的牺牲品！伊丽莎白哭哭啼啼，大叫大嚷，像疯了似的直跺脚。她粗暴地责骂白发苍苍的大臣，他和国务会议的其他成员竟敢不得到她明确的许可便执行她签了字的死刑判决！

伊丽莎白把由她自己策划的“不法行为”说成臣下的“越权”行事，以此推卸自己的责任，对于这一点，塞西尔和他的朋友没有一刻怀疑过。他们也明白，她所期望的就是他们这种自作主张的做法，所以他们在一起商量后，决定卸去女王的责任“重担”。他们认为,伊丽莎白找这个借口只是为了掩人耳目;她在私人小接见厅里,甚至会感谢他们迅速除掉了她的对手呢。然而,伊丽莎白把她假装的愤怒演得过火了,以致违背她的意愿,或者不如说是超出了她的意愿,变成了真正的愤怒。塞西尔这时低垂着脑袋,女王朝他发泄的愤怒绝不是在演戏,而是暴雨般朝他头上泼来的真正的愤怒,是狂暴的责骂,是粗野的辱骂。最后,伊丽莎白几乎要动手打人,扑向最忠于她的谋臣了。她用最不堪入耳的话谩骂他,要这个老人赶紧辞职。后来有一段时间,伊丽莎白真的不准塞西尔入宫朝见,以惩罚他的所谓的越权行事。真正的策划者沃尔辛厄姆在决定性的日子里生病或者装病,他如此行事,现在才清楚地看出来他是多么机灵,多有先见之明。而他的代理人,不幸的戴维逊,却受尽了女王劈头盖脸的辱骂。他注定成为替罪羊,成为说明伊丽莎白无辜的明证。现在,伊丽莎白发誓,她从未授权给他把死刑判决书交给塞西尔去盖国玺。他违背她的意愿和旨意,擅自越权行事,他的大胆妄为给她造成了不可估量的损害。她命令法庭公开审理这个不忠的,而其实是过于忠心耿耿的大臣;法庭的判决必须庄严地向欧洲证明,玛利亚·斯图亚特被处决的责任必须由这个坏蛋承担,而伊丽莎白完全不知情。当然,那些发誓同戴维逊情同手足、共同承担责任的国务大臣卑鄙地抛弃了他们的伙伴。他们只是急于拯救自己,躲开女王的暴怒,保住自己的官位和俸禄。戴维逊没有证人证明伊丽莎白交给他任务,除了几垛不会开口的墙壁以外。结果他被判处罚款一万英镑,这笔钱他永远也偿还不了,此外他还被判入狱。虽然后来暗地里给了他一些养老金,但伊丽莎白在世时,他再也不能进入朝廷,他的前程完蛋了,他的一生彻底毁掉了。一个朝臣,不去理解主子隐蔽的心思总是危险的,但有时理解得太透则更危险。

关于伊丽莎白清白无辜、毫不知情的童话,虽然被讲得那么美妙动听,但是过于粗制滥造,以致同时代的人不认为是真的。也许只有一个人事后对这种不真实的说法深信不疑。令人惊异的是,这个人就是伊丽莎白本人。因为歇斯底里或有歇斯底里倾向的人,最奇特的品性之一便是不仅有能力把别人骗得目瞪口呆,而且也有能力欺骗自己。他们希望是真实的事,就被他们认为是真实的;他们的证言有时可能是最真诚的因而是最危险的欺骗。当伊丽莎白向各方面解释和发誓她从未下令或希望处死玛利亚·斯图亚特时,也许她觉得自己是完全真诚的。因为她的内心有一半真的是不希望处死玛利亚·斯图亚特。现在,她对这种不希望还记忆犹新,这种记忆逐渐挤走了她的参与感,实际上她当初还是不可告人地希望死刑执行的。虽然她暗自盼着死刑执行的消息,但又不愿意听到;一旦得到了消息,她的愤怒爆发了,这不仅是为演戏预先排练好的,而且也是真正的发自内心的愤怒,在她的天性中一切都有两面性。她真正的愤怒首先是针对自己,她不能原谅自己让人扭曲了她纯洁的天性;其次是针对塞西尔,她责怪塞西尔把她扯进这桩暴行,却不想办法让她摆脱责任。伊丽莎白拼命地对自己的心灵施加影响,让自己相信执行死刑是违背她的意愿的;她拼命地说服自己,欺骗自己,以致从现在起她的说话显露出一种似乎令人信服的语调。当她穿着丧服接见法国使臣时,她发誓说的话听起来似乎是真心话,不是在骗人。“没有比父亲的死,比妹妹的死更叫她痛心的了”,但她自己“是一个可怜的弱女子,被敌人包围着”。她的那些国务会议的成员给她设下可耻的圈套,如果他们不是为她效劳多年的臣仆,她一定把他们送上断头台。她自己签署死刑判决书,只是为了安抚百姓,但是,只有在外国军队侵入英国时,她才会真的让它执行的。

她从未真的希望处死玛利亚·斯图亚特,这种说法半真半假。伊丽莎白在亲手写的致苏格兰詹姆斯六世的信中也坚持这种说法。她又一次说,这件事完全违背她的意愿,并未得到她的同意,这个“可耻的错误”使她极其痛心。她请上帝作证,证明她“在这件事上是无辜的”,她从未想过要处死玛利亚·斯图亚特,尽管她的谋臣们每天在她耳边鼓吹这样做。她预料到人们自然而然会指责她把戴维逊作为替罪羊推出来,于是,她高傲地说,没有任何尘世的力量能迫使她把她命令做的事推倒另一个人的身上。

但詹姆斯六世并不特别渴望知道事情的真相。他现在想做的只有一件事:排除他自己的嫌疑,似乎他不坚决有力地保护他母亲的生命。当然他不能马上说“阿门”,而要像伊丽莎白一样显出惊异和愤怒的样子。他甚至摆出一种强硬的姿态,郑重声明:对这样的行为不能不报复。伊丽莎白的使者被禁止踏上苏格兰的土地。他派了一名使者到边境城市贝里克去取她的信。要让全世界都瞧瞧,他詹姆斯六世对杀害他母亲的凶手愤怒得龇牙咧嘴了。然而,伦敦的英国内阁早就配好了灵丹妙药,叫发怒的儿子默默地“吞下”母亲被处死的消息。伊丽莎白的那封信是提供给“世界舞台”的,与此同时,另有一封私人的外交信函送到爱丁堡。在这封信中,沃尔辛厄姆通知苏格兰宰相,保证詹姆斯六世将来继承英国王位。至此一场暗中的交易圆满地做成了。英国的灵丹妙药对看上去痛苦万分的孤儿果然产生了神奇的效果。从此詹姆斯六世闭口不提废除盟约。他母亲的尸体还躺在一个教堂的角落里尚未安葬,他也不去关心这件事。玛利亚·斯图亚特的最后愿望是安息在法国的土地上，这个愿望受到粗暴的对待，未得到应有的尊重，对此他也不提出抗议。他像是受了魔法的驱使，突然之间确信伊丽莎白是无辜的，他甘愿接受她骗人的说法：这是一个“可耻的错误”。“您从而洗刷了自己，证明您在这个不幸的事件中不是同谋”，他在写给伊丽莎白的信中这样说，并以一个顺从的仰人鼻息者的口吻祝愿英国女王“正派的举止在世上永远传诵”。伊丽莎白的承诺像一阵充满魔力的风，平息了他强烈的不满情绪。从此，这个儿子和签署他母亲死刑判决书的女人之间建立了一种完全和睦融洽的关系。

道德与政治走的是异乎寻常的路。因此人们总是对同一件事有着完全不同的评价，这全看人们是从什么观点去评价的，是从人道的观点还是从政治利益的观点。从道德上看，处死玛利亚·斯图亚特是完全不可原谅的行为，因为这是违背任何国际法的，在和平时期拘留邻国的女王，然后偷偷地设置一个个圈套，以最阴险的手段诱使她上当。然而，同样不可否认的是，从国家政治的观点看，除掉玛利亚·斯图亚特对英国来说是正确的举措。因为在政治上起决定作用的不是措施的合法性，唉！而是成效。在处死玛利亚·斯图亚特这件事上，后来在政治上的成效说明处死她是正确的，因为处死她并没有给英国和它的女王带来骚乱，而是太平。塞西尔和沃尔辛厄姆正确地估计了实际形势。他们知道外国在一个真正强大的政府面前永远是懦弱的，对这样一个政府的暴力行为甚至罪行只能胆怯地听之任之。他们正确地估到全世界不会因为这次处死而受到刺激。事实上，来自法国和苏格兰的复仇的号声突然沉寂。亨利三世曾威胁要同英国断绝外交关系，但他绝对不会这样做。当时，在玛利亚·斯图亚特还活着时，他也没有考虑派兵渡海去救她，如今她死了，更不会为她去复仇了。不过，他倒让人在圣母院做了盛大的悼念弥撒，他的几位御用诗人写了几首挽歌悼念她。法国就这样把玛利亚·斯图亚特的事了结了，从此把她一股脑儿忘掉了。在苏格兰，议会稍微喧嚷了一阵；詹姆斯六世穿上了丧服；但不久他又骑上伊丽莎白送给他的骏马，带着伊丽莎白送给他的猎狗，尽情去打猎了。他依然是英国一向所了解的最随和的邻居。只有迟钝的西班牙腓力终于做出决定，装备他的无敌舰队。但他孤军作战，同他对抗的却是伊丽莎白的幸运，就像历来一切享有盛名的统治者一样，幸运总是属于伟大的君主。无敌舰队还没有作战，就在风暴中被摧毁；与此同时，反改革派早就酝酿的攻打英国的计划也破产了。伊丽莎白取得了彻底的胜利；英国处死玛利亚·斯图亚特，除掉了它最大的危险。防御的时代过去了，现在它的舰队在海上称霸,可以远航到地球上任何一个地方,建立一个全球大帝国。英国的财富在迅速增长,在伊丽莎白的晚年,艺术出现了新的繁荣。她在这次恶劣的行径之后,受到的崇拜、尊敬和爱戴超过以往任何一个时候。宏伟的国家大厦历来是用残酷和非法的巨石建造的,它的地基是用鲜血浇灌的。在政治中,错的总是那些战败者,历史迈着坚实的脚步,踩着他们的尸体前进。

当然,玛利亚·斯图亚特的儿子还得经受耐心等待的严重考验。他一时无法一跃登上他所梦想的英国王位,也无法迅速地得到他卖身投靠的报酬。他还得等待,等待,再等待,这对一个野心家来说是最残酷的折磨。他等待了十五年,几乎同他的母亲被伊丽莎白监禁的时间一样长,他不得不无所事事地在爱丁堡做着美梦,等待,等待,再等待,直到老妇人终于松开冰冷的手,权杖掉下为止。眼下他还得待在苏格兰的城堡里,心里烦恼,常去打猎,撰写有关宗教和政治方面的论文,但他做的主要的事情还是等待,长久地、白白地、恼怒地等待,等待伦敦的消息。消息一直没有传来。伊丽莎白像是被对手的鲜血注入了活力似的,自玛利亚·斯图亚特死后,她越来越结实,越来越有信心,越来越健康。现在,在她无法做出决定的岁月里整夜的失眠和良心的极度不安,都已经成了往事;上天赐给她的国家安定,她的生活平静,因此她的心境也平和了。再也没有一个活着的人胆敢争夺她的王冠;连死神也遭到这个嫉妒心重的女人全力以赴的反抗,她不肯把王冠交给死神。这个七十岁的老妇人顽强而固执地不想死去,成天在宫中四处乱走,从一个房间走到另一个房间,她在床上和房间里都不得安宁。她心怀恐惧地、高傲地进行反抗:她不想把王位让给世上的任何人,因为她曾为之进行过顽强而无情的斗争。

但她的死期终于来临;在同死神残酷的搏斗中,这个不屈不挠的女人终于倒下了。不过她的肺部还发出呼噜声,她衰老而倔强的心还在跳动,虽然很微弱,越来越弱。外面窗下,有个人牵着一匹备好鞍子的马在那儿等着,这是迫不及待的继承人从苏格兰派来的使者,他正等着约定的信号。一位伊丽莎白的宫中女仆答应,等伊丽莎白一断气,就把一枚戒指扔下来。好长时间过去了。使者徒劳地朝楼上窗口看了又看;年老的处女身的女王一生拒绝过许多求婚者,现在仍然不让死神挨近她的身边。到了3月24日,窗子终于嘎吱一响,一只女人的手急匆匆地伸了出来,扔下一枚戒指。使者急忙跳上马,一口气急驰了两天半,奔赴爱丁堡。这番疾驰,在后世出了名。三十七年前,梅尔维尔勋爵也是这样疾驰,从爱丁堡赶赴伦敦，向伊丽莎白报告玛利亚·斯图亚特生了一个儿子；现在，另一个使者往回疾驰，驰向爱丁堡的儿子那儿，向他报告伊丽莎白的死赠给他第二顶王冠。在这一刻，苏格兰的詹姆斯六世同时成了英国的国王，终于成了詹姆斯六世。玛利亚·斯图亚特的儿子永远兼有两顶王冠，多少代不幸的斗争到此结束。历史往往走黑暗的、曲折的路，但历史的意义最终必定实现，历史的必然性最终一定是合理的。詹姆斯六世住进了她母亲梦寐以求的白厅，把白厅布置得很舒适。他终于摆脱了缺钱的烦恼，他的野心得到了满足。他一心只想过舒服日子，而不是追求不朽。他常常骑马去打猎，他喜欢上剧院，在那儿他提携一个叫莎士比亚的人和其他值得尊敬的诗人，这是人们可以赞扬他的唯一的功绩。他体质虚弱，生性懒散，毫无才能，缺乏伊丽莎白的精神力量，也没有他罗曼蒂克的母亲的勇气和激情，他平庸地管理着两个敌对的女人连成一体的遗产。两个女人以最紧张的心灵和火热的激情拼命追求的东西，他以耐心的等待得到了，不用斗争，得来全不费工夫。现在，英国和苏格兰连成一体，应该忘记苏格兰女王和英国女王曾因仇恨和敌对而毁坏了彼此的生活。没有必要再说一个不对而另一个对，死神对两个人给予了同等的地位。她们在长久地对立之后，终于可以安息在一起。詹姆斯六世下旨重葬他母亲的遗骸，她曾像被摒弃的人一样孤零零地躺在彼得斯波罗教堂的墓地上。她的遗骸被隆重地安葬在威士敏斯特大教堂英国王家陵园。墓石上立着玛利亚·斯图亚特的雕像。在附近的墓石上立着伊丽莎白的雕像。现在，两人之间的宿怨已经永远消失了，她们不再互相争夺权利和属地。在生前，她们充满敌意地互相回避，从未正视过对方，现在终于像姐妹似的，在同样神圣的永生的睡梦中毗邻安息。